U0895428

丝绸之路考古

第2辑

罗　丰　主编

中国考古学会丝绸之路考古专业委员会
宁　夏　文　物　考　古　研　究　所　编

科　学　出　版　社
北　京

图书在版编目(CIP)数据

丝绸之路考古.第2辑/罗丰主编；中国考古学会丝绸之路考古专业委员会，宁夏文物考古研究所编.—北京：科学出版社，2018.9
ISBN 978-7-03-058661-2

Ⅰ.①丝… Ⅱ.①罗… ②中… ③宁… Ⅲ.①丝绸之路-考古-文集
Ⅳ.①K928.6-53

中国版本图书馆CIP数据核字（2018）第200999号

责任编辑：孙 莉 曹 伟 / 责任校对：邹慧卿
责任印制：肖 兴 / 封面设计：张 放

科学出版社出版
北京东黄城根北街16号
邮政编码：100717
http://www.sciencep.com
中国科学院印刷厂 印刷
科学出版社发行 各地新华书店经销
*
2018年9月第 一 版 开本：889×1194 1/16
2018年9月第一次印刷 印张：17 3/4
字数：510 000

定价：158.00元
（如有印装质量问题，我社负责调换）

编 委 会

目　　录

书　　评

考古学上所见中国境内的丝绸之路

徐苹芳

中国境内的丝绸之路是长期以来在国内交通路线上形成的，外国商旅贡使经常沿某些路线往来，逐渐成为带有国际性的旅行路线，即后来所称之“丝绸之路”。中国境内的丝绸之路，由于受社会的或自然环境的因素制约，随着时代而变迁。要确定丝绸之路所经具体路线，除文献上有明确记载之外，考古学的发现也极其重要。在丝绸之路沿线发现了许多从外国输入的遗物，诸如东罗马（拜占庭）和阿拉伯金币、波斯萨珊银币，东罗马和萨珊金银器、首饰，罗马、萨珊和伊斯兰的玻璃器，以及中亚织做的“波斯锦”等。特别是在文献没有记载的情况下，这些考古发现在研究丝绸之路方面便有重要的意义。

考古学上所见的中国境内的丝绸之路，根据目前的发现，主要集中在三条路线上：一是两京（长安和洛阳）经河西走廊至西域路，这是丝绸之路的主干道，包括原、会北道和青海道；二是中国北部草原丝绸之路；三是东南沿海的海上丝绸之路。

一

自长安至西域的丝绸之路可分为两大段：自西安至敦煌、玉门关、阳关为东段，自敦煌、玉门关、阳关入新疆为西段。东段可称之为陇右、河西、青海段，西段可称之为西域段。

东段路线又分南路、北路和青海道。南路路线是：西安（长安）→咸阳→扶风→凤翔→陇县（陇州）→天水（秦州）→甘谷（伏羌）→陇西（渭州）→临洮（临州）→兰州（金城）→永登（广武）→古浪（昌松）→武威（凉州）→张掖（甘州）→酒泉（肃州）→安西（瓜州）→敦煌（沙州）。北路则从西安→咸阳→乾县→彬县（邠州）→泾川（泾州）→平凉→固原（原州）→靖远（会州），而至武威→张掖→酒泉→安西→敦煌。南路虽比北路稍远，但路途平易，行旅较多。另有青海道，从南路之兰州或北路之靖远返兰州，西经乐都（鄯州）、西宁（鄯城），北走大通，过大雪山扁都口（大斗拔谷）至张掖；或自西宁过日月山（赤岭），沿青海湖南岸至伏俟城（吐谷浑国都）；或自西宁至海晏三角城（汉西海郡故城），沿青海湖北岸和柴达木盆地北缘至大柴旦，北上穿当金山口而至敦煌；或从伏俟城沿柴达木盆地南缘，经都兰、格尔木，西出阿尔金山（茫崖镇）至若羌。这三条路以南路为主，北路和青海道为辅。在这些路线上都有外国遗物的发现，现自西安开始，分别叙述其发现如下。

（一）西 安

西安为汉唐首都长安城所在，是当时世界上著名的大都市，丝绸之路的起点。

1. 西安汉长安城内发现的外国铭文铅饼

1956年在西安西查寨汉代长安城内发现，共13枚，盛于一汉代陶罐内，上用一平素无纹的铅饼盖于罐上。铅饼径5.4～5.6厘米，重约139.6克。铅饼凸面铸兽纹（蟠螭纹），凹面铸一周外国字铭文，并有两枚方形戳记。出土的地层为汉代或稍晚[1]。此类有外国铭文的铅饼和铜饼，早年曾有出土。据密兴黑尔芬（O. Maenchen-Helfen）[2]和夏鼐[3]的考订，这些铭文与安息货币上的铭文相似，为希腊化时代和罗马时代西亚使用的钱币上的希腊字母，希腊字母常常传写失真，这些铅饼上的字母，也可能因为铸范工匠不懂希腊文，因而失真。其年代约当东汉末年或稍晚。这是中国境内发现的早期葱岭以西的重要外国遗物[4]。

2. 澧西张家坡北朝隋墓出土的波斯银币

1957年发现，出于410号墓中，1枚，径2.7厘米，重3.4克。为卑路斯（Priouz，457～483年）时期所铸。正面为卑路斯王侧面像，背面为祭坛和两个祭人，属卑路斯B式银币。此墓的年代约为公元6世纪[5]。

3. 西安东郊隋清禅寺塔基出土的萨珊玻璃瓶

1986年发现。1件，高4.6厘米，绿色透明。球形瓶体上贴有4枚三角形和4枚圆形装饰[6]。此种贴花玻璃器多流行于地中海沿岸。清禅寺为隋文帝敕建，在隋大兴城内兴宁坊[7]。塔基埋藏于隋开皇九年（589年），同时埋入的还有用掐丝技术制作的金饰。

4. 隋李静训墓出土的金项链、金手镯、金银杯和波斯银币

1957年发现，在今西安潘家村[8]。李静训葬于隋大业四年（608年）。李氏为陇西望族，其曾祖李贤墓也在宁夏固原发现。李静训自幼为其外祖母隋文帝长女周宣帝皇后杨丽华所养，死时年仅9岁，故瘗于隋大兴城内休祥坊万善尼寺内。墓中出土的外国遗物有：①金项链1件，周长43厘米，由28个多面嵌有珍珠的金球组成，上端中央凹雕驯鹿的蓝色珠饰，左右各一金钩连接方形青金石和金珠链，下端垂饰为珍珠边的鸡血石和蓝珠组成。熊存瑞认为此件金项链的多面金链珠及其焊珠工艺，蓝珠饰上的凹雕工艺，青金石装饰和环状珍珠边宝石垂饰等做法均起源于西方，而且与坦叉始罗和阿富汗地区关系较密切，可能原产于巴基斯坦或阿富汗地区。②金手镯2件，椭圆径约5.5～7厘米。分四节，各以方形嵌青绿色玻璃珠的小饰相连；开口处有一副纽饰，一端为花瓣形扣环，上嵌小珠6颗，另一端为活轴。熊存瑞认为同类手镯见于5世纪阿旃陀1号窟壁画中，其形制可能原出于北印度[9]。③金银高足杯各1件。金杯高5.7厘米，腹部焊贴圆环，呈凸弦纹一周。银杯高6厘米，腹部亦右凸弦纹一周。此类杯之形态显系西方产物。④波斯萨珊银币1枚，径2.6厘米，重3.7克，为卑路斯时期所铸。

5. 西安唐墓出土的仿制东罗马金币

一件出土于西安东郊唐陈感意墓中，1989年7月发现。径约2厘米，薄如纸，重仅0.8克，正背两面图案相同，系自一面压印而成，为东罗马阿那斯塔修斯一世（Anastasius I，491～518年）金币的仿制品。陈感意卒于贞观十四年（640年）[10]。另一件出土于西安西郊曹家堡唐墓中，径2厘米，重0.97克[11]，也是仿制东罗马金币的。此墓时代约在7世纪中叶。

6. 西安土门村唐墓出土的拜占庭金币

1956年出土。直径2.15厘米，重4.1克。为阿拉伯仿制拜占庭希拉克略（Heracliue，610～641年）金币。大约自635年开始仿造，至696～697年阿拉伯币制改革，废除币上铸人像，专用阿拉伯文。故此枚阿拉伯仿制品为7世纪的[12]。

7. 西安西窑头村唐墓出土的阿拉伯金币

1964年4月发现[13]。共3枚。径1.9～2厘米，重4.2～4.3克。正背皆铸苦法体阿拉伯文可兰经句。一枚标回历（伊斯兰历，下同）83年，即702年（唐武后长安二年）铸于阿布达•马立克（Abd al-Malik）在位时期；一枚标回历100年，即718～719年（唐开元六至七年）；一枚标回历129年，即746～747年（唐天宝五至六年），铸于奥梅雅王朝（白衣大食）马凡尔第二时期。这些都是阿拉伯币制改革后的铸币，是中国所见最早的伊斯兰钱币[14]。

8. 西安7区30号唐墓出土的波斯萨珊朝银币

1955年11月出土，共两枚。库思老二世（Chosroes Ⅱ，590～628年）一枚，径3.25厘米，重4.1克。仿制库思老二世一枚，径3.7厘米，重4.6克，无铭文，时代难以确定，估计最早不超过7世纪前半期[15]。

9. 长安国清寺舍利塔发现的波斯萨珊朝银币

1965年12月发现，共7枚，均在此塔第三层放置僧人骨灰处。库思老二世（624～628年所造）4枚，径3.3厘米，重4～4.1克；布伦女皇（Boran，630～631年）一枚，径3.2厘米，重4.1克；库思老二世（614～616年所造）二枚，残径3.2厘米，重2.7～3.6克。这些银币是在唐天宝年间（8世纪中叶）以前瘗入塔内的[16]。

10. 西安何家村唐代窖藏出土的波斯萨珊银币、东罗马金币和萨珊玻璃杯

1970年10月发现[17]。此窖藏位于唐长安城兴化坊内，埋藏的外国遗物有：①波斯萨珊朝银币1枚，为库思老二世所造。②东罗马金币1枚，为希拉克略所造。③萨珊凸圈纹玻璃杯1件，高9.8厘米、口径14.1厘米。无色透明，稍泛黄绿色。平底侈口，口沿下凸出弦纹一道，腹部有八组三排环纹。这件萨珊玻璃杯的年代可早至7世纪初[18]。同窖所出的还有270余件精美的金银器和一枚日本“和同开珎”钱等，埋藏的年代，有人认为是755年（天宝十四年）安史之乱时，也有人认为应在唐代德宗（780年）以后[19]。

11. 西安何家村出土的东罗马金币

1966年发现[20]。1枚，为阿那斯塔修斯一世所铸。此地为唐长安城内兴化坊。

12. 西安飞机场东南部出土的东罗马金币

1979年发现[21]。1枚，为阿那斯塔修斯一世所铸。此地为唐长安城内西市。

13. 西安附近出土的东罗马金币

1979年收集[22]。1枚；为阿那斯塔修斯一世所铸。

14. 西安东郊出土的东罗马金币

1980年发现。1枚，径1.7厘米，重2.4克。为狄奥多西斯一世或二世（Theodosius Ⅰ，Ⅱ，379～395年，408～450年）所铸[23]。

15. 西安土门村唐苏谅妻马氏婆罗钵文墓志

1955年发现[24]。志石略呈方形（39.5厘米×35.5厘米），上半部刻婆罗钵文（Pahlavi，或译巴列维文）[25]，是一种用阿拉美（Aramaic）字母拼写的中古波斯语。志文六行，汉译为："此乃已故王族出身苏谅［家族］之左神策骑兵之长的女儿马昔师（Māsiš），于已故伊嗣俟（Yazdkort）二四〇年，及唐朝之二六〇年，常胜君王崇高之咸通十五年，［波斯阳历］十二月五日建卯之月于廿六［岁］死去。［愿］其［住］地与阿拉胡•马兹达及天使们同在极美好的天堂里。祝福。"[26]下半部为汉文，自左向右写七行："左神策军散兵马使苏谅妻马氏己巳生年廿六于咸通十五年（874年）甲午［岁］二月辛卯建廿八日丁巳申时身亡故记。"苏谅及妻马氏均为波斯人，信奉袄教。墓志的发现地点，近唐长安城内普宁坊，此坊内之西北隅正有祆祆祠[27]。625年（唐武德八年）大食灭波斯后，许多波斯的袄教徒移居中国。苏谅任职的唐朝神策军，在唐德宗贞元三年（787年）曾大量吸收西域人为散兵马使或押牙，苏谅的先人正是此时入神策军的[28]。这块墓志的发现，一方面说明中国与伊朗在七八世纪时的友好关系，也为研究波斯婆罗钵文提供了极其珍贵的资料。

16. 西安沙坡村发现的粟特文大角鹿纹银碗

1963年春发现。沙坡村地当唐长安城外郭城东垣春明门附近。碗高4厘米、口径14.7厘米，侈口，腹部斜收作十二花瓣，矮圈足，内底中央锤揲出一只大角鹿纹；口沿下有粟特文铭[29]。此碗约是7世纪输入的中亚产品。与其同出的还有其他唐代金银器皿15件。

（二）陕西耀县隋神德寺塔基出土的波斯银币

1969年4月发现。神德寺塔基埋藏于隋仁寿四年（604年）。共出波斯银币3枚，一枚为库思老一世（Chosroes I，531～579年）所铸，径3.2厘米，重4克；一枚为卑路斯B型银币，径2.75厘米，重3.8克；一枚为卡瓦德一世（Kavadh I，488～513年）所铸，径2.9厘米，重4.2克[30]。

（三）陕西临潼唐庆山寺舍利塔基出土的玻璃瓶和人面铜壶

1985 年 5 月发现。唐庆山寺塔基埋藏于开元二十九年（741 年）。出土遗物 77 件，其中小玻璃瓶和人面铜壶是西方输入品。小玻璃瓶高 7 厘米，白色，表面变黑，肩部有凸弦纹一周，腹部缠贴网目纹装饰。人面铜壶高 29.5 厘米，长颈圈足，口缘与腹部间有弯起的执柄；颈上有两道弦纹，腹部弦纹下凸起六个人面，浓眉隆鼻，发鬓双分，面与面之间垂一条发辫。出土时圈足脱离，从壶底屡经修补的痕迹看，此壶已使用了很长时间。以人面为主要装饰的金铜器皿，还有俄罗斯艾尔米塔什博物馆藏的一件 6～7 世纪的萨珊人面狩猎纹银罐[31]。庆山寺塔基所出人面铜壶可能是中亚产品。

（四）陕西咸阳底张湾隋唐墓出土的东罗马金币

1953 年出土于隋独孤罗墓，1 枚，径 2.1 厘米，重 4.4 克，为东罗马查斯丁二世（Justin Ⅱ，565～578 年）所铸。隋独孤罗葬于开皇二十年（600 年），他在开皇十三年（593 年）任“使持节总管凉甘瓜三州诸军事、凉州刺史”，是与丝绸之路有密切关系的人物。其妻贺若氏卒于唐武德四年（621 年），其墓于 1988 年发掘，亦出东罗马查斯丁二世金币 1 枚，径 2 厘米，重 4.1 克[32]。

（五）陕西扶风发现的外国铭文铅饼和伊斯兰玻璃器

1. 扶风姜塬汉代遗址出土外国铭文铅饼

1972 年扶风姜塬汉代遗址中发现外国铭文铅饼 2 枚，径 5.3 厘米，重 120～127 克。凸面铸兽纹，凹面的一周外国铭文和戳记，与西安汉城发现的相同[33]。

2. 扶风法门寺唐代塔基出土的伊斯兰玻璃器

1987 年 4～5 月发掘。塔基埋瘗于唐咸通十五年（874 年），共出土玻璃器 21 件[34]，其中淡黄色茶托和茶碗是中国制造的玻璃器，有一件蓝玻璃杯已破碎，未计在内，剩余的 18 件均为外国玻璃器，绝大部分可以肯定是伊斯兰玻璃器，只有一件贴花盘口玻璃瓶具有罗马玻璃风格。

（1）贴花盘口玻璃瓶 1 件，高 21 厘米，腹径 16 厘米。黄色透明。盘口细颈，鼓腹圈足，底部有铁棒疤痕。肩部贴缠一周黄色透明玻璃丝，腹部贴四排装饰，第一排贴八个深蓝色圆形饰，第二排贴六个不规则五角星饰，第三排贴六个莲芯样圆形饰，第四排贴六个深蓝色水滴形装饰。贴花拉丝工艺在罗马玻璃中已盛行，伊斯兰玻璃继承和发展了这项工艺。韩伟认为它是 5 世纪的罗马玻璃，安家瑶则认为它是 8～9 世纪地中海产品[35]。

（2）刻纹蓝玻璃盘 6 件，口径 15～20 厘米，高 2～3.2 厘米。深蓝色透明。平底，内底稍上凸，有圆唇者和平唇者，底部有铁棒疤痕。盘内底上有不同的刻纹，有八瓣团花的，有四瓣团花的，有十字团花的，有叶纹的，还有两件是描金的，极为富丽。刻花是伊斯兰早期玻璃的特色，描金者尤其罕见，可能是伊朗内沙布尔的产品[36]。如此完整精美的有年代下限的早期伊斯兰刻纹玻璃器的发现，实属空前。

（3）釉彩玻璃盘1件，口径14厘米，高2.7厘米。无色透明，稍泛黄绿色。敞口圆唇，直壁平底，底微凸起，有铁棒疤痕。盘内壁涂不透明黄色为底，口沿处绘有十二个黑色半圆弧，腹壁下绘两周黑色弦纹，底部绘黑色石榴纹。伊斯兰釉彩玻璃有13～14世纪中叶的传世之作，但早至9世纪的釉彩玻璃却是罕见的珍品，它仍可能是内沙布尔的产品[37]。

（4）印纹直筒杯，高8.5厘米，口径7.8厘米。无色透明。直口尖唇，深腹平底，底微上凹，有粘棒疤痕。腹部饰菱纹、双环纹和联珠纹。为伊斯兰玻璃器中之常见器。

（5）素面蓝玻璃盘4件：圈足浅蓝色素面玻璃盘两件，高2.2～2.7厘米，径15～18.5厘米。不带圈足者两件，高2.1厘米，口径16厘米，深蓝色透明。

（6）弦纹蓝玻璃盘2件，高2.2厘米，口径16厘米。

（7）素面浅黄色直筒杯2件，高4.2～4.8厘米，口径9～9.3厘米。

法门寺唐代塔基中的藏品，出自皇家所供，是当时最高级的物品，大量的金银器、秘色瓷器和玻璃器，都说明了这个问题。仅就玻璃器而言，不但两件浅黄色的中国玻璃茶具，是目前所见质量最好的国产玻璃，18件伊斯兰早期玻璃器更是举世罕见的精品，有些是世间孤品，历史艺术价值极高。在丝绸之路的起点西安（长安）附近发现这么多的伊斯兰玻璃器，究竟是从哪条路线上输入的呢？这是我们所关心的问题。宿白先生认为有两种可能，一是从陆路经河西到长安，另外也可能自海路运来，则是沿海地区向唐廷的贡品[38]。我认为更有可能是从陆路来的。唐大中二年（848年）沙州张议潮起事，至咸通四年（863年）收复陇右河西诸地，打通了长安经河西至西域的交通。这批伊斯兰早期玻璃器正是在此时输入的，咸通十五年（874年）舍入地宫，年代正相吻合。如果把这批伊斯兰早期玻璃器的产地推测是在伊朗的内沙布尔和中亚的撒马尔罕的话，再把中国北方草原丝绸之路上所发现的11世纪的伊斯兰玻璃器的情况（详本文第四节）加以对照时，我便更倾向于法门寺唐代塔基出土的伊斯兰玻璃器，是9世纪中叶重开河西走廊以后从陆路输入的。

（六）甘肃天水发现的东罗马金币和波斯萨珊银币

1. 天水出土东罗马金币

1枚，径2.1厘米，重4.5克。正面为福卡斯（Focas，602～610年）头像，铭文为PN OCASP-ERRAVG；背面为胜利女神像，铸地为CONOB（君士但丁堡）。上下各有一孔[39]。

2. 天水收集波斯萨珊银币

1983年刘大有在天水收集波斯萨珊朝银币一枚，径2.9厘米，重5克，为卑路斯时期所铸[40]。

（七）甘肃武威康阿达墓出土金币一枚

夏鼐云："1945年在河西走廊作考古调查时，曾到武威出土过康国人康阿达墓志的地点调查。据该地的居民说，这墓除志石之外，还曾出土過一枚金币。发现人拿它去到银行兑换了现钞，后来大概是被熔化了，无法追踪。没有看原物，不知是属于哪一国的金币？总之，当时西域许多'商胡'前来河西诸郡交市，西域金银币也流入了该地；北周时甚至于被采用作为该地区的通用货币。"[41]

（八）甘肃张掖出土的波斯萨珊银币

近年在张掖大佛寺院内出土的波斯萨珊银币 3 枚，铸年不详。

（九）甘肃灵台发现的外国铭文铅饼

1976 年 10 月在灵台县城南蒲河西岸的台地上发现，距地表深 1 米处，四周围青石块，中央置两块对合的筒瓦，筒瓦内分四行上下两层排放 247 枚外国铭文铅饼，这是特意埋藏的。铅饼径 5.5 厘米，重 110～118 克，凸面铸兽纹，凹面四周铸外国铭文，中间有两个方 5 毫米的戳记[42]。与西安汉城和扶风姜塬发现的完全相同。铅饼出土地正当泾川、灵台南至凤翔、陇县的交通线上，为丝绸之路南北两路之间的要冲。

（十）宁 夏 固 原

1. 固原北魏墓出土的波斯萨珊银币

1973 年 10 月发现。径 2.7 厘米，重 3.5 克，为卑路斯 B 型银币[43]。与西安澧西张家坡出土的卑路斯银币为同一式。此墓中之木棺漆画极精，有许多西方风格的图案，是北魏后期（6 世纪初）所绘。

2. 固原北周李贤墓出土的萨珊鎏金银壶、玻璃碗和青金石金戒指

1983 年 9 月发现[44]。李贤原出拓跋氏，为北周使持节柱国大将军大都督原、泾、秦、河、渭、夏、陇、成、豳、灵十州诸军事，原州刺史，是西魏、北周间的显赫人物[45]。葬于北周天和四年（569 年）。墓中随葬的外国遗物有：①鎏金银壶 1 件，高 37.5 厘米。长颈有流，腹上细下圆，高圈足。颈腹间和高圈足上下皆有联珠纹为饰。把手两端皆有兽头铸接壶腹，把上端铸一深目高鼻的胡人头像。腹部锤揲出六个男女相对的三组人像，表现的是帕里斯（Paris）的审判、掠夺海伦（Hellen）和回归的场面[46]。齐东方认为是萨珊银器[47]。吴焯认为是哌哒占领时期波斯工匠或客居此地的罗马艺人所造[48]。②玻璃碗 1 件，高 8 厘米，口径 9.5 厘米。碧绿色。碗外壁饰凸起的凹面圆饼两排，上六下八，相间错列。底部也是由一个凹面圆饼垫成。此碗是萨珊钠钙玻璃[49]。③青金石金戒指 1 枚，径 2.4 厘米，戒面镶一直径 0.8 厘米的蓝色青金石，石上凹雕一人举双手各持一物。青金石原产阿富汗，与前述西安隋李静训墓发现的金项链上的青金石装饰，皆为中亚产品。

3. 固原隋史射勿墓出土的波斯萨珊银币和金戒指

1987 年 7 月发现。①波斯萨珊银币 1 枚，径 2.7 厘米，重 3.3 克。币面模糊，为卑路斯时期所铸。②金戒指 1 枚，径 2. 9 厘米，重 3.02 克，戒面径 1.9 厘米，原有镶嵌物，今已缺失，其形制与李贤墓中之镶青金石戒指相同。另有鎏金桃形饰，外周焊饰联珠纹，内嵌宝石、贝壳和绿色玻璃等，亦是西方产物。史射勿葬于大业六年（610 年）[50]。

4. 固原唐史道德墓出土的东罗马金币

1982年11月发现。径2厘米，重4克[51]。币面模糊，上部中央有一小孔，正面为戴盔头像，背面为女神像，与咸阳底张湾隋独孤罗墓所出之东罗马查斯丁二世金币相似[52]。还有一圆形金饰，直径3厘米，中央为一怪兽，图案花纹，显系西方所制作。史道德葬于唐仪凤三年（678年）。

固原地处六盘山、陇山之北，地势高平，七关辐辏[53]，为通陇西、平凉、会州、灵州四方交会之处，乃交通枢纽，军事重镇。李氏与史氏皆当地大族，史氏即昭武九姓中之史国人，故墓中发现诸多外国遗物，亦是丝绸之路长安至河西间北路交通发达的表现。

（十一）甘肃靖远出土的东罗马鎏金银盘

1988年发现。径31厘米，高4.4厘米。卷唇圈足，圈足内有錾出之虚点铭文一行。盘内中心（径9.5厘米）是一青年男子倚坐一雄狮背上，外绕一周联珠纹。内层花纹一周（宽2厘米），分为十二等份，每等份内左侧一动物，右侧一神头像，动物以鸟禽为多，也有犬，神像有男有女，神态各异；外绕一周联珠纹与花叶纹。外层较宽（8.6厘米），为16组葡萄卷叶纹图案，叶下隐蔽处有飞禽爬虫等动物。全盘花纹密布，极其繁丽。初师宾认为盘中心为阿波罗或酒神巴卡斯，内层十二神像为宙斯十二神，是4～6世纪意大利、希腊或土耳其的产品[54]。法国米歇尔•皮尔若利•史蒂文森（Michele Pirazzoli-T'serstevens）认为盘中心为酒神巴卡神（Bacchus），是3～4世纪东罗马的作品，产地在意大利或希腊[55]。齐东方认为是6世纪以后带有罗马风格的萨珊银器[56]。

此盘出靖远县北滩乡。靖远为西魏时所设置的会州，其治所一般认为在今靖远县城。严耕望认为会州治下的会宁县应在今靖远县城以北约百里的徙城堡地区[57]。北滩乡在靖远县城与徙城堡东北。自原州（固原）至会州，须经今海原、西安州、乾盐池（河池）、打拉池、周家地至徙城堡（会州）。则此盘所出的北滩乡已偏离原会间之大路，实际上是在会宁关（隔黄河与景泰相望）东通唐代萧关（今同心以南）的途中，与通往灵州的交通有关。

唐代安史之乱以后，吐蕃自青海北上，逐步占领河西和秦、兰、原、会各州。建中二年（781年）占领沙州后，整个控制了西北，长安西通敦煌的南北两路皆阻隔不通，只能自西安（长安），经邠州、庆阳（庆州）、环县（环州）至灵武（灵州），然后渡黄河沿贺兰山南至武威（凉州），灵州便成了通向河西、漠北的交通枢纽。靖远北滩乡地处北路与灵州道之间，东罗马鎏金银盘的埋藏时间很可能要晚至8世纪。

（十二）青海西宁出土的波斯萨珊银币

1956年发现，在西宁城内隍庙街一陶罐中，共76枚，其中4枚已残破。同出的还有"货泉"和"开元通宝"钱。根据选出的20枚波斯萨珊银币观察，直径2.5～3厘米，重3.8～4.1克[58]。皆为卑路斯银币。分A、B两型，两型之区别在于正面卑路斯王冠装饰之不同，A型王冠后部有雉堞形饰物，B型则无雉堞形饰物而有一对翼翅。A型冠象征"天"和祆神奥马兹德，B型冠以鹰鸟之翼翅代表太阳[59]。

西宁波斯银币的埋藏虽已晚至唐代以后，仍可说明4～6世纪河西走廊被地方政权割据之后，从兰州（金城）经乐都（鄯州）、西宁（鄯城）、大通，北至张掖，或西过青海湖吐谷浑国都伏俟城至敦煌或若羌的这条“青海道”路线，是通西域的丝绸之路上的重要路线[60]。

另外，吐谷浑之“河南国”地跨川青，南接益州（成都），北通西域，实为南朝通西域的必经之路，被称为“河南道”[61]。“河南道”在4～6世纪西域与中国南方文化交流方面起着重要作用。关于这条路线的考古调查和研究，将有正式报告发表[62]。

二

自长安至西域的丝绸之路西段，即自敦煌玉门关、阳关西入新疆境内的路线，按时代和地域大致可分为三路：塔克拉玛干沙漠以南为南路，塔克拉玛干沙漠以北、天山以南为中路，天山以北为北路[63]。

南路是从敦煌出玉门关或阳关至楼兰或米兰，西至若羌、且末、民丰、于阗、和阗、叶城、塔什库尔干，通过红其拉甫山口或瓦罕走廊至伊朗。也可从叶城北去莎车至疏勒、喀什。汉代敦煌至米兰出玉门关，走库木塔格沙漠北缘，经羊塔格库都克至米兰；魏晋以后则出阳关，沿库木塔格沙漠南缘，经葫芦斯台、安南坝，循阿尔金山北麓，过红柳沟口至米兰[64]。玄奘回国便走这条南路[65]。13世纪马可·波罗也是从这条南路入河西的[66]。

我们现在所说的中路，在汉代则为北路，汉代南北路自楼兰分歧。自楼兰沿孔雀河谷西北行至尉犁、库尔勒、焉耆，沿塔克拉玛干沙漠北缘西行，经轮台、库车（龟兹）、阿克苏、巴楚，至喀什。汉代通西域主要为南路和中路的西段，即鄯善（楼兰）、于阗、焉耆、龟兹诸国。法显西行时则自鄯善至焉耆，再自焉耆逾沙漠返回南路之于阗，兼走汉南北两路[67]。中路的东段和北路，汉则一直与匈奴、乌孙相争夺，西汉首先控制车师前庭（吐鲁番地区），则可由楼兰向北径至车师。后更自玉门关迳逾塔克拉玛干沙漠而至车师（高昌），再西去焉耆。此即唐代所谓之“大海道”[68]。东汉以后，进而控制伊吾地区，可自瓜州（敦煌）迳通伊吾（哈密），再向西往车师、焉耆。

北路是自伊吾经蒲类海（巴里坤湖）、木垒、奇台、吉木萨尔（车师后庭、唐代之北庭都护府）、昌吉、精河，经弓月城而至碎叶（今吉尔吉斯伊赛克湖以西之托克玛克城）。

弓月城是北路西端的交通枢纽，约在今伊犁河北伊宁附近。南通安西都护府所在地龟兹（库车），东通北庭都护府所在地庭州（吉木萨尔）和西州（高昌，今吐鲁番），西通安西四镇最西一镇碎叶。弓月城是丝绸之路上的重要城市。贸易发达，吐鲁番阿斯塔那61号墓出土的唐代文书中，有汉商李绍谨从弓月城胡商曹炎延借丝绢275匹的诉讼牒[69]。弓月城的具体位置，王国维主张唐代弓月城即元代阿力麻里城[70]。黄文弼指阿力麻里城在霍城县西阿尔泰，城中出土叙利亚文基督教徒十字架墓碑和察哈台汗国银币，可以为证[71]。但阿力麻里城唐代遗物甚少，尚有待于正式的考古发掘。北道虽开自汉代，而至唐始盛，为北庭通碎叶之通途。13世纪蒙元时期，阿力麻里为察哈台汗国首都，耶律楚材、丘处机、刘郁西使，皆从北路的别失八里（唐北庭、今吉木萨尔）至阿力麻里西行[72]。14世纪的罗马教皇使者马黎诺里（Marignolli）也是自钦察汗国至察哈台汗国的阿力麻里，东行走北路经哈密而至上都[73]。

上述三条路线，经始于汉，完成于隋（公元前2世纪至公元6世纪）。正如隋裴矩《西域图记》

序中所说：

> 发自敦煌，至于西海，凡为三道，各有襟带。北道从伊吾，经蒲类海、铁勒部、突厥可汗庭，度北流河水，至拂菻国，达于西海。其中道从高昌、焉耆、龟兹、疏勒，度葱岭，又经钹汗、苏对沙那国、康国、曹国、何国、大小安国、穆国，至波斯，达于西海。其南道从鄯善、于阗、朱俱波、喝槃陀，度葱岭，又经护密、吐火罗、挹怛、帆延、漕国，至北婆罗门，达于西海。其三道诸国，亦各自有路，南北交通。……故知伊吾、高昌、鄯善，并西域之门户也。总凑敦煌，是其咽喉之地[74]。

裴矩对长安至西域丝绸之路的西段的三条路线，作了极明确的概括。唐代仍维持这种格局。在这三条路线上，均发现有外国遗物，兹分述如下：

（一）楼兰出土的贵霜铜币和萨珊玻璃碗

1. 贵霜铜币

1枚，1980年发现于楼兰古城内，径2.7厘米，重16.3克。钱正面有单人骑驼图案[75]。

2. 萨珊玻璃碗

斯坦因在楼兰L. K遗址的一座5～6世纪的墓葬中发现。碗高5.6厘米，口径6.9厘米，底径2.4厘米。侈口平底，浅绿色透明，腹部有三排圆形凹面纹饰，靠近底部的一排为七个圆形凹饰[76]。1980年在楼兰古城（斯坦因编号为ZA）发现玻璃器残片6片。

（二）米兰吐蕃戍堡西南废佛寺出土有翼天使像壁画残片[77]

这种有罗马艺术风格的画像，斯坦因亦曾在米兰发现过。表明在4世纪中叶以前罗马艺术或犍陀罗艺术从丝绸之路东传的情形。

（三）和阗发现的蚀花肉红石髓珠、东罗马金币和喀喇汗朝铜器

1. 和阗发现的蚀花肉红石髓珠

斯坦因在和阗发现[78]。这种蚀花肉红石髓珠，是在鸡血石（即石红石髓）上用化学方法腐蚀出各种花纹的，公元前2000年即在西亚和南亚出现。和阗所出者为公元前3世纪至公元2世纪的，它与巴基斯坦的白沙瓦和印度的坦叉始罗出土的极为相似，因而极有可能是从西亚和南亚输入的。1980年在楼兰亦发现过两件。中国云南晋宁石寨山西汉墓和云南江川李家山22号墓均曾发现过花纹简单的蚀花肉红石髓珠[79]，李家山22号墓的年代约在公元前6世纪，说明西亚与南亚在公元前即与中国川滇有着交通联系。中国西南部，包括云南、四川、西藏地区与西亚、南亚的交通路线，在考古学上尚是一个待研究的课题。

2. 和阗发现东罗马金币

发现 1 枚，为查斯丁一世（Justinus I，518～527 年）时期所铸。出土于 1914 年[80]。

3. 和阗发现的喀喇汗朝窖藏铜器

1989 年发现，共 16 件。嵌银錾花铜托盘 2 件，高 3.4～4.5 厘米，长 31～32.7 厘米，宽 20～22.2 厘米；盘沿及盘内底用银片嵌出阿拉伯字和缠枝忍冬、莲花等花纹。铜执壶 1 件，高 25.5 厘米；长流细颈，鼓腹圈足，曲柄。錾花铜器盖 2 件，径 5.2 厘米，高 4.5 厘米，盖面錾出花瓣、鸟禽等纹饰，盖口四周刻阿拉伯文。嵌银錾花铜器盖 1 件，径 16 厘米，高 8.3 厘米，宝珠纽，通体布满錾银花纹，有各种缠枝忍冬、桃形边圈、曲波等纹饰，繁缛纤巧。嵌紫铜錾花铜盒 1 件，高 8.8 厘米，径 10.5 厘米；平顶盖，子母口，直筒身，盒身下部有三系；盖顶与盒身錾嵌紫铜花纹，有阿拉伯文和带翼怪兽等。另外还有素面铜鼎、釜、铛、豆等器[81]。这种带阿拉伯文錾嵌银或紫铜花纹的铜器，在和阗屡有发现。1004 年于阗为喀喇汗王朝（黑汗王朝）的东汗国所灭，这些铜器当是喀喇汗王朝时所作，与中亚塔吉克斯坦所出之喀喇汗王朝铜器相似。

（四）阿图什发现的喀喇汗王朝钱币

1980 年 3 月发现于阿图什的松他克，18 000 枚左右，窖藏于一只麻袋中，全部为铜币，均系用打压的方法制成。百分之九十以上属穆罕默德阿尔斯兰汗时所造，还有少量的迪尔赫姆式和桃花石可汗式钱币。同时埋入的还有 9 枚北宋钱币，年代最晚的是政和通宝[82]。故此窖藏当埋于 12 世纪中叶。窖藏地点距喀喇汗王朝东汗国之首都疏勒（喀什噶尔）很近。

（五）乌恰发现的波斯萨珊银币

1959 年 5 月，在新疆克孜勒苏柯尔克孜族自治州乌恰县以西的深山中破山修路时，在石缝中发现波斯萨珊银币 947 枚，金条 13 根，共重 1330 克。出土时银币锈蚀甚重，有 97 枚已残损，其余 850 枚中有库思老一世 2 枚，库思老二世 567 枚，阿拉伯翁米亚王朝（651～702 年）仿制库思老二世式样银币，即阿拉伯—萨珊式银币 281 枚[83]。乌恰在喀什西北，正当西通费尔干纳的交通线上。埋藏的时间约在 8 世纪初。此时大食灭萨珊，掠中亚，迫使大批波斯人和粟特人东迁中国，这批银币的发现，特别是阿拉伯-萨珊式银币的发现，正说明了这一历史事实。

（六）吐鲁番地区发现的东罗马金币、波斯萨珊银币和波斯锦

吐鲁番地区包括阿斯塔那的哈喇和卓高昌古城和墓地，以及雅尔湖的交河古城和墓地。

1. 阿斯塔那墓地出土的东罗马金币

共出 3 枚，均为查斯丁一世（527～565 年）的仿制品。1915 年斯坦因发掘所得，分别出于 1 区 3 号、5 号、6 号三墓中[84]。

2. 阿斯塔那哈喇和卓高昌古城出土的波斯萨珊银币

（1）1950年发现波斯萨珊银币20枚，径2.6～3.1厘米，重4～4.3克。其中沙卜尔二世（Shapur Ⅱ，310～379年）10枚，阿尔达希二世（Ardashir Ⅱ，379～383年）7枚，沙卜尔三世（383～388年）3枚[85]。

（2）1955年发现10枚萨珊银币，径2.4～2.8厘米，装在一个煤精制的黑色方盒内[86]，其中沙卜尔二世4枚，阿尔达希二世5枚，沙卜尔三世1枚[87]。

（3）1957年发现2枚萨珊银币，皆为阿尔达希二世者[88]。

高昌古城所出的波斯萨珊银币，三批共32枚，均集中于310～388年，此时正当前秦苻坚命吕光西征（前秦建元十八年，382年）高昌、焉耆灭龟兹之时。吕光威扬西域，“桀黠胡王，昔所未宾者，不远万里，皆来归附”[89]。389年（前秦太初四年，东晋太元十四年）吕光自立为三河王，称后凉，建元麟嘉，封其子吕覆为西域大都护，镇高昌。这些萨珊银币似乎应该是在这个时期流入高昌的。

3. 阿斯塔那和雅尔湖墓地出土的波斯萨珊银币

（1）1915年斯坦因在阿斯塔那1区3号墓中发掘出2枚萨珊银币，荷尔马斯德四世（Harmazd Ⅳ，579～590年）1枚，库思老二世1枚，两枚银币分别放在死者的两眼上。在5区2号墓亦出土1枚银币，置于死者口中，已残破[90]。

（2）1928年出土于哈喇和卓古坟中，径2.6厘米，重3克，为库思老二世所铸，与开元通宝钱同含于死者口中[91]。

（3）1959～1960年阿斯塔那高昌墓地出土7枚萨珊银币：302号墓（永徽四年，653年）出土2枚，一剪边，一完整，径3.1厘米，重3.9克，皆为耶斯提泽德三世（Yezdigird Ⅲ，632～651年）铸币，年份为YATDH，即11年，相当于642年，即唐贞观十六年。此二钱置于该墓女尸口中。338号墓（乾封二年，667年）出土1枚。径3厘米，重4克，为库思老二世铸币，年份为HFT-SIH，即37年，相当于626年，即唐武德九年。325号墓（显庆元年，656年）出土2枚，一为库思老二世所铸，另一枚锈蚀不清。319号墓出土1枚，锈蚀不清。322号墓（龙朔三年，663年）出土1枚，为库思老二世所铸。337号墓（显庆二年，657年）出土1枚，锈蚀不清。339号墓（延寿三年，626年）出土1枚，为库思老二世所铸[92]。

（4）1964年阿斯塔那20号墓（神龙二年，706年）出土1枚，剪边，径2.7厘米，重2.3克，为库思老二世33年（622年）所铸，出于该墓女尸口中。29号墓（垂拱元年，685年）出土1枚，径3.1厘米，重3.9克，为布伦女王（Boran）2年（631年）所铸。8号墓（唐墓）出土1枚，剪边，径2.7～2.9厘米，重3.1克，为库思老二世式样，37年（626年）所铸，出尸体口中[93]。

（5）1966年阿斯塔那48号墓（隋仁寿四年，604年）出土1枚，径2.65厘米，重4.07克，为詹马斯波（Jamasp）3年（498年）所铸，鎏金，穿一孔，并焊接一环，已改为装饰品，出于该墓女尸口中。73号墓（唐墓）出土1枚，为库思老二世所铸，出于该墓女尸口中[94]。

（6）1967年阿斯塔那363号墓（景云元年，710年）出土1枚，径3.2厘米，重2.9克，为耶斯提泽德三世所铸，出于该墓尸体口中。77号墓（唐墓）出土1枚，为库思老二世1年（590年）所铸，出于该墓女尸口中。78号墓（贞观十二年，638年）出土1枚，径3～3.1厘米，重3.2克，为库思老二世所铸，出于该墓男尸口中。92号墓（贞观十三年，639年）出土一枚，径3厘米，重3克，为库思老二世30年（619年）所铸，出于该墓女尸口中[95]。

（7）1969年阿斯塔那118号墓（唐墓）出土1枚，径2.9厘米，为库思老二世25年（614年）所铸，出尸体口中。39号墓（唐墓）出土1枚，已锈蚀成屑，亦在男尸口中[96]。

（8）1972年阿斯塔那149号墓（唐墓）出土1枚，径3.1厘米，重4克，鎏金，上下各穿一孔，为库思老二世15年（604年）所铸，出于该墓女尸口中[97]。

（9）1973年阿斯塔那206号墓（永昌元年，689年）出土1枚，剪边，径2.7厘米，重3.1克，为库思老二世30年（619年）所铸，出于该墓女尸左眼上。115号墓（高昌末至隋）出土1枚，径2.6厘米，重2.2克，为卑路斯B型（459～484年），人像顶部穿一孔[98]。

（10）雅尔湖高昌墓地出土萨珊银币2枚，1956年6号墓出土库思老二世1枚。56号墓出土库思老二世11年（600年）所铸1枚[99]。

从阿斯塔那和雅尔湖墓地可以看出，7世纪高昌末年至唐代西州时期的墓中，盛行以波斯萨珊朝银币或东罗马金币殓葬，多数含殓于口中，或覆盖于两眼上，这是中国的传统葬俗。所用萨珊银币多是卑路斯以后至库思老二世式样（651年以后）的，尤以库思老二世为最多；罗马金币的年代也在6世纪中叶以后。有的银币的铸年与殓葬入墓年代很接近，说明萨珊银币的流通是很快的。

4. 阿斯塔那墓地出土的波斯锦

在丝绸之路上，中国丝绸是向西方输出的主要商品。自公元前1世纪的汉代，中国丝绸已输出中亚、西亚和欧洲，其遗物已在中亚、西亚被考古学家们所发现。到波斯萨珊时期，波斯人也开始制造丝绸，也能做织锦，其产品则返销至中国，中国人称之为“波斯锦”。梁普通元年（520年）滑国（哌哒）来献方物，其中便有“波斯锦”[100]。吐鲁番文书5世纪购物账中也有“钵（波斯锦）”，衣物疏中除有“波斯锦”外，还有“波斯锦面依（衣）”和“波斯锦被辱（褥）”[101]。什么是波斯锦？夏鼐认为在阿斯塔那墓地中便出土有这种波斯锦。在阿斯塔那墓地中发现的丝织品中，7世纪开始出现一种织锦，和一般的中国汉唐织锦不同。它用斜纹重组织，纬线起花，拈线较紧，夹经用双线，这是波斯萨珊织锦中所通行的织法；而汉锦则为平织，经线起花，夹纬单线，两者有明显的区别。波斯锦在花纹上也不是汉锦横贯全幅的布局，而是以联珠纹分隔成独立的花纹图案，如猪头纹、颈佩绶带的立鸟纹。夏鼐认为这种织锦可能便是所谓的“波斯锦”，是在伊朗东部地区制造而输入中国的。他举阿斯塔那325号墓（唐龙朔元年，661年）出土的猪头纹锦，以及332号墓出土的立鸟纹锦为证[102]。目前所知时代最早的波斯锦是阿斯塔那619年（唐武德二年）的331号墓出土的猪头纹锦[103]。当时，有以中国织法而用萨珊式花纹的产品。后来也有采用萨珊织法和萨珊式花纹的中国织锦产品，这是中国仿制的“波斯锦”，可以达到乱真的程度。

（七）焉耆出土的波斯萨珊银币和银器

1. 博格达古城出土萨珊银币

1978年焉耆博格达古城出土库思老二世银币1枚，其埋藏年代约在7世纪[104]。

2. 唐王城出土萨珊银币和银器

1989年4月焉耆唐王城出土银器5件，碗3件，盘2件。碗敞口圈足，口沿下饰联珠纹式花瓣纹，腹部做瓜棱状。有一碗的口沿下有一周刻铭（待释）。盘敞口圜底，一盘内中央刻一只狮子和山石树木等，另一盘内刻类似鸵鸟的动物七只，刻纹上有鎏金残迹。银器出于唐王城西400米处，似为一墓葬[105]。

（八）轮台群巴克出土的西亚镶嵌玻璃珠

1985～1987年间在轮台群巴克发掘公元前10世纪至公元前7世纪的墓地[106]。有的墓中发现有玻璃珠，如Ⅰ号墓地第28号墓出土的一件镶嵌玻璃珠，在深蓝色球状体中嵌入了8或9个蓝白相间的同心圆，圆心点为深蓝色，同心圆的排列并不整齐。它与伊朗高原出土的一种镶嵌玻璃珠非常相似，可能是从西亚传入中原的。春秋战国之际，在我国中原和南方地区的高级贵族墓中也发现过这种镶嵌玻璃珠[107]。我们以前曾设想，中原春秋战国墓和南方的楚墓中发现的镶嵌玻璃珠，有一部分可能是从海路输入的，但新疆轮台群巴克墓地的发现，使我们不能不考虑有少量的这种镶嵌玻璃珠也可能是从陆路输入的。在张骞开通西域以前，东西方在陆路上的交通和交往，实际上已经开始了，从这个意义上来说，轮台群巴克西亚镶嵌玻璃珠的发现，是有重要意义的。

（九）库车出土的波斯萨珊银币和铜饰

1. 苏巴什古城出土萨珊银币

1928年在库车苏巴什古城中出土一枚波斯萨珊朝银币，径2.3厘米，重1.8克[108]。此钱已被剪边，不能肯定是库思老二世，抑或是阿拉伯翁米亚王朝所铸之阿拉伯－萨珊式银币，因为711～761年太伯里斯坦（即《新唐书·西域传》中之“陀拔斯单”Tabarestan）曾将旧有的库思老二世银币剪边使用，此枚银币便可能是从太伯里斯坦所在之里海南岸输入苏巴什的[109]。

2. 库车克力西出土铜饰

这是一件残铜片，上有圆雕的带翅膀的人头胸像，深目高鼻，显系西方所制造。现藏库车文管所陈列室。

三

长安为汉唐时代之首都，从公元前2世纪至公元10世纪，西安是丝绸之路的起点，这是被公认的历史事实。但是，在东汉、曹魏、西晋和北魏时期，洛阳也曾是当时的首都；隋唐时期洛阳作为东都，在8世纪中叶以前，其政治和经济上的重要性并不低于长安。因此，有人主张丝绸之路的起点应东延至洛阳。我们并不否认洛阳在中西文化交流史上曾起过重要作用，考古学的发现也证明了洛阳在中西文化交通中的重要地位，但作为丝绸之路的起点，西安的地位仍是不可动摇的。

现将洛阳发现的外国遗物，叙列如下。

（一）洛阳东郊出土的罗马玻璃瓶

1987年洛阳东郊出土，口径4厘米，腹径7.5厘米，高13.6厘米。卷沿直口，长颈垂腹，圜底内凹。黄绿色，半透明。自口沿至底通体有螺旋状白色线纹，瓶表面除有白色线纹外，还有一层风化层，呈深褐色、金黄色和绿蓝色等金属光泽。华丽典雅，造型精巧，是较典型的罗马吹制玻璃器[110]，其时代约在2世纪，这是陆路上发现的时代最早的罗马遗物。此瓶完整无缺，尤为可贵。

（二）洛阳唐安菩夫妇墓出土东罗马金币

1981年洛阳龙门唐安菩夫妇墓发现的东罗马金币1枚，径2.2厘米，重4.3克，为东罗马福卡斯时期所铸。出土时握于西侧尸骨的手中[111]。安菩为中亚安国人，陆胡州大首领，被唐朝封为定远将军，麟德元年（664年）卒于长安。景龙三年（709年）与其妻中亚何国人何氏合葬于洛阳城南敬善寺之东。

（三）洛阳北邙山唐墓出土萨珊银币

1955年洛阳北邙山30号唐墓出土波斯萨珊银币16枚，6枚已残毁，其余10枚的直径为2.6～2.7厘米，重3.7～3.9克[112]。从其发表的两枚来看，都是卑路斯时期所铸[113]。

（四）洛阳关林唐墓出土萨珊玻璃瓶

1970年洛阳关林118号唐墓出土萨珊玻璃瓶1件，高11厘米，最大腹径11.5厘米，翠绿色透明，外有很厚的风化层，呈金黄色。细颈球腹，圜底微内凹[114]。此种是罗马后期至伊斯兰初期在叙利亚海岸流行的香水瓶。118号唐墓的玻璃瓶，经化验为钠钙玻璃，含镁钾较高，是萨珊玻璃[115]。

洛阳在东汉时期是对外交往的中心。洛阳作西晋的首都的时间虽短，却也吸引着周边邻国的人士。1931年在洛阳汉魏故城发现的“大晋龙兴皇帝三临辟雍碑”记载，西晋泰始六年（270年）时，来洛阳留学的学生，“东越于海，西及流沙”，多达一万余人。在碑阴题名中有不少西域的“散生”[116]。北魏太和十八年（494年）从平城迁都洛阳以后，外国侨民和周边的少数民族居住在洛阳城南的，有一万余家。杨衒之《洛阳伽蓝记》卷三：

永桥以南，圜丘以北，伊洛之间，夹御道，东有四夷馆，一曰金陵，二曰燕然，三曰扶桑，四曰崦嵫。道西有四夷里，一曰归正，二曰归德，三曰慕化，四曰慕义。吴人投国者，处金陵馆，三年已后，赐宅归正里。……北夷来附者，处燕然馆，三年已后，赐宅归德里。北夷酋长遣子入侍者，常秋来春去，避中国之热，时人谓之雁臣。……东夷来附者，处扶桑馆，赐宅慕化里。西夷来附者，处崦嵫馆，赐宅慕义里。自葱岭已西，至于大秦，百国千城，莫不款附。商胡贩客，日奔塞下，所谓尽天地之区矣。乐中国土风因而宅者，不可胜数，是以附化之民，万有余家。门巷修整，阊阖填列，青槐荫陌，绿柳垂庭。天下难得之货，咸悉在焉。

隋大业十一年（615年）春正月，大宴各国使臣于洛阳。《隋书·炀帝纪》云："十一年春正月甲午朔，大宴百僚。突厥、新罗、靺鞨、毕大辞、诃咄、传越、乌那曷、波腊、吐火罗、俱虑建、忽论、诃多、沛汗、龟兹、疏勒、于阗、安国、曹国、何国、穆国、毕、衣密、失范延、伽折、契丹等国，并遣使朝贡。……乙卯，大会蛮夷，设鱼龙曼延之乐，颁赐各有差。"每年正月招待来朝的外国诸蕃，自大业六年（610年）以来成为定制，场面之大，耗资之巨，令人惊叹。《资治通鉴》卷一八一有详细记载：

> 六年春正月……帝以诸蕃酋长毕集洛阳，丁丑，于端门街（胡三省注：洛阳皇城端门外之街）盛陈百戏，戏场周围五千步，执丝竹者万八千人，声闻数十里，自昏至旦，灯光火烛天地。终月而罢，所费巨万，自是岁以为常。诸蕃请入丰都市交易（胡注：东都东市曰丰都，南市曰大同，北市曰通远），帝许之，先命整饬店肆，檐宇如一，盛设帷帐，珍货充积，人物华盛，卖菜者亦藉以龙须席（胡注：龙须席以龙须草织成，今淮上安庆府居人多能织龙须席），胡客或过酒食店，悉令邀延就坐，醉饱而散，不取其值，绐之曰：中国丰饶，酒食例不取值。胡客皆惊叹。其黠者颇觉之，见以帛缠树，曰：中国亦有贫者，衣不盖形，何如以此物与之，缠树何为？市人惭不能答。

从隋炀帝的奢夸中反映当时洛阳确是一国际都会。唐代在安史之乱（天宝十四年，755年）以前，洛阳有东南漕米之利，经济繁荣，皇帝经常住洛阳，胡商也多集于东都。长安与洛阳之间的官道，官商行旅，络绎不绝。地处两京之间的陕县，也发现了波斯萨珊银币。1956年在陕县刘家渠隋开皇三年（583年）刘伟夫妇合葬墓出土库思老一世银币1枚，径3厘米，重3.9～4克[117]。

北朝时期在河北景县封氏墓地、磁县东魏茹茹公主闾氏墓和赞皇东魏李希宗墓，都曾出土过外国遗物。这些外国遗物可能是从河西走廊至长安或洛阳，然后再输至河北的；也可能是从中国北部的草原丝绸之路（详本文第四节）传入的，以前者的可能性为大。

（五）河北景县北魏封氏墓地出土罗马玻璃碗

原出4件，现只存2件[118]。封魔奴墓出土的玻璃碗，高4.4厘米，口径11.4厘米，底径4.5厘米。绿色透明，风化层呈金黄色，凹凸不平，有彩斑。直口圆唇，腹部有细弦纹一道，矮圈足，底部有疤痕。封魔奴卒于北魏太和七年（483年），正光二年（521年）葬于景县。祖氏墓出土的玻璃碗，高6.7厘米，口径10.3厘米，底径4.6厘米。淡绿色。圆唇，腹部缠贴三条波浪纹组成的网目纹，底部的玻璃条做成矮圈足，底上有疤痕[119]。祖氏墓下葬的年代不详。封氏墓地所出的这两件玻璃碗，经化验均为钠钙玻璃，与罗马玻璃的组成相符。

（六）河北磁县东魏茹茹公主闾氏墓出土拜占庭金币

1978年9月发掘，出土拜占庭金币两枚，一为阿那斯塔修斯一世所铸，径1.6厘米，重2.7克，已被剪边。另一枚为查斯丁一世（518～529年）舅甥共治时期所铸。径1.8厘米，重3.2克[120]。茹茹公主葬于东魏武定八年（550年），上距查斯丁一世铸金币才二三十年，流通之快，可以想见。

（七）河北赞皇东魏李希宗夫妇墓出土萨珊银器和拜占庭金币

河北赞皇东魏李希宗及其妻崔氏墓出土的波纹银碗、银戒指和拜占庭金币[121]。1976年10月发掘。波纹银碗1件，浅腹圈足，碗口内饰一周联珠纹，碗内底有一高浮雕六瓣莲纹，莲纹外又饰联珠纹两周，碗壁作曲线水波纹。齐东方认为是与萨珊有密切关系的银器[122]。鎏金银戒指1枚，直径1.7厘米，重11.75克，戒面上嵌蓝灰色青金石，凹刻一鹿纹，为崔氏佩带之首饰。拜占庭金币3枚，狄奥多西斯二世1枚，径2.1厘米，重3.6克。查斯丁一世舅甥共治时（527年）所铸金币2枚，一枚径1.68厘米，重2.49克；另一枚径1.7厘米，重2.6克。均被剪边[123]。李希宗葬于武定三年（545年），崔氏葬于武定七年（549年）。

（八）山西太原和寿阳出土外国遗物

山西太原及其以东的寿阳，均曾发现外国遗物。太原金胜村5号唐墓出土库思老二世银币1枚，径2.9厘米，重3.7克。正面圆框外右角上有鸟形戳记，是阿拉伯帝国初期东部各省加盖的戳记。约是6世纪末埋入墓中的[124]。1973年在寿阳发掘的北齐库狄回洛墓中曾出土一件阴刻走狮纹的玛瑙带饰，显系西方风格。库狄回洛葬于北齐河清元年（562年）[125]。

太原为唐北都，从长安和洛阳都有官道通太原。一路从长安东下蒲津渡，北经绛州（新绛）、晋州（临汾）至太原；另一路从洛阳由孟津渡河，北经怀州（沁阳）、泽州（晋城）、潞州（长治）而达太原。太原唐墓所出萨珊银币，由河西经长安或洛阳输入太原的可能性为大。

四

中国北部广阔的草原地带，自古以来便是游牧民族栖息畋猎之地。游牧民族移动频繁，逐水草而居，文化交流虽非其初衷，然客观上仍起到了传播的作用。东起大兴安岭，西至黑海，从公元前10世纪至公元前3世纪春秋战国时代，游牧民族便在这片横贯欧亚大陆的草原上活动，中国的丝绸早在此时已通过游牧民族从东方传向西方。

公元前2世纪汉武帝时代，改变了通向西方的交通路线，迫使匈奴北退，打通河西走廊孔道，把通向西方的道路从不固定的北方草原游牧路线南移至沙漠路线。西汉初期中国北方的形势主要是与匈奴相争夺，故从中原通向北方的南北向的交通占主要位置。但是，中国北方的东西向草原路线并未消失。秦汉以来修建的长城边塞，西起临洮（甘肃岷县），东至辽东（辽宁宽甸），这虽是为防御所筑，但却在客观上形成了贯通北方东西交通的基础动脉。4世纪北朝时期，北方草原上的东西交通日益重要，迨至北魏前期（约5世纪），以平城（山西大同）为中心，西接伊吾（新疆哈密），东至辽东（辽宁辽阳），逐渐形成一条贯通中国北方的东西国际交通路线。

北魏通西域是从拓跋焘开始的[126]。当时北魏通西域有两条路线：一条是从平城沿鄂尔多斯沙漠东南缘，经统万城（陕西靖边县）、灵州达姑臧（凉州，今武威）；或更往南走秦州（天水）、金城（兰州）而至姑臧，然后进入河西走廊[127]。这条路线因赫连氏夏和沮渠氏北凉政权的存在，多有阻隔。北魏平夏与北凉后，始打通此路。另一条路线是沿平城北面的六镇防线，西过居延（今内蒙古额济纳旗），直抵伊吾。为了使这条路线通行，北魏在神䴥二年（429年）和太平真君十年（449年），两次击退北方柔然的阻挠[128]，控制伊吾，保证了北方草原丝绸之路的畅通。它比稍南的鄂尔多斯沙漠东南缘的路线更为安全，因此，这条路线从4世纪开始，一直到11世纪，成为东北亚的国际交通路线，对中国、朝鲜和日本与西方的文化交流有极重要的作用。下面将着重谈中国北方草原丝绸之路。

5世纪前半叶，北魏于其北边设六镇，西起内蒙古自治区之乌拉特前旗，东抵河北省之张北县，自西向东依次为沃野镇（乌拉特前旗乌梁素海之北）、怀朔镇（固阳县北白灵淖城圐圙村古城）、武川镇（武川县乌兰不浪土城梁）、抚冥镇（四子王旗乌兰花土城）、柔玄镇（察哈尔右旗白音察干古城）、怀荒镇（河北省张北县境内）[129]。六镇之间有道路相通。太和十八年（494年）八月，北魏孝文帝巡视六镇，据《魏书·高祖纪》所载之行程为：

> 八月……甲辰（八月二日），幸阴山，观云川。丁未（八月五日），幸阅武台，临观讲武。癸丑（八月十一日），幸怀朔镇。己未（八月十七日），幸武川镇。辛酉（八月十九日），幸抚冥镇。甲子（八月二十二日），幸柔玄镇。乙丑（八月二十三日），南还。所过皆亲见高年，问民间疾苦，贫窘孤老，赐以粟帛。

孝文帝只巡视了六镇中之四镇，西起包头市北之固阳，东至白音察干，然后南下还平城。皇帝出行，仪仗车马甚众，十天之内约行400千米，没有较好的道路是走不通的。这条路线便是贯通中国北方的草原丝绸之路的中段，大体上与秦汉长城的走向重合。其西段则连接沃野镇，沿今阿拉善盟北端至额济纳旗居延海，即汉代之居延塞，再向西穿甘肃西北角而达新疆哈密。其东段自怀荒镇至赤城，分南北两路，南路入居庸关，至幽州（北京），经蓟州（蓟县），出渝关（山海关）至龙城（汉柳城，前燕、后燕、北燕称和龙宫、龙城，北魏、隋唐之营州，辽金为霸州兴中府，今辽宁朝阳）。北路自赤城北上至濡源、御夷镇（独石口），经今承德、平泉至龙城。南北两路皆会合于龙城，东经燕州（辽宁义县）至辽东（辽宁辽阳）。北魏前期诸帝东巡，平北燕攻龙城，均走上述之南北两路，事见《魏书》本纪，选录数条如下：

（1）太祖道武帝登国二年（387年）“冬十月癸卯，幸濡源。……十一月，幸赤城。十有二月，巡松漠，还幸牛川”。

（2）登国“三年春二月，帝东巡。夏四月，幸赤城。……六月……渡弱洛水（潢水）。……秋七月……帝还赤城”。

（3）太宗永兴四年（412年）“秋七月己巳朔，东巡。……戊子，临去畿陂观渔。庚寅，至于濡源”。

（4）神瑞二年（415年）“夏四月……己卯，车驾北巡。五月丁亥，次于参合东，幸大宁。丁未，田于四岬山。六月午戊，幸去畿陂观渔。辛酉，次于濡源。……丁卯，幸赤城。……南次石亭，幸上谷。……壬申，幸涿鹿，登桥山，观温泉，使使者以太宰祠黄帝庙。至广宁，登历山，祭舜庙，秋七月，还宫”。

（5）泰常三年（418年）五月“壬子，甲驾东巡，至于濡源及甘松。遣征东将军长孙道生、给事黄门侍郎奚观率精骑二万袭冯跋，又命骁骑将军延普自幽州北趋辽西为声势，帝自突门岭待之。道生至龙城，徙其民万余家而还。六月乙酉，车驾西返”。

（6）世祖延和元年（432年）“六月庚寅，车驾伐和龙。……秋七月己未，车驾至濡水。庚申，遣安东将军宜城公奚斤发幽州民及密云丁零万余人，运攻具，出南道，俱会和龙。帝至辽西。己巳，车驾至和龙，临其城。……九月乙卯，车驾西还。……冬十月癸酉，车驾至濡水。……十有一月乙巳，车驾至自伐和龙”[130]。

这条路线上的龙城，北魏平北燕后改称营州。营州在唐代尤其重要，不但是东北的军事重镇，营州都督府所在，而且地当东西南北交通之枢纽，杂胡贸易之中心。辽代以后，上京（林东）、中京（宁城）、元之上都（正蓝旗多伦）先后兴起，东段路线逐渐移向北方，不必再进居庸关走南路，可径自御夷镇北走多伦，东下宁城而至朝阳。

在这条贯通中国北方的草原丝绸之路上，近年陆续发现了许多外国遗物遗迹，兹由西向东叙述如下。

（一）内蒙古土默特左旗毕克齐镇古墓出土的金冠饰、金戒指和拜占庭金币

1959年夏发现于毕克齐镇东北大青山下。出土有死者头上所戴之金冠饰片1件，长21厘米，宽4厘米，重12.2克，略似弯月状；中央锤刻狮首，两侧对称，各刻一鳄鱼，显系西亚风格，两端及狮首下有四个圆孔。嵌青金石金戒指2枚，一枚嵌紫色青金石；另一件嵌黑色青金石，上刻一人做挑物状，与固原李贤墓所出之青金石戒指相似。拜占庭金币1枚，径1.4厘米，重2克，已被剪边，仅余中心部分，正面为王者半身像，背面雕胜利女神像，是东罗马皇帝列奥一世（Leo I，457～474年）所铸。同时出土的还有高圈足银杯2件，一件高9.2厘米，口径9.4厘米；另一件高8厘米，口径7.9厘米，腹部均有凸弦纹一周，与西安隋李静训墓所出之银杯相似。在尸骨四周还出有牙签、刀鞘、牛骨、铜环等物。据发掘者推测：“在尸骨旁没有发现棺椁等葬具的痕迹，或许是一个商队的商人暴死于路而加以掩埋的。”[131]我认为毕克齐古墓掩埋的可能是一个外国商人，他集东罗马、西亚、中亚之遗物于一墓之中，这是极罕见的墓葬。

（二）内蒙古呼和浩特市坝子村古城出土的波斯萨珊朝银币

呼和浩特市坝子城古城，汪宇平认为是北魏之白道城[132]。1965年在古城内发现波斯萨珊朝银币4枚。一枚为卡瓦德一世（Kavadh I）复位后（499～531年）所铸，径2.8厘米，重3.8克。另三枚皆铸于库思老一世，最大者直径3.2厘米，重3.8克[133]。

（三）山西大同北魏遗址和墓葬出土的金银器、铜器和玻璃器

大同是北魏前期都城平城，为4～5世纪中国北方与西方交通之中心。近年在大同附近屡次发现西方遗物，共有以下四项。

1. 大同北魏封和突墓出土的萨珊鎏金银盘

封和突墓在大同市西5千米处的小站村花圪垯台，1981年9月发掘。墓中出土萨珊鎏金银盘1件，总高4.1厘米，盘径18厘米，圈足径4.5厘米，圈足高1.4厘米。盘内壁锤刻狩猎图，外绕弦纹三道。狩猎图一部分鎏金，中央站一伊朗脸型的中年猎者，络腮长胡，两手持矛，其身前身后有三头野猪在芦苇丛中。同出的还有银耳杯和高足银杯各一件[134]。夏鼐认为，此盘属萨珊"皇家银盘"，相当于萨珊美术中期的作品，即4世纪后半至5世纪末，可以认定是5世纪的[135]。马雍考证，狩猎图上的人物是萨珊第四代国王巴赫拉姆一世（Bahram I）的肖像，其在位年代为273～276年，此盘作于巴赫拉姆一世在位时期，制成后由波斯传至龟兹或焉耆，最终为北魏所得[136]。封和突卒于景明二年（501年），葬于正始元年（504年）。5世纪前，波斯遣使北魏至平城共有五次[137]，也不能排除此盘是从波斯直接传至平城的。

2. 大同南郊北魏墓出土的萨珊玻璃碗和鎏金刻花银碗

1988年8月发现于大同南郊张女坟第107号北魏墓中。萨珊玻璃碗1件，高7.3厘米，腹径11.3厘米，口径10.4厘米，淡绿色透明，直口、鼓腹、圜底，腹部有三十五个磨花椭圆形装饰，分四行交错排列，圜底上亦有六个磨花凹圆装饰。鎏金刻花银碗1件，口径10.2厘米，高4.6厘米，敞口、圆腹、圆底。口沿下饰两道联珠纹，腹外壁上以四束阿堪突斯（Acanthus）叶纹联成，每束叶纹中间的圆环内有一深目高鼻、长发披肩的男子头像，圜底上有八等分圆圈叶纹[138]。

3. 大同南郊北魏遗址出土的萨珊鎏金高足铜杯、八曲银杯和刻花银碗

1991年发现。共5件：鎏金高浮雕高足铜杯1件，高10.3厘米，口径9.4厘米，足径4.9厘米。口沿下为一周八个高浮雕动物，腹部除有平雕的花叶纹外，还有高浮雕人物和人头像各四个。鎏金镶嵌高足铜杯1件，高9.8厘米，口径11.2厘米，足径6.8厘米。口沿下有两周联珠纹，联珠纹之间有曲卷叶纹和镶嵌宝石，腹部竖立四组卷叶纹，卷叶纹间有高浮雕人物，其上镶嵌一周宝石。鎏金高足铜杯1件，高11.5厘米，口径9.6厘米，足径5.4厘米。侈口，筒腹，腹外壁上饰卷枝葡萄纹，其间有攀枝童子五人。八曲银杯1件，高4.5厘米，口径23.8厘米×14.5厘米。杯中心有椭圆形环，锤揲出两只嬉戏的海兽。圈足径7厘米×4.5厘米，铜质，或系后来补配的。鎏金刻花银碗1件，高5厘米，口径8.5厘米。敞口、圆腹、圜底。口沿下有两周联珠纹，联珠纹之间有两条绹纹，腹部外壁上锤揲出四束阿堪突斯叶纹，间以四圆环，圆环内有戴帽子的深目高鼻的男子头像[139]。此碗与前述大同张女坟107号墓所出之鎏金刻花银碗，极为相似。

上述五件鎏金高足铜杯、八曲银杯和鎏金刻花银碗，均是波斯萨珊朝铜制品。孙培良认为，三件鎏金高足铜杯和鎏金刻花银碗，应是伊朗东北部呼罗珊的制品，其制作年代不早于4世纪；八曲银杯很可能是5世纪中叶至5世纪末叶伊朗北部陀拔斯单（Tabarestan）的作品[140]。

在大同之东的天镇的一个窖藏中发现60余枚波斯萨珊银币。在大同以南的朔州唐墓中也出土过1枚波斯萨珊银币。详情有待于正式报告之发表。

（四）北京西晋华芳墓出土的萨珊玻璃碗

1965年7月发现，出土时残碎不全[141]。经修复后得知，此碗高7.2厘米，口径10.7厘米。淡绿色透明。侈口敛颈，球腹圜底。腹部有十个椭圆形乳丁，列为一排，底部有七对微突的钉足[142]。华芳是西晋幽州刺史王浚的妻子，葬于西晋永嘉元年（307年）。这只萨珊玻璃碗是中国境内发现的时代较早的波斯萨珊玻璃器。

（五）天津蓟县独乐寺白塔出土的伊斯兰刻花玻璃瓶

1983年在白塔上层塔室发现。瓶高26.4厘米，口径7.8厘米，颈高10.5厘米。无色透明。折沿长颈，筒腹平底。底部有粘棒疤痕。颈肩部有矩形、菱形和弦纹，腹部刻弦纹[143]。此瓶之器形和刻花纹饰都与伊朗吉兰州、塞尔斯利曼（Serce Limani）沉船和乃沙卜尔出土的刻花水瓶相似，是伊斯兰玻璃器。上层塔室封闭于辽清宁四年（1058年），则此瓶之时代不得晚于11世纪中叶[144]。

（六）河北宽城出土的萨珊银壶

1984年宽城县大野峪村出土。高36.5厘米。短流鼓腹，喇叭形高圈足，可能原来还有把手[145]。是典型的中亚风格的“胡瓶”，时代约为7世纪作品[146]。宽城地处燕山以北，在北方草原丝绸之路稍南。

（七）辽宁朝阳出土的萨珊和伊斯兰玻璃器

1. 朝阳北塔天宫出土的萨珊玻璃瓶

1988年11月发现。瓶高16厘米，腹径8.5厘米。淡绿色透明。瓶口有流，上盖鸟形金盖，柄上三短柱似鸟尾，瓶上部造型如一只昂首蹲坐的鸟，下有圈足。瓶内底部再立一长颈小瓶。形制奇特，为萨珊玻璃器中之精品[147]。此塔天宫封藏年代为辽重熙十二年（1043年），则此瓶当为11世纪上半叶之作品。

2. 朝阳辽耿延毅墓出土的伊斯兰玻璃器

1975年9月发现，共两件[148]：绿色玻璃把杯1件，高10.2厘米，口径8.2厘米，底径5厘米。深绿色透明。直口，圆筒颈，广肩，腹部急收而出假圈足，口与肩部连一扁圆把手，把上端立一短柱，这是伊斯兰玻璃器的特征，伊朗高原戈尔甘曾出土类似的伊斯兰玻璃把杯。黄色玻璃盘1件，高4.4～5.4厘米，口径18.8厘米，底径7.4厘米。淡黄色透明。叠沿外卷，腹壁陡直，凹底，里底凸起。腹外壁有似柳筐编纹的暗花。亦应是伊朗高原的伊斯兰玻璃器[149]。耿延毅夫妇葬于辽开泰八年（1019年），则此两件伊斯兰玻璃器的制作年代是11世纪初期。

（八）辽宁北票北燕冯素弗墓出土的罗马玻璃器

1965年9月发现，共4件[150]：鸭形器1件，长20.5厘米，腹径5.2厘米。淡绿色透明，外有一层白色风化层，并呈蓝紫色虹彩。横长身，口做张开的鸭嘴形，长颈鼓腹，尾部细长。颈腹部用玻璃条盘卷装饰，颈部饰三角纹，背上粘出双翅，腹下粘出双足，腹底粘一个平正的玻璃饼，使整器放置平稳。造型奇特罕见，与1～2世纪地中海地区流行的鸟形玻璃器颇相似，也与阿富汗伯格拉姆遗址发现的2～3世纪的罗马玻璃鱼形器相似。玻璃碗1件，高4.3厘米，口径13厘米。淡绿色透明。口微向内卷沿，底用玻璃条粘圈足，有粘棒疤痕。玻璃杯1件，高8.8厘米，口径9.3厘米。深翠绿色透明，质地纯净，色泽鲜丽。侈口凹底，底部有疤痕。玻璃钵1件，实际上是深腹玻璃碗，高8.7厘米，口径9. 5厘米。淡绿色透明。口沿内卷，圜底。另有一残破的玻璃高圈足，当是高足杯，为罗马玻璃器中常见的器物[151]。冯素弗为北燕贵族，卒于北燕太平七年（415年），以他在当时的社会地位，能够获得多件来自远方地中海地区的罗马玻璃器，是不足为怪的，但这必须是在中西交通畅通的前提下才能实现的，说明5世纪初中国北方草原丝绸之路是很通畅的。

（九）内蒙古昭盟敖汗旗李家营子出土的鎏金银器

1975年春发现。1号墓出土金银器5件：鎏金银壶1件，高28厘米。柄部和口沿相接处饰一鎏金人头像，深目高鼻，有髭；腹下有高圈足，圈足底边饰一周联珠纹。鎏金银盘1件，高4厘米，口径18厘米。盘心锤刻一猞猁状兽纹，盘口和盘心兽纹状鎏金。盘下有圈足。椭圆形银杯1件，口长18.5厘米。下原有圈足已缺失。小银壶1件，高11.2厘米，口径6.5厘米。侈口，颈腹间有一周凸起的棱线，棱线下的腹部上安一把手，把手上端有圆饼状錾手。银勺1件。这些银器都有很明显的使用痕迹。2号墓与1号墓相距不远，出有金带饰、金镯等。发掘者推测是一处年代较早的辽代墓地[152]。夏鼐认为是萨珊银器，约为8世纪前半叶的作品[153]。齐东方认为是粟特银器[154]。孙机则认为是突厥银器[155]。

（十）内蒙古哲盟奈曼旗辽陈国公主墓出土的玻璃器

1986年6月发现。共出土伊斯兰和拜占庭玻璃器7件[156]：伊斯兰带把玻璃杯2件，一件高11.6厘米，口径8.4厘米，底径5厘米。深棕色透明。敛口筒颈，鼓腹，假圈足。口沿与腹部连接把手，把手上端有圆饼状錾手。外底部有粘棒疤痕。另一件残。伊斯兰刻花玻璃瓶1件，高25.2厘米，底径9.8厘米。无色透明。折沿长颈，筒腹，平底，外底部有粘棒疤痕。颈腹部磨刻几何形花纹。伊斯兰高颈玻璃水瓶2件，高约28厘米，口径8.5厘米。淡黄色透明，含较多气泡。侈口长颈，鼓腹，底内凹。口沿处压印五个椭圆同心圆作装饰，颈部有两道弦纹。外底部有粘棒疤痕。此种高颈玻璃水瓶，当是中亚的伊斯兰玻璃产品。乳丁纹玻璃瓶1件，高17厘米，口径6厘米，底径8.8厘米。无色透明。侈口，漏斗形长颈，鼓腹，喇叭状圈足。腹部饰五排小乳丁纹，口沿与腹间有花式镂空把手。此瓶氧化钠的含量高达20.60%，可能是埃及或叙利亚的产品。拜占庭刻花琉璃盘1件，高6.8厘米，口径25.5厘米，底径10厘米。无色透明。敞口，弧腹，圈足。腹外壁刻有一周 28 个四棱小锥装饰，这些小棱锥和底部的圈足都是用砂轮打磨而成的。它可能是 10 或 11 世纪初拜占庭的玻璃器，是世界上罕见的珍品[157]。陈国公主与驸马萧绍矩葬于辽开泰七年（1018 年），有这许多伊斯兰和拜占庭玻璃器随葬，反映 10 世纪末辽与西方的交往已十分密切。

在这条路线稍南，发现外国遗物的地点还有河北省定县。我认为定县与这条路线关系密切，兹述其发现如下。

（十一）定县北魏塔基出土的波斯萨珊银币

1964 年 12 月发现，共出 41 枚，一般直径 2.69～3.19 厘米，重 3.59～4.29 克[158]。其中有 4 枚为耶斯提泽德二世（438～457 年）的，有 37 枚为卑路斯时期的。在一枚耶斯提泽德二世的银币上印压有哌哒文，是哌哒允许波斯银币在其国境内流通的标记[159]。定县北魏塔是太和五年（481 年）孝文帝东巡时敕建的，塔基中埋藏了许多金银器、铜器、玻璃器和珠玉珍宝等物，有些珍宝包括波斯萨珊银币在内，很可能是平城宫中所藏，今虽出土于定县，实是当年平城之物。

（十二）定县北宋静志寺塔基出土的伊斯兰玻璃器

1965 年 5 月发现，共出土伊斯兰玻璃器 8 件[160]。由于发表资料不全，只能根据安家瑶的研究记录[161]叙述。刻花玻璃瓶 1 件。无色透明，泛淡蓝色。细颈折肩，筒腹，平底。颈、腹和底部都刻有几何形花纹。这是典型的 10 世纪的伊斯兰刻花水瓶，在奈曼旗的陈国公主墓和蓟县独乐寺白塔中都曾发现过此类瓶。深蓝大腹玻璃瓶 1 件，高 17.7 厘米，腹径 9.8 厘米。深蓝色透明。细颈，长球形腹，圜底，造型奇特。此类玻璃瓶在伊朗乃沙卜尔遗址多次发现。直筒玻璃杯 2 件，高 8 厘米。蓝色透明。直口圆唇，平底，外底有粘棒疤痕。伊朗戈尔甘遗址曾出土过类似的器物。直颈玻璃瓶 2 件，高 7.2 厘米。无色透明，泛淡黄绿色。直颈折肩，鼓腹，外底部有粘棒疤痕[162]。除上述六件外，还有一件圈足侈口碗和一件方形瓶，也可能是伊斯兰玻璃器。此塔基埋藏于北宋太平兴国二年（977 年）。这些伊斯兰玻璃器，很可能是建塔时从与其接壤的辽国输入的。

中国北方草原丝绸之路，考古学的发现说明它从公元前便已开始了，四五世纪形成了在中国境内的这条路线。北魏迁洛阳以前，平城是当时的首都，它与东段的龙城，东西相望，是中国北方草原丝绸之路上的两颗明珠，大同、朝阳（包括北票）的重要发现，充分说明了这一历史实况。北魏太和十七年（493 年）迁都洛阳以后，政治中心南移，河西走廊基本已由北魏控制。其后，平城衰落，六镇叛乱（正光四年，523 年），北方草原丝绸之路亦较前为之萧条。隋唐时期，着力经营河西至西域的主干道。北方草原丝绸之路重点在东西两端，东端为中原通东北辽东道，以营州为中心。西端为中原通回纥（和林）道，即《新唐书•地埋志》中贾眈所记入四夷之第四路“中受降城入回鹘道”，从今内蒙古包头西北行，走鸊鹈泉（今内蒙古乌拉特后旗东北乌尼乌苏附近）道，此为西端主道。另有自居延出花门堡道和北庭出特罗堡道为辅道[163]。东西两端尤以东端的营州最为繁盛，朝阳新发现的唐前期墓中的东罗马金币和石雕胡俑[164]，可以为证。

考古学的发现还说明，中国北方草原丝绸之路的第二个繁荣时期是 10 世纪末至 11 世纪的辽代。河北定县北宋塔基、蓟县独乐寺白塔、朝阳北塔天宫和辽耿延毅墓、奈曼旗辽陈国公主墓发现的伊斯兰玻璃器，以及敖汗旗李家营子辽墓发现的萨珊或粟特银器，充分反映了辽与中亚和阿拉伯（大食）的密切关系。

辽与中亚和西亚的交往，其中间媒介是回鹘。回鹘西迁后分为三个部分：一是甘州回鹘，与辽关系不好，11世纪初为西夏所灭；二是敦煌沙州回鹘，与宋、辽关系都好；三是高昌回鹘，亦称西州或和州回鹘，与辽关系密切，它以新疆的高昌（吐鲁番）和北庭（吉木萨尔）为冬夏二宫，西有龟兹和焉耆，东有伊州（哈密）。《辽史·属国表》所记回鹘、和州回鹘，均是高昌回鹘。另有阿萨兰回鹘，或说是高昌回鹘，因高昌回鹘的可汗素用突厥语的称号——阿萨兰汗或阿厮兰汗（意为狮子王）之故。但阿萨兰回鹘是否即是高昌回鹘，目前尚有异议。魏良弢和程溯洛以为阿萨兰回鹘是喀喇汗王朝（又称黑汗王朝或黑韩王朝）[165]，喀喇汗王朝领有今新疆疏勒、喀什以及中亚之费尔干纳和塔什干诸地。从《辽史·属国表》列辽建国以来回鹘、波斯、大食、于阗等来贡的记录得知：沙州回鹘来贡三次；高昌回鹘来贡三十六次，有时一年来两次或三次；阿萨兰回鹘来贡十六次；波斯来贡一次；大食来贡三次；于阗来贡五次。其中沙州回鹘于统和二十四年（1006年）六月，“遣使进大食马及美玉”，说明回鹘确实曾贩运大食物品至辽。高昌回鹘在新疆东北部，为中西交通之要冲，与辽之关系最好，早在会同七年（944年）便向辽请婚，一直到天祚帝辽将覆亡前，高昌回鹘仍遣使来贡。保大三年（1123年）耶律大石西征，假道回鹘，遣书回鹘王毕勒哥云：“与尔国非一日之好也。今我将西至大食，假道尔国，其勿致疑。毕勒歌得书，即迎至邸，大宴三日，临行，献马六百，驼百，羊三千，愿质子孙为附庸，送至境外。”[166]高昌回鹘与辽的关系一百年来始终不断，直到最后还助西辽往大食。平时贸易往来之密切是可想而知的。阿萨兰回鹘与宋辽都有关系。统和十四年（996年）十一月“阿萨兰回鹘遣使为子求婚，不许”。但在重熙十六年（1047年）十二月，“阿萨兰回鹘王以公主生子，遣使来告”。可见后来辽与阿萨兰回鹘还是结为联姻之好。重熙二十二年（1053年）二月“阿萨兰回鹘为邻国所侵，遣使求援”。其关系自非一般关系。

回鹘与辽关系密切，还可以从辽上京设回鹘营看出。《辽史·地理志》记上京南城云：“南城谓之汉城。……南门之东回鹘营，回鹘商贩留居上京，置营居之。”《契丹国志》卷二十一云：“高昌国、龟兹国、于阗国、大食国、小食国、甘州、沙州、凉州，已上诸国，三年一次遣使，约四百余人，至契丹贡献玉、珠、乳香、琥珀、玛瑙器、宾铁、兵器、斜合黑皮、褐黑丝、门得丝、怕里呵、硇砂、褐里丝。”贡使团达数百人，其商贸活动必甚可观。

邻近新疆的阿富汗吉慈尼（Ghazni）也与辽有交往关系。太平四年（1024年）辽遣使者赍书致吉慈尼算端马合木（Mahmūd），并赐绢、皮、麝香等礼物，“肇启邦交，永敦邻好”。回鹘伊立格（Ilig）可汗亦遣使随辽使与吉慈尼缔盟通好。事见卒于1120年之阿拉伯医士麻瓦奇（Marvazi）所著之 *The Natural Properties of Animals* 一书[167]。

大食早在辽天赞三年（924年）便来贡，与辽一直保持良好关系。开泰九年（1020年）十月，“大食国王遣使为其子册哥（《辽史·本纪》作册割）请婚，进象及方物”。第二年即太平元年（1021年）三月，“大食国王复遣使请婚，以王子班郎君胡思里女可老封公主，降之”[168]。辽对大食似乎比对阿萨兰回鹘更为礼遇，十月请婚，第二年三月便下嫁公主。辽亡后，耶律大石从回鹘奔大食，这与他们之间曾有姻娅之缘不无关系。《宋史·大食传》中屡记大食给宋的贡品中有琉璃瓶、琉璃酒器（即玻璃器）等，以此推之，贡辽的方物中有玻璃器是完全可能的。在辽墓和辽代塔基中屡次发现伊斯兰玻璃器，正是辽与中亚、西亚频繁密切交往的物证。

中国北方的草原丝绸之路，从新疆伊犁、吉木萨尔、哈密，经额尔济纳、河套、呼和浩特、大同、张北、赤城、宁城、赤峰、朝阳、义县、辽阳，东经朝鲜而至日本，这条路线是连接西亚、中亚与东北亚的国际路线。朝鲜和日本发现的 4 世纪以来的西方金银器和玻璃器等，有一大部分可能是通过这条横贯中国北方的草原丝绸之路输入的[169]。

13 世纪以后蒙元时期，和林、上都成为当时政治中心，北方草原丝绸之路向北移动。忽必烈统一全国建都大都之后，北京成为全国政治中心；同时在直沽（天津）开展了海运，把中国北方草原丝绸之路与海上丝绸之路连接了起来，北京成为它的连接点，开创了中国丝绸之路的新局面。

五

海上丝绸之路与陆路不同，它是以对外港口为基点的，其发展取决于造船和航海技术。自汉代以来，沿海的对外港口是广州（番禺）、合浦、泉州、宁波（明州）、扬州，以及山东半岛的崂山（青州长广郡牢山）和蓬莱（登州）。考古学上所见从海上丝绸之路输入的外国遗物，是以对外港口为起点，向内陆输散，广东、广西、福建、浙江、江苏、湖南、湖北、安徽、河南、山东等省份均有发现。兹先介绍考古学的发现，然后再论述海上丝绸之路的问题。至于广州、泉州、扬州各地发现之伊斯兰、景教、摩尼教等宗教遗迹遗物，当与陆路新疆、内蒙古、北京各地之发现，另文论述，此不赘述。

（一）广　　州

广州自先秦时代便是海上交通之枢纽。广州发现的秦代造船工场遗址，充分显示着其造船技术之优势[170]。这无疑为广州奠立了对外交往的物质技术基础，历两千余年而不衰。自汉至唐，广州几乎垄断了中国的海上交通和贸易。

1. 广州南越王墓出土的银盒、金花泡饰、象牙和香料[171]

南越王墓是南越国文帝赵眛（即赵胡）之墓，葬于公元前 122 年左右（西汉元朔末至元狩初）。此墓出土的外国遗物有：列瓣纹银盒 1 件，高 10.3 厘米，盖径 14.3 厘米，腹径 14.8 厘米，子口径 13 厘米，盒下铜圈足是后配的。盖顶有两圈凹线弦纹，盖身锤揲出两相交错的列瓣纹。盖上有后配加的三个银锭凸榫。盖口与盒身相合处的边缘上各刻一周穗纹。盒身亦锤揲出两相交错的列瓣纹，底部微向内凹。此种列瓣纹与穗纹的银盒非我国传统工艺，是西亚或中亚之产品。为了适合中国所用，又加配了圈足和盖纽；犹如中国的豆，并在盖上加刻“名曰百卌一”、“一斤四两右游一私官容三升大半口”的铭文和编码。出土时盒内藏有药丸。金花泡饰 32 枚，径 1.1 厘米、高 0.5 厘米，是四组十六个小金珠焊接成的泡形装饰。这种焊珠工艺（Granulation）在两河流域乌尔（Ur）第一王朝（公元前 4000 年）出现，其后流行于古埃及、克里特、波斯等地，亚历山大东征以后传至印度。巴基斯坦坦叉始罗遗址中所见的焊珠工艺，可早到公元前 3 至公元前 2 世纪[172]。南越王墓中焊珠工艺制成的金花泡饰，应是由南亚输入的，这可能是目前所见西方焊珠工艺在中国的最早遗物。象牙5支，在南越王墓西耳室内，成堆叠放，最大的长126厘米，经鉴定确认是非洲象牙。香料，在西耳室的一个漆盒内有乳香一堆，呈树脂状，重26克。南越王墓中出熏炉13件，可见燃香在南越王的生活中是十分重要的。乳香主要产于红海沿岸，南越王从南亚进口乳香是完全可能的。

2. 广州横枝岗2061号墓出土的罗马玻璃碗

共出3件，出土时已碎裂，经黏合后两件完整，一件尚缺三分之一左右，大小略同，口径10.6厘米，底径4厘水[173]。深蓝紫色，模制成型，外壁及口沿经过打磨，口沿下的阴弦纹是磨出的，磨得不很规整。经化验为钠钙玻璃，似是地中海南岸的罗马玻璃中心公元前1世纪的产品[174]。此墓时代在西汉中期，相当于公元前1世纪，这是目前所知我国发现的年代最早的罗马玻璃器。

3. 广州汉墓出土的多面金珠和肉红石髓珠

广州第4013号东汉前期墓（公元1世纪前半叶）中出土有1件镂空小金珠，直径1.4厘米，做十二面菱形，每面正中是一个圆形穿孔，每角处有凸起的圆珠四粒[175]。有人称其为多面金珠，与其相同的多面金珠在越南的奥高遗址（扶南国）和巴基斯坦的坦叉始罗发现过，广州所出者当是从南亚经海路输入的[176]。在广州西汉后期墓中还出土过两颗肉红石髓珠，有药物蚀花的线纹，也应当是从南亚（印度南部的黄支国）输入的[177]。

（二）广东英德南齐墓出土的波斯银币

1960年7月发现，共3枚，两枚已残，一枚完整，剪边，径2.7厘米，重2.3克。属卑路斯B型，皆有小穿孔，可能已被作饰物佩戴。此墓有南齐永元元年（499年）纪年砖[178]。

（三）广东曲江南华寺南朝墓出土的波斯银币

1973年发现于曲江南华寺第3号南朝墓中，共9片，均是被剪碎的残片，为卑路斯时期所铸[179]。

（四）广东遂溪南朝窖藏银碗和波斯银币

1984年发现于遂溪县边湾村，金银器和波斯银币均装藏于一陶罐内。此地距海岸线约10千米，相传古代海岸线却在此地。银碗1件，出土时已破碎。高8厘米，口径18厘米，圈足径7厘米。做十二瓣状，口沿微侈，圈足外斜，碗底上凹[180]。在口沿外周刻有阿拉美（Aramaic Characters）铭文。阿拉美文字在萨珊王朝时使用于东伊兰地区的粟特与花剌子模，特别是粟特地区仅流行于5世纪前。这件十二折银碗，很可能是粟特商人从海路带来的[181]。波斯萨珊银币20枚，径约2.8厘米，重4克左右。可分四种：沙卜尔三世所铸者3枚；耶斯提泽德二世所铸者5枚；卑路斯（457～483）A型1枚；卑路斯B型11枚。遂溪窖藏的发现，为研究粟特人在海上丝绸之路的活动提供了实物资料。

（五）长沙汉晋墓出土的多面金珠

1. 长沙五里牌 9 号东汉墓出土多面金珠

4 件。金珠以 12 个小金丝环焊成，环与环之间的空隙处，堆焊三颗小圆金珠。另有 5 件小金球，饰以金丝弦纹，然后再堆焊小圆金珠。还有用数十粒小金珠焊接成的圆球和用小金珠堆焊成的“亚”字形牌饰[182]。此墓出土多件以焊珠工艺和掐丝工艺等西方金工技艺制成的装饰品，实属罕见。

2. 长沙、黄泥塘 3 号东晋墓出土多面金珠

1 件，径 1 厘米。同出的还有各种形状的用焊珠工艺和掐丝工艺制成的小金饰，直径均在 1.1 厘米左右[183]。

（六）泉州发掘的宋代海船

泉州是宋元时代继广州而起的另一个重要港口，刺桐港是驰名中外的贸易港。1974 年在泉州湾后渚港的沙滩上发掘了一艘宋代海船。船体残长 24.2 米，残宽 9.15 米，尖底，船身扁阔，头尖尾方。龙骨由两段松木接成，全长 17.65 米，连接龙骨的艏柱用樟木制成，长约 4.5 米。船板用柳杉拼接榫合，缝隙处以麻丝、竹茹和桐油灰填抹。船体用十二道隔板隔成十三个舱，最深的船舱 1.98 米，最浅的 1.5 米。该船的排水量为 370 吨左右。船中所载的货物有香料木（包括降真香、沉香、檀香等），还有龙涎香、乳香、槟榔、朱砂、水银等香料和药物。船中发现的年代最晚的钱是宋度宗咸淳七年（1271 年）的。这艘宋代海船结构坚固，稳定性好，适宜远洋航行，与宋徐兢《宣和奉使高丽图经》中所记的“下侧如刃”的尖底型海船相同[184]。

（七）福州五代刘华墓出土的波斯孔雀蓝釉陶瓶

1965 年发掘。共出土 3 件波斯孔雀蓝釉陶瓶，通体上釉，釉色晶莹，瓶内壁作青灰色，陶胎橙红，质地疏松，皆为小敛口、广腹、小底内凹。有两件纹饰相同，器高 77.5～78.2 厘米，口径 12～14 厘米，腹径 40～41，底径 16 厘米，肩部有三个小竖耳，外腹部贴塑三组五层半圆弧绳纹，下腹部有一周泥条压印纹。另一件高 74.5 厘米，口径 15 厘米，腹径 42 厘米，底径 17 厘米，肩上有四个小竖耳，腹部有四道泥条压印纹[185]。刘华为闽国第三主王延钧的妻子，卒于后唐长兴元年（930 年）。此类波斯孔雀蓝釉陶瓶的年代，因刘华墓的发现，得以确认。

（八）浙江瑞安北宋慧光塔出土的伊斯兰刻花玻璃瓶

1967 年发现，瓶高 9 厘米，浅蓝色，口沿平折，高颈鼓腹，腹部刻花，下有圈足。出土于该塔地宫的舍利石函中[186]。此塔建成于北宋庆历三年（1043 年），则此瓶当是 11 世纪伊斯兰产品。

（九）湖北鄂城西晋墓出土的萨珊玻璃碗

1978年9月发掘，墓在鄂城五里墩（编号121）。出土时破为碎片，淡黄绿色，透明有小气泡。修复后口径10.5厘米，侈口，颈微收，球腹圜底。腹部有两条阴弦纹和三排椭圆形稍内凹的磨花纹饰。经化验为钠钙玻璃，是波斯萨珊玻璃器[187]。此墓为西晋墓，相当于公元3世纪中叶至4世纪初。我以前曾推测此碗有可能是由陆路经“河南道”至四川，顺江而下至鄂城的[188]。当然，从海路输入的可能性也很大，从广州进口，沿当时的官路，越五岭至鄂城。

（十）湖北公安东晋墓出土的多面金珠

1965年4月发现。此墓墓砖上有“左将军”、“吴郡喻侯”字样。出土多面金珠1枚，径1.4厘米，重14.95克，有十二个圆形穿孔[189]。

（十一）湖北安陆唐吴王妃杨氏墓出土的波斯银币

1980年1月发掘。出土波斯银币15枚，径2.5～2.9厘米，皆为卑路斯时期所铸[190]。吴王李恪被诛在永徽四年（653年），杨氏卒于其前，故墓志仍题“大唐吴国妃杨氏之志”，但志文已被铲平，当是吴王诛后毁墓时所为。

（十二）安徽无为宋代塔基出土的伊斯兰刻花玻璃瓶

1971年1月发现。瓶高12.5厘米，口径4.6厘米，底径7.3厘米，蓝色，颈及腹部有刻花。塔基内同出的有北宋景祐三年（1036年）许氏二娘愿文[191]。

（十三）南　　京

南京汉初属丹阳郡秣陵，建安十七年（212年）孙权故秣陵为建业，黄龙元年（229年）孙权自武昌迁都建业，自此开始，南京作为六朝首都，逐渐成为江南政治、经济和文化中心。西晋建兴元年（313年）改建业为建康。建康通过沿海港口（主要是广州）与国外交往。近年南京出土的外国遗物，多发现在六朝墓葬中。

1. 南京象山7号墓出土的罗马玻璃杯和金刚石金戒指

象山7号墓是东晋琅琊王氏族墓之一，据推溯可能是王廙墓，王廙卒于东晋永昌元年（322年）。墓内出土罗马玻璃杯2件，完整的一件出在男棺前面，高10.4厘米，口径9.4厘米，底径2.5厘米，无色透明，稍泛黄绿色，气泡少而小，外附一层白色风化层。口稍外侈，筒腹圜底。口沿下两条线纹间及底上磨有椭圆形花瓣纹，腹部有七个大椭圆形纹。另一件在女棺前，已被压碎，从碎片来看，与上述男棺前的一件，器形相似，也是筒形杯，不过颜色稍深，呈浅黄褐色。这两件杯都是钠钙玻璃。在男棺中部出土金刚石金戒指1枚，径2.2厘米，平素无花纹，在戒指顶部有方0.4厘米的斗形孔，内嵌金刚石一粒，直径约1毫米，是未经琢磨的等轴八面锥体，尖端向外[192]。在美洲和南非未发现金刚石矿以前的古代，金刚石只产于印度，向西输入希腊、罗马，向东输入东南亚和中国。晋时中国文献中已知金刚石为刻玉利器。输入中国的金刚石多嵌在金指环上作装饰，《宋书·夷蛮传》云："呵罗单国，治阇婆洲，元嘉七年（430年）遣使献金刚指环、赤鹦鹉鸟。"又云："天竺迦毗黎国，元嘉五年（428年）……奉献金刚指环、摩勒金环诸宝物、赤白鹦鹉各一头。"阇婆是苏门答腊或爪哇古称的同名异译，迦毗黎在印度东部海边[193]。象山7号墓所出之金刚石金戒指，无疑是南亚所产，在当时被认为是最珍贵的宝物。

2. 南京鼓楼岗东晋墓出土的罗马玻璃杯

1972年4月发现，在南京大学北园内，属东晋早期贵族墓（约当公元4世纪上半叶）。出土罗马玻璃杯1件，已残碎，原器为敞口折唇筒形杯，口径约10厘米，无色透明，有较多气泡，杯沿下有两道弦纹，腹中部也有两道弦纹，弦纹上下均有直瓣形对称磨花纹饰[194]。

3. 南京北郊东晋墓出土的罗马玻璃杯

1981年4月发掘。位于北崮山南坡上，规模较大，为东晋中、晚期（约当公元5世纪初）皇室贵族墓。墓早年被盗，残留的遗物中有浅黄色和深蓝色玻璃碎片两种，经黏合局部复原后看，似为两件深腹筒形器[195]。经化验均为钠钙玻璃，钾和镁的含量都较低，铁的含量也很低，说明原材料经过精选；含有微量的锰，是采用二氧化锰做脱色剂和澄清剂，其制造工艺已有较高水平[196]。

4. 南京石门坎六朝墓出土的玻璃器

1955年10月发现。墓早年被盗，破坏严重，残留遗物中有玻璃碎片，似为碗盏之属[197]。从玻璃碎片观察应是罗马玻璃。

南京六朝墓中所出之罗马玻璃器多是磨花筒形杯，与德国科隆4世纪墓葬中所出之玻璃相似，当是莱茵河畔罗马玻璃制造中心之产品[198]。

（十四）江苏镇江句容六朝墓出土萨珊玻璃碗

此碗无色透明，侈口，颈部微敛，球腹圜底，器形与北京西晋华芳墓和鄂城五里墩121号西晋墓所出者相似。碗腹有六排凹球面圆饰，相互错叠，是采用了冷加工的磨琢工艺制成的。这是近年发现的典型萨珊玻璃器精品之一[199]。

（十五）扬　　州

1. 扬州甘泉二号汉墓出土的罗马玻璃和多面金珠

1980年在扬州发掘的甘泉二号墓，曾出土"广陵王玺"，被认为是东汉初年从山阳王徙封广陵王的刘荆，他是光武帝的第九个儿子，卒于永平十年（67年）[200]。此墓早年被盗，在残留的遗物中有：罗马玻璃残片3片，钠钙玻璃，为紫红色与乳白色相间的透明体，是用这两种玻璃液，混合搅拌，灌模成型。外壁有模印的辐射形竖凸棱作装饰。成品类似大理石花纹，非常美观[201]。多面金珠1件，直径1.3厘米，重2.7克。用两个较大的和十二个较小的金圈拼焊成二十四个角的空心球，在金圈相接的二十四个空档处，用四粒小金珠堆焊出二十四个尖角。此种多面金珠，多发现在中国南方，扬州甘泉二号墓所出者，似是最北边的，它们都应当是由南亚经海路输入的。

2. 扬州出土的波斯釉陶壶

1965年2月在扬州城南出土1件波斯翠绿釉陶壶，高38厘米，口径9厘米，底径10厘米，厚唇高颈，在肩部与颈部间连有对称的两个把手，把手高9.5厘米，宽4.5～7厘米，腹下部敛为平底，底微内凹。颈部有不规则的波浪纹两周，其间凸起弦纹一周。肩部有波纹和旋削纹。腹部亦有多道旋削纹。胎质疏松，呈土红色。胎釉结合紧密，无剥釉现象[202]。经化验其胎的含钙镁量特别高，釉属钠钙系统，着色剂以铜为主，与中国低温铅釉陶有明显区别[203]。近年扬州出土的釉陶残片已有二三百片之多，根据出土情况判断，大多属于8世纪和9世纪的遗物。扬州在中晚唐以后，已成为一个十分重要的对外贸易港口，借长江、运河水运之便，西通荆州（江陵）、巴蜀（益州），南接闽越，北连淮洛，成为国内贸易中心，所谓“扬州富庶甲天下，时人称扬一益二”也[204]。近年扬州唐城的考古取得了很大进展[205]，发现了全国各地瓷窑烧造的瓷器，有些是为外销的商品瓷器；还有许多进口玻璃碎片，详细情况尚有待于正式考古报告发表。

（十六）河南固始侯古堆一号墓和湖北随县曾侯乙墓出土的西亚镶嵌玻璃珠

在本文第二节曾提到新疆轮台群巴克公元前10～前7世纪的墓中，曾发现由西亚输入的镶嵌玻璃珠。这种玻璃珠又被称作“蜻蜓眼”，也常在春秋战国之际的南方和中原贵族墓中发现，估计绝大部分都是自海路输入的。其中时代最早数量最多的是河南固始侯古堆一号墓和湖北随县曾侯乙墓。

河南固始侯古堆一号墓的时代约在公元前6世纪，玻璃珠作为佩戴的饰品，穿线已朽，散遍于棺内，最小的直径仅0.2厘米，制作工整[206]。湖北随县曾侯乙墓的年代约在公元前433年以后，即公元前5世纪中叶，墓内出土76枚西亚镶嵌玻璃珠组成的链饰，极为华丽[207]。它们都属钠钙玻璃，被认为是从西亚或中亚输入的产品[208]。这种镶嵌玻璃珠在此以前不见于我国，一经传入，颇受贵族阶层的喜爱。高至喜认为，春秋战国之际中国南方出土的镶嵌玻璃珠，很可能是由西亚经印度输入的。大概从战国早期开始，在楚国已能用中国传统的铅钡玻璃仿造西亚镶嵌玻璃珠[209]。根据考古学的发现，不论是陆路还是海路，在早期输入的外国遗物中，西亚镶嵌玻璃珠都是主要物品。

（十七）江苏徐州土山东汉墓铜砚盒上嵌的青金石

1969年发现。此墓出银缕玉衣，可能与东汉明帝之子彭城王刘恭有关系。遗物中有一件兽形铜砚盒，通体鎏金，并镶嵌红色的珊瑚和蓝色的宝石，包括青金石[210]。珊瑚出南海，青金石出阿富汗，可能是从海路输入的。

（十八）山东临淄西汉齐王墓随葬坑出土的列瓣银盒

1978年秋发现于山东临淄西汉齐王墓第一号随葬坑内，盒高11厘米，口径11.4厘米，今盒之外观呈豆形，但盒身下的铜圈足和盒盖上的三个铜卧兽，都是后来附加的，使盒变为豆。盒盖外周和盒身都有锤揲出来的相互交错的列瓣纹，与广州南越王墓的列瓣纹银盒极为相似，只是在盖身间没有刻出穗纹。发掘者推测此墓为齐王刘襄墓，随葬坑的年代在公元前179年左右[211]，早于南越王墓。从这两个极为相似的银盒的发现可以看出，在公元前2世纪，西亚或中亚银器已从海上丝绸之路输入中国。中国的南方和北方的贵族，虽然珍爱这种列瓣纹的银盒，但是，他们总不习惯使用西方器物，所以，都按中国的习惯把盒改装为豆，这一点在早期东西文化交流中是十分突出的，可以反映出当时人们的心态。

海上丝绸之路一般认为是从汉代开始的。《汉书•地理志》最后一段记南海之航线，最远可达印度南部东岸之唐契普拉姆（Conjevaram），兹引其原文如下：

> 自日南障塞徐闻、合浦船行可五月，有都元国；又船行可四月，有邑卢没国；又船行可二十余日，有谌离国；步行可十余日，有夫甘都卢国。自夫甘都卢国船行可二月余，有黄支国，民俗略与珠厓相类。其州广大，户口多，多异物，自武帝以来皆献见。有译长，属黄门，与应募者俱入海市明珠、璧琉璃、奇石异物，赍黄金杂缯而往。所至国皆禀食为耦，蛮夷贾船，转送致之。亦利交易，剽杀人。又苦逢风波溺死，不者数年来还。大珠至围二寸以下。平帝元始中，王莽辅政，欲耀威德，厚遗黄支王，令遣使献生犀牛。自黄支船行可八月，到皮宗；船行可二月，到日南、象林界云。黄支之南，有已程不国，汉之译使自此还矣。

但是，从考古学上所见的海上丝绸之路，已远远超出文献记载之外，中国南方和中原发现的西亚镶嵌玻璃珠，证明在公元前6世纪中国从海上通过南亚已与西亚有往来。

番禺、徐闻（汉县在广东海康，南齐时徙今地）、合浦、交州是早期港口，特别是广州（番禺）成为海上交通中心，它直接向六朝首都建康供应外国珍贵物品，从广州经英德、曲江，过韶关，越五岭，至长沙（临湘）、公安、江陵，然后顺江而下至鄂城、南京（建康）。这是当时的官路，所以在英德、曲江、长沙、公安、鄂城、无为各地都有外国遗物发现，南京发现的外国遗物数量质量为各地之冠，是符合历史实际的。

从发现的外国遗物种类和产地来看，自先秦至隋代以前多是西亚与中亚产品，包括镶嵌玻璃珠、列瓣银盒、罗马玻璃器、多面金珠等。萨珊玻璃器的数量较少，不如陆路上发现的多。到南朝后期，波斯遗物增多。唐宋时期则以阿拉伯（大食）遗物为多，如波斯蓝釉陶器和伊斯兰刻花玻璃器等。

唐宋时代的对外贸易港，又增加了泉州、明州（宁波）、扬州、登州等各处，海外航线也大为扩展，贾耽所记自广州通海之道可为代表。《新唐书•地理志》云：

> 广州东南海行，二百里至屯门山，乃帆风西行，二日至九州石。又南二日至象石。又

> 西南三日行，至占不劳山，山在环王国东二百里海中。又南二日行至陵山。又一日行，至门毒国。又一日行，至古笪国。又半日行，至奔陀浪洲。又两日行，到军突弄山。又五日行，至海硖，蕃人谓之质，南北百里，北岸则罗越国，南岸则佛逝国。佛逝国东水行四五日，至诃陵国，南中洲之最大者。又西出硖，三日至葛葛僧祇国，在佛逝西北隅之别岛，国人多钞暴，乘舶者畏惮之。其北岸则个罗国。个罗西则哥谷罗国。又从葛葛僧祇四五日行，至胜邓洲。又西五日行，至婆露国。又六日行，至婆国伽蓝洲。又北四日行，至师子国，其北海岸距南天竺大岸百里。又西四日行，经没来国，南天竺之最南境。又西北经十余小国，至婆罗门西境。又西北二日行，至拔飐国。又十日行，经天竺西境小国五，至提飐国，其国有弥兰太河，一曰新头河，自北渤崑国来，西流至提飐国北，入于海。又自提飐国西二十日行，经小国二十余，至提罗卢和国，一曰罗和异国，国人于海中立华表，夜则置炬其上，使舶人夜行不迷。又西一日行，至乌剌国，乃大食国之弗利剌河，南入于海。小航泝流，二日至末罗国，大食重镇也。又西北陆行千里，至茂门王所都缚达城。自婆罗门南境，从没来国至乌剌国，皆缘海东岸行，其西岸之西，皆大食国。[212]

贾耽所记之航程，是自广州至波斯、大食之主要航线，与汉代相比，中国与阿拉伯帝国的海上交通有了很大的发展，从考古学上也可得到印证。中国唐宋时代的瓷器，不但在中亚、南亚和东南亚各地普遍发现，远至西亚、北非也都有中国瓷器的遗留[213]。从中国瓷器在世界各地发现的分布情况可以看出，绝大部分是由海上运输的，从这个意义上来说，我们称海上丝绸之路为陶瓷之道，也是十分恰当的。

附记：此文原是1990年8月间在联合国教科文组织丝绸之路沙漠路线乌鲁木齐国际学术讨论会上的讲演稿，因时间所限，内容简略。其后新考古材料不断发表。今年8月间，乃在讲演稿之基础上，重新改写，增加海上丝绸之路内容。自经始至今虽已三年，然誊写定稿不过月余，疏漏必多，恳请方家指正，以便修订，则不胜感激。1993年9月6日记于北京。1994年4月重订。

注　释

[1] 考古研究所资料室《西安汉城故址出土一批带铭文的铅饼》，《考古》1977年6期；安志敏《金版与金饼——楚汉金币及其有关问题》，《考古学报》1973年2期，第61页。

[2] 密兴黑尔芬《一件中国铜器上安息钱铭文》，《大亚细亚》（*Asia Major*）第3卷1期，1952年，第1页，伦敦。

[3] 作铭（夏鼐）《外国字铭文的汉代（？）铜饼》，《考古》1961年5期，第272页。

[4][84][101][103] 宿白《中国境内发现的中亚与西亚遗物》，《中国大百科全书·考古学卷》，中国大百科出版社，1986年，第677页。

[5][15][87][88][99][109][113] 夏鼐《中国最近发现的波斯萨珊朝银币》，《考古学报》1957年2期，收入《考古学论文集》，科学出版社，1961年，第127页。

[6] 郑洪春《西安东郊隋舍利墓清理简报》，《考古与文物》1988年1期，第61页。

[7] 徐松《唐两京城坊考》卷三兴宁坊条，中华书局点校本，1985年，第82页。

[8] 中国社会科学院考古研究所《唐长安城郊隋唐墓》，文物出版社，1980年。

[9] 熊存瑞《隋李静训墓出土金项链、金手镯的产地问题》,《文物》1987 年 10 期，第 77 页。

[10] 张全民、王自力《西安东郊清理的两座唐墓》,《考古与文物》1992 年 5 期，第 51 页。

[11] 张海云等《西安市西郊曹家堡唐墓清理简报》,《考古与文物》1986 年 2 期，第 22 页。

[12] 夏鼐《西安土门村唐墓出土的拜占廷式金币》,《考古》1961 年 8 期，第 446 页。

[13] 陕西省文物管理委员会《西安市西窑头村唐墓清理记》,《考古》1965 年 8 期，第 383 页。

[14] 夏鼐《西安唐墓出土的阿拉伯金币》,《考古》1965 年 8 期，第 420 页。

[16][30] 朱捷元、秦波《陕西长安和耀县发现的波斯萨珊朝银币》，夏鼐附记,《考古》1974 年 2 期，第 126 页。

[17] 陕西省博物馆、文管会《西安南郊何家村发现唐代窖藏文物》,《文物》1972 年 1 期，第 30 页。

[18][115][149][151][161][174][196][198][201] 安家瑶《中国的早期玻璃器皿》,《考古学报》1984 年 4 期，第 413 页。

[19] 段鹏琦《西安南郊何家村唐代金银器小议》,《考古》1980 年 6 期，第 536 页。

[20]～[22] 张长启、高曼《西安新发现的东罗马金币》,《文博》1991 年 1 期，第 38 页。文中所记东罗马金币 3 枚，均未记币径和重量。

[23][145] 中国文物交流中心《中国の金银器、ガラス展——正倉院の故鄉》图版第 29，日本 NHK 大阪放送局，1992 年。

[24] 陕西省文物管理委员会《西安发现晚唐祆教徒的汉・婆罗钵文合璧墓志——唐苏谅妻马氏墓志》,《考古》1964 年 9 期，第 458 页。

[25] 伊藤义教《西安出土汉・婆合璧墓志婆文语言学的试译》,《考古学报》1964 年 2 期，第 195 页。

[26] 刘迎胜《唐苏谅妻马氏汉・巴列维文墓志再研究》,《考古学报》1990 年 3 期，第 295 页。

[27] 徐松《唐两京城坊考》卷四普宁坊条云："西北隅，祆祠。"中华书局点校本，1985 年，第 122 页。

[28] 夏鼐《唐苏谅妻马氏墓志跋》,《考古》1964 年 9 期，第 458 页。

[29] 陆九皋、韩伟《唐代金银器》第 11、12 图，文物出版社，1985 年。

[31] 临潼县博物馆《临潼唐庆山寺舍利塔基精室清理记》,《文博》1985 年 5 期，第 12 页。萨珊人面狩猎纹银罐见卡米拉・瓦西里耶夫娜・特列维尔和符拉基米尔・戈里高里耶维奇・鲁阔宁所著《萨珊银器（国立艾尔米塔什的收藏）》，莫斯科艺术出版社，1987 年，第 115 页，图 84～图 87 之第 28 件，承尚刚先生译告。

[32] 夏鼐《咸阳底张湾隋墓出土的东罗马金币》,《考古学报》1959 年 3 期，收入《考古学论文集》，第 135 页。贺若氏墓见负安志《陕西长安县南里王村与咸阳飞机场出土大量隋唐珍贵文物》,《考古与文物》1993 年 6 期，第 45 页。

[33] 罗西章《扶风姜塬发现汉代外国铭文铅饼》,《考古》1976 年 4 期，第 275 页。

[34] 陕西省法门寺考古队《扶风法门寺塔唐代地宫发掘简报》,《文物》1988 年 10 期，第 1 页；《扶风法门寺唐代地宫发掘简报》,《考古与文物》1988 年 2 期，第 94 页；《法门寺地宫珍宝》，陕西人民美术出版社，1989 年；韩伟《法门寺地宫伊斯兰琉璃初探》，联合国教科文组织丝绸之路沙漠路线乌鲁木齐国际学术讨论会论文，1990 年 8 月。

[35]～[37][157][187] 安家瑶《试探中国近年出土的伊斯兰早期玻璃器》,《考古》1990 年 12 期，第 1116 页。

[38] 宿白《法门寺塔地宫出土文物反映的一些问题》,《文物》1988 年 10 期，第 29 页。

[39] 刘大有《甘肃天水新发现一枚东罗马福卡斯金币》，见其所著《丝路骑车访古觅钱录》，第 40～46 页，自印本。

[40] 刘大有《天水发现的波斯萨珊朝银币》，见其所著《古泉文物》，第 56～58 页，自印本。

[41] 见注［32］夏鼐文。

[42] 灵台县博物馆《甘肃灵台发现外国铭文铅饼》,《考古》1977 年 6 期，第 429 页。

[43] 固原县文物工作站《宁夏固原北魏墓清理简报》,《文物》1984 年 6 期，第 46 页。

[44] 宁夏回族自治区博物馆、宁夏固原博物馆《宁夏固原北周李贤夫妇墓发掘简报》,《文物》1985 年 11 期，第 1 页。

[45][52] 宿白《宁夏固原北周李贤墓札记》,《宁夏文物》第3期(1989年),第1、9页。

[46] B. I. マルミャク•穴光《北周李贤夫妻墓とその银制水瓶にいつて》,《古代文化》41卷4号,平成元年(1989年)。

[47][56][122] 齐东方《中国古代的金银器皿与波斯萨珊王朝》,《伊朗学在中国论文集》,北京大学出版社,1993年,第51页。

[48] 吴焯《北周李贤墓出土鎏金银壶考》,《文物》1987年5期,第66页。

[49][142][144][199] 安家瑶《北周李贤墓出土的玻璃碗——萨珊玻璃器的发现与研究》,《考古》1986年2期,第173页。

[50] 宁夏文物考古研究所、宁夏固原博物馆《宁夏固原隋史射勿墓发掘简报》,《文物》1992年10期,第15页。

[51] 宁夏固原博物馆《宁夏固原唐史道德墓清理简报》,《文物》1985年11期,第21页。

[53]《旧唐书》卷十八下《宣宗本纪》:"(大中)三年春正月丙寅,泾原节度使康季荣奏:吐蕃宰相论恐热以秦、原、安乐三州及石门等七关之兵民归国。"六月"康季荣奏:收复原州石门、驿藏、木峡、制胜、六盘、石峡等六关讫。邠宁张君绪奏:今月十三日收复萧关"。七关中之萧关,汉代关址在原州城东南三十里,唐代萧关在原州城北一百八十里,为北通灵州之孔道。汉唐萧关相距二百余里。

[54] 甘肃省博物馆初师宾《甘肃靖远新出东罗马鎏金银盘略考》,《文物》1990年5期,第1页。

[55] 米歇尔•皮尔若利•史蒂文森(Michele Pirazzoli T'serstevens)《外部世界文化对中国的贡献——交流与融合》,北京大学赛克勒考古艺术博物馆《迎接二十一世纪的中国考古学》国际学术研讨会论文,1993年。

[57] 严耕望《长安西通安西驿道(上):长安西通凉州两驿道》,《唐代交通图考》第二卷,中研院史语所专刊之八十三,1985年,台北。

[58] 赵生琛《青海西宁发现波斯萨珊朝银币》,《考古通讯》1958年1期,第64页;王丕考《青海西宁波斯萨珊朝银币出土情况》,《考古》1962年9期,第492页。

[59] 夏鼐《青海西宁出土的波斯萨珊银币》,《考古学报》1958年1期,收入《考古学论文集》,第129页。

[60] 周伟洲《丝绸之路东段的另一支线——青海道》,《西北历史资料》1985年1期;冯汉镛《关于"经西宁通西域路线"的一些补充》,《考古通讯》1958年7期,第59页,又63页夏鼐按语。

[61] 唐长孺《南北朝期间西域与南朝的陆路交通》,收入《魏晋南北朝史论拾遗》,中华书局,1983年,第168~195页;又《北凉承平七年(449)写经题记与西域通往江南的道路》,收入《向达先生纪念论文集》,新疆人民出版社,1986年,第104~117页。

[62] 陈良伟《丝绸之路"河南道"的考古调查和研究》(未刊稿)。

[63] 严耕望《长安西通安西驿道(下):凉州西通安西驿道》第四节《汉隋间通西域诸道及其与唐道之关系》,见《唐代交通图考》第二卷,第479~488页。

[64] 吴礽骧《汉代玉门关及其入西域路线之变迁》,《中亚学刊》第二期,1987年,第1页。

[65] 参见季羡林等《大唐西域记校注》,中华书局,1985年。

[66] 参见沙海昂注、冯承钧译《马可波罗行记》,商务印书馆,1947年。

[67] 参见章巽《法显传校注》,上海古籍出版社,1985年。

[68] 王去非《关于大海道》,《向达先生纪念论文集》,第485~493页。

[69] 国家文物局古文献研究室等《吐鲁番出土文书》第六册,文物出版社,1985年,第470~479页;王明哲《吐鲁番出土有关弓月城文书初探》,《西域史论业》第一辑,新疆人民出版社,1985年,第171~181页。

[70] 王国维《长春真人西游记注》卷上。

[71] 黄文弼《元阿力麻里古城考》,《考古》1963年10期,第555页,收入《西北史地论丛》,上海人民出版社,1981年;《新疆考古发掘报告》,文物出版社,1983年;成振国《新疆阿力麻里古城又发现一块基督教叙利亚文刻石》,《文物》1985年4期,第50页。另有一种意见认为弓月城在伊宁市东北吐鲁番圩孜大小金城,见易漫白《弓月城及双河位置考》,收入《新疆历史论文续集》,新疆人民出版社,1982年,第194~210页。

[72] 参见耶律楚材《西游录》,向达校注,中华书局,1981年;李志常《长春真人西游记》,王国维校注本;刘郁《西使记》,《学海类编》本。

[73] 参见张星烺《中西交通史料汇编》第一册，中华书局，1977年，第244～256页。

[74]《隋书》卷六十七《裴矩传》。

[75] 新疆楼兰考古队《楼兰古城调查与试掘简报》，《文物》1988年7期，第1页。

[76] Stein A. Innermost Asia. Oxford，1928；参见注释[49]安家瑶论文。

[77] 王炳华《"丝路"考古新收获》，《新疆文物》1991年2期，第21页。

[78] 同注释[76]斯坦因书第一卷页110，第4卷图版X。

[79] 作铭（夏鼐）《我国出土的蚀花的肉红石髓珠》，《考古》1974年6期，第382页，收入《考古学和科技史》，科学出版社，1979年，第130页；张增祺《战国至西汉时期滇池区域发现的西亚文物》，《思想战线》1982年2期，第83、84页。

[80] 宿白《中国境内发现的东罗马遗物》，《中国大百科全书·考古学卷》，第676、677页。

[81] 李吟屏《新疆和阗市发现的喀喇汗朝窖藏铜器》，《考古与文物》1991年5期，第17页。

[82] 蒋其祥《新疆阿图什县喀喇汗王朝钱币窖藏清理简报》，《文物》1985年12期，第26页。

[83] 李遇春《新疆乌恰县发现金条和大批波斯银币》，《考古》1959年9期，第482页。

[85] 夏鼐《新疆吐鲁番最近出土的波斯萨珊银币》，《考古》1966年4期，第211页。

[86] 李遇春《新疆吐鲁番发现古代银币》，《考古通讯》1957年3期，第70页。

[89]《晋书》卷一二二《吕光载记》。

[90] 同注[85]及[76]《亚洲腹地》第二卷页993、994，图版CXX，18、19.

[91] 黄文弼《吐鲁番考古记》，中国科学院印行，1954年，第49页，图版52。

[92] 同注[85]、[93]。

[93]～[98] 夏鼐《综述中国出土的波斯萨珊朝银币》，《考古学报》1974年1期，第110页；附录补记。

[100]《梁书》卷五十四《诸夷传》中"滑国传"。

[102][153] 夏鼐《近年中国出土的萨珊朝文物》，《考古》1978年2期，第111页。

[104] 韩翔《焉耆国都、焉耆都督府治所与焉耆镇城——博格达沁古城调查》，《文物》1982年4期，第8页；又可参阅注释[4]。

[105] 覃大海《焉耆古代银器》，《中国考古学年鉴·1990年》，文物出版社，1991年，第331页。

[106] 中国社会科学院考古研究所新疆工作队《新疆轮台县群巴克墓葬第二、三次发掘简报》，《考古》1991年8期，第684页。

[107] 安家瑶《镶嵌玻璃珠的传入及发展》，联合国教科文组织丝绸之路沙漠路线考察乌鲁木齐国际学术讨论会论文，1990年8月。

[108] 黄文弼《塔里木盆地考古记》，科学出版社，1958年，第110页。

[110] 同注[23]，第65页。

[111] 洛阳市文物工作队《洛阳龙门唐安菩夫妇墓》，《中原文物》1982年3期，第21页。

[112] 赵国璧《洛阳发现的波斯萨珊王朝银币》，《文物》1960年8、9期，第94页。

[114] 洛阳文物工作队《洛阳出土文物集粹》第98，朝华出版社，1990年。

[116] 余嘉锡《晋辟雍碑考证》，收入《余嘉锡论学杂著》，中华书局，1963年第133页。

[117] 黄河水库考古工作队《一九五六年河南陕县刘家渠汉唐墓葬发掘简报》，《考古通讯》1957年4期，第9页。

[118] 张季《河北景县封氏墓群调查记》，《考古通讯》1957年3期，第28页。

[119] 同注[18]；又可参见范世民、周宝中《网纹玻璃杯考略》，《文物》1982年8期，第67页。

[120] 磁县文化馆《河北磁县东魏茹茹公主墓发掘简报》，《文物》1984年4期，第1页。

[121] 石家庄地区文化局文物发掘组《河北赞皇东魏李希宗墓》，《考古》1977年6期，第382页。

[123] 夏鼐《赞皇李希宗墓出土的拜占廷金币》，《考古》1977年6期，第403页。

[124] 山西省文物管理委员会《太原南郊金胜村唐墓》，《考古》1959年9期，第473页。

[125] 王克林《北齐库狄回洛墓》，《考古学报》1979年3期，第377页；并参见注释[4]。

[126] 韩国磐《北魏拓跋焘的经营西域》，《北朝研究》1989年1期，第22页。

[127] 前田正名《北魏平城时代のオルドス砂漠南缘路》,《东洋史研究》31卷2号,收入《平城の历史地理学的研究》154～184页《平城かう西域に通じる交通路》一节,风间书房,昭和54年2月。

[128]《北史》卷九十八《蠕蠕传》:神䴥“二年四月,太武练兵于南郊,将袭大檀。……五月,次于沙漠南,……至栗水,大檀众西奔。……杀其大人数百。大檀闻之震怖,将其族党,焚烧庐舍,绝迹西走,莫知所至。于是国落四散,窜伏山谷,畜产布野,无人收视。太武缘栗水西行,过汉宾宪故垒。六月,车驾次于菟园水,去平城三千七百余里。分军搜讨,东至瀚海,西接张掖水,北度燕然山,东西五千余里,南北三千里。高车诸部杀大檀种类前后归降三十余万,俘获首虏及戎马百余万匹。……大檀部落衰弱,因发疾而死”。太平真君“十年正月,车驾北伐,……吐贺真新立,恐惧远遁。九月,车驾北伐,……吐贺真悉国精锐,军资甚盛。……数挑战辄不利,弃辎重,踰穹隆岭远遁。……收其人户畜产百余万。自是吐贺真遂单弱,远窜,边疆息警矣”。

[129] 关于北魏六镇的研究,可参阅严耕望《中国地方行政制度史》乙部《魏晋南北朝地方行政制度》下册,第692页,第十一章“北魏军镇”中之“北边六镇”,“中央研究院”历史语言研究所专刊之四十五,1990年。关于北魏六镇之遗迹,可参阅内蒙古文物工作队、包头市文物管理所《内蒙古白灵淖城北魏古城遗址调查与试掘》,《考古》1984年2期,第145页;刘幻真《北魏怀朔镇寺庙遗址》,《包头文物资料》第二辑,1991年,第96页;张郁《内蒙古大青山后东汉北魏古城遗址调查记》,《考古通讯》1958年3期,第14页。

[130] 关于北魏前期诸帝东巡平北燕之地理考证,参阅严耕望《北朝隋唐东北塞外东西交通线》,见《唐代交通图考》第五卷。

[131] 内蒙古文物工作队、内蒙古博物馆《呼和浩特市附近出土的外国金银币》,《考古》1975年3期。第182页。

[132][133] 汪宇平《呼和浩特市北部地区与“白道”有关的文物古迹》,《内蒙古文物考古》第三期,1984年,第61页。

[134] 大同市博物馆马玉基《大同市小站村花圪塔台北魏墓清理简报》,《文物》1983年8期,第1页。

[135] 夏鼐《北魏封和突墓出土萨珊银盘考》,《文物》1983年8期,第5页。

[136] 马雍《北魏封和突墓及其出土的波斯银盘》,《文物》1983年8期,第8页。

[137] 波斯使北魏的五次时间为:文成帝太安元年(455年)、和平二年(461年)、献文帝天安元年(466年)、皇兴二年(468年)、孝文帝承明元年(476年),俱见《魏书》本纪。

[138] 山西省考古研究所、大同市博物馆《大同南郊北魏墓群发掘简报》,《文物》1992年8期,第1页。萨珊玻璃碗尺寸,依中国文物交流中心所量数,见注释[23] 图版第69。

[139] 出土文物展览工作组《文化大革命期间出土文物》第一辑,文物出版社,1973年,第149～152页。

[140] 孙培良《略谈大同市南郊出土的几件银器和铜器》,《文物》1977年9期,第68页。

[141] 北京市文物工作队《北京西郊西晋王浚妻华芳墓清理简报》,《文物》1965年12期,第21页。

[143] 天津市博物馆考古队、蓟县文物保管所《天津蓟县独乐寺塔》,《考古学报》1989年1期,第83页。

[146] 宿白《中国古代金银器和玻璃器》,《中国文物报》第280、281期,1992年4月26日、5月3日。此文的日文本发表于《中国の金银器、ガラス展——正仓院の故乡》一书。

[147] 朝阳北塔考古勘察队《辽宁朝阳北塔天宫地宫清理简报》,《文物》1992年7期,第1页。

[148] 朝阳地区博物馆《辽宁朝阳姑营子辽耿氏墓发掘报告》,《考古学集刊》3,中国社会科学出版社,1983年,第168页。

[150] 黎瑶渤《辽宁北票西官营子北燕冯素弗墓》,《文物》1973年3期,第2页。

[152] 敖汗旗文化馆《敖汗旗李家营子出土的金银器》,《考古》1978年2期,第117页。

[154] 齐东方《李家营子出土的粟特银器与草原丝绸之路》,《北京大学学报(哲学社会科学版)》1992年2期,第35页。

[155] 孙机《论近年内蒙古出土的突厥与突厥式金银器》,《文物》1993年8期,第48页。

[156] 内蒙古自治区文物考古研究所、哲里木盟博物馆《辽陈国公主墓》,文物出版社,1993年;《简报》见《文物》1987年11期。

[158] 河北省文化局文物工作队《河北省定县出土北魏石函》,《考古》1966年5期,第252页。

[159] 夏鼐《河北定县塔基舍利函中波斯萨珊银币》,《考古》1966 年 5 期，第 267 页。
[160] 定县博物馆《河北定县发现两座宋代塔基》,《文物》1992 年 8 期，第 39 页。
[162] 深蓝色大腹瓶、直筒杯和直颈瓶，均著录于《中国の金银器、ガラス展——正仓院の故乡》一书中。
[163] 参阅严耕望《唐通回纥之道》，见《唐代交通图考》第二卷，第 607～636 页。
[164] 此枚东罗马金币，重 4.4 克，直径 2 厘米，为希拉克略（610～641 年）时期所铸，承辽宁省文物考古研究所所长辛占山先生函告。石雕胡俑出土时，作者正在朝阳（1993 年 6 月），目睹其出土情况，见买宗梁《朝阳双塔区勘探发现一大型唐墓》,《中国文物报》1993 年 8 月 29 日。
[165] 魏良弢《喀喇汗王朝与宋、辽及高昌回鹘的关系》,《中亚学刊》一，中华书局，1983 年，第 212 页；程溯洛《论辽金与回鹘之关系》,《辽金史论集》第一辑，上海古籍出版社，1987 年，第 19 页。
[166]《辽史》卷三十、天祚本纪四、附耶律大石传。
[167] 见周一良《新发现十二世纪初阿拉伯人关于中国之记载》，收入《魏晋南北朝史论集》，中华书局，1963 年，第 406 页。
[168]《辽史·属国表》。
[169] 同注 [146]，又可参阅日本奈良县立橿原考古学研究所附属博物馆《新泽千冢の遗宝とその源流》，1992 年。
[170] 广州市文物管理处《广州秦汉造船工场遗址试掘》,《文物》1977 年 4 期，第 1 页。
[171] 广州市文物管理委员会、中国社会科学院考古研究所、广东省博物馆《西汉南越王墓》，文物出版社，1991 年。
[172][176] 岑蕊《试论东汉魏晋墓葬中的多面金珠用途及其源流》,《考古与文物》1990 年 3 期，第 85 页。
[173][175][177] 广州市文物管理委员会、广州市博物馆《广州汉墓》，文物出版社，1981 年。
[178] 广东省文物管理委员会等《广东英德、连阳南齐和隋唐古墓的发掘》,《考古》1961 年 3 期，第 139 页。
[179] 广东省博物馆《广东曲江南华寺古墓发掘简报》,《考古》1983 年 7 期，第 601 页。
[180] 遂溪县博物馆《广东遂溪县发现南朝窖藏金银器》,《考古》1986 年 3 期，第 243 页。
[181] 姜伯勤《广州与海上丝绸之路上的伊兰人：论遂溪的考古新发现》,《广州与海上丝绸之路》，广东省社会科学院，1991 年，第 21～33 页。
[182] 湖南省博物馆《长沙五里牌古墓葬清理简报》,《文物》1960 年 3 期，第 38 页。
[183] 湖南省博物馆《长沙南郊的两晋南朝隋代墓》,《考古》1965 年 5 期，第 225 页。
[184] 泉州湾宋代海船发掘报告编写组《泉州湾宋代海船发掘简报》,《文物》1975 年 10 期，第 1 页；《泉州湾宋代海船复原初探》,《文物》1975 年 10 期，第 28 页。又可参见《新中国的考古发现和研究》，文物出版社，1984 年，第 617、618 页。
[185] 福建博物馆《五代闽国刘华墓发掘报告》,《文物》1975 年 1 期，第 62 页；陈存洗《福州刘华墓出土的孔雀蓝釉瓶的来源问题》,《福建文博》1984 年 1 期，第 78 页。
[186] 浙江省博物馆《浙江瑞安北宋慧光塔出土文物》,《文物》1973 年 1 期，第 48 页。
[188] 拙著《考古学上所见的中国通往日本的丝绸之路》，1991 年 3 月 6 日在联合国教科文组织海上丝绸之路日本奈良国际学术讨论会上的讲演：英文本见 UNESCO Maritime Route of Silk Roads Nara Symposium 91' Report, p. 35-37, The Nara International Foundation，March，1993，中文本见《文物天地》1993 年 6 期，第 34 页。
[189] 荆州专区博物馆《公安县发现一座晋墓》,《文物》1966 年 3 期，第 61 页。
[190] 孝感地区博物馆等《安陆王子山唐吴王妃杨氏墓》,《文物》1985 年 12 期，第 83 页。
[191]《无产阶级文化大革命期间出土文物展览简介》,《文物》1972 年 1 期，第 70 页,《文化大革命出土文物》第一辑，文物出版社，1973 年，第 100 页。
[192] 南京市博物馆《南京象山 5 号、6 号、7 号墓清理简报》,《文物》1972 年 11 期，第 29 页。
[193] 夏鼐《无产阶级文化大革命中的考古新发现》,《考古》1972 年 1 期，第 29 页。
[194] 南京大学历史系考古组《南京大学北园东晋墓》,《文物》1973 年 4 期，第 36 页。
[195] 南京市博物馆《南京北郊东晋墓发掘简报》,《考古》1983 年 4 期，第 315 页。

[197] 李鉴昭、屠思华《南京石门坎乡六朝墓清理记》,《考古通讯》1958年9期，第66页。
[200] 南京博物院《江苏邗江甘泉二号汉墓》,《文物》1981年11期，第1页。
[202] 周长源《扬州出土古代波斯釉陶器》,《考古》1985年2期，第152页。
[203] 周长源、张浦生、张福康《扬州出土的古代波斯釉陶研究》,《文物》1988年12期，第60页。
[204]《资治通鉴》卷二五九、景福元年(892年)条:"先是扬州富庶甲天下，时人称扬一益二，及经秦、毕、孙、杨兵火之余，江淮之间，东西千里，扫地尽矣。"参见顾风《略论扬州出土的波斯陶及其发现的意义》,《伊朗学在中国论文集》，第21～28页。
[205] 参见蒋忠义《隋唐宋明扬州城的复原与研究》,《中国考古学论丛》，科学出版社，1993年，第445～462页。
[206] 固始侯古堆一号墓发掘组《河南固始侯古堆一号墓发掘简报》,《文物》1981年11期，第1页。
[207] 湖北省博物馆《曾侯乙墓》上册，文物出版社，1989年，第425、657页；又见《曾侯乙墓特别展》图86，日本东京国立博物馆，1992年。
[208] 张福康、程朱海等《中国古琉璃的研究》,《硅酸盐学报》第1卷1期，第68页。
[209] 高至喜《论我国春秋战国的玻璃器及有关问题》,《文物》1985年12期，第54页；又可参阅周世荣《湖南出土琉璃器的主要特点及其重要意义》,《考古》1988年6期，第547页。
[210] 同注[193]；参见《文物考古工作三十年》，文物出版社，1979年，第205页。
[211] 山东省淄博市博物馆《西汉齐王墓随葬器物坑》,《考古学报》1985年2期，第223页。
[212] 关于《新唐书·地理志》载贾耽所记广州通海夷道之考证，有伯希和(Pelliot)《交广印度两道考》、希尔特(Hirth)《诸蕃志译注》、费琊(G. Ferrand)《苏门答剌古国考》、桑原隲藏《唐宋贸易港の研究》等，可参阅冯承钧《中国南洋交通史》第六章《贾耽所志广州通海夷道》，商务印书馆，1937年，第42～46页。
[213] 参见三上次男《陶磁の道》，岩波书店，1972年；李德金《8—14世纪中国古外销陶瓷》,《中国考古学论丛》，第474～480页；马文宽等《中国古瓷在非洲的发现》，紫禁城出版社，1987年。

(本文原载于《燕京学报》第一期，北京大学出版社，1995年)

中国早期黄金制品的考古学研究

安志敏　安家瑗

一、引　　言

黄金系人类较早利用的金属之一。它的出现稍迟于红铜和青铜，但早于白银。在金属中质料最为柔软。黄金比重 19.32，硬度 2.5～3，熔点 1063℃。因此它不像铜、铁那样，能够制造实用的兵器或工具。由于它本身的美观珍贵、光泽耐久不变、具有延展的特性，并易于加工，所以从上古以来便在世界范围内被视作神秘的贵重物品，主要用在装饰方面，或作为财富、权力的象征以及货币流通的价值尺度。

目前中国早期黄金制品的考古资料，分布地域比较广泛，延续时间相当长久。但在一些报道中往往过于简单，甚至连出土情况、制品形状和大小轻重等，也都付诸缺如。更关键的是，有些标本的共存情况不详，因而在断代上缺乏共识。中国早期黄金制品究竟开始于何时？工艺的发展趋势，又是如何变化的？各家的结论难免有所差异[1]。我们在着手整理时，也遇到同样的困难，只能以考古发现为前提，从早期黄金制品的分布范围和共存关系上，来讨论其时代序列和发展变化，试图勾画出中国早期黄金制品的基本轮廓。有关黄金制品的形制、时代和出土状况，概以原报道为根据，并根据少数实物标本的观察，提出我们自己的看法，以作为宏观的介绍。至于进一步的研究，尚需从具体资料上做更深入的分析。

中国早期黄金制品大体出现于夏家店下层文化和四坝文化，数量虽然不多，但考古实证十分明确。商代和西周时期的黄金制品分布愈加广泛，但甲骨文和金文中的“金”字大抵是指铜而言。到了春秋、战国时期，黄金制品开始盛行和大量出现，除扩大装饰作用之外，还出现容器或作为货币单位，终于奠定黄金在中国历代发展流通的基础。

本文所讨论的中国早期黄金制品，以先秦时期的考古资料为限，特别着重于考古发现和具体分布，也兼及工艺、形制的综合分析，以阐述早期黄金制品在人类文化史上的历史地位。

二、早期黄金制品的考古发现

（一）史前、夏、商代早期

这个时期的考古资料相对要少一些，主要分布在华北、东北和西北一带，有关的文化性质和断代，也常常存在一定的分歧，具体情况如下。

1. 龙山文化

唯一的例子见于河南汤阴龙山文化遗址所出土的两片陶片，含金，重量比一般陶片要重[2]。有学者认为这是古代陶工有意识掺入的，指为目前已知最早的黄金制品[3]。不过它没有经过测试分析，如果把天然的沙金作为掺和料，以加强陶土的锻度，也是可以理解的，但龙山文化陶器的烧成温度低于黄金的熔点，同时掺在陶胎内的沙金也不可能起到装饰的作用，毕竟还不能作为人为的黄金制品。因此龙山文化已出现黄金制品的说法，似暂可从缓。

2. 夏家店下层文化

分布在河北、辽宁和内蒙古东部一带的夏家店下层文化，有着一定的黄金制品发现。北京市平谷刘家河村出土的钏（图一，1）、笄和耳环（图一，2）等4件黄金饰品和一小片金箔[4]，在断代上颇有分歧，一般主张其为商代遗存，也有认为应属于夏家店下层文化[5]。该墓属于偶然发现，随葬器物已散落，后经收回，除4件金饰之外，尚有青铜器16件，包括礼器、铁刃铜钺以及玉器等，都具有商代的作风。至于陶器未见成形者，仅在墓坑填土中有黑色磨光陶片、夹砂褐色绳纹陶片和鬲口残片等，它们的性质具有夏家店下层文化的特点。

关于该墓随葬器物的断代，一直有不同的看法。原简报根据青铜器定为商代中期，但反对的意见则认为应属夏家店下层文化。后者意见的要点是，铜当卢不见于商，铜卣的形制与殷墟的铜盉相接近，但基本器形却与内蒙古敖汉旗大甸子的黑陶壶相接近。铜甗作浅腹，与丰下遗址的陶甗相似。又铜盘内的鱼纹图形也不同于商器，表明夏家店下层文化模仿商器而不是全部抄袭[6]。不过也有人指出：刘家河墓葬的青铜器虽接近安阳殷墟早期墓葬所出土的同类器形，但金器中的钏、耳环和笄却为殷墟所不见。同时夏家店下层文化的 ^{14}C 年代也与殷墟有一定的距离[7]。或者认为刘家河商代墓葬的金器是接受了夏家店下层文化的因素[8]。于是刘家河墓葬的断代也就成为一个悬案，它同夏家店下层文化与商代文化之间，究竟是什么关系，也就亟待解决。

为了解决这个谜底，我们有必要从器物群上进行分析。首先是类似的金饰在商代墓葬中相当罕

1

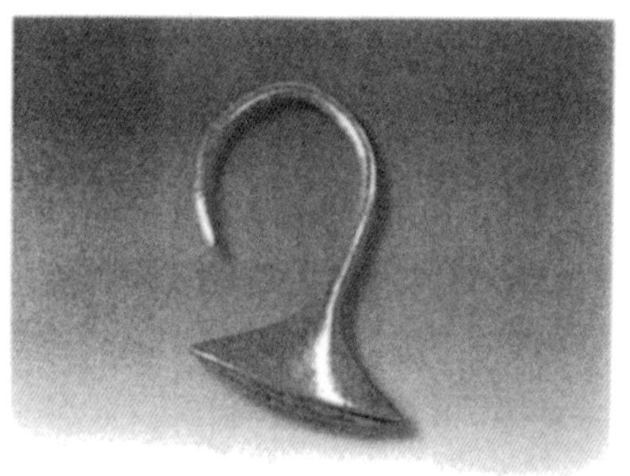

2

图一 平谷刘家河出土夏家店下层文化金器

1. 金钏 2. 金耳环

见，其中喇叭口式耳环（坠）的形制，尤为夏家店下层文化所特有。如同样形制的铜耳环（坠），便见于河北唐山小官庄[9]，北京市琉璃河[10]、镇江营[11]，内蒙古敖汉旗大甸子[12]等地，甚至河北迁安小山东庄还发现松绿石的制品[13]，表明这种耳环（坠）是夏家店下层文化的典型遗物。刘家河墓葬的陶片发现不多，据初步判断属于夏家店下层文化。特别是该墓东南14米处，还发现一座夏家店下层文化墓葬，随葬陶器达21件。另外，刘家河村东南一带，也发现过夏家店下层文化的灰坑，表明这一带夏家店下层文化有着丰富的分布。

刘家河的青铜器群往往被作为墓葬断代的标准，据原简报插图和首都博物馆所藏青铜器考察，虽然个别器物与典型的商器略有差异，但总的风格接近殷墟，而同二里冈相去稍远。如器身厚重，纹饰繁缛，均与殷墟相类似。虽然小方鼎及其带饰上的圆圈纹接近于二里冈，但圜底爵、罍、瓿等器形，又为殷墟所习见。同时这里的铁刃铜钺，也与河北藁城台西商代遗址相同[14]。因此这批青铜器可能与商代晚期接近，而不一定早到以二里冈为代表的中期遗存，或许具有从二里冈到殷墟的过渡性质。由于这里包括不同时期的商代器物群，自然会导致文化属性上的误解。

根据以上分析，刘家河墓葬至少包括夏家店下层文化和商代晚期的不同器物群。如果用^{14}C数据相对照，就会发现夏家店下层文化约在公元前1600～前1300年，同安阳殷墟相比，中间存在着数百年的差距[15]。由于该墓没有经过正式发掘，只是在回收遗物时，由当事人恢复遗物的出土“原位”，并不能证明它们是否包括不同时期的墓葬，抑或是在商代墓葬中保留了早期的遗存。此外，与刘家河相同的金饰，在内蒙古敖汉旗大甸子也有与钏相类似的金耳环[16]，同时铜耳环的形制也在其他地方发现，如河北迁安小山东庄和卢龙县东阚各庄两地，前者出带缺口的金钏2件和金耳环1件[17]，后者出金耳环4件[18]。由于它们都不是发掘品，往往根据附近出土的青铜器断代，忽略了夏家店下层文化的因素，而断定为商周文化。另外，天津蓟县张家园的两墓也出土金耳环4件，应是带缺口的环形，但同出的器物不详[19]，估计与以上诸项发现具有同类性质，希望在今后的发掘中能够予以解决。事实上金饰属于夏家店下层文化的特点之一，如内蒙古敖汉旗大甸子墓地的金耳环，是用金丝围成椭圆形，一端扁平，一端呈圆钝的尖状，缀于成年男性的左耳。同样形状的铜耳环，该墓地共出26件，男女各半，可见它的使用不拘性别[20]。从以上的考古发现可以证实，黄金制品作为夏家店下层文化的典型遗物，并且属于中国早期黄金制品的上限之一，应该是可以信服的。

3. 四坝文化

分布在甘肃河西走廊的早期青铜时代遗存，^{14}C断代为公元前1600～前1400年[21]。其中出金制品的以玉门火烧沟墓地为代表，由于正式报告尚未发表，具体情况不详。据说“葬俗中发现以金银或铜制成的鼻饮，男女都着金耳环”[22]。据在甘肃省博物馆目睹实物的印象和新发表的资料[23]，系将金属丝圈成不封闭的环形，又多出土于人体头骨的下侧，嵌于鼻孔的推测，恐尚值得商榷。金耳环的数量虽然不详，但绝非罕见的遗物。据四坝文化青铜器研究的报道，其铜耳环是“将断面圆形的铜丝弯成桃形，再将两端砸扁，相互连接重叠交错”[24]，金耳环的形制当与其一致。值得注意的是，还有一件“一端作喇叭口形，另一端为圆锥状，弯曲成尖椭圆形，两端略有间隙”，按此件应属耳坠，与夏家店下层文化的金、铜耳坠相近似，表明以上两种文化可能有着某些联系。至于这里出土的指环，系“将较细的铜丝连续缠成螺旋状，一般达三圈以上”，往往被误作“耳环”，在我国北方地区金、铜的饰品中屡有发现。此外，民乐东灰山也出土一件环形金耳环，同火烧沟相一致[25]。可见四坝文化也是我国最早使用黄金制品的遗存之一。

（二）商代中、晚期和西周时期

商代中、晚期黄金制品的使用，显然比过去有所扩大，但形制仍嫌简单。西周的黄金制品发现虽不及商代那样分布广泛，但工艺进步，使用量也开始增加。因此，两者的黄金制品使用大体处在同一发展阶段，而在器形种类和数量上也显得后来居上。

商代黄金制品的发现，以中原、晋北和四川为主，大体属于商代中期以来的遗存。较早的见于河南郑州二里冈上层墓葬，出土物有用金箔剪切的夔龙纹残片[26]，这是商代较早的遗物。商代后期的发现开始增多，主要集中在安阳殷墟，出土地点多达18处，如侯家庄1001、1003、1004号墓[27]，西北冈260号墓[28]，武官村大墓[29]，大司空村171、175号墓[30]，后冈47号墓[31]，薛家庄墓地[32]，刘家庄34号墓[33]，小屯20号墓、204号墓[34]、E181方井[35]，西区墓地43、45、150、151、698号墓，还有花园庄54号墓[36]。这些金制品，包括金泡（M1004）、包金铜泡（M1003）、桥形带孔金片（M1004）等，其中除包金铜泡为6件外，金泡仅有1件。此外，尤以不同形状的金箔比较常见，残破而不规则，大抵出土于大中型墓葬及车马坑内。殷墟的周边地区，如河南辉县琉璃阁（M141、M147）[37]、河北藁城台西[38]、山东益都苏埠屯[39]、滕州前掌大墓葬[40]及车马坑的青铜当卢上[41]，都有金箔的发现。

晋、陕北部的黄河两岸，是商代黄金制品的另一集中地区。如山西永和下半角村[42]、洪洞上村[43]、保德林遮峪村[44]、石楼桃花庄[45]和石楼蓝家沟[46]，陕西淳化黑豆嘴村[47]、清涧寺[48]等地，共出土金珥饰（耳坠？）26件、带状金片1件、金弓形饰2件、金丝6段，都是墓中的随葬品。给人以突出印象的是这里的金器数量和种类，比起中原地区的商代遗存尤为丰富。

西南地区的四川广汉三星堆2号祭祀坑内，出土包金木杖（图二，1）、金面罩、虎形金箔饰、长方形金片以及金箔等，在4件青铜人头像上也贴有金面罩（图二，2）总重197.29克，其年代大体与郑州二里冈和殷墟一期相当；此外成都金沙村也出土过6件金制品，包括面罩、鱼纹带饰、四鸟绕日饰（图二，3）、蛙形饰和喇叭形器等，共重138克，时代为晚商至西周[49]。这些发现表明西南地区的黄金使用，也是比较流行的。

西周的黄金制品发现与商代相似，发现地点基本以中原地区为主，在数量上显然有所增加，像成组的金带饰便为过去所罕见。如陕西淳化史家塬墓出金箔31片[50]，岐山凤雏村甲组宫殿址出金箔31片[51]，扶风强家M1出玉柄形器贴有金箔[52]，黄堆老堡M25出少量金箔[53]。西安张家坡出金环1件，其他三座墓中出金箔8片（图三，1）[54]。河南三门峡M1052出金泡1件[55]，M2001出金带饰12件包括环、兽面等（图三，2、3）、同时还出有大片金箔（共重749克）[56]。洛阳北窑M74出玉柄贴有金箔饰[57]，浚县辛村M244、M42出金泡、矛柄贴金箔24片、包金兽头2件[58]。山西曲沃北赵村晋侯墓地M8、M91出金带饰两组，分别为15件和6件，共重459.3克[59]。北京房山琉璃河M1043的漆觚上饰有金箔[60]。甘肃礼县出土金箔40余件，压印纹饰，最大的长52、宽32厘米，已流失国外[61]。庆阳宁县焦村M1出土鎏金铜戈1件[62]，如果鉴定无误的话，或许意味着鎏金工艺的最早出现，尚有待继续论证。其他如西周疆域之外的青海大通县辛店文化M455出土金

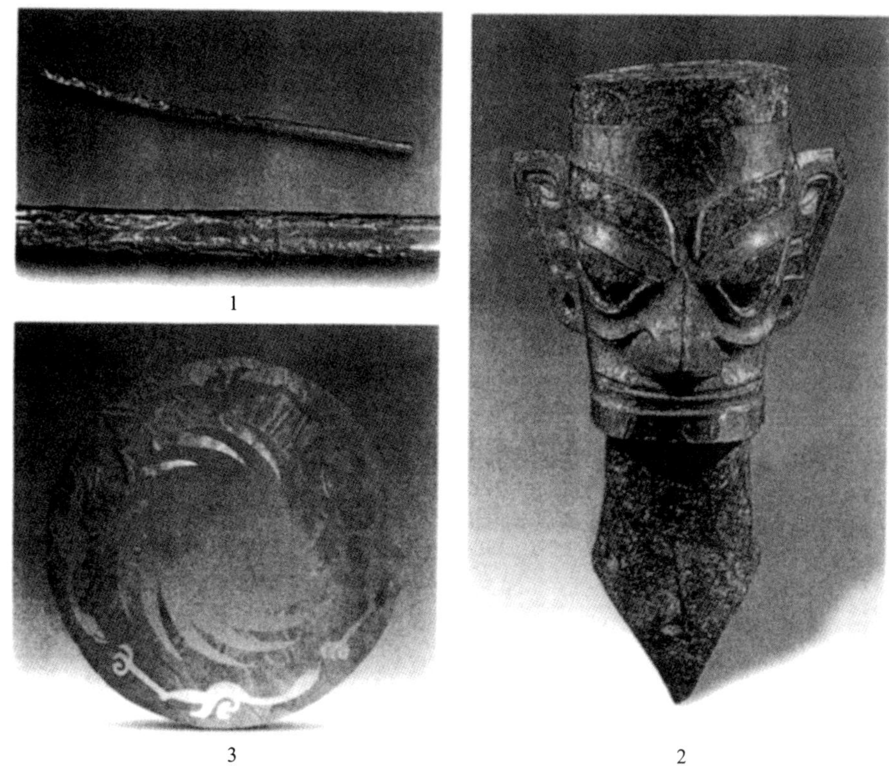

图二　商周时期黄金制品

1. 包金木杖（广汉三星堆 2 号祭祀坑出土，商代） 2. 青铜贴金人头像（广汉三星堆 2 号祭祀坑出土，商代）
3. 金四鸟绕日饰（成都金沙村出土，商周时期）

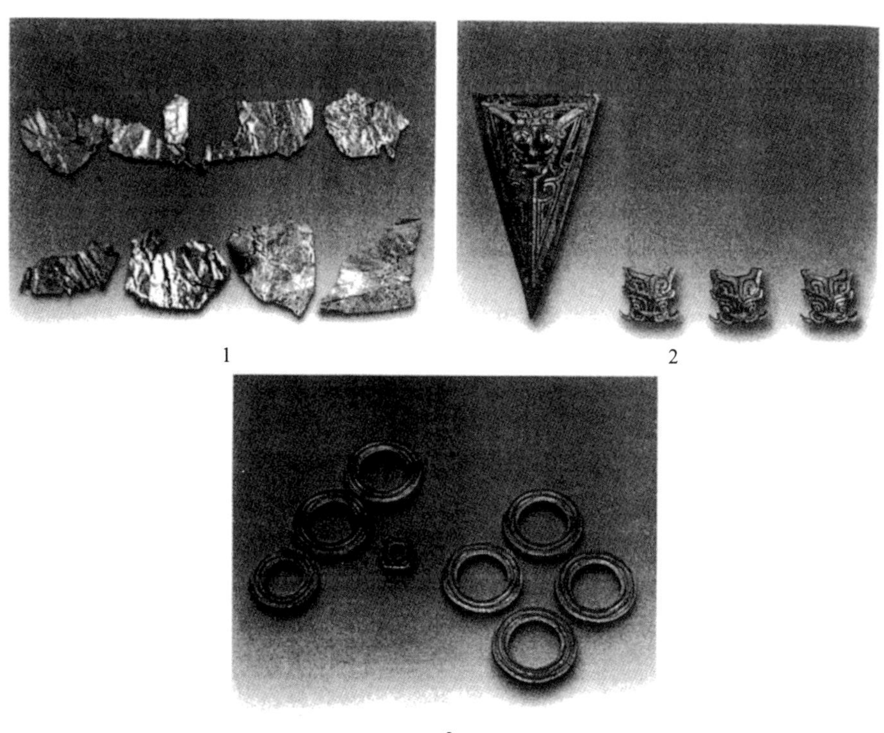

图三　西周时期金器

1. 金箔（西安张家坡出土，西周） 2、3. 金带饰（三门峡虢国墓出土，西周）

耳环和金贝32枚[63]。甘肃河西走廊的沙井文化也出土过金耳环[64]。辽宁朝阳魏营子出跳脱式金臂钏1件，用两条扁窄的金条盘绕成带缺口的环形[65]。至于新疆出土的金饰也较多，有些可能与西周相当，由于时代不甚明确，故暂归入春秋战国时期来叙述。

（三）春秋战国时期

春秋战国时期，黄金制品的出土成为比较普遍的现象，无论数量和体积都比商代和西周有所增大，技术工艺水平也有了明显的发展。装饰品之外，器物品种增多，还出现黄金制的容器、车马器和货币等，以下的发现可见一斑。

陕西宝鸡益门村M2春秋晚期墓出土金器104件，包括带钩、带扣、泡、环、串珠、络饰等装饰品和铁剑、铁刀的金柄、金刀首等，共重3000余克[66]；凤翔马家庄建筑遗址群出金制品29件，计有圆泡、方泡、节约、兽形镶饰等[67]；春秋晚期的秦公大墓出土金鸟、金兽、金带钩和金泡等[68]。河南辉县琉璃阁春秋晚期墓出金剑柄和剑首各1件、包金铜贝1548枚[69]，汲县山彪镇出包金夔龙纹铜泡、包金铜贝和金箔等[70]。山东沂水刘家店春秋中期墓出金剑柄1件、金箔及包金铜贝32枚[71]。山西侯马上马村春秋中期墓出金带钩2件、M13出包金铜贝32枚[72]。河南淅川下寺春秋墓出金箔192片，总重749克，可能是漆、木器和皮甲上的饰物[73]。湖北随州曾侯乙墓出金盏、漏勺、杯、盏盖、带钩等，总重8420克，另有金箔940片[74]，是这一时期黄金发现最多的代表。湖北当阳曹家岗出圆形金箔1片[75]，荆门包山M2出金珠1件[76]。战国时期的发现更加普遍，河北中山王墓出金兽头衡饰、金银饰的狗项圈和金银错的戈樽等[77]。河北燕下都M30出土的动物纹牌饰、武士头像牌饰等[78]，曲阜鲁国故城M52出圆形、三角形带饰和金箔等[79]，临淄南王村M1出金耳坠2件[80]。洛阳中州路M2717出金箔2片[81]，洛阳西工区M3943出嵌银饰金带钩1件[82]。江苏涟水三里墩出兽形金带钩2件[83]。湖南长沙出金片（金箔？）2片[84]。浙江绍兴墓出土小金饼、小金片、金箔、玉耳金舟，金舟连耳重285克（图四，1），以及金嵌玉扣饰等[85]。此外，还出土“郢爰”、“陈爰”或其他印文的金质货币，主要发现于楚地，以安徽、江苏、湖北为中心，陕西、河南也偶有发现，当系楚币的铸造形式[86]。其中大批的发现则见于安徽寿县南郊

1

2

图四 战国时期黄金制品

1. 玉耳金舟（绍兴306号墓出土，战国） 2. 金冠饰（伊克昭盟阿鲁柴登出土，战国）

出金版19块，总重5187.25克[87]。江苏盱眙县南窑庄的窖藏金版11块，其中最大的一块长12.2、宽8厘米，重6100克，有“郢爰”的印记46个[88]。河南扶沟古城村出金版、金饼392块，总重8183.3克[89]。陕西咸阳路家坡出金版8块，总重1987克[90]。它们作为战国时期的楚国金币，已为人们所共识。不过这个时期的黄金铸品，有些不一定都是货币。有人根据考古发现的统计，如河南辉县琉璃阁出土包金铜贝1548枚，河南博物馆藏辉县出土黄金货币319枚，山西侯马上马村13号墓出黄金货币32枚，山西潞城县古城村7号墓出黄金货币30余枚，河北灵寿西岔头村出黄金货币4枚，都作为货币来处理[91]，却有待商榷。因为商周以来的金贝、包金铜贝，甚至真贝、骨贝更是屡见不鲜，可能属于装饰性的随葬品，未必与货币有关。

春秋战国时期的北方地区，墓葬里往往出土相当数量的金制品，有的或可早到西周时期，由于断代困难，暂时一并包括在这里叙述。其中以内蒙古一带最为盛行，如伊克昭盟（现为鄂尔多斯市）阿鲁柴登发现金冠饰（图四，2）、项圈、兽纹牌饰、泡、串珠、耳坠等，共218件，总重4000余克[92]。西沟畔的三座墓里出土金项圈、耳坠、兽纹牌饰、剑鞘饰片等49件，总重1300余克[93]。以上无疑是黄金制品出土最丰盛的地点之一。此外，如伊克昭盟桃红巴拉[94]、昭乌达盟（现为赤峰市）宁城县南山根[95]、河北怀来北辛堡[96]和北京延庆军都山[97]都出土用金丝圈成多层的螺旋形耳环，表明它们具有一定的共性。军都山除耳环外，还出金虎纹牌饰、串珠和包金铜贝等[98]。另外北京延庆龙庆峡别墅区墓葬出土卧马纹牌饰1件。河北怀来甘子堡墓地出土卧虎纹牌饰1件[99]。内蒙古宁城小城子出马形金牌饰1件[100]。辽宁凌源三官甸子出金虎、金鹿各2件，俱系牌饰，还有金管1件[101]，五道河子出金牛饰1件[102]。黑龙江平洋也出有金丝耳坠和带孔的金片[103]。以上发现，分布比较广泛。至于新疆黄金制品的发现尤多，几乎遍及整个地区，据统计达29处之多[104]，基本上以小型的饰物为主，但多未正式发表，今列举有代表性者如下。哈密焉不拉克出金戒指、金耳环和金丝等[105]，林雅出金耳环[106]，鄯善海洋出花瓣纹金箔[107]，苏巴什出虎纹金箔、包金卧虎铜牌[108]，吐鲁番艾丁湖出金花箔饰、双联金牛头等[109]，和静县察吾呼沟一号墓地出金钏、金耳坠和小金片[110]、金耳环[111]，和静县察吾呼沟二号墓地出金耳环[112]，和静县察吾呼沟三号墓地出金耳环、金戒指、金泡和金盖弓帽（？）[113]，和静县察吾呼沟四号墓地出金耳环[114]，乌鲁木齐阿拉沟出小金杯、虎纹圆形金牌、兽纹金箔、柳叶形金箔、花瓣纹金箔和金链等[115]，乌拉泊水库出金圈、金耳坠、金箔和包金铁泡[116]，阿合奇县库兰萨日克出金戒指、金耳坠、马和鹰鹿纹金箔、包金铜泡等[117]，尼勒克县哈拉图拜出带孔的金片[118]，昭苏夏台出嵌宝石戒指、金耳环、金箔[119]，帕米尔高原塔什库尔干香宝宝出梨形带圆点纹金牌饰[120]，特克斯县出葡萄形金耳坠[121]。从以上的诸例可以清楚地看出，新疆一带虽以小型金器为主，但分布广泛，并且相对地集中，这也是值得注意的现象之一。

三、黄金制品的工艺和形制

（一）早期黄金制品的来源和加工

黄金是一种贵金属，它在地壳内储藏量稀少，但分布广泛。矿藏的形式有岩金矿、砂金矿和伴生金矿三种[122]。我国四川、山西、吉林、青海、江苏、黑龙江等省都发现过自然的金块，最大的达44千克[123]。在金属中它的颜色最黄，即使长期暴露在空气中也不会改变颜色，所以自然的黄金成为最容易识别的矿物之一。早期人类对于黄金的发现和使用，主要依赖于自然黄金的采集或沙金的淘洗。稍后，开始了对原生矿床的开掘和矿石的冶炼。河北兴隆县西沟庄发现战国时期两处露天开采金矿的坑道[124]，是目前仅有的发现。它意味着战国或稍早的时期已开始采掘金矿和冶炼黄金，相信今后的考古发现将会提供更明确的物证。春秋战国时期黄金制品的日益丰富和普遍发现，应与开矿和冶炼活动的兴起，有着更密切的联系。

目前考古发现的黄金制品，大抵是冶炼之后，再经锤锻加工或范铸成形的，至于有无用自然金块直接加工的，还缺乏具体的证据。黄金制品的出现，与青铜冶铸工艺的发展，有着不可分割的联系。我们知道黄金的熔点为1063℃，稍低于红铜的熔点（1083℃），两者比较接近。在青铜冶铸工艺的基础上，自然会加强黄金制品的发展。红铜的锤锻和青铜的范铸工艺，都见于黄金制品，它们之间的关系应当是比较密切的。黄金具有本身的特点，如质料柔软并富有延展性，可制成极薄的金箔或金丝[125]，经过锤锻加工和退火处理，其厚度可达0.010毫米±0.001毫米，如安阳殷墟有一例[126]。同时还可以拔成0.5毫米的细线[127]，晋北、陕北出土的商代金珥饰，具有这种进步的黄金工艺。其他如金片、掐丝、拔丝，都以锤锻工艺为基础。至于范铸工艺同样出现得较早，如北京平谷刘家河夏家店下层文化的金耳坠，出自范铸，与同时代的青铜耳坠如出一辙。其他的金钏、金笄和金箔都有锤锻的痕迹。到了春秋战国时期，黄金的铸造工艺更加发达，如曾侯乙墓的金盏便是多范合铸，甚至燕下都M30和内蒙古伊克昭盟西沟畔墓已出土的长方形兽纹金牌，背面印有清晰的布纹，显然是先制成蜡模，然后再用失蜡法铸成，代表一种新工艺的出现。至于黄金制品的纯度一般未经测试，甚至测试的手段也不尽一致，无法从时代或地区上做进一步的比较。据目前所知，如北京平谷刘家河夏家店下层文化的含金率为85%，山西保德林遮峪商文化的含金率为95%，曾侯乙墓7件金制品的含金率为85.66%～93.6%，战国时期楚币郢爰49例的含金率为70%～99%[128]。可见不同时代或地域之间可能存在一定的差异，不过自然黄金的含金率在80%以上[129]，与上述标本比较接近，至于矿藏含金量与精炼的关系，尚需要进一步解决。

（二）早期黄金制品的装饰工艺

中国早期黄金制品主要起着装饰作用，可以金箔、掐丝、拔丝为代表，又可包括包金、贴金、错金或鎏金等不同的工艺手段。

1. 金箔

是附着在各类器物之上的特薄金片，也有“金叶”或“金页”等不同的名称。原则上是利用黄金的质料柔软和延展性强的特点，经过反复锤锻，制成特薄的金片。如河南安阳殷墟的金箔，其厚度为0.010毫米±0.001毫米，经过锤锻加工和退火处理。今天的锤金作坊，是将薄金片逐层夹入乌金纸中，用铁锤在青石砧上反复锤锻约3万次，才可成为0.0003毫米的金箔[130]，表明古代和今天的加工手段可能有所不同。一般把金箔的制作称为“锤揲”，似专指今天的锤金而言，至于早期的黄金制作，却以锤锻为手段，原则上应该有所区别。关于金箔和金片的区分还没有具体的界限，大约 0.5 毫米以下，基本可归入金箔的范畴。

早期的金箔采用包金或贴金的手法，直接装饰在青铜、锡、铁、漆、木以及玉器的表面，如河南安阳侯家庄 M1003 的包金铜贝、四川广汉三星堆的包金木杖、河南浚县辛村 M5 的包金铜兽头、湖北当阳曹家岗 M5 的包金圆锡片、新疆乌鲁木齐市乌拉泊水库的包金铁泡等。贴金则用金箔剪成方形、长方形、三角形、菱形、圆形、半月形、环形、条形、弓形、人面形、虎形等组成图案，少数金箔上还模压有云雷纹和动物纹等，它们分别贴在青铜、木、漆、玉器或衣冠之上，出土时多从原器脱离。如四川广汉三星堆青铜头像的金面罩、河南安阳大司空村 M175 及小屯 M20 车马坑的车舆上均贴有金箔的图案。侯家庄 M1004 的桥形金片，附有穿钉和洞孔，当系木器上的装饰。河南浚县辛村 M24 的矛柄、河北藁城台西村 M14 的漆盒、北京市房山琉璃河 M1043 的漆觚，均贴有半圆形或长条形的金箔，后者还嵌有绿松石，与朱漆相辉交映。甚至殷墟妇好墓的玉虎也用金箔来点睛。陕西扶风强家 M1 和洛阳北窑 M74 的绿松石和玉制柄形器上，均贴有金箔的装饰。衣冠上也屡有金箔或金片的装饰，如山西保德林遮峪村的金弓形饰，两尖端微折，出在胸部之上，当是佩戴或缝在衣服上的装饰品。山西石楼桃花庄的人头骨上附有长条形金片，两端各有穿孔，当是冠饰或束发额带上的装饰品。不过上述标本，均厚达 0.5 毫米，应属于金片的范畴。至于晋北和陕北商墓中出土的所谓金珥饰，往往数量较多，出土情况不详，可能属于冠上的佩饰，但不一定与耳饰有关。

2. 掐丝

从金片剪成细条，经锤锻搓扭，制成粗细的金丝。如夏家店下层文化的钏、耳环、指环，都用金丝曲成环形，或将两端锤扁，使其不闭合。较晚的耳坠和项链，往往用金丝编制，并出现交股使用的现象。

3. 拔丝

通过拔丝板的锥形细孔，挤压出较细的金丝。晋北和陕北出土的商代金珥饰，是在金片的一角拔出细丝，穿进绿松石等作为装饰，可见黄金的拔丝，也是较早出现的工艺之一。

4. 错金

在青铜器上嵌入图形或文字，谓之错金，兼有嵌银者，谓之金银错，大体出现于春秋战国时期，代表较晚的一种技法。一般的意见是，先在青铜器表面凿成浅槽，将金丝嵌入槽内，经过挤压锤打和研磨，使之固定[131]。但也有不同的见解，认为不是嵌入，而是采用“金涂”的方法制成，即用水银溶化黄金成为“金泥”，涂在浅槽内，加热后使之固定[132]。根据黄金的性能，当以前一种技法较为可信。

5. 鎏金

即汞镀金。将黄金和汞按一定的比例熔化成“金泥”，涂抹在青铜器上，然后烘烤将汞蒸发掉，薄层的金质便留在器表。鎏金工艺大约盛行于春秋战国时期。至于甘肃庆阳出土的鎏金铜戈仅是孤例，尚有待鉴定，未可作为定论。

（三）早期黄金制品的分类

早期黄金制品的形制比较复杂，前述的金箔、金片和掐丝工艺，以及包金、贴金、错金、鎏金等技法，基本上起着装饰作用。同时从制品的形制上，还可以分成装饰品、容器、兵器附件、车马器和货币五类，除装饰作用之外，还象征着财富和价值，今分类简述如下。

1. 装饰品

包括附着在人体或衣冠上的饰物，如额带、冠、项圈、耳环、耳坠、钏、指环、戒指、腰带饰和其他等。某些功能不明的金饰也可归入此类。

（1）额带。

山西石楼桃花庄商墓出带状金片，中间较宽，两端渐窄呈弧形，端末各穿小孔，可供拴系。全长57.6、宽4.8、厚0.05厘米。该器出于头部，当系束发的额带，与8件金珥饰共出，可能是额带的附属品。

（2）冠。

内蒙古伊克昭盟阿鲁柴登出土的最为典型。由鹰形冠顶和冠带两部分组成，冠顶作四等分的半球面体，有虎咬羊的浮雕，中央立有展翅雄鹰一只，鹰身和双翼均有羽毛状纹饰。头、颈用绿松石制成，内有金丝连接，可以左右摇动。冠高7.1厘米，重192克。冠带由三条半圆形金条组成，中间及末端之间，均有榫卯插合，带上还铸有兽纹装饰。冠直径16.5厘米，总重1022.4克。

（3）项圈。

阿鲁柴登出土2件，均残。用直径0.6厘米的圆形金条制成，残长1.3米，共重890克。类似的项圈，在准格尔旗西沟畔也有发现，环绕两圈套于颈部。

（4）耳环。

以金丝弯曲成不同的环形，穿在耳唇上作为装饰。单环。依据器形的不同，可分为二式。

Ⅰ式：两端闭合。新疆和静察吾呼沟二号墓出土，代表最简单的一种装饰，流行也比较广泛。

Ⅱ式：带缺口。缺口的两端被砸扁呈三角形，或一端呈尖状。天津蓟县张家园、河北迁安小山东庄等夏家店下层文化的遗存中均有发现。四坝文化的金耳环也作同样的形制。至于断口整齐未经特殊加工者，可能时代较晚。像新疆哈密林雅所出土的便是一例。

（5）耳坠。

范铸的单体，或用金丝复合编制而成。依据器形的不同，可分为五式。

Ⅰ式：扁体三角形。顶端附弯钩可供佩戴，底端略凹入做沟槽状的喇叭口。以北京平谷刘家河的金耳坠最具代表性，宽2.2厘米，重6.8克，范铸。同样形制的青铜耳坠则见于河北唐山小官庄、北京琉璃河、镇江营，甚至河北卢龙东阚各庄的绿松石耳坠，也作同样的形状，表明是夏家店下层文化的典型遗物之一。不过甘肃玉门火烧沟也有同样的金耳坠，说明位于东西的夏家店下层文化和四坝文化之间，已有一定的联系。

Ⅱ式：平面新月形。用锤锻的金片剪切成形，由尾端拔出细长的金丝，并穿有绿松石珠。一般称其为珥形饰，被作为耳环或耳坠来对待。由于它们出在头部附近，数量往往多到6～8枚，可能与冠或额带的附属装饰有关。

Ⅲ式：平面三角形。用锤锻的金片剪切成形，由顶端拔丝作钩形，以穿挂在耳唇上。新疆和静察吾呼沟墓地出土数件。

Ⅳ式：不封闭的环上附加坠物。新疆科斯特县出土坠有8个空心圆泡，形似一串葡萄。新疆乌鲁木齐市乌拉泊水库出土作空心圆锥形，坠面焊有细密的金珠。

Ⅴ式：编缀串联。用金丝编制，把金片和绿松石等串联在一起，基本上分成三段或四段，内蒙古伊克昭盟西沟畔便是典型的例证。山东临淄商王M1出土的战国耳坠尤具特色，上段以金丝编制成网状锥体，中段为金环，下段为绿松石坠，每段都用金丝缀联数条牙、骨、珍珠一类串饰，通长7.3厘米，工艺十分精湛。

（6）钏。

臂饰，大抵用金条锤锻，曲成不闭合的环形。依据器形的不同，可分为二式。

Ⅰ式：缺口的两端砸成扁平的三角形，同Ⅱ式耳环相类似。北京平谷刘家河的2件粗约0.3厘米。一件直径12.5厘米，重93.7克；另一件重79.8克。河北迁安小山东庄的2件，分别重21克和15.5克。卢龙东阚各庄的1件，环径10厘米，重量不详。以上各器基本一致，当代表夏家店下层文化的典型遗存。不过辽宁宁城南山根M101中也出土过1件，但形制较小。环径5.5厘米，重10.5克。表明到了西周时期，这种形制在北方草原仍然流行。

Ⅱ式：用两根金条盘绕在一起，然后曲成不闭合的环形。见于辽宁朝阳魏营子和新疆和静察吾呼沟一号墓地。两者的年代均晚到西周，或许代表着较晚出现的一种形制。后者的两端穿有圆孔，可供缀接。长18.8、宽0.3、厚0.02厘米。

（7）指环。

用金丝曲成不闭合的环形或连续盘绕多层的筒形，一般的描述往往与耳环相混淆，但从出土位置上，基本可以区分。依据器形的不同，可分为二式。

Ⅰ式：单环，不闭合。与耳环相类似，如大甸子墓的铜指环便出在指骨上。

Ⅱ式：螺旋式复环。用金丝连续盘绕多层作筒形。见于内蒙古伊克昭盟桃红巴拉、昭乌达盟宁城南山根、河北怀来北辛堡北京延庆军都山等地。同样的铜制品，也见于甘肃玉门火烧沟、北京房山琉璃河和延庆军都山等地，表明它们代表我国北方地区的一种特殊形制的耳环。

（8）戒指。

环身闭合。戒面嵌镶宝石，周围焊接细小的金珠，拼成三角和圆圈纹。以新疆昭苏夏台出土的最有代表性，另外阿合其县库兰萨日克M5出土的1件，没有嵌镶，只在戒面上刻画两条对称的弯月形凹槽。环径1.85、高2厘米。至于一般称为戒指的，往往与不闭合的耳环相一致，也可能与指环有关，在没有弄清楚出土位置之前，暂可存疑。

（9）珠。

多做空心椭圆形，中间空孔。陕西凤翔M2出串珠908枚，径约0.15厘米。内蒙古伊克昭盟阿鲁柴登出91枚，长0.8、孔径0.6厘米，共重71克。湖北荆门包山M2出土1枚，长0.4、孔径0.2厘米。

（10）泡。

圆形弧起，做半球状，背面附有横梁或鼻环，同一般的铜泡相一致，当是衣物或皮革上的装饰品。安阳侯家庄M1004出土1枚，是目前已知最早的商代金泡，泡面中央浮起平顶的小圆面。径长3、口边厚0.2、横梁宽0.55、厚约0.26厘米，重25克。陕西宝鸡益门村M2出圆泡56枚，方泡7枚（泡面饰兽面纹，目内嵌有料珠）。凤翔马家庄1号建筑址出圆泡9枚、方泡8枚（有的泡面饰有兽面纹）。内蒙古伊克昭盟阿鲁柴登出土75枚，有圆、方两种，大小不一，除素面外，还有鸟兽的纹饰。此外，包金铜泡发现更多是将圆形金箔围边折入铜泡的背面。如安阳侯家庄M1003出土6枚。河北平山中山王墓出土14枚，有大小四种，背面附4个半环鼻纽。其他如新疆阿合其县库兰萨日克出土2枚，甚至乌鲁木齐市乌拉泊水库还出土过包金的铁泡。

（11）贝。

范铸。不见背部，窄端穿孔，与青铜的铸贝一致。青海大通上孙家寨M455出土32枚，河北灵寿西岔头村战国墓出4枚。至于包金铜贝则出土更多，如河南辉县琉璃阁卫墓出1548枚，山西侯马上村M13出32枚，潞河古城村出30枚，它们与商周以来的真贝、骨贝、蚌贝和青铜贝的相仿佛，应属于装饰品一类，而未必是货币。

（12）腰带饰。

出在死者的腰部，由不同形状的金饰构成一组，当是腰带的金饰，大体从西周开始出现。河南三门峡M2001出土的由方环、圆环、兽面、三角形起脊兽面等12枚构成一组。山西曲沃北赵村出土两组，分别为15枚和6枚。其他如西周墓的金兽面、金环和鸭首形金带扣等，往往与带饰有关。至于山东曲阜鲁故城M52出土的圆形、三角形腰带饰16枚，为铜胎包金，时代已晚到战国早期。

（13）带钩。

带钩是春秋战国时期流行的装身具之一，青铜之外，也用黄金铸造，往往嵌以银、绿松石或玻璃等，形制也富于变化。如陕西宝鸡益门村M2、凤翔秦公大墓，河南洛阳西工M3943、辉县琉璃阁和固围村，山东沂水刘家店、临淄故城，江苏涟水三里墩诸墓均有出土。

（14）牌饰。

以兽纹为代表的青铜牌饰，是我国北方地区游牧文化的突出特征之一。在青铜牌饰广泛流行的同时，也出现一定数量的黄金制品。以内蒙古伊克昭盟阿鲁柴登和西沟畔的发现最具代表性。前者出鸟兽纹牌饰16件，鸟兽纹饰片54件；后者出长方形虎豕咬斗纹牌饰2件。西沟畔M2 ：26，重330克，背面附纽并有麻布纹的印痕，还刻有“一斤五两四朱少半”和“故寺豕虎三”等文字。又M2∶27，重292.5克，背面刻有“一斤二两廿朱少半”的文字。以上两墓还出兽纹饰片达14片之多，牌饰上所记的重量，与战国时期的斤制相当（约250克）。同样的发现也见于河北易县燕下都M30，有半球形、圆形和长方形兽纹牌饰，有的还嵌有绿松石。其中骆驼纹圆形牌饰的背面，刻有“十两十九朱”的文字，与内蒙古西沟畔的发现遥相呼应。或许可以证明这些牌饰出自中原工匠之手，象征着中原与北方草原之间的文化交流。除兽纹牌饰之外，屡有做单独的兽形，如河北平山中山王墓、北京延庆军都山、内蒙古宁城小城子、辽宁凌源三官甸子、五道河子等地发现的马、牛、鹿形象，均活泼生动。至于新疆出土的兽形金饰，有狮、马、鹿、鹰等，吐鲁番艾丁湖出土的双联牛头，用金箔模压制而成，中空，牛头颈部相连，圆目口微张，长3.5厘米，造型生动，当系装饰品的一种。更多的是从包金铜牌上所脱落的金箔，一般都模压有兽纹，同内蒙古一带有着较多的一致性。

2. 容器

黄金制品的容器比较少见，大体出现在战国时期，代表黄金制品工艺的制作高峰，以下各器主要出土于湖北随州曾侯乙墓，其他只有零星的发现。

（1）盏。

1件。方唇，直口，浅腹，平底，腹上部有两个环耳，腹下附三个倒置的凤首作为矮足，附盖，中心有圆形捉手。器身饰精细的蟠螭纹、绹纹和勾连雷纹。高11、口径15.1厘米，重2156克。盏内附镂空匕1件，重56.4544克。

（2）盏盖。

2件。与前器的盖相同，分别重327.65和157.35克。

（3）杯。

1件。敞口，束腰，平底，腹上部有两个环耳，附盖。高10.65厘米，重789.9263克。此外，新疆乌鲁木齐市出土1件小杯，但形制、重量不详。

（4）玉耳金舟。

1件。出自浙江绍兴M306，舟身呈椭圆形，敛口，圈缘，腹微鼓，平底。两侧附圈云纹环形玉耳，铆接于器口两侧。高6、短轴11.2、长轴14.2厘米，连耳重285克。

3. 兵器金饰件

由于金质柔软，不能直接用在兵器上，故多作为附件和装饰。

（1）剑柄。

在青铜或铁剑上的金柄或金首作为装饰。见于河南汲县山彪镇、辉县琉璃阁，山东沂水刘家店子，陕西宝鸡益门村M2等地。后者有3件是金柄铁剑，其中1件金柄作镂空蟠螭纹，尤为精致。M2∶1，柄长12.8厘米，剑鞘上附金泡7枚。

（2）剑鞘金饰。

内蒙古伊克昭盟西沟畔发现15件，用薄金片模压成各种动物图形，边缘有钉孔，当为剑鞘上的装饰。

（3）戈镦。

河北平山中山王墓出2件，上端呈圆筒形，下端做八棱筒状，中间配有凸出的龙凤纹，嵌有银质的尾部。目内嵌镶的圆珠不像玻璃，据实物观察，颇似煤精石一类的物质。镦长21厘米，重901.5克。

（4）矛柄金饰。

河南浚县辛村M42的青铜矛木柄上，布有金箔24片，做圆箍形、斜条形和三角形等，可能组成一定的图形。

（5）包金木杖。

四川三星堆出土，长142、直径2.3厘米，錾纹精美，应属权杖一类的礼器。

（6）环首。

嵌在青铜刀或铁刀的柄尾。陕西宝鸡益门村 M2 出金环首青铜刀 4 件、金环首铁刀 13 件，金方首铁刀 2 件。均用榫卯结构与刀柄相衔接。

（7）盾牌金饰。

河南三门峡虢国 M2001，在盾上饰有金箔 4 片。

4. 车马器

附狗项圈。

（1）衡饰。

河北平山中山王墓出土 2 件。做龙首状，有角、耳和眼睛的造型。目中嵌有银睛，因锈残缺。内部中空，可套入木辕首端，并由钉孔固定。一件衡长 10.9 厘米，重 297 克；另一件重 334 克。河南辉县固围村墓出土的错金银的马首衡饰，也同样精美，表现了战国车制的豪华。陕西凤翔马家庄出土的虎形金衡，长 3.7、高 2.4 厘米，重 25.9 克，也是辕饰的一种。

（2）车上的饰件。

河南安阳大司空村车马坑出土的金箔，应为车上的装饰。

（3）络饰。

包括金质或包金的节约、筒形管、花棱管、斜孔管和扁形管等，管内遗有皮革的痕迹，当属马具的络饰。陕西宝鸡益门村 M2 出金络饰 130 枚，凤翔马家庄建筑址出 7 枚。河北平山中山王墓出金管形饰 122 枚、包金管饰 47 枚，可惜都无法复原。

（4）狗项圈。

2 件。出在杀殉坑狗颈之上，用狭长的金、银片卷成扁管，表面正中有一条凹沟将扁管分成两部分，背面平正，四角有细孔。将金、银两种扁管相间地穿在皮带上，外侧缀铜环。一件金、银管各 9 枚，共重 109.2 克；另一件金、银管各 8 枚，共重 93 克。

5. 货币

以“郢爰”为代表的黄金铸币，大体出现于战国时期。多铸成两端凹入的长方形金版，也有做不规则的方形或圆饼状，都用铜印钤成小方格。通常每格印有 2 字，少数印有 1 字，个别有圆形钤印的。大多数金版已被切割成小块，完整的较罕见。切割的方式并无固定的规律，或就印文的二字切成方块，或将印文切开，仅剩一字或半字的。单印之外，有的还数印相连接。不同的金版之间，印文的大小、印数的多寡以及质地的厚薄，互不一致。已发现的完整金版中，钤印一般排成 4 行，印数 10～19 不等，甚至最多的如江苏盱眙南窑庄的金版可达 6 行 46 印。大体是根据金版延展的余地而钤印的，所以印数并不固定，甚至形状也不规整。金版上所钤印的文字，以“郢爰”为最多，“陈爰”次之，而“专爰”、“覃金”和单印一个“颖”字的，则比较少见。以上发现，主要见于安徽、江苏、湖北、山东、河南等地，基本上属于楚国的疆域，当属楚国流通的货币。至于发现在楚国疆域之外的（如陕西西安、咸阳，或晚到汉代的窖藏），可能作为货币流通或与财富储藏的手段有关。尽管在文字的释读和解释上，尚存在不同的认识，但“郢爰”的名称已为大家所通用。

关于“爰”的含义，一般解释为重量的单位，但所谓一爰，究竟是指整块的金版，还是指一方（即一印）而言？却还不能肯定。首先金版的大小、印数和重量互不相同，如江苏盱眙所出最大的金版，钤印6行46印，长12.2、宽8、厚1.5厘米，重6100克。陕西咸阳路家村出土的8件“陈爰”，分别为12～16印，重230～250克，可见它们之间的悬殊。同时经过切割的金版很少每个单印的重量是相等的。因此，“爰”不可能作为重量的单位。其次，“爰”字释读也不是完全没有疑义的。虽然习惯上释为“郢爰”，最近有人提出应释为“郢称”。由于篆文相近，容易混淆。特别是湖南长沙出土的汉初泥版中，也有直接作为“郢称”的铭文。可见当时的金版，要通过天平砝码来称定重量，以作为支付的手段。此外，长沙楚墓出土的砝码中，最大的一枚为251.53克，代表楚国的一斤。这和秦汉的斤制基本一致，可能与《汉书·食货志》“黄金方寸，而重一斤”的货币理论有关，从战国到汉代的实物资料中，也可得到同样的例证。因此“爰”不应是重量的单位，只是表明黄金要经过称定的手段而已[133]。

四、结　　语

从世界范围来看，人类最早利用黄金，大体出现在约公元前4000年。像古埃及和美索不达米亚的一系列考古发现，提供了丰富的证据和资料。在这个基础上，后来的希腊、罗马，在黄金生产和工艺的发展上，继续取得更加广泛的成果。特别是欧亚草原，随着游牧文化的移动和交流，形成了独具特色的黄金文化[134]。远至中美洲一带，如查文文化和印加文化也都出现精美的黄金制品工艺。当然这些发现，主要与当地盛产黄金、工艺技术进步以及文化上的相互交流有着不可分割的联系。

中国古代黄金制品的出现，过去限定在商代晚期及其以后。1949年以来新的考古发现证实，如夏家店下层文化和四坝文化的黄金制品，都可早到约公元前1500年。随着今后的考古发展，或许会找到更加古老的遗存。由商周到春秋战国，随着青铜器的突飞猛进，更加助长了黄金制品工艺的发展，成为颇具特色的工艺传统。如采矿、冶炼、锤锻、拔丝和失蜡铸造法的出现以及错金、鎏金、嵌镶等技术的流行，都标志着黄金制品工艺的不断进步。以兽纹金牌为例，尽管它属于游牧文化的典型产品，但内蒙古伊克昭盟阿鲁柴登、西沟畔以及河北易县燕下都M30等地出土的兽纹金牌，都用先进的失蜡法铸成，背面还刻有篆文的重量和编号，表明它们是由战国时期中原的工匠所铸造，这在文化交流和工艺发展史上，也具有特殊的意义。

由于考古资料的局限和实物标本观察的不足，目前只能从宏观上对中国早期黄金制品做轮廓性的叙述。至于进一步的研究，希望更多有兴趣的同人能就具体资料做更深入的探讨，庶可阐述中国早期黄金制品的发展和作用，为古代史和考古学研究提供一项新的视野！

附记：安志敏先生于2005年10月26日辞世，此稿遂成绝笔，随后经其次女安家瑗整理、修订和补充部分文献，于2007年3月最终完成，并交与《考古学报》编辑部。本稿作为课题承中国社会科学院老年科研基金的资助，并蒙中国社会科学院考古研究所、中国国家博物馆、北京市文物研究所、首都博物馆、河北省文物研究所、河北省博物馆、山西省考古研究所、山西省博物馆、河南省博物馆、三门峡虢国墓地博物馆、陕西省博物馆、山东省博物馆、南京博物院、上海博物馆、安徽省博物馆、湖北省博物馆、湖南省博物馆、四川省博物馆、三星堆博物馆、甘肃省博物馆、青海省博物馆、新疆维吾尔自治区博物馆、内蒙古自治区博物馆等有关单位给予观察实物标本的便利或提供有关资料，均此一并致谢！

注 释

[1] 黄盛璋《论中国早期（铜铁以外）的金属工艺》，《考古学报》1996年第2期，第143～163页；龚国强《简论商周王国及其周围地区的黄金器饰》，《考古求知集》，中国社会科学出版社，1997年，第353～360页；韩钊《试论中国古代早期的金银器——唐以前金银器的特征》，《周秦文化研究》，陕西人民出版社，1998年，第802～810页；齐东方《早期金银器研究》，《华夏考古》1999年第4期，第68～85页。

[2] 郭伯南《文物纵横谈》，文物出版社，1990年，第161页。

[3] 同注[1]龚国强文，第358页。

[4] 北京市文物管理处《北京市平谷县发现商代墓葬》，《文物》1977年第11期，第1～8页，图十三、图十七、图十八。

[5] 北京市文物研究所《北京考古四十年》，燕山出版社，1990年，第37、38页。

[6] 邹衡《夏商周考古学论文集》，文物出版社，1980年，第265页。

[7] 中国社会科学院考古研究所《新中国考古发现和研究》，文物出版社，1984年，第240、241页。

[8] 杜金鹏《北京平谷刘家河商代墓葬与商代燕国》，《北京建城3040年暨燕文明国际学术讨论会会议专辑》，北京燕山出版社，1997年，第214页。

[9] 安志敏《唐山石棺墓及其相关的遗物》，《考古学报》第7册，1954年，第81页，图版三，1。

[10] 北京市文物管理处等《北京琉璃河夏家店下层文化墓葬》，《考古》1976年第1期，第66页，图四，2。

[11] 北京市文物研究所《镇江营与塔照》，中国大百科全书出版社，1999年，第206页，图182—4。

[12] 中国社会科学院考古研究所《大甸子——夏家店下层文化遗址与墓地发掘报告》，科学出版社，1996年，第188～190页，图八六，7。

[13] 唐云明《河北境内几处商代遗存记略》，《考古学集刊》第2集，中国社会科学出版社，1982年，第44～46页，图版十一，3。

[14] 河北省博物馆等《河北藁城台西村的商代遗址》，《考古》1973年第5期，第266～271页，图版壹。

[15] 中国社会科学院考古研究所《中国考古学中碳十四数据集（1965—1991）》，文物出版社，1991年，第55、56、171、172页。

[16] 同注[12]，第190页，图八六，7。

[17] 唐山市文物管理处等《河北迁安县小山东庄西周时期墓葬》，《考古》1997年第4期，第59页，图六。

[18] 同注[13]，第45、46页，图版十一，3。

[19] 韩嘉谷等《蓟县张家园新石器时代至商周遗址》，《中国考古学年鉴·1988年》，文物出版社，1989年，第113页。

[20] 同注[12]，第189、190页，图八六，6、7。

[21] 同注[15]，第272页。

[22] 甘肃文管会《甘肃文物考古三十年》，《文物考古工作三十年》，文物出版社，1979年，第143页。

[23] Sun Shuyun, Han Rubin. A Study of Casting and Manufcturing Techniques of Early Copper and Bronze Artifacts Found in Gansu, *The Beginnings of Metallurgy in China*, 2000, pp. 175-193, fig. 9.

[24] 李水城等《四坝文化铜器研究》，《文物》2000年第3期，第37页，图二，6～9、13、15。

[25] 甘肃省文物考古研究所等《民乐东灰山考古——四坝文化墓地的揭示与研究》，文物出版社，1998年，第93页，图六九，3。
[26] 河南省博物馆等《郑州商城遗址发掘报告》，《文物资料丛刊》第1集，文物出版社，1977年，第18页，图六二。
[27] 梁思永、高去寻《一〇〇一号大墓》，《侯家庄》第二本，历史语言研究所，1962年，第344页，图版二五六，第12～18页；梁思永、高去寻《一〇〇三号大墓》，《侯家庄》第四本，历史语言研究所，1967年，第131～133页，图版九九，9～15，一一〇，7、8、16～26；梁思永、高去寻《一〇〇四号大墓》，《侯家庄》第五本，历史语言研究所，1970年，第159、160页，图版三十八、三十九。
[28] 中国社会科学院考古研究所安阳队《殷墟259、260号墓发掘报告》，《考古学报》1987年第1期，第107页。
[29] 郭宝钧《一九五〇年春殷墟发掘报告》，《中国考古学报》第5册，1951年，图版十，2。
[30] 马得志等《一九五三年安阳大司空村发掘报告》，《考古学报》第9册，1954年，第19、52、61、67页。
[31] 中国科学院考古研究所安阳工作队《1971年安阳后冈发掘简报》，《考古》1972年第3期，第19页。
[32] 河南省文化局文物工作队《河南安阳薛家庄殷代遗址、墓葬和唐墓发掘报告》，《考古通讯》1958年第8期，第25页。
[33] 安阳市博物馆《安阳铁西刘家庄殷墓发掘简报》，《中原文物》1986年第3期，第25页。
[34] 石璋如《北组墓葬（上）》，《小屯》第一本，1970年，第128～130页，图版一四九。
[35] 石璋如《第七次殷墟发掘：E区工作报告》，《安阳发掘报告》第4册，1933年，第726页。
[36] 中国社会科学院考古研究所安阳工作队《1969—1977年殷墟西区墓葬发掘报告》，《考古学报》1979年第1期，第99页，其他见“1969—1977年殷墟西区墓葬登记表”；中国社会科学院考古研究所安阳工作队《河南安阳市花园庄54号商代墓葬》，《考古》2004年第1期，第8页。
[37] 中国科学院考古研究所《辉县发掘报告》，科学出版社，1956年，第27页，图版十三，7。
[38] 河北省文物研究所《藁城台西商代遗址》，文物出版社，1985年，第145页，图八一，2，图版一〇二。
[39] 山东省博物馆《山东益都苏埠屯第一号奴隶殉葬墓》，《文物》1972年第8期，第24页。
[40] 中国社会科学院考古研究所山东工作队《滕州前掌大商代墓葬》，《考古学报》1992年第3期，第380页，图十二，27。
[41] 中国社会科学院考古研究所山东工作队《山东滕州市前掌大商周墓地1998年发掘简报》，《考古》2000年第7期，第26页。
[42] 石楼县文化馆《山西永和发现殷代铜器》，《考古》1977年第5期，第365页，图五。
[43] 朱华《山西洪洞县发现商代遗物》，《文物》1989年第12期，第90、91页，图七。
[44] 吴振录《保德新发现的殷代青铜器》，《文物》1972年第4期，第64页，图九。
[45] 谢青山等《山西吕梁县石楼镇又发现铜器》，《文物》1960年第7期，第52页，图五；丁乙《说和额带》，《考古》1984年第10期，第947、948页，图三。
[46] 郭勇《石楼蓝家沟发现商代青铜器简报》，《文物》1962年第4、5期，第33页，图十。
[47] 淳化县文化馆《陕西淳化县出土商周青铜器》，《考古与文物》1986年第5期，第12、18页，图三，8。
[48] 高雪《陕西清涧县又发现商代青铜器》，《考古》1984年第8期，第760、761页，图三。
[49] 四川省文物考古研究所《三星堆祭祀坑》，文物出版社，1999年，第60页、图三四、169、352～354页、图一九四、一九五、图版一三五一一三七；成都市文物考古研究所等《金沙淘珍——成都市金沙村遗址出土文物》，文物出版社，2002年，第21～36页。
[50] 淳化县文化馆《陕西淳化史家塬出土西周大鼎》，《考古与文物》，1980年第2期，第20页。
[51] 陈全方《周原与西周文化》，上海人民出版社，1988年，第91～97页。
[52] 周原扶风文管所《陕西扶风强家一号西周墓》，《文博》1987年第4期，第7、15页。
[53] 罗红侠《扶风黄堆老堡三座西周残墓清理简报》，《考古与文物》1994年第3期，第23页。
[54] 中国社会科学院考古研究所《张家坡西周墓地》，中国大百科全书出版社，1999年，第329、330页，图版20，1、2。

[55] 中国科学院考古研究所《上村岭虢国墓地》，科学出版社，1959年，第22页。
[56] 河南省文物研究所《三门峡上村岭虢国墓地M2001发掘简报》，《华夏考古》1992年第3期，第112页，图四，2。
[57] 蔡运章《论商周时期金属称量货币》，《中原文物》1987年第3期，第73页。
[58] 郭宝钧《浚县辛村》，科学出版社，1964年，第61、62页，图版二五，4。
[59] 北京大学考古系等《天马—曲村遗址北赵侯墓地第二次发掘》，《文物》1994年第1期，第14页，图20。
[60] 中国社会科学院考古研究所北京工作队等《1981—1983年琉璃河西周燕国墓地发掘简报》，《考古》1984年第5期，第416页，图版二，3。
[61] 韩伟《甘肃礼县出土的秦金箔饰片》，《文物》1995年第6期，第4～11，插页6。
[62] 庆阳地区博物馆《甘肃宁县焦村西沟出土的一座西周墓》，《考古与文物》1989年第6期，第26页。
[63] 杨伯达编《中国美术全集——工艺美术金银玻璃珐琅》，文物出版社，1988年，第2页，图一；国家文物局编《中国文物地图集・青海分册》，中国地图出版社，1996年，第94页；卢耀光《回忆上孙家寨墓地的考古发掘》，《青海省政协文史资料选辑》29辑，1998年，第74页。
[64] 安志敏编《裴文中史前考古论文集》，文物出版社，1987年，第261页；文物编辑委员会编《文物考古工作十年1979—1989》，文物出版社，1990年，第320页。
[65] 辽宁省博物馆文物工作队《辽宁朝阳魏营子西周墓和古遗址》，《考古》1977年第5期，第308页。
[66] 宝鸡市考古工作队《宝鸡市益门村二号春秋墓发掘简报》，《文物》1993年第10期，第3～6、13页，图版一。
[67] 陕西省雍城考古队《凤翔马家庄一号建筑群遗址发掘简报》，《文物》1985年第2期，第23、24页，图二二。
[68] 韩伟等《秦雍城考古发掘研究综述》，《考古与文物》1988年第5、6期合刊，第121页。
[69] 郭宝钧《山彪镇与琉璃阁》，科学出版社，1959年，第71页，图版一一七，1、2。
[70] 同[69]，第37页，图版三十，15。
[71] 山东文物考古研究所等《山东沂水刘家店春秋墓发掘简报》，《文物》1984年第9期，第6页，图九，4，图十。
[72] 山西省文物管理委员会侯马工作站《山西侯马上马村东周墓》，《考古》1963年第5期，第229～245页。
[73] 河南省文物研究所等《淅川下寺楚墓》，文物出版社，1991年，第203～209页，图版一五一～图版一五三。
[74] 湖北省博物馆《曾侯乙墓》，文物出版社，1989年，第390～393页，图二四二～图二四四，图版一四七、一四九、一五〇。
[75] 湖北省博物馆等《江汉地区先秦文明》，香港中文大学博物馆，1997年，图68。
[76] 湖北省荆沙铁路考古队《包山楚墓》，文物出版社，1991年，第261页，图一七四，4，图版八七，6。
[77] 河北省文物研究所《嚳墓——战国中山国国王之墓》，文物出版社，1995年，第146、147页，彩版一七，2、一八，2～4、图版九七，5～6、九八，1～3。
[78] 河北省文物研究所《燕下都》，文物出版社，1996年，第715～723页，图四一五～图四一八，图版一四三～图版一四九 NHK大阪放送局《中国の金银ガラス展》，1992年，图版5～8。
[79] 山东省文物考古研究所《曲阜鲁国故城》，齐鲁书社，1982年，第159页。
[80] 临淄市博物馆《山东临淄商王村一号战国墓发掘简报》，《文物》1997年第6期，第21页，图二四。
[81] 中国科学院考古研究所《洛阳中州路》，科学出版社，1959年，第111页。
[82] 洛阳市文物工作队《洛阳市西工区C1M3943战国墓》，《文物》1999年第8期，第4页，图七，1。
[83] 南京博物院《江苏涟水三里墩西汉墓》，《考古》1973年第2期，第85、86页，图四，5、7。按该墓虽为西汉墓，但个别遗物可能会早到战国。
[84] 湖南省博物馆等《长沙楚墓》，文物出版社，2000年，第434页。
[85] 浙江省文物管理委员会《绍兴306号战国墓发掘简报》，《文物》1984年第1期，第10～21页。
[86][128][133] 安志敏《金版与金饼——楚、汉金币及其有关问题》，《考古学报》1973年第2期，表一“解放后新发现的金版登记表”。

[87] 涂书田《安徽寿县出土一大批楚金币》,《文物》1980年第10期,第67～70页,图一、图二,图版五,1～6。

[88] 姚迁《江苏盱眙南窑庄楚汉文物窖藏》,《文物》1982年第11期,第35～40页。

[89] 河南省博物馆等《河南扶沟古城村出土的楚金银币》,《文物》1980年第10期,第62～64页,图三—五,图版四,1～5。

[90] 咸阳市博物馆《咸阳市近年发现的一批秦汉遗物》,《考古》1973年第3期,第167、168页。

[91] 同[1]黄盛璋文,第145页。

[92] 田广金等《内蒙古阿鲁柴登发现的匈奴遗物》,《考古》1980年第4期,第333～338页。

[93] 伊克昭盟文物工作站等《西沟畔匈奴墓》,《文物》1980年第7期,第1～10页。

[94] 田广金《桃红巴拉的匈奴墓》,《考古学报》1976年第1期,第139页,图版贰,8、9。

[95] 辽宁省昭乌达盟文物工作站等《宁城县南山根的石椁墓》,《考古学报》1973年第2期,第36页,图版伍,4。

[96] 河北省文化局文物工作队《河北怀来北辛堡战国墓》,《考古》1966年第5期,第237页,图版拾叁,13。

[97] 北京市文物研究所山戎文化考古队《北京延庆军都山东周山戎部落墓地发掘纪略》,《文物》1989年第8期,第34页。

[98] 北京市文物研究所《北京考古四十年》,燕山出版社,1990年,第83页。

[99] 贺勇等《河北怀来甘子堡发现的春秋墓群》,《文物春秋》1993年第2期。

[100] 上海博物馆《草原瑰宝——内蒙古考古文物精品》,上海书画出版社,2000年,第111页。

[101] 辽宁省博物馆《辽宁凌源县三官甸青铜短剑墓》,《考古》1985年第2期,第125～130页,图版壹,7～9。

[102] 辽宁省文物考古研究所《辽宁凌源县五道河子战国墓发掘简报》,《文物》1989年第2期,第60页,图版八,6。

[103] 黑龙江省文物研究所《平洋墓葬》,文物出版社,1990年,第94、95页,图五九。

[104] 吴勇《试述新疆地区早期金银器》,《新疆文物》1999年第3、4合刊,第87、98页,图一～图三。

[105] 新疆维吾尔自治区博物馆等《哈密焉不拉克墓地发掘报告》,《考古学报》1989年第3期,第351页,图二六,7～9。

[106] 穆舜英等《中国新疆古代艺术》,新疆美术摄影出版社,1994年,图版149。

[107] 新疆文物考古研究所《鄯善县海洋、达浪坎儿古墓群清理简报》,《新疆文物考古新收获》,新疆人民出版社,1995年,第192页,图六,11。

[108] 吐鲁番地区文管所《鄯善县苏巴什古墓群的新发现》,《新疆文物考古新收获》,新疆人民出版社,1995年,第201页,图二,1、5。

[109] 新疆维吾尔自治区博物馆等《吐鲁番艾丁湖古墓葬》,《新疆文物考古新收获》,新疆人民出版社,1995年,第319页。

[110] 新疆文物考古研究所等《和静县察吾呼沟口一号墓地》,《新疆文物考古新收获(续)》,新疆美术摄影出版社,1997年,第219、220页,图四二,15～22。

[111] 中国社会科学院考古研究所新疆队等《和静县察吾呼沟口一号墓地发掘简报》,《新疆文物考古新收获》,新疆人民出版社,1995年,第240页,图十五,3。

[112] 新疆文物考古研究所等《和静县察吾呼沟口二号墓地发掘简报》,《新疆文物考古新收获》,新疆人民出版社,1995年,第262页,图十八,4。

[113] 新疆文物考古研究所等《和静县察吾呼沟三号墓地发掘简报》,《新疆文物考古新收获》,新疆人民出版社,1995年,第254页。

[114] 新疆文物考古研究所《和静县察吾呼沟口四号墓地1987年度发掘简报》,《新疆文物考古新收获》,新疆人民出版社,1995年,第296页。

[115] 新疆社会科学院考古研究所《新疆阿拉沟竖穴木椁墓发掘简报》,《新疆文物考古新收获》,新疆人民出版社,1995年,第149、150页,图五、图六。

［116］ 新疆文物考古研究所等《乌鲁木齐市南郊发现石堆墓》,《新疆文物考古新收获》，新疆人民出版社，1995年，第321页；新疆文物考古研究所《乌鲁木齐市乌拉泊古墓葬发掘研究》,《新疆文物考古新收获》，新疆人民出版社，1995年，第326页。

［117］ 新疆文物考古研究所《阿合奇县库兰萨日克墓地发掘简报》,《新疆文物考古新收获》，新疆人民出版社，1995年，第445、446页，图十三，1～3、8、13、14。

［118］ 新疆维吾尔自治区博物馆《尼勒克县哈拉图拜乌孙墓发掘报告》,《新疆文物考古新收获》，新疆人民出版社，1995年，第347页。

［119］ 同注［106］，图版149。

［120］ 新疆社会科学院考古研究所《帕米尔高原古墓发掘报告》,《新疆文物考古新收获》，新疆人民出版社，1995年，第169页，图十四，21。

［121］ 同注［106］，图版140。

［122］ 徐敏时等《黄金生产知识》，冶金出版社，1990年，第9～14页。

［123］ 蔡长金等《中国金矿物志》，冶金工业出版社，1994年。

［124］ 玉峰《河北兴隆县发现战国金矿遗址》,《考古》1995年第7期，第660页。

［125］［127］［130］《中国大百科全书・矿冶》，中国大百科全书出版社，1984年，第296～298页。

［126］ 北京钢铁学院《中国冶金简史》编写小组:《中国冶金简史》，科学出版社，1978年，第34页。

［129］ Tylecote R F. Metallurgy in Archaeology: a Prehistory of metallurgy in the British isies. London: Edward Arnold, 1962, p.3.

［131］ 史树青《我国古代的错金工艺》,《文物》1973年第6期，第66～72页。

［132］ 梁书台《"错金银"质疑》,《文物春秋》2000年第4期，第71、72页。

［134］ 林俊雄编《骑马游牧民·黄金文化》,《季刊文化遗产》卷12，第1～65页，2001年。

（本文原载于《考古学报》2008年第3期）

白虎参宿与欧亚草原

郭 物

农业在古代中国占有绝对重要的地位。由于农业生产授时的原因，中国古代对天象的观测和总结非常发达，认识到星宿运行和时间、季节变换的关系，这些知识还同政治思想、宗教礼仪和宇宙观合为一体。在这个过程中，慢慢形成了自己的天文学体系。其中以二十八宿、四象最为突出，二十八宿又按四季出现的方位均分为四个天区，各用一“神兽”来称呼，它们是东方苍龙、南方朱雀、西方白虎和北方玄武。古人在黄昏时观四象，哪一象出现在东方的地平线上，便知道了春夏秋冬哪一季节的来到，以安排农事活动。

二十八宿、四象的最终形成经过了很长的时间，学术界至今还在不断研究其发展演变的历史。简而言之，《尚书·尧典》所记四仲中星已有周天恒星分为四方的意思，其中一部分内容可能反映了较早时期流传下来的思想。在商代甲骨文中，作为授时的心宿中央——星心宿二（天蝎座 a）大火星比较明确，卜辞中的火星记录涉及殷人对大火星的祭祀、观测大火星以指导民时和火正之官的多方面内容[1]。西宫、虎星的记载有一些线索[2]，但是作为西宫白虎中授时主星的参宿却不是太明确[3]，看来，西宫、参宿和虎星概念的出现以及二者之间产生关系的时间和缘由还需要继续研究。从现有的材料看，三者产生关系可能在殷商之后。河南三门峡上村岭虢国墓地出土的一枚周代四象铜镜可能反映了这个时期的四象思想。战国早期四象比较明确，《左传·昭公四年》有西陆、北陆的说法[4]。1978 年湖北省随县战国初年古墓（葬于公元前 433 年）出土的漆箱盖上有与二十八宿相对应的苍龙和白虎的图像，证实了四象至少起源于公元前 5 世纪。战国时代的著作《周礼》中有四象的文字记载，但它与后世所载还不太一样。到了西汉《淮南子·天文训》（公元前 2 世纪）则有现存较早的关于四象的文字记载，它与后世所传完全一致。东汉天文学家张衡在《灵宪》中用生动的语言描述过它：“苍龙连蜷于左，白虎猛踞于右，朱雀奋翼于前，灵龟圈首于后。”[5]

古代中国生动有趣、富有政治象征意义的天文知识系统对周边的文化具有一定的影响。《史记·匈奴列传》对白登之围里匈奴人的阵势有这样的描述：“匈奴骑，其西方尽白马，东方尽青駹马，北方尽乌骊马，南方尽骍马。”青駹马，色青；骊，黑色；赤黄曰骍，匈奴四个方位骑兵坐骑的颜色居然和四象对应的颜色一致。因此可以明确地说，汉代时期，按五行配色的四象已经影响了匈奴。从一些草原文物看，中国内地的天文知识的某些部分以及由此产生的一些思想意识可能比较早就影响到欧亚草原上生活的人群。这些天文知识为草原民族所吸收，并根据他们的需要，有所变通，成为其民族文化的一部分，广为流传。本文注意到以参宿为代表的白虎星座可能很早就影响到草原民族，迄今可以作为证据的是蜷曲状的豹（或虎）牌饰。

一

图一 河南南阳出土东汉白虎星宿石刻画像

《史记·天官书》记载："参为白虎。三星直者，是为衡石。下有三星，兑，曰罚，为斩艾事。其外四星，左右肩股也。小三星隅置，曰觜觿，为虎首，主葆旅事。"白话文的意思是参宿形状如同白虎。中间三颗东西直立的星，其平如衡，称为衡石。衡石下有三颗星，直立如锥，名为罚，主占卜有关斩杀的事。衡石外的四颗星，是参宿的左右肩、左右股。参宿上面边隅处有三颗小星排成三角形，名为觜觿，如同参宿这头白虎的虎头，主占卜军旅事。值得指出的是，"西方白虎"被认为是包括奎、娄、胃、昴、毕、觜、参七宿及其附近天区构成的星象，但就文献和文物材料反映的情况而言，西宫白虎主要是如《史记·天官书》所言，指的是觜、参两宿构成的虎形星象[6]。"三星直者"是白虎星象最核心、最显著的特征，从西汉壁画和东汉画像石看，白虎星象主要以呈直线排列的三颗星表示，有的是两组三星相互垂直（图一）。

本文注意到在阿尔泰地区（西伯利亚）发现的蜷曲状虎（或认为是雪豹）形金牌饰也具有类似的特征。其中有一件比较著名，镶嵌了八颗圆形彩石，可惜宝石已经脱落丢失（图二）。相似的青铜牌饰在这个地区还发现一件（图三，1）。本文推测这些豹形饰牌可能是白虎星宿的象征，雪豹的形象应当是为了适应本地特有动物而调整的结果。从镶嵌在豹形饰牌上的宝石位置看，和白虎星宿

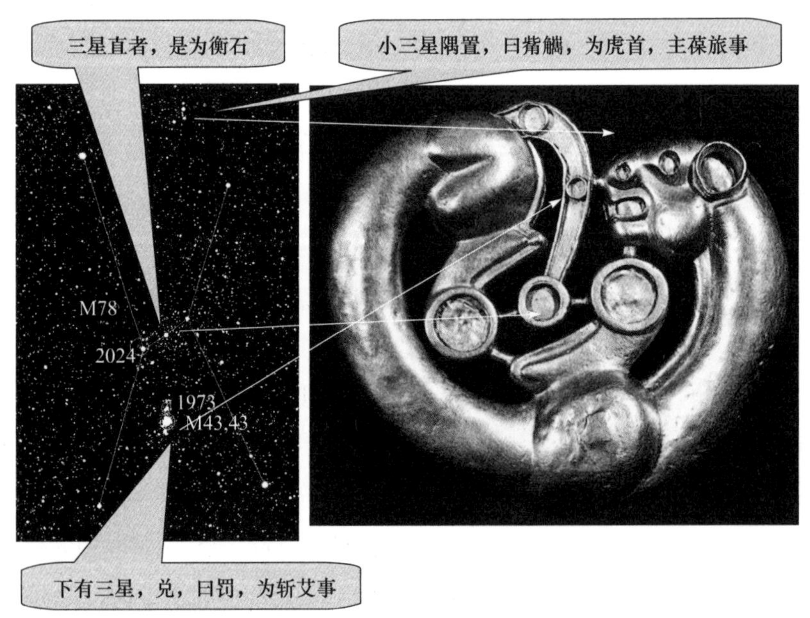

图二 彼得大帝西伯利亚宝藏中蜷曲状雪豹形金牌饰与参宿的对应关系示意图

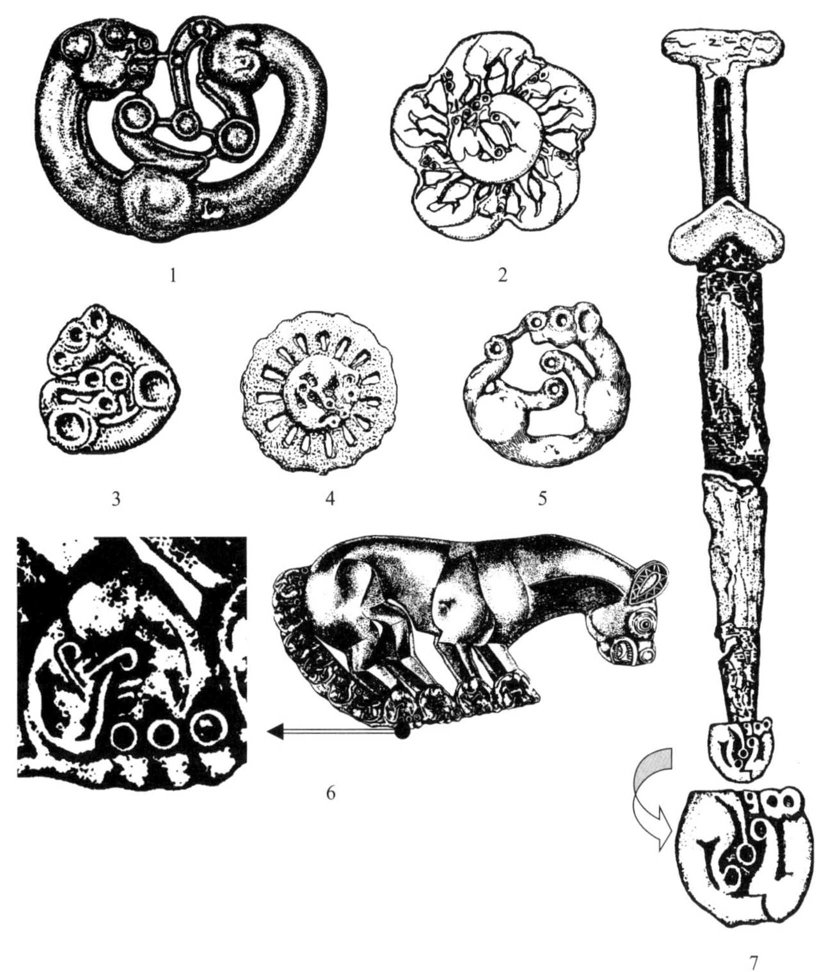

图三　欧亚草原发现参宿特点的蜷曲状动物风格艺术文物

1. 西伯利亚发现品　2. 新疆木垒县征集铜牌饰　3～5. 哈萨克斯坦发现的器物　6、7. 丰提克地区斯基泰文化中发现品

的特征相似。两个脚掌和尾巴末梢三颗宝石表现的是参宿的中央三星，即参 1、2、3 构成的衡石。虎头上的耳、眼和鼻孔的三颗宝石表现的是觜宿。尾部的三颗星表现的应当是参宿中罚的部分。可以看出，这些镶嵌宝石的圆窝，除了衡石利用前后掌和尾尖，有所变通外，总体来看，这些圆圈的位置和参宿诸星存在比较一致的对应关系。作为参宿标志的衡石三星较为明显（图二）。

迄今发现的类似草原文物中，图瓦地区阿尔赞 1 号冢发现的蜷曲状豹形牌饰时代较早而且较为明确，不过这个牌饰没有显示任何星宿的特征（图四，8）[7]。从形制分析，第一节所述两件显示星宿的牌饰可能是从阿尔赞 1 号冢发现的蜷曲状豹形牌饰发展而来。尽管北方民族用动物象征星宿可能是较早就有的思想，但从现在的考古材料看，在动物风格牌饰上开始明确表现参宿星象图案的时间应当在公元前 8 世纪以后，因为阿尔赞 1 号冢的时代约为公元前 9 世纪末[8]。新疆木垒县征集的铜牌饰也有类似的构图，不过有了一些改变，主要以眼鼻耳构成的三个圆圈强调参宿的特点（图三，2）[9]。以上几件文物可能是三道海子文化的代表器物之一[10]。

这种动物风格牌饰通过三道海子文化曾直接或者间接地传播到更广大的地区。早期的斯基泰文化中有类似的发现，在哈萨克斯坦草原也有若干类似的发现（图三，3～5）。如果不是按特别严格的标准，仅是蜷曲状的大型猫科猛兽的艺术形象，那么可以在欧亚草原地带找到非常多的例子。

二

西伯利亚地区发现的此类器物的样式可能来源于内蒙古东南部地区较早发达的牧业文化，这类蜷曲状的动物风格艺术主题在这个地区有很久远的传统[11]。

基于现有的材料，夏家店上层文化的蜷曲状虎形饰牌可能是欧亚草原蜷曲状动物纹样的源头。不过就中国北方以及图瓦地区的蜷曲状虎（豹）形动物饰牌看，都应当是商周文化中类似蜷曲状玉器影响所致，而且也存在着周文化中的类似器物影响图瓦地区的可能（图四、图五）。夏家店上层文化可能是具有白虎星象特征的文物向其他草原地区传播过程中非常关键的环节。内蒙古东南西拉木伦河地区的夏家店上层文化和这里原先的文化不同，夏家店上层文化中少见猪的形象，虎的形象比较流行，这在较早的时期就已经初见端倪。小波汰沟发现的周初“圉簋”耳部牺首下加铸了虎噬

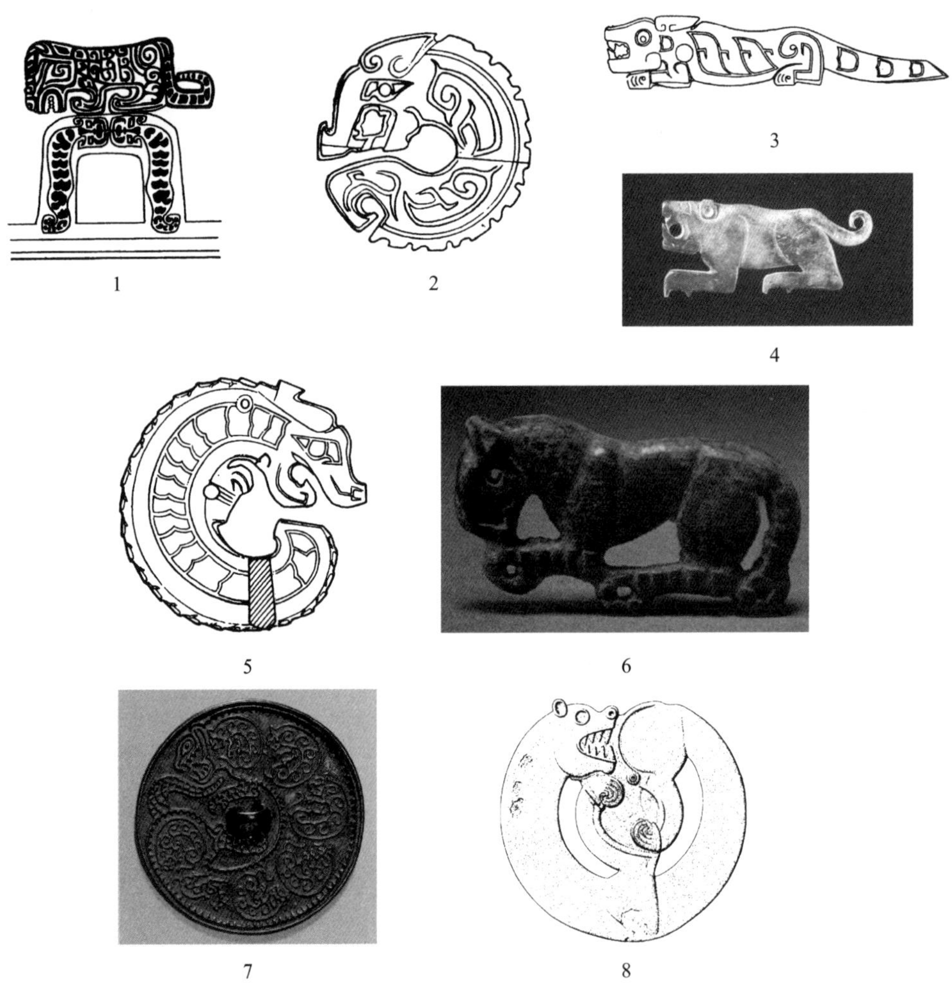

图四 商周时期以虎为主题的文物发展示意图（有卧和蜷曲两个序列，1、3、4、6和2、5、7、8。大致以序号为发展顺序）

1. 江西新干大墓出土铜鼎耳部卧虎细节 2. 河南安阳妇好墓出土虎形龙玉器 3. 河南安阳妇好墓出土卧虎形玉器 4. 宝鸡強国墓地出土卧虎形玉器 5. 陕西沣西张家坡墓地出土蜷曲状虎形龙玉器 6. 内蒙古赤峰地区出土夏家店上层文化器物 7. 日本藏夏家店上层文化蜷曲状虎纹铜镜 8. 图瓦阿尔赞1号冢出土蜷曲状豹形牌饰

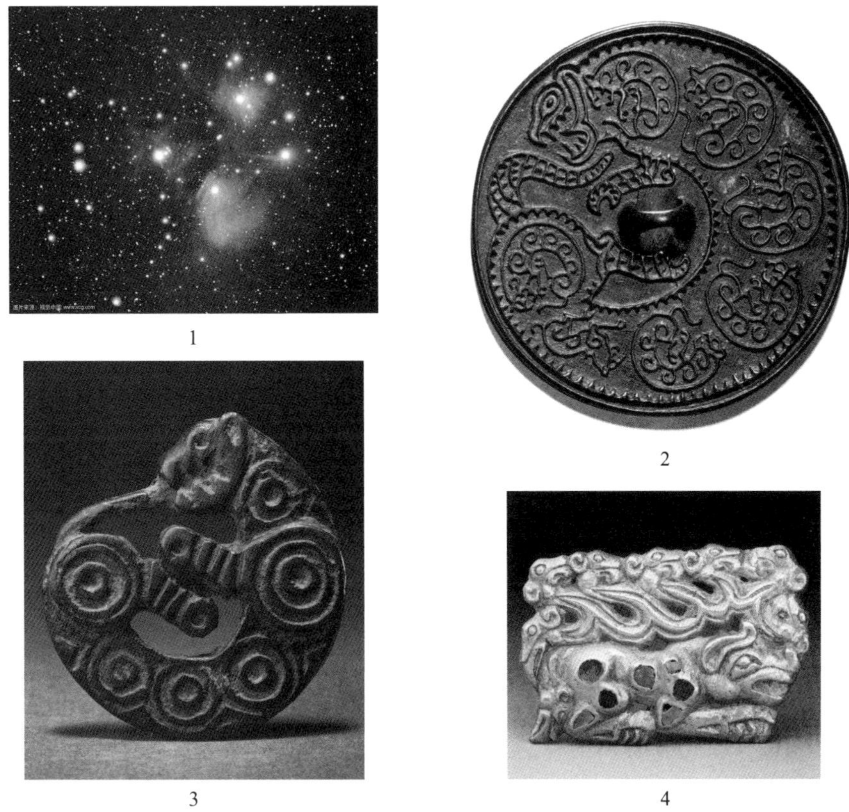

图五 昴星团和可能象征昴星团的动物风格艺术文物

1. 昴星团 2. 日本藏内蒙古出土铜镜 3. 内蒙古发现的虎纹牌饰 4. 阿鲁柴登发现金牌饰

猪的形象，这个现象似乎说明西周初，明确、完整的虎的形象在这个地区开始出现。虎的形象首先在中原特有的簋上出现，可能暗示着夏家店上层文化流行虎形艺术的现象可能和中原商周文化中类似的做法有关系。从江西新干商代大墓的发现看，中原商代青铜艺术中的老虎形象似乎来自中国南方[12]。在商、周文化中有很多以虎为器形或者装饰的器物，这些动物在巫术和祭祀活动中可能具有一些特别的作用和意义[13]。除了蜷曲状的虎外，这个时期的虎多采用匍匐在地的形象。受其影响，这两种表现方式在北方地带并行流行至春秋中晚期左右，夏家店上层文化之后，虎的形象在北方地区蜷曲状动物风格艺术的文物艺术品中渐渐消失，多流行匍匐或者站立状的虎形牌饰。值得指出的是，夏家店上层文化人群可能本来就熟悉东北虎的形象，因为这个文化的形成和分布与更东更北地区的高台山文化关系密切[14]。受到中原文化影响后，通过艺术方式来表现虎也在情理之中。

内蒙古东南部地区流行虎的形象可能反映了这个地区经济方式、文化宗教方面的一个变革。值得注意的是，夏家店上层文化中的某些虎形饰件有明显的参宿特征，比如牌饰、马衔、挂缰钩等，证据就是这些文物上具有明显的三星呈一条直线的特征，而且还扩展到其他动物形象上。夏家店上层文化之后，虎形牌饰多分布于从河西黄土高原经鄂尔多斯、晋北，到桑干河谷东端一线。玉皇庙文化发现具有参宿特征的金质和青铜虎形饰牌，同样也表现在其他动物形象上（图六）。在河北北部的中山国早期墓中，也出这种金的虎形牌饰。有学者认为北方人群使用的有些虎形牌饰可能反映了对昴星团的崇拜，比较确定的如夏家店上层文化在蜷曲状虎形牌饰身体中安排六个涡纹或者七头动物（六头蜷曲小虎和一头走兽）。战国晚期阿鲁柴登发现嵌七颗宝石金牌饰，虽然有些偶然性，但有

上

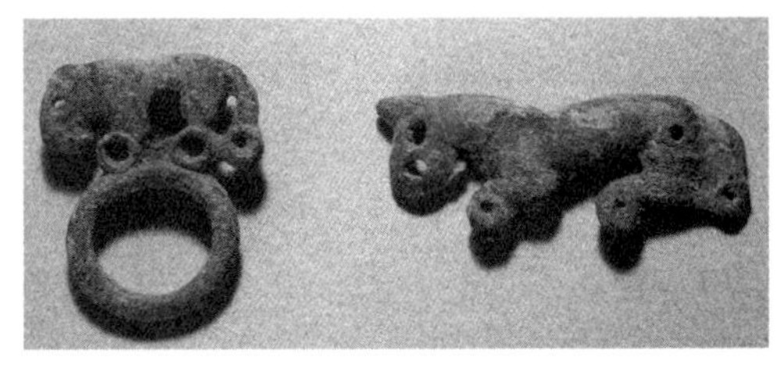

下

图六 夏家店上层文化与北辛堡文化中具有参宿特征的虎形饰件

上及下左. 夏家店上层文化 下右. 北辛堡文化

可能属于此类崇拜的可能性（图五）。《史记·五帝本纪》："日短，星昴，以正中冬。"孔安国曰："日短，冬至之日也。昴，白虎之中星。亦以七星并见，以正冬节也。"昴在古代曾作为春天开始的标志，后来因为岁差而演变为整个参宿，进而成为秋天的标志。昴也被称为西陆，西陆一词的演变，深刻反映了昴星团在历史发展中的变化。昴星团和北方牧人关系密切。《史记·天官书》记载："昴曰髦头，胡星也。"而且"正义天街二星，在毕、昴间，主国界也。街南为华夏之国，街北为夷狄之国"。至少在西汉早中期，昴星团被认为是北方游牧人的象征。这个思想可能渊源很早，从夏家店上层文化的某些文物可以推测，这个时期可能同时存在对昴星团和白虎星座的崇拜。由于夏家店上层文化是草原地带较早繁荣起来的一个牧业文化，因此其文化可能会影响到欧亚草原上的其他人群。塔加尔文化中的有些器物装饰的卧虎也具有三星呈直线的特点，显示了和夏家店上层文化类似器物的密切关系。

三

有一段文献记载为上文探讨的文物样式、思想艺术的传播提供了一个更早的背景。《左传·昭公元年》引郑子产的话说："昔高辛氏有二子，伯曰阏伯，季曰实沈，居于旷林，不能能也，日寻干戈，以相征讨。后帝不臧，迁于商丘，主辰。商人是因，故辰为商星。迁实沈于大夏，主参。唐人是因，以服事夏、商。"《史记·天官书》："晋之疆，亦候在辰星，占于参罚。"晋国疆域内的吉凶，也是候望于辰星，占卜于参、罚星。以陶寺遗址和天马-曲村遗址为中心的地区就是文献中记载的"大夏"、"唐"。在晋西南发现的陶寺文化被认为是陶唐氏的遗存[15]。阏伯和实沈之争可能是参历和火历的争执，结果火历胜出[16]。有些学者认为"参商不相见"这个神话反映了夏、商两族的矛盾斗争[17]。

受自然环境的影响，山西以及在与山西临近的同属黄土高原区的陕北和豫西地区，少有前仰韶文化遗址的发现，之后的农业文化基本是从周围地区迁入的[18]。从文献记载看，迁于大夏的实沈原先属于帝喾的后代，大汶口文化晚期遗存有可能和帝喾有一些关系。这个时期在晋南分布的是庙底沟二期文化，之后是陶寺文化，因此，庙底沟二期文化等在晋南的出现可能和实沈的迁徙有关。这些文化属于中原农业扩散的结果，而这些文化到达晋中以后，最后游离出原来的系统，在气候变化的背景下，走上了以畜牧为主的道路。有学者推测实沈可能是更北一些以晋北石楼等地发现的青铜器为代表的考古遗存，认为殷商时代活动于石楼至太原一带的北方牧人应是实沈部落。《国语·晋语》说："实沈之墟，晋人是居。"这说明晋被分封到"唐"之前，实沈生活过的大夏已经成为废墟。《管子·小匡》记齐师"西征攘白狄之地，遂至于西河，方舟投柎，乘桴济河，至于石枕"。学者据这两个记载进而认为，可能说明周初分封以前，一部分实沈部落已经迁到了黄河以西的地方[19]。现在考古界一般把陕西北部时代相当于商代晚期的考古学文化称为"李家崖文化"，这个文化可能是从早一个阶段以内蒙古东胜县为中心分布的"朱开沟文化"发展而来。在李家崖文化的形成源头中，也有一部分来自晋中夏商时期的文化遗存[20]。在更北的河套地区则分布着西岔文化。这些文化和南部的商周文化有密切的关系，同外贝加尔、萨彦-阿尔泰地区也同样交流频繁。在北方地区人群迁徙、文化变迁和文化交流过程中，参宿的概念可能较早就为北方人群所知晓，比如朱开沟文化商式铜戈上的虎头形象可能与此有关。不过从已经发现的文物看，在草原文物上明显表现白虎星宿主要还是从夏家店上层文化开始。

因此，《左传·昭公元年》这段文献记载可能还说明中原农耕民族经过农业扩散后发生的一次分化，分化的长期结果是农耕社会中分化出一部分人，进入北方地区，最后发展为以畜牧为主业的社会，并成为和中原互动的一支重要力量。由于稻-粟为组合的民族注重春夏季节的农耕，所以对有利于春夏播种等农事授时的大火星比较关注。北方农作物多为粟（黍）-麦为组合[21]，从现在的情况看，冬小麦的耕种主要在秋冬春三季，和参宿的出没很一致。《管子·轻重丁》："正月之朝，谷始也；日至百日，黍秫之始也；九月敛实，平麦之始也。"这条文献说明在春秋时期已经有秋季开始种植麦类的做法。不过甲骨文的记载说明，商代晚期商人控制的地区可能还没有种植冬小麦，因此商代以前实沈主参是否和冬小麦种植有关系还需进一步研究[22]。值得指出的是，后来发展起来的牧业，参宿出没的秋、冬、初春是比较关键的季节，诸如祭祀、清点人畜数量等工作都集中在秋天。另外秋冬季节也是攻伐的多发期。比如《逸周书》卷六记："孟秋秋行冬令，则阴气大胜，介虫败谷，戎兵乃来。"《史记·匈奴列传》曰："岁正月，诸长小会单于庭，祠。五月，大会茏城，秋，马肥，大会蹛林……课校人畜。"所以，他们对出现于秋冬季节的参宿比较重视。

四、结　　语

观象授时并服务于社会生产活动是古人认识自然、利用自然过程中取得的一个重要成就。由于能通过掌握星体运动的规律来确定和预知比较准确的时间，古人可以计划并最终完成将来一定时间内的事情，特别是和生存息息相关的各种生产活动。在古代知识水平和社会背景下，与此相伴的是对这些天文知识的艺术化、神秘化、宗教化和政治化，二十八宿和四象体系的形成就是一个极具代表性的例子。

古代中国通过长期观察和实践总结出来的这些天文、历法知识，对于社会发展相对落后的草原地区不但具有吸引力，而且非常有价值。参宿白虎思想和艺术在北方地区的传播对认识这个问题提供了一个实例。

通过本文的梳理，可以对具有参宿白虎特点的文物在欧亚草原传播有一个初步的认识。无论是夏家店上层文化的蜷曲状和匍匐状虎形牌饰，还是阿尔赞 1 号冢发现的蜷曲状豹形牌饰，其艺术样式渊源应当是中原商周文化中类似的虎形或者装饰虎纹的器物。夏家店上层文化很有可能先吸收了这个艺术样式，同时也吸收了西宫、虎星的概念。蜷曲状的虎形牌饰在夏家店上层文化中最初有可能被用来表示昴星团，参宿则用匍匐状的虎形器物表示。图瓦地区蜷曲状豹形牌饰有可能受到夏家店上层文化的影响，但也可能直接受到周文化的影响。从现在的发现看，西伯利亚（最有可能是阿尔泰地区）的牧人可能较早把参宿的特征表现在蜷曲状的动物风格牌饰上，这些牌饰可能是三道海子文化的典型器物之一。通过三道海子文化，带有参宿特征的蜷曲状大型猫科动物形象的器物传播到整个欧亚草原地带，并流传了不短的时间，艺术形象也根据各地人群的喜好发生了变化，成为草原艺术中非常独特的部分（图七）。

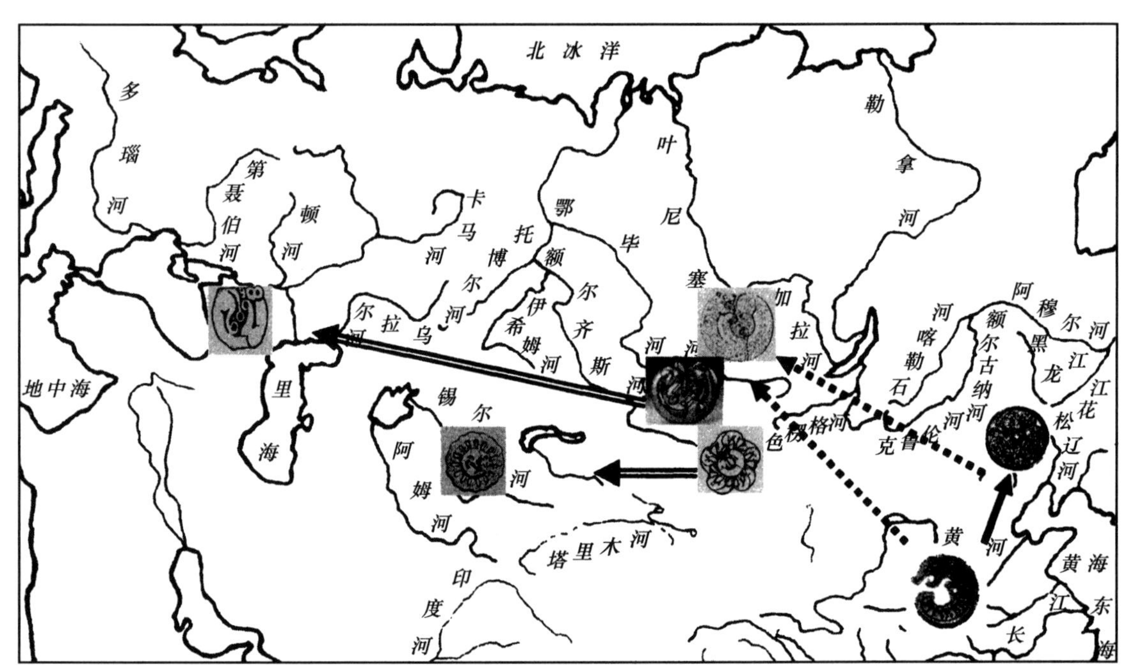

图七 蜷曲状动物牌饰源流及带有参宿特点牌饰传播示意图

单实、虚线表示起源传播关系，实线表示较为明确，虚线表示传播关系不明确；双线箭头表示带有参宿特点牌饰的传播情况

注 释

［1］ 商承祚《殷契佚存考释》，金陵大学中国文化研究所，1933 年，第 15 页。沈建华《甲骨文中所见二十八宿星

名初探》,《中国文化》第十期，1994 年，第 79 页。冯时《殷历岁首研究》,《考古学报》1990 年第 1 期。

［2］饶宗颐《殷卜辞所见星象与参商、龙虎、二十八宿诸问题》,《胡厚宣先生纪念文集》，科学出版社，1998 年，第 39 页。

［3］冯时《殷卜辞二十八宿之检讨》,《新世纪的中国考古学——王仲殊先生八十华诞纪念论文集》，科学出版社，2005 年，第 304～319 页。

［4］昴星团曾被称为西陆。昴在古代作为春天开始标志，后来因为岁差而演变为整个参宿，进而成为秋天的标志。孔庆典《西陆考》，载上海交通大学人文学院网站（http://shss.sjtu.edu.cn/shc/0405/xiluk.htm）。武家璧《德国内布拉星盘的天象问题之探讨》,《中国文物报》2006 年 4 月 21 日 7 版。

［5］叶叔华主编《简明天文学词典》，上海辞书出版社，1984 年，第 196、267 页。

［6］冯时《中国天文考古学》，社会科学文献出版社，2001 年，第 311～313 页。

［7］Grjaznov Mp. *Der GroBkurgan von Arzhan in Tuva*. Südsibirien. München ,1984, p.31、37、58.

［8］关于阿尔赞 1 号冢的时代争议比较大，俄罗斯近年对此墓进行了测年研究，认为其时代为公元前 9 世纪末。

［9］王炳华《新疆东部发现的几批铜器》,《考古》1986 年第 10 期，第 888～890 页，图二，2。

［10］郭物《三道海子文化初论》,《欧亚学刊》第九辑，中华书局，2009 年。

［11］Kurochkin G N. Izobrazheniya svernuvshegosya khischnika v tagarskom iskusstve. KSIIMK, iss.207:59-67. 1993; Alkin SV. Entomologicheskaya identifikatsia Hunshanskikh nefritov（postanovka problem）. in *Ⅲ itogovaya sessia Instituta arkheologii I etnografii SO RAN*, noyabr 1995. Novosibirsk:Izd. IAE SO RAN, pp. 14-16; Arkheologicheskie svidetelstva suschestvovania kulta nasekomykh v neolite Severo-Vostochnoi Azii. in *Drevnie kultury Severo-Vostochnoi Azii*: *Astroarkheologia*. Paleoinformatika. Novosibirsk: Nauka, pp. 134-143. 乌恩《欧亚大陆草原早期游牧文化的几点思考》,《考古学报》2002 年第 4 期;《论中国北方早期游牧人青铜带饰的起源》,《文物》2002 年第 6 期;《略论欧亚草原早期游牧人艺术中的蜷曲动物形象》,《考古》2002 年第 11 期。Bogdanov E S. The origin of the image of a predator coiled up in a ball in the “eastern province” of the Scythian realm. *Archaeology, Ethnology & Anthropology of Eurasia*, 2004, Vol.4; No.20, pp.50-55.

［12］艾兰《虎纹与南方文化》,《“迎接二十一世纪的中国考古学”国际学术讨论会论文集》，科学出版社，1998 年，第 180～182 页。

［13］张光直《商周神话与美术中所见人与动物关系之演变》,《“中央研究院”民族学研究所集刊》(16)，1963 年，第 115～146 页;《商周青铜器上的动物纹样》,《考古与文物》1981 年第 2 期;《中国古代艺术与政治——续论商周青铜器上的动物纹样》,《新亚学术季刊》第 4 期，1983 年，第 29～35 页。以上三文均收入著者《中国青铜时代》，生活·读书·新知三联书店，1999 年，第 397～467 页。

［14］董新林《高台山文化研究》,《考古》1996 年第 6 期。

［15］中国社会科学院考古研究所《中国考古学·夏商卷》，中国社会科学出版社，2003 年，第 59～60 页。

［16］和士华《纳西古籍中的星球、历法、黑白大战》，民族出版社，2002 年。

［17］参宿白虎相当于西方的猎户座。希腊神话中有一善于狩猎的巨人奥利翁，一次他口出狂言说：“天下再没有比我更厉害的了，任何动物只要碰上我这根大棒就叫他立刻丧命。”这话得罪了太阳神阿波罗，他在奥利翁行走的路上放上一只大毒蝎，企图害死猎人，因此猎人和毒蝎便成为死敌。后来，它们均被升上天空，一个成为猎户座，一个成为天蝎座，两者位于相反的位置。当天蝎座从西边隐去时，猎户座才从东边升起，此起彼落，永不相见。猎户座和天蝎座在中国古代分别相当于参、商二星。有意思的是，就“永不相见”这一点来说，中西方的文化在远古时代具有相似性。已经有学者注意到，东方的星宿和西方的星座能完全对应的就是这两个，而且还存在相似的寓意。不知道其间存在什么样的关系。

［18］陈星灿《黄河流域农业的起源：现象和假设》,《中原文物》2001 年第 4 期。

［19］林梅村《帝辛甲骨所见殷宫秘史》,《学术集林》卷十四，远东出版社，1998 年；收入《汉唐西域与中国文明》，文物出版社，1998 年，第 18、19 页。

［20］中国社会科学院考古研究所《中国考古学·夏商卷》，中国社会科学出版社，2003 年，第 592～593 页。

［21］小麦可能是从西方传入的农作物，山东校场铺遗址发现了龙山时代的小麦，这为进一步探讨《左传·昭公元

年》这段记载提供了重要的线索。

［22］冯时先生赐教，谨致谢忱！

（本文原载于中山大学人类学系、中国社会科学院边疆考古研究中心编《边疆民族考古与民族考古学集刊》第1集，文物出版社，2009年）

公元前8～前3世纪的萨彦–阿尔泰
——早期铁器时代欧亚东部草原文化交流

马　健

一、引　　言

公元前9世纪，欧亚大陆的气候巨变导致了欧亚草原地区古民族向游牧经济的迅速转化[1]。大批优质天然牧场的产生使得大规模的放牧成为可能，广袤的欧亚草原上兴起多支游牧部落。加之骑马术的普及，这些游牧部落在频繁的文化交流过程中形成了独特的游牧文化。先进的马具、优良的武器和神秘的“动物纹”装饰风格，成为他们最典型的标志[2]。通过两个多世纪历史学家和考古学家的努力，目前已知欧亚草原早期铁器时代存在多支游牧文化，自西往东主要有南俄罗斯草原、克里米亚半岛以及北高加索地区的斯基泰文化（Scythian culture），伏尔加和乌拉尔山之间的萨夫罗马泰人（Sauromatian culture）及其后继的萨尔马泰文化（Sarmatian culture），中亚草原的塞种文化（Saka culture），阿尔泰山地区的巴泽雷克文化（Pazyryk Culture），萨彦岭的乌尤克文化（Uyok Culture），南西伯利亚米努辛斯克盆地的塔加尔文化（Tagar Culture），贝加尔湖周缘及其东部森林草原地带的石板墓文化（Slab Culture）[3]。

在随后几个世纪中，这些游牧部落迅速扩张，广布于欧亚草原大陆。随着人口的膨胀，游牧部落之间以争夺优良草场而引发的军事战争越演越烈。同时，他们也在与南方农业文明的战争与贸易中尝到了甜头，不仅为后者注入了新鲜的活力，也从南方文明那里汲取了大量先进的文化因素，加速了自身文明的进程。也正是这些活跃在欧亚草原上的游牧民族开创出东西文化交流的新局面。

考古资料表明，公元前8～前3世纪，作为东西方文化交流的最重要舞台之一的萨彦–阿尔泰地区在中西方文化交流的过程中起到了桥梁的作用。一方面，该地区的游牧民族吸收和改造了来自于欧亚草原西部、中亚、西亚以及希腊等地的文化因素，刺激了当地游牧文化和独特装饰艺术的形成与繁盛。另一方面，春秋战国时期，中国北方农牧交错地带以及新疆地区的多种考古学文化中，均可发现来自萨彦–阿尔泰地区古文化的影响，如人马合葬、使用格里芬、鹰、虎、羊等动物纹金属装饰品的习俗。表明当时萨彦–阿尔泰与中国北方，尤其是甘肃东部、宁夏南部以及内蒙古鄂尔多斯诸多民族的文化交流十分频繁。另外，这些文化因素也进而间接被地处西陲的秦人所吸收。秦文化的一些独特方面，如地面上营造高大的坟冢、屈肢、西首葬俗，较早且较集中地使用人工铁器等，可能都受到北方草原文化的影响。

因此从更多深广的背景下，对该区域的考古学文化做进一步的梳理，不仅有助于更深入地认识本地区的文化发展系列，同时也有益于了解那个时期东西文化之间的交光互影的一些层面。

有鉴于此，本文主要做了如下几方面工作：重新梳理萨彦－阿尔泰地区考古学文化的发展序列；探讨了萨彦－阿尔泰地区与东、西方文化的交流情况；讨论了萨彦－阿尔泰考古学文化对春秋战国时期中国北方的影响。

二、发现与研究

本文所述萨彦－阿尔泰地区指西起哈萨克丘陵东端、阿尔泰山西麓，东至西萨彦岭，北迄鄂毕河上游、阿尔泰山北麓，南抵俄罗斯阿尔泰共和国南端。包括今天哈萨克斯坦东部、俄罗斯阿尔泰共和国和图瓦共和国全部、蒙古国库苏泊省省会乌兰固木市等地区。

通常根据考古学文化的差异分为阿尔泰山地区和萨彦岭地区两个文化单元。阿尔泰早期铁器时代考古学文化的研究开始较早，至今已有两百多年历史，大体可分作三个阶段。萨彦岭地区的考古学研究是后进的，始于20世纪初。

（一）阿尔泰山地区

第一阶段：早期的古物收集（18世纪至19世纪初）

南西伯利亚地区斯基泰时期的考古发现最早可以追溯到18世纪，布格洛切维基（Bugroshchviki）等人盗掘了当地许多坟冢[4]。大批珍贵文物被负责乌拉尔山地区冶金工作的维赞（N. Vitzen）和戴米朵夫（N. Demidov）得到，在1715年作为礼品呈献给彼得大帝，成为沙皇宫廷欣赏、把玩的珍贵艺术品。这批文物后来形成了埃米塔什博物馆的“彼得大帝藏品”（Peter the Great）。出于对同类艺术品的珍视，彼得大帝下令禁止盗掘，以保护这些遗迹[5]。

南西伯利亚出土艺术品上特殊的动物纹样引起了收藏家们的兴趣，他们认为这些艺术品与古代游牧民有关。怀着这份好奇心，1763年在南西伯利亚执行军事任务的麦勒古诺夫（Melgunov）将军挖开了当地的一座坟冢，并以他自己的名字为这座坟冢命名。其后，由克拉克（Clarke）、拜勒斯（P. S. Pallas）、杜波伊斯（Dubois）、苏马洛科夫（Sumarokov）、麦塞尔希米迪（D. G. Messershmidi）、米勒（G. F. Miller）等学者组成的苏联考古调查队在西伯利亚地区开展考察，初步积累了一些资料。

19世纪初，各个博物馆资助的考古队分别在南俄罗斯草原、黑海北岸、外高加索以及南西伯利亚等地发掘了多座坟冢，这些坟冢大多殉葬马匹，出土大量青铜器、铁器和大量的金器，许多器物上装饰着动物纹。有些学者将这些坟冢的主人同古典作家希罗多德笔下的斯基泰人联系起来，并且指出与彼得大帝藏品的相似之处。

第二阶段：初期考古调查与研究（19世纪50年代至20世纪40年代）

这一阶段的工作，主要为有目的地考古调查和少量尝试性发掘，初步揭示了该地区早期铁器时代游牧文化的基本面貌，为以后的研究提供了重要的线索。

1856年，著名突厥学家拉德洛夫（V. V. Radloff）在阿尔泰南麓高山河谷内的波莱尔（Berel）

和卡坦达（Katanda）两地发掘了两座大型“永久性冻土墓”[6]。由于缺乏经验，墓室中的一部分有机物品被水浸泡而损毁。尽管两座坟墓已被盗掘，但在墓葬中仍发现配备马具的殉马和精美的毛织品。拉德洛夫的工作是第一次有目的、有组织的科学发掘。此后数十年间，再没有大规模的发掘。

1924 年，在列宁格勒国家民族人种学博物馆（State Ethnographical Museum）资助下，鲁金科（S. I. Rudenko）领导的阿尔泰探险队（Altai Expedition），对阿尔泰山地区的地面遗迹展开调查。他们在苏联丘雷什曼河及其支流巴什考斯河之间的巴泽雷克山谷发现一处永久冻土墓地，并打探沟进行调查。1929 年，格里亚兹诺夫（M. P. Gryaznov）发掘了巴泽雷克墓地的第一座坟冢，其形制与卡坦达和波莱尔坟冢相似。这座墓葬也在早年被盗，但椁室北部仍完整地保存着 10 匹殉马，均配备了精致的马具。这批珍贵的文物在 1936 年被送往巴黎展览[7]。

20 世纪 30 年代和 40 年代，吉谢列夫（S. V. Kiselyov）率领的阿尔泰和萨彦探险队（Altai and Sayan Expedition，1930～1935 年）调查并发掘了卡拉科勒坟冢（Karakol）、库罗塔（Kurot）、库赖（Kurai）、图雅赫塔（Tuekta）、贝斯克良卡墓地（Bystryanskii Cemetery）、迈埃米尔坟冢[8]。

这些调查与发掘工作初步揭示出，早期铁器时代阿尔泰山地区的墓葬结构表现出强烈的地方共性：地面都有石块堆砌的坟冢，竖穴土坑，墓室北部殉葬配备马具的马匹，南部是由落叶松圆木制作的椁室。

第三阶段：研究的深入（20 世纪 40 年代至今）

这一阶段的工作主要是苏联学者组织的大规模考古发掘，基本建立起了阿尔泰山地区考古学文化的序列。同时随着 ^{14}C 测年、人体测量、DNA 分析等高科技手段的引入与发展，学者们不断对年代序列进行修订，并且开始深入探讨该地区与周边游牧部落、西亚等地区的文化交流，当地居民食物成分、社会结构等问题。

第二次世界大战后，在苏联物质文化史研究院（Institute of the History of Material Culture of the Academy of Sciences of the U.S.S.R）和埃米塔什博物馆（Hermitage Museum）资助下，鲁金科再次率队于 1947、1948、1949 年对巴泽雷克墓地进行了第 2、3、4 次发掘，共发掘了 7 座大型坟冢，出土遗物极其丰富，包括大量金属器、角器、木头、皮革、毛制品、丝织品和马具[9]。这引起了鲁金科、莱斯（Rice）、耶特马尔、格里亚兹诺夫、梅原末治、希伯特（F. T. Hiebert）、马劳瑞（J. P. Mallory）等学者的重视，他们分别对墓葬年代、随葬品风格来源、墓主人族属等问题做出了初步的推断。

1950 年和 1954 年鲁金科在卡拉科勒河（Karakol）附近的巴沙德勒（Bashadar）和图雅赫塔（Tuekta）村各发掘了两座大石冢。其年代属于公元前 6～前5 世纪。鲁金科认为阿尔泰山地区的墓葬存在较强的地方特点，将他们命名为巴泽雷克文化[10]。

20 世纪 70 年代以来，考古工作者在阿尔泰山地区又发掘了大量的坟冢。其中库巴耶夫主持发掘了 170 多座。研究者发现该地区除了木椁墓之外，还有石板墓。俄罗斯学者将它们分别命名为乌斯特 - 久尤姆（Ust-Kiuyum）类型和阔克尼斯（Koksnskii）类型。

1990～1995 年，在莫勒丁（V. I. Molodin）带领下，俄罗斯科学院西伯利亚分院考古学与人种学研究所（The Institute of Archaeology and Ethnography of the Siberian Branch, Russian Academy of Sciences）派遣的考察队在中国、蒙古国、哈萨克边境的乌科克（Ukok）高原发掘了多座墓葬。其中阿克 - 阿拉哈（Ak-Alakha）3 号墓地 1 号墓未被盗掘，为长方形竖穴木椁墓，里面埋葬着 1 位女性。

墓底铺卵石，上面覆盖黑色毛线编制的毯子，墓穴的北部殉葬6匹马，均配马具，其中马鞍上表现老虎搏鹿的场景于巴泽雷克1号墓出土物十分接近。墓主人双臂刺满了蓝色文身，表现的是鹿角鹰头的格里芬正在咬身体反转的公羊，也与巴泽雷克M2男性身上的文身相似[11]。这名妇女头顶留有高耸的发髻、身着黄色丝质衬衣，这在阿尔泰山地区还是首次发现。随葬品包括鹿首银镜，一些木制容器、陶器，木雕，木雕包括有翼雪豹、鹿、鸟等造型。1991～1994年又发掘出4座斯基泰时期的墓葬：别勒捷克（Bertek）1号墓、10号墓、12号墓和27号墓。其中3座是木椁墓，1座是石板墓[12]。

1991年，颇罗斯马克（N. Y. Polos'mak）在别勒捷克（Bertek）山谷的库图尔古塔斯（Kuturguntas）发掘了一座坟冢，墓中殉葬10匹马，其中一匹配备着精美的木质马具，出土毛织衣物、金器、木器，流行装饰格里芬图案，也属于巴泽雷克文化。研究者将其年代初定在公元前5～前3世纪[13]。

1998～1999年，一支由法国、意大利、哈萨克三方考古学者组成的考察队在哈萨克斯坦东部的波莱尔地区发掘了11号坟冢，木椁南部独木棺内埋葬2具人骨，但惨遭盗扰。椁室北部随葬13匹马，其中有的马匹头部有木制包金仿鹿角装饰，有的马鞍上也装饰格里芬与狮子搏斗的图案。从葬仪、马具、木雕等来看，该墓葬属于巴泽雷克文化。这座墓葬的绝对年代在公元前294年左右[14]。

2006年7月，由28人组成的考察队在蒙古西部靠近中、俄、蒙古三国边境的阿尔泰山上发现了一座斯基泰时期的坟冢（图一，12）。这座坟冢位于海拔2600米处，由于冰雪覆盖保存完好。坟冢规模不大，墓坑内有殉马，以方形木椁为葬具。墓主人侧身屈肢，以毛皮覆盖身体。随葬品包括武器、陶器、马具若干，其中包括马、格里芬形木器饰件。从这些迹象来看，这座墓葬显然属于典型巴泽雷克文化，而且也是目前为止发现的该文化最靠西南的遗存。这座墓葬的资料现已运回乌拉巴托整理[15]。

根据这些发掘出土的资料，格里亚兹诺夫、莫什科娃、希伯特、莫勒丁等学者都对阿尔泰山地区早期铁器时代游牧文化的发展序列提出了自己的看法（表一）。

表一　阿尔泰地区分期简况[16]

年份	学者	分期			
1947	格里亚兹诺夫（M. P. Gryaznov）		迈埃米尔期（Maiemir）：公元前7～前5世纪	巴泽雷克期（Pazyryk）：公元前5～前3世纪	希伯期（Shibinsk）：公元前2～公元1世纪
1979、1983		阿尔泰斯基泰初期（Initial Altaic Scythian Period）：公元前9世纪	同上	同上	同上
1992	莫什科娃（M. G. Moshkova）		早期：公元前8～前6世纪	中期：公元前5～前3世纪	晚期：公元前2～公元1世纪
1992	希伯特（F.T. Hiebert）		迈埃米尔文化：公元前8～前6世纪	巴泽雷克文化：公元前5～前3世纪	希伯文化：公元前3～公元1世纪
1995	博科文克（N. A. Bokovenko）		早期：公元前8～前6世纪	巴泽雷克时期：公元前5～前3世纪	匈奴时期：公元前2～公元5世纪
1997	莫勒丁（V. I. Molodin）		迈埃米尔文化：公元前8～前7世纪	巴泽雷克文化与卡拉科比尼安文化（Kara-Kobinian）：公元前6～前2世纪	匈奴-萨尔马泰时期：公元前1～公元5世纪

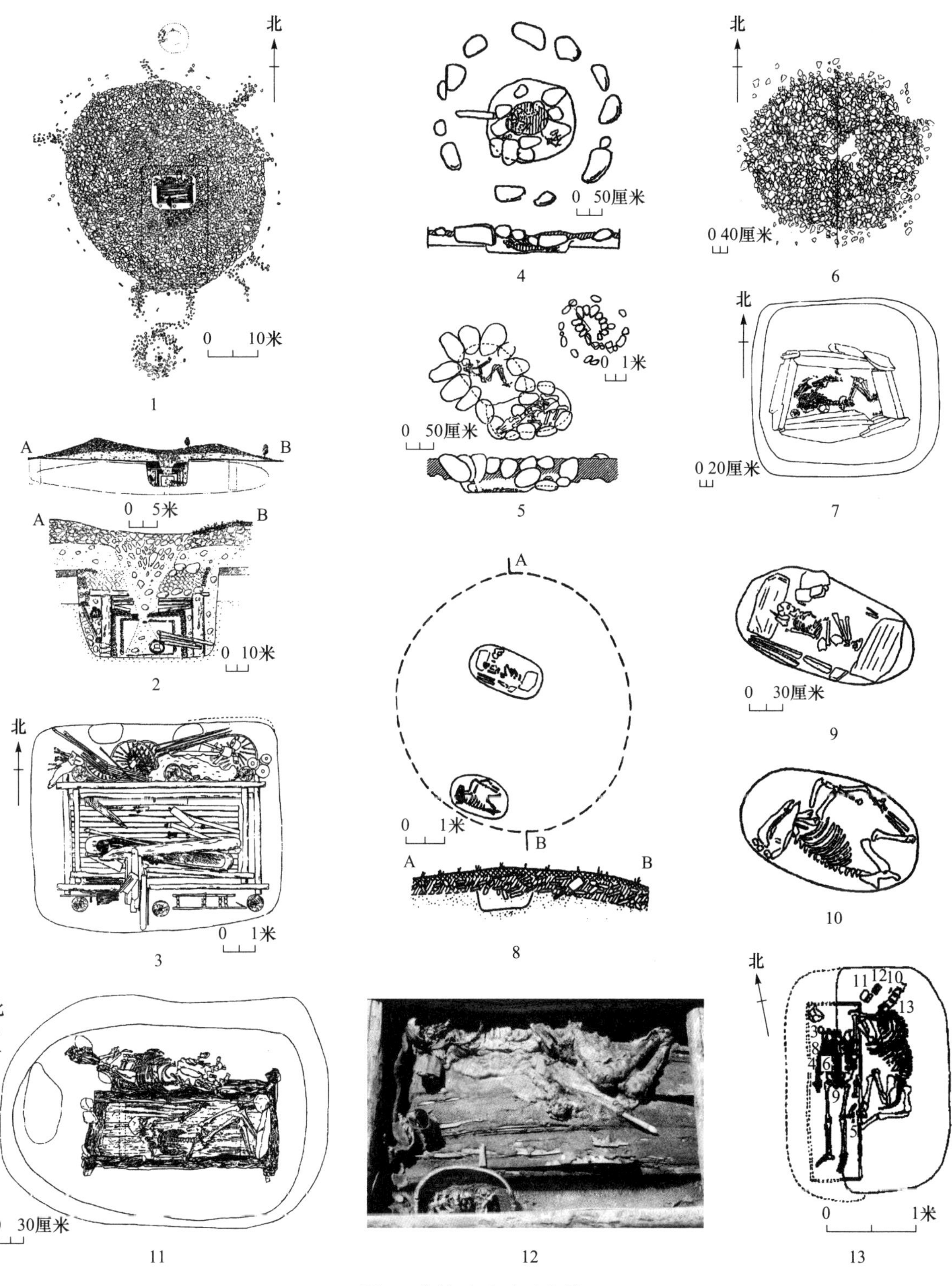

图一 阿尔泰山地区墓葬

1～3. 巴泽雷克5号坟冢 4、5. 库尔图Ⅱ号墓地3号坟冢 6、7. 别勒捷克12号坟冢 8～10. 乌斯特-库尤姆1号坟冢 11. 乌科克27号坟冢 12. 蒙古冻土墓 13. 察吾呼三号墓地M8

（二）萨彦岭地区

与阿尔泰山地区相比，萨彦岭地区的研究是后进的。1913年捷普楼霍夫（S. A. Teploukhov）在萨彦岭展开了调查；1915～1916年，苏联考古学者阿德里阿诺夫在乌鲁格－切姆（Ulug-Khem）河谷左岸、毕耶－切姆（Bij-Khem）及乌尤克河（Uyok）附近发掘了60座坟冢。库兹拉索夫认为其中6座属于斯基泰早期。此后十多年中又发掘了160多座墓葬。捷普楼霍夫声称这些坟冢是匈奴西迁之前的遗迹。但这一时期的资料还不足以建立萨彦岭地区的年代序列。

20世纪50年代开始，万斯帖恩（S. I. Vainstein）、格拉赫（A. D. Grach）、库兹拉索夫、博塔波夫（L. P. Potapov）继续在萨彦岭卡兹兰山发掘，他们建议将这些斯基泰时代的坟冢命名为卡兹兰文化（Kazylan Culture）。这批资料后来被翻译为德语出版，名为《南西伯利亚图瓦发现的斯基泰时期的墓葬》[17]。随后万斯帖恩将卡兹兰文化的年代定为公元前7～前3世纪，并分为四个时期。1958年库兹拉索夫为萨彦岭早期铁器时代起了另一个名字：乌尤克文化（Uyok Culture），分为2期6种类型，6种类型分别代表斯基泰时期在萨彦岭生活的6个游牧民族。这一观点被后来的曼奈奥勒（M. H. Mannai-Ool）所接受，他在1970年出版的专著《斯基泰时期的图瓦》中，将乌尤克文化分为三期，还将墓葬详细分为6个类型、8种亚型（表二）[18]。

1971～1974年格里亚兹诺夫和曼奈奥勒发掘了萨彦岭乌尤克盆地（Uyok Basin）的阿尔赞1号坟冢（Arzhan Kurgan I）。这座墓位于萨彦岭中南麓、俄罗斯图瓦共和国首府克孜勒西北部阿尔赞村，坟冢直径长达120米，高4米，平面呈圆形，由大石块堆筑而成。每块石块重20～50千克，其中包括一件鹿石残块；坟冢以下古地表以上为圆木搭建的帐篷状木构架，直径80米，分隔成70个呈放射状排列的小墓室。木构架中央为中心墓室，8米见方，其中放置着9具小型单人棺椁和中央的一具4.4米×3.7米见方的大型木椁。大型木椁中并列放置两具东西向独木棺，分葬一老年男子和一成年妇女，均侧身屈肢、头向西北。9具小型棺椁位于大型木椁南、西、北三面，里面埋葬的均为老年男子，1具为1重椁1具独木棺，还有1具为1重椁无棺，其余5具均为无椁的独木棺。大型木椁外东侧还殉葬6匹配备马具的马。另外，在木构架周边的1间小室，发现多具独木棺，葬有15名男子；还有9个小室专门用于殉葬马。据统计阿尔赞1号墓中共殉葬马161匹，另有大量不完整马骨，属于300匹马[19]。据推测，建造如此大规模的坟冢在当时需要1500人连续工作7～8天才能完成。格里亚兹诺夫和曼奈奥勒根据出土物断定这座坟冢的年代为公元前8世纪，早于公元前7世纪的黑海斯基泰。后来格里亚兹诺夫又将阿尔赞坟冢的年代提前到公元前9世纪，列为乌尤克文化的初期，引起很大争议。1995年，谢米诺夫和楚古诺夫结合新材料对以往建立的考古学年代序列做出了合理调整，指出图瓦考古学文化在发展过程中与哈萨克斯坦东部、蒙古国西部、南西伯利亚塔加尔文化有较多的联系[20]。目前这一观点被学术界广泛接受（表二）。

表二　萨彦岭地区分期简况

<table>
<tr><th>年份</th><th>学者</th><th colspan="9">分期</th></tr>
<tr><td>1958</td><td>万斯帖恩（S. I. Vainstein）和库兹拉索夫（L.R. Kyzlasov）</td><td colspan="2">早期斯基泰时期：公元前7～前6世纪</td><td colspan="3">考凯尔（Kokael）期：公元前6～前5世纪</td><td colspan="3">卡兹勒甘（Kazylgan）期：公元前5～前4世纪</td><td>奥赞－阿拉－别里格（Ozen-Ala-Belig）期：公元前4～前3世纪</td></tr>
<tr><td>1958</td><td>库兹拉索夫（L.R. Kyzlasov）</td><td colspan="2">早期：公元前7～前6世纪</td><td colspan="7">晚期：公元前5～前3世纪</td></tr>
<tr><td>1970</td><td>曼奈奥勒（M.H. Mannai-Ool）</td><td colspan="2">早期：公元前7～前6世纪</td><td colspan="3">中期：公元前5～前4世纪</td><td colspan="4">晚期：公元前4～前3世纪</td></tr>
<tr><td>1971</td><td>格拉赫（A.D.Grach）</td><td colspan="5">阿迪－拜勒文化（Aldy-Bel Culture）
公元前7～前6世纪</td><td colspan="4">萨格利文化（Sagly Culture）
公元前5～前3世纪</td></tr>
<tr><td rowspan="2">1980</td><td rowspan="2">格拉赫</td><td colspan="3">阿迪－拜勒文化：公元前8～前6世纪</td><td colspan="4">萨格利文化：公元前5～前3世纪</td><td colspan="2" rowspan="2">乌鲁格－切姆（Ulug-Khem）文化：公元前2世纪</td></tr>
<tr><td>阿尔赞（Arzan）期：公元前8～前7世纪</td><td colspan="2">乌斯特切姆切克（Ust’khemchik）期：公元前7～前6世纪</td><td>萨格利期：公元前5～前4世纪</td><td colspan="3">奥赞－阿拉－别里格期：公元前3世纪</td></tr>
<tr><td rowspan="2">1983</td><td>格里亚兹诺夫（M. P. Gryaznov）和格拉赫</td><td colspan="2">初期：公元前8～前7世纪</td><td colspan="4">早期：公元前7～前6世纪</td><td colspan="3">晚期：公元前5～前3世纪</td></tr>
<tr><td>格里亚兹诺夫</td><td colspan="2">初期：公元前9～前7世纪</td><td colspan="4">早期：公元前7～前6世纪</td><td colspan="3">晚期：公元前5～前3世纪</td></tr>
<tr><td>1995</td><td>博科文克（N. A. Bokovenko）</td><td colspan="2">阿尔赞期：公元前8世纪</td><td colspan="4">乌尤克文化早期：公元前7～前6世纪</td><td colspan="3">乌尤克文化晚期：公元前5～前3世纪</td></tr>
<tr><td rowspan="2">1995</td><td rowspan="2">谢米诺夫（V. Semenov）和楚古诺夫（K. Chugunov）</td><td colspan="2" rowspan="2">阿尔赞期：公元前8世纪</td><td colspan="2">阿迪－拜勒期：公元前7～前5世纪</td><td colspan="2" rowspan="2">萨格利期：公元前5～前3世纪</td><td colspan="3" rowspan="2">奥赞－阿拉－别里格期：公元前2世纪</td></tr>
<tr><td colspan="2">乌尤克文化：公元前6世纪中叶至公元前4世纪中叶</td></tr>
</table>

2000年夏，俄罗斯考古学家楚古诺夫（Chugunov）主持，德国方面派考古学家帕金格、马格勒（Magler）博士参与的考察队在阿尔赞“国王谷”中发掘了一座没有被盗掘的阿尔赞2号墓。直径75米，高2米，规模小于1号墓。坟冢下部中心的1号坑中空无一物，而在它东北部有一个为5米×5米，深3米的方形坑，编号2号坑。里面是用西伯利亚桦树圆木搭建而成的椁室。椁室内葬一男一女，男性在北，女性居南，均侧身屈肢，左臂向下，头向西北。出土5700件金器，总重20千克。包括项圈、耳环、头冠、箭箙和各式各样的小饰件，上面装饰着的丰富的动物纹图案，被发掘者称为“斯基泰动物纹百科全书”。另外还出土大量精良武器，包括青铜啄斧、箭镞、金柄铁剑等。据人骨鉴定，男性年龄为40～45岁，女性年龄为30～35岁。1号坑西北部紧挨着的3号坑内发现很少的衣物残片。南部的4号坑为一殉马坑，内葬数十匹配备马具的马。此外在坟冢下边缘位置还发现一些陪葬墓，为长方形石箱墓，分别葬一男性，侧身屈肢[21]。目前阿尔赞2号坟冢的发掘品已运往埃米塔什博物馆整理[22]。

1972～1973年，苏蒙历史文化联合考察队对蒙古国最西北部库苏泊省乌兰固木市郊区昌德曼山下的一处铁器时代早期的古墓群进行了发掘，其中木椁墓顺着昌德曼山东北坡由北向南一字排开，相互之间相距数米，同时木椁墓东部和西部，还有一些石棺墓。截至1974年，共发掘墓葬56座。出土物有小口圆唇鼓腹平底红陶罐、骨扣环、骨针、骨管、玻璃串珠、磨刀石、青铜扣环、徽章形青铜镜、青铜环首刀以及一些铁器。1978年，苏联学者沃尔科夫（V. V. Volkov）最早将1972年发掘的9座墓葬材料公布，并初步将乌兰固木墓葬归入乌尤克文化[23]。同年，策温道尔吉也发表《昌德曼文化》一文，将这种蒙古国西部铁器时代早期的考古学文化命名为“昌德曼文化”，认为昌德曼文化较为独特，不宜归入乌尤克文化[24]。目前对乌兰固木墓地考古学文化的性质尚无详细的论述。

三、分期与编年

（一）阿尔泰山地区

半个多世纪以来，很多学者都致力于对阿尔泰山地区早期铁器时代的遗存进行分期和编年。他们所采用的研究方法主要分为风格分析、类型学分析和科学测年三种。其中最具代表性的学者有耶特马尔、格里亚兹诺夫、博科文克、希伯特、莫勒丁、马劳瑞等。他们基本将该地区遗存界定在公元前8～前2世纪，上接卡拉苏克文化，下迄公元前2世纪匈奴占领该地区（表一）。但我们发现他们在讨论过程中受传统斯基泰文化分期影响较大，并未详细阐明类型学分析、分期的意义。同时也缺乏对墓葬形制、随葬品等多种因素组合的通盘考虑。

我们认为，公元前8～前3世纪正是欧亚草原游牧部落逐渐兴起的时期。骑马术的普及在很大程度上提高了东西方游牧部落之间，以及这些草原民族与南方发达的农业文明之间文化交流的速度和深度；波斯和希腊文化因素涌入阿尔泰，并在与当地文化逐渐融合的过程呈现出鲜明的阶段性特征。在此背景下，我们运用考古学类型学和文化因素的分析方法，对公元前8～前3世纪阿尔泰山地区的考古学文化进行新的编年与分期。至于公元前3世纪以后的文化序列，也就是斯基泰时期和匈奴时期的分界，学者们的意见分歧很大，还有待于将来更加系统的研究。

1. 墓葬形制

考古学对墓葬的分析包括两个方面：墓葬形制和随葬品。我们先来看看墓葬形制，公元前8～前3世纪阿尔泰山地区的墓葬可以分为四类：木椁墓、石围石圈墓、石围土坑墓、石板墓。其中大中型墓葬均为木椁墓，后三种多是小型墓葬（表一，图一）。

木椁墓 这类墓葬在阿尔泰山地区最为典型，公元前8～前3世纪一直流行（图一，1～3，11、12）。地表都有石块、土堆筑的圆形坟冢。大型坟冢直径25～50米，中小型直径3.5～25米。坟冢正下方是长方形竖穴土坑，墓坑底部分南北两部分，北部是殉马区，墓葬级别不同，殉葬马匹数量在1匹至十几匹不等。马匹呈东西向安葬，身上多配备全套马具；南部是用西伯利亚落叶松圆木搭建而成的方形或长方形木椁。大型墓葬木椁内部有木棺，常见用原木掏挖而成的独木棺，也有用木板钉合的木棺；小型墓葬无木棺，死者直接葬在木椁内。葬式流行侧身屈肢，头向西。随葬品多放置在木椁内。此类墓葬的形制早晚略有差别，有学者发现，迈埃米尔等早期墓葬的墓坑底部北高南低，即北部殉马区高于南部木椁底部，而在公元前6世纪以后，墓穴底部逐渐齐平[25]。

石围石圈墓　地表多无坟冢，外有直径6～10米的圆形石围。石围内有两个卵石围砌的石圈，石圈内下挖不足半米的浅坑，分葬人和马匹或马具。葬式流行侧身屈肢、头向西。此类墓葬在公元前8世纪左右出现并在早期铁器时代一直延续，形制变化小，随葬品少（图一，4、5）。

石围土坑墓　与石围石圈墓的区别是，没有石圈，墓主人头下和脚下分别放置一块平整的枕石和垫脚石（图一，8～10）。

石板墓　地表有低矮的圆形石堆，长方形竖穴土坑，墓坑底部是用长块石板搭建的长方形石室。墓主人侧身屈肢，头向西。随葬品少、不殉葬马匹。据称，此类墓葬青铜时代末期出现，进入早期铁器时代以后，数量迅速减少并延续了相当长一段时间[26]。莫勒丁所谓的公元前6～前2世纪与巴泽雷克文化并行的卡拉科比尼安文化（Kara-Kobinian），也指这种石板墓文化（图一，6、7）[27]。我们发现当地青铜时代晚期的卡拉苏克文化（Karasuk Culture，公元前1500～前800年）就流行用石板构筑椁室，由此推断早期铁器时代的石板墓可能是卡拉苏克部落遗民所建，其数量的减少可能与当地以木椁墓为代表的游牧部落的兴起有关。

可见，侧身屈肢葬、西首葬、殉马是早期铁器时代阿尔泰山地区墓葬的典型特征；坟冢、木椁、独木棺是身份等级的标志。但墓葬形制变化不大，不能作为我们判断年代、分期的直接依据。

2. 随葬品

阿尔泰山地区早期铁器时代坟冢的随葬品，尤以金器、武器、马具、木雕、毛织品最为发达。金器作为游牧民身份和等级的标志，常常用于随葬。但两个多世纪以来，该地区大中型墓葬多被盗掘一空。许多学者从艺术风格学角度出发，证明埃米塔什等博物馆收藏的许多金器出自阿尔泰山地区早期铁器时代的坟冢。可惜这些金器脱离了与墓葬的共存关系，无法作为我们研究的基础。值得庆幸的是，墓穴北部的殉马坑一般保存较好，这些殉葬马匹身上都配备马具。马具作为阿尔泰游牧民生活的必需品，变化速率较快，时代和地域特征十分突出，可以作为我们判别年代的依据。同时，墓葬中还出土了一些陶器，其形制早晚也有差异，可作参照。阿尔泰山地区木雕工艺高超，木雕造型、题材多以风格独特的动物纹和花叶纹为主。使用木制马具以及在马身上装饰纹样繁复的木雕，是该地区居民独有的习俗。在此，我们将其归入马具一并讨论。毛织品在阿尔泰山地区也十分发达，在大中型墓葬中出土很多，既有木椁四壁悬挂的大幅毛毯，也有的覆盖在马鞍表面。随葬品中最引人关注的是以动物纹为主的丰富装饰题材，其中既有阿尔泰本土的题材，也有来自希腊、波斯、欧亚西部草原的艺术母题，另外墓葬中也发现一些中国制造的物品。这些都可以作为我们分期、编年的依据。

3. 分期

我们根据随葬品形制、组合、装饰主题、文化因素的演化情况，将阿尔泰山地区早期铁器时代考古学文化分为三期（图二）。

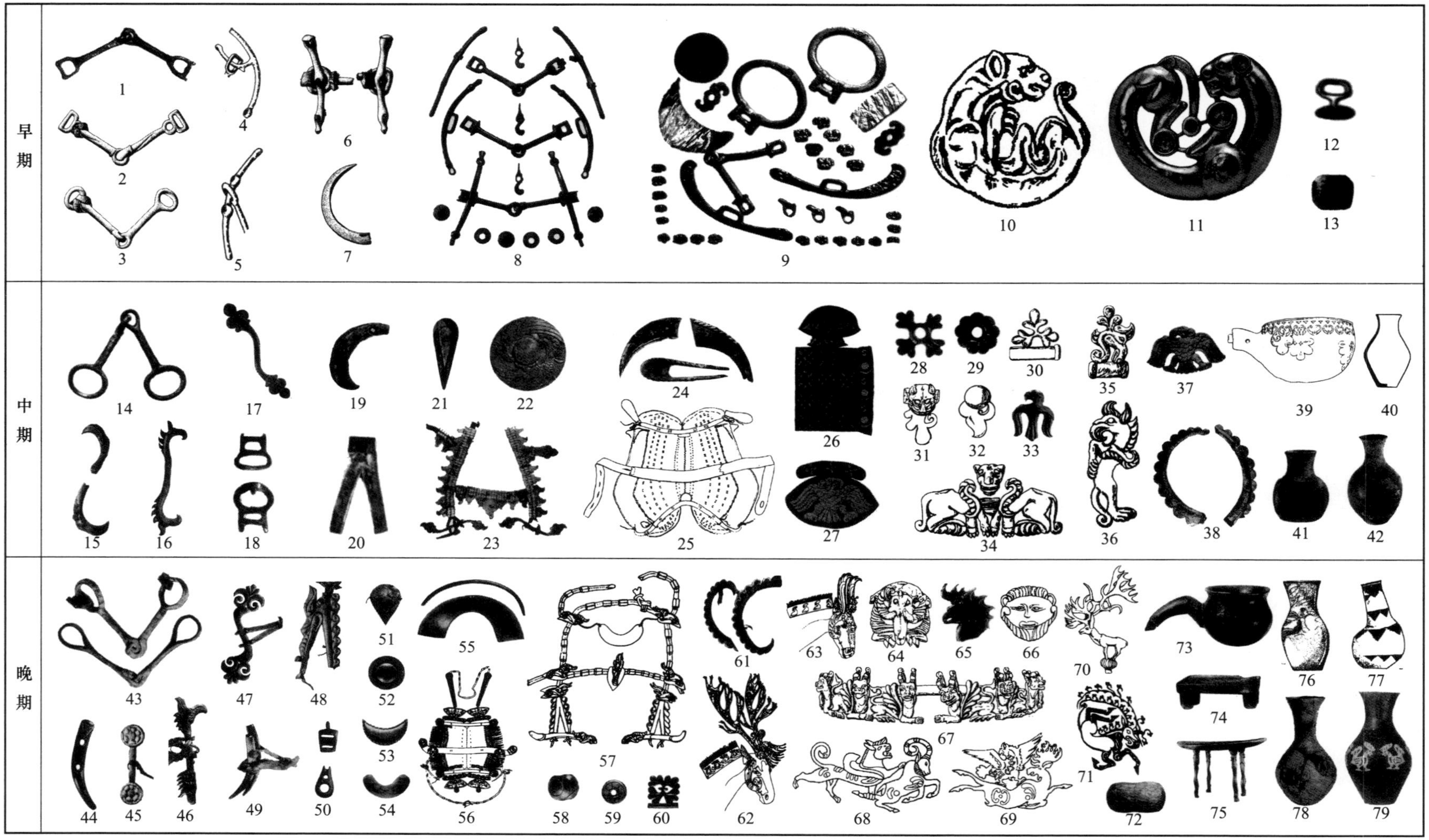

早期

中期

晚期

图二 阿尔泰山地区考古学文化分期

1、10. 迈埃米尔坟冢 2～7. 阿尔赞 1 号坟冢 8、9. 阿尔赞 2 号坟冢 11. 埃米塔什博物馆藏品 12、13. 艾迪 - 拜勒 21 号坟冢 14、15、18、19、21、23、26、27、32、37、38、41. 巴沙德勒 2 号坟冢 16、17、20、22、24、25、28～31、33～36、39、42. 图埃赫塔 1 号坟冢 40. 巴沙德勒 9 号坟冢 43、49、67、70、71、73～75、79. 巴泽雷克 2 号坟冢 44、45、55、58、59. 巴泽雷克 3 号坟冢 46、47、51～54、57、60、62～66、68、69、72. 巴泽雷克 1 号坟冢 48、56. 巴泽雷克 5 号坟冢 50. 巴泽雷克 4 号坟冢 61、77. 波莱尔 11 号坟冢 76. 别勒捷克 27 号坟冢 78. 巴泽雷克 6 号坟冢

早期，初创期　以迈埃米尔坟冢为代表。骑乘所需的马具初具模型，装饰母题简单，以身体蜷曲的雪豹为主。

随着骑马术在欧亚草原的传播，阿尔泰山地区居民在早期铁器时代初就能制作马衔、马镳。具推测，最初的马衔是用缠绕的皮革制成，后来才用青铜打造[28]。青铜马衔根据穿孔的形状可分为马镫形、葫芦形、圆形三种，其中马镫形马衔较为流行。马镳多见三孔棍状骨制马镳、野猪獠牙制成的马镳，青铜马镳呈“Y”字形，有的旁边分出一个枝杈（图二，1～9）。早期资料中未见马鞍实物，推测有可能为简单的毡毯之属。这一时期的装饰纹样以迈埃米尔坟冢出土的马身饰牌最具代表性，饰牌上表现出一只牙齿、爪张开的蜷曲状雪豹（图二，10）。埃米塔什博物馆也收藏了一件阿尔泰山地区出土同样题材的黄金饰牌（图二，11）。同时期邻近的萨彦岭地区的马具与阿尔泰山地区一致，在阿尔赞1号坟冢内，就同时发现了这三种马衔，其中马镫形马衔的数量也是最多的，而且也出土了一件装饰蜷曲雪豹纹样的马胸饰牌。此外，萨彦岭地区其他墓葬也出土了青铜制的两孔、三孔棍状马镳及用野猪獠牙制成的马镳，青铜马勒带带扣、四方体多孔节约等马具（图二，2～9，12～13）。

中期，发展期　以巴沙德勒、图雅赫塔墓地为代表。马具趋于完备，皮毛制马鞍出现，鞍桥出现，马头开始装饰鹿角状木雕；木器加工技术发展、装饰母题增多。动物造型以单体、侧面、静立状态为主。动物形态呆板、搏斗场面少见。

马具流行圆形穿孔的青铜马衔；“S”形木制马镳，马镳两端雕刻成鹰首、格里芬首或花叶形。也有野猪獠牙制作的双孔马镳；出现左右对称的皮毛制马鞍，并有木制鞍桥，鞍鞯上装饰简单的鹰或花叶纹样；流行圆形、水滴形木雕当卢；“V”字形的素面木制颊带，青铜制和角制的马勒带带扣；节约多呈“十”字形，圆形少见（图二，14～27）。级别较高的大型墓葬大量使用包金箔的木制马具和饰件，并且在个别马的笼头上增加仿鹿角木雕（图二，23，38）[29]。这一时期装饰题材更加丰富，主要反映在木雕装饰上，鹰、狼、虎、鹿、山羊是当地最多的装饰造型。这类题材在图埃赫塔、巴沙德勒墓葬出土的马镳、当卢和其他木制饰件上数量最多。同时一些波斯因素也被引入当地艺术题材当中，典型的如狮、狮首格里芬、鹰首格里芬等动物纹和十字形和卷叶植物纹（图二，28～37）。另外，这一时期开始出现多种文化因素融合的现象，比如巴沙德勒2号墓木棺两侧板上分别雕刻出一列虎搏山羊、虎搏野猪、虎搏鹿的场景。成列的走狮和斗兽纹是典型的波斯艺术题材和构图形式，但是虎、野猪、鹿的造型则是阿尔泰当地题材。木制容器主要见敞口鼓腹圜底碗（图二，39）。陶器数量较少，以手制灰陶为主。器类以侈口折腹平底罐、小口细颈鼓腹瓶、直口高领鼓腹罐三类为主，并有少量大口平底瓮、直口折肩鼓腹罐。陶器多为素面（图二，40～42）。

晚期，繁盛期　以巴泽雷克墓地、波莱尔11号坟冢为代表。马具发达，铁制马衔开始流行，高级墓葬殉马的身上装饰繁缛；木器加工、毛织技术发达，装饰题材更加丰富，新出现人物、鱼、鸡、兔等造型。构图复杂、表现生动的立体圆雕大量出现。波斯艺术因素、希腊艺术因素、欧亚草原艺术因素的比重大大增加。同时，墓地中开始出现中国制造的青铜镜、漆器和丝绸制品。

这一时期马具最典型的特征是铁制马衔的出现（图二，43）。马镳仍以“S”形为主，两端装饰纹样更加丰富多样。新出现鹰首格里芬、天鹅、奔鹿、山羊、圆形、多棱纺锤形等造型的马镳，同时也发现仿野猪獠牙的双孔角制马镳（图二，44～47）。另外，双孔野猪獠牙马镳和棍状青铜马镳仍然沿用（图二，49）；当卢以圆形、水滴形为主，新出现圆弧状、月牙形当卢（图二，51～54）；木制颊带两缘装饰水波纹或兽头（图二，48）；大型墓葬中个别马匹笼头上装饰仿鹿角木雕，制作更加精致，能够表现出鹿角的枝蔓（图二，61、62）；马面部流行装饰格里芬面具：马两颊和鼻梁蒙盖皮毛制格里芬兽身，并与马头顶端装饰圆雕格里芬首相连接构成整体形象（图二，63）；马鞍装饰复杂，鞍桥、马鞍前后两端以及鞍鞯下部增加饰牌和挂饰、鞍鞯上流行鹰、格里芬、狮、虎、鱼与山羊搏斗的图案（图二，68、69）。木器加工业发达，除马具以外，还包括四腿小木桌、实木桌、木枕、马蹄形把手的敞口鼓腹圜底碗、箜篌等（图二，72、73、75）。能够熟练制作出线条流畅、造型生动的动物圆雕（图二，64、65、67、70）；毛织技术也大大提高，能够制作大幅挂毯、立体动物模型，表现复杂的画面；石器主要见四足祭祀盘（图二，74）；此外还发现用作蒸汽浴的铜鍑、带把手的四足铜盘、带柄铜镜等。这一时期的装饰母题较中期增加了人物、鱼、鸡、兔等。阿尔泰居民还将格里芬形象融入本土的鹰、鹿崇拜当中，创造出一种鹰首鹿角鹿身的神话动物，我们称之为鹿形格里芬（图二，71）[30]。受欧亚西部草原艺术影响，大量使用后肢翻转180° 的动物造型和复杂的搏斗场景（图二，68、69）。大量波斯文化因素融入阿尔泰艺术，比如箜篌、毛毯上骑士、走狮纹、斯芬克斯、阿娜希塔女神、火坛、莲花纹等。希腊文化因素表现在巴泽雷克流行的棕榈纹、连续旋涡纹图案和鬃呈鱼鳍状的格里芬形象。巴泽雷克墓葬中也出土一些中国制造的物品，如战国晚期的楚式羽地四山镜、秦式漆器、凤鸟纹锦等。晚期陶器仍以侈口折腹平底罐、小口细颈鼓腹瓶、直口高领鼓腹罐为主，大口平底瓮不见，器形较早期变化不大，流行在陶器肩领部位刻划三角几何纹、动物纹或装饰水波状附加堆纹（图二，76～78）。出现木器仿陶器的现象，比如巴泽雷克2号墓出土的一件侈口折腹平底木罐，罐腹还贴着皮制剪影状公鸡图案（图二，79）。

4. 年代

近年来耶特马尔、勒纳等学者已经对早年俄国学者的分期和编年提出了质疑。马劳瑞也采用了新的分析方法，纠正了以往科学测年的一些错误[31]。通过以上分析可知，阿尔泰山地区的考古学文化的典型特征是流行殉葬马匹的木椁墓、石围墓、墓主人侧身屈肢西首葬。这种文化在公元前8～前3世纪呈渐进式发展状态，是一脉相承的。因此将不同期分为不同文化的做法是有问题的。我们将图埃赫塔、巴沙德勒墓地单独分出列为中期，是考虑到它代表了一个外来因素的引入和初步本土化的过程，与晚期巴泽雷克墓地反映出的木器、毛纺织技术的成熟、多种文化因素交融和本土化的状况呈继承、阶段性关系。结合马劳瑞等学者的绝对年代结果，我们将以巴泽雷克墓地为代表的晚期文化年代定在公元前4世纪中叶至公元前3世纪；将图埃赫塔墓地为代表的中期文化界定在公元前5～前4世纪上半叶；早期以迈埃米尔墓葬为代表的文化界定在公元前8～前6世纪（表三）。

表三 阿尔泰山地区墓葬分期

期别	典型墓葬			
	木椁墓	石围石圈墓	石围土坑墓	石板墓
早期（公元前8～前6世纪）	迈埃米尔坟冢	库尔图Ⅱ号墓地3号墓	乌斯特－库尤姆1号墓	别勒捷克12号墓
中期（公元前5～前4世纪上半）	阿克－阿拉哈1号、图雅赫塔1号、巴沙德勒2号墓			
晚期（公元前4中～前3世纪）	巴泽雷克1号、2号、5号、6号、波莱尔11号、库图尔贡塔斯坟冢、乌科克27号墓			

（二）萨彦岭地区

20世纪50年代以来，万斯帖恩、库兹拉索夫、曼奈奥勒、格拉赫、格里亚兹诺夫、博科文克、谢米诺夫和楚古诺夫等多位俄罗斯学者都对萨彦岭地区早期铁器时代考古学文化进行过分期（表二）。其中格里亚兹诺夫、谢米诺夫和楚古诺夫的看法较有影响力。目前争论的焦点主要有两个：第一，阿尔赞1号坟冢的年代；第二，各时期考古学文化间的关系。对此主要有三种不同的观点：格拉赫认为萨彦岭地区早晚为两种文化；谢米诺夫和楚古诺夫认为萨彦岭地区文化自是一脉相承，但在公元前6～前4世纪另有一支并行发展的乌尤克文化；以格里亚兹诺夫为首的大部分学者仍坚持萨彦岭地区早期铁器时代仅有乌尤克一种文化，该文化自始至终一脉相承，直至公元前2世纪末匈奴占据萨彦岭地区[32]。结合阿尔赞2号坟冢等新材料，以下将对萨彦岭地区考古学文化进行重新分期与编年。

1. 墓葬形制

萨彦岭地区的墓葬有主要有5类：木椁墓、同冢异穴合葬墓、土坑墓、石板墓、石室墓。葬式都流行侧身屈肢、西首葬。后三类墓葬形制早晚差异小（图三、图四）。

木椁墓　分为大型木椁墓和小型木椁墓两种，地表都有石筑封堆，封堆下方都有近方形的椁室。大型木椁墓封堆直径在50米以上，主椁室埋葬高级贵族，随葬大量金器、武器，周围还有附属的陪葬墓和殉马坑（图三，1～5）。小型木椁墓的椁室内常并排合葬多人、随葬品不多（图三，7～11）。

同冢异穴合葬墓　分为单体封堆和双联封堆两种，封堆直径一般在十几米左右。双联封堆是由南北两个圆形封堆相交构成的连体建筑，坟冢下部用石围隔开。封堆下方有多个墓坑，分葬单个个体。葬具有石板、木椁、独木棺三种。稍大的墓坑位于坟冢中部，小的墓坑分布于坟冢的南、西、北侧（图四，3～7）。

土坑墓　无封堆，有的外侧有圆形石围，中心有很浅的土坑、埋葬单个个体，有的在人身旁边殉马（图四，1，9～11）。

石板墓　地表无明显封堆，墓坑浅、呈长方形，用竖立的石板围砌而成。埋葬单个个体或双人合葬（图三，6；图四，8、12）。

石室墓　地表无明显封堆，墓坑浅，用平铺的片状石块垒砌而成。常见人马合葬，这类墓葬早期墓坑近圆形、晚期呈圆角长方形（图四，2）。

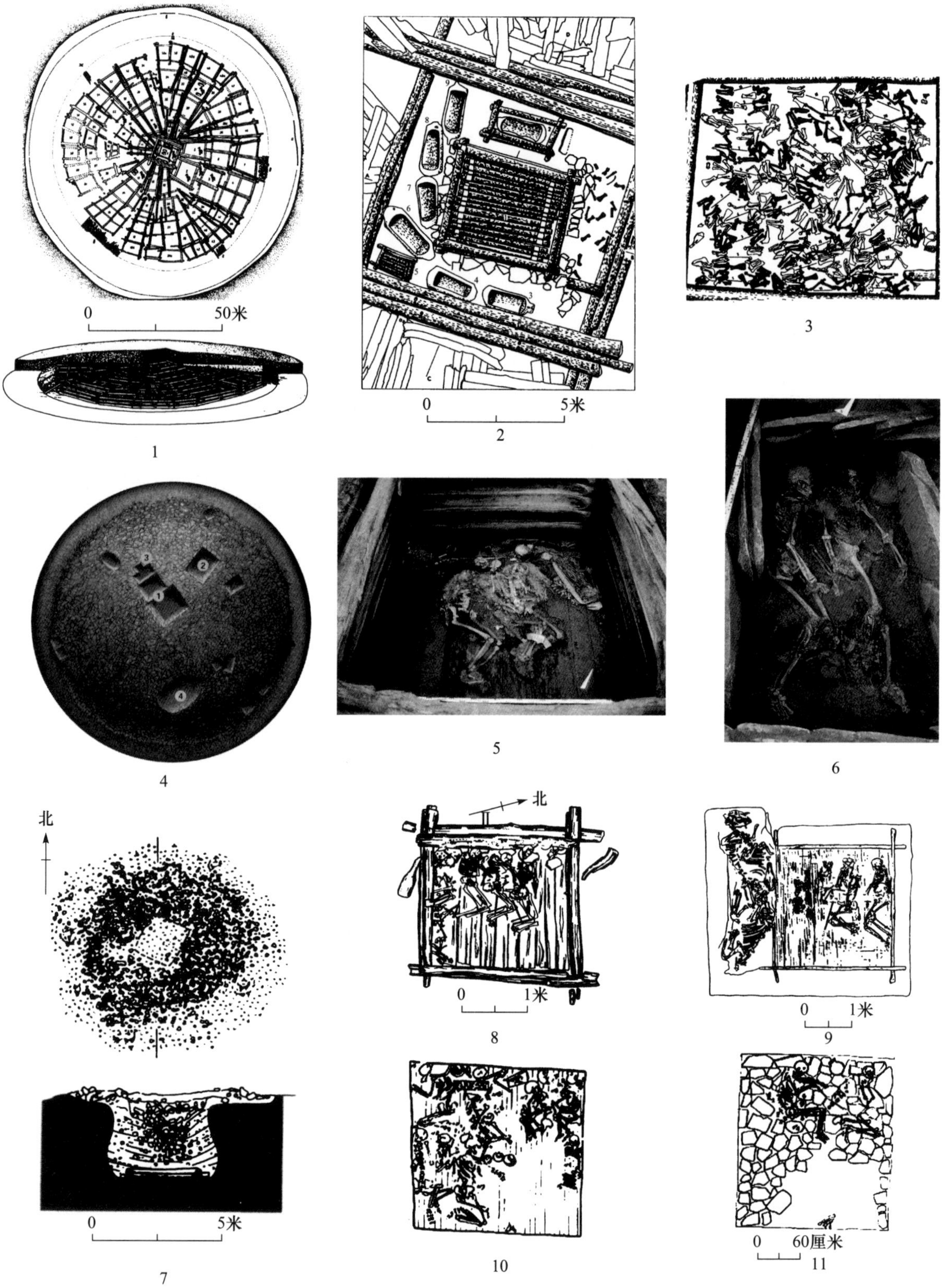

0 50米
1
0 5米
2
3
4
5
6
北
北
0 1米
8
0 1米
9
0 5米
7
10
0 60厘米
11

图三 萨彦岭地区墓葬（一）

1～3. 阿尔赞1号坟冢 4～6. 阿尔赞2号坟冢 7、8. 萨格里-巴兹Ⅱ号墓地8号坟冢 9. 萨格里-巴兹Ⅱ号墓地1号坟冢 10. 乌兰固木31号墓 11. 乌兰固木43号墓

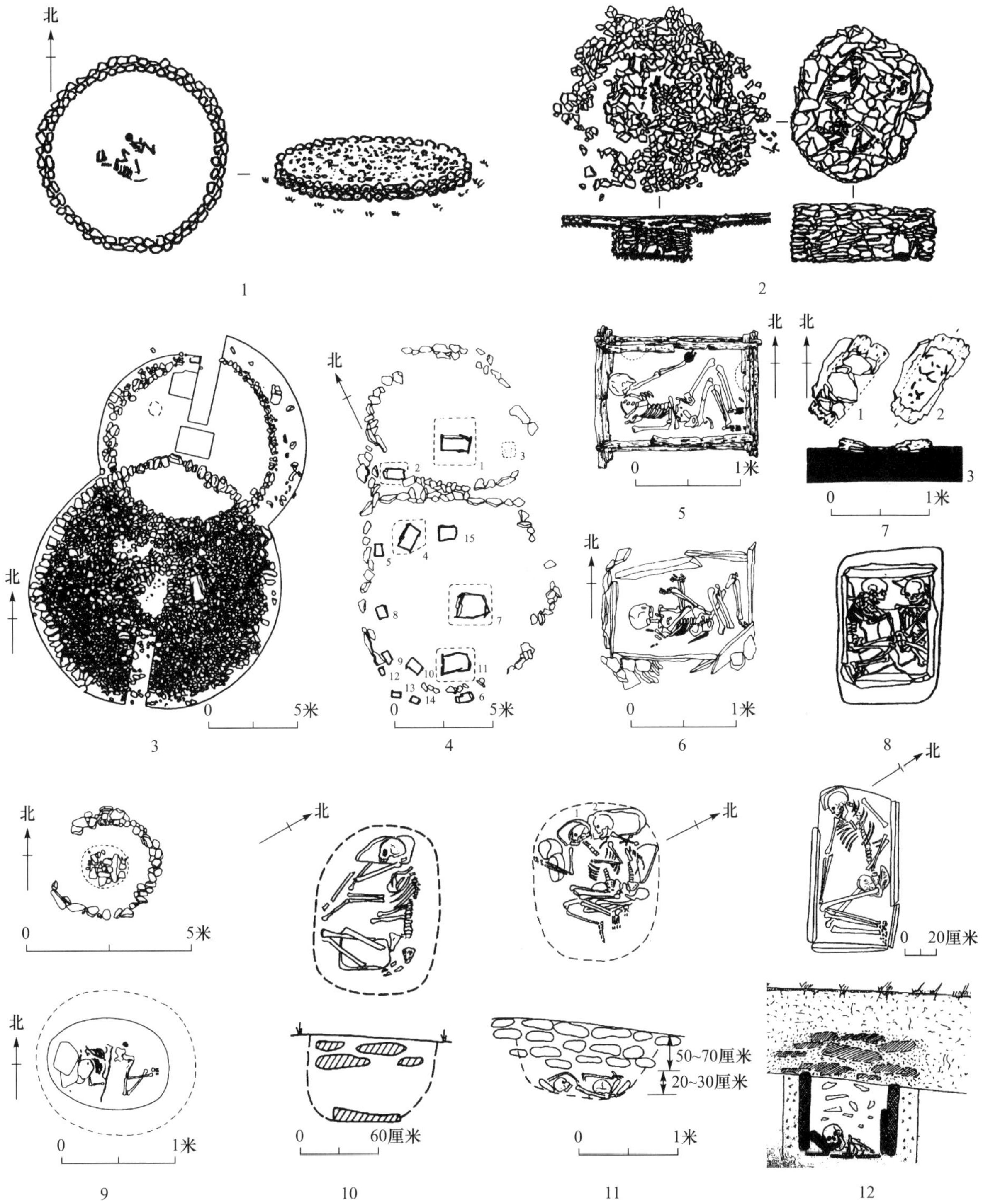

图四　萨彦岭地区墓葬（二）

1. 埃米利格墓葬　2. 阿格里克提墓葬　3. 库居鲁格-切姆Ⅰ号墓地7号与8号坟冢　4. 切姆切克－鲍姆Ⅴ号墓地1号与2号坟冢　5～7. 切姆斯克-鲍姆Ⅲ号墓地1号与2号坟冢8号、7号、9号墓　8. 苏什河墓葬　9. 萨格里－巴兹Ⅰ号墓地第二组5号墓　10. 乌兰固木56号墓　11. 乌兰固木45号墓　12. 乌兰固木49号墓

2. 分期

结合随葬品演化的情况，可以将萨彦岭地区考古学文化分为两期5段。

早期早段 墓葬有大型木椁墓、小型石围土坑墓和石板墓三种。大型木椁墓以阿尔赞1号坟冢为代表。无墓坑，直接在古地表起建辐射状木构架，木构架之上用石块堆筑封堆。墓室分主墓室、陪葬墓室、殉马室三类。主墓室位于木构架中心，为内外两重木椁。里层木椁内以独木棺分葬高级贵族夫妇。两重木椁之间有多匹殉马和多具陪葬墓，陪葬墓多以独木棺为葬具（图三，1～3）。随葬品中多见青铜武器，流行“V”字形剑格的窄刃短剑，剑首呈“一”字形或装饰野猪形圆雕，剑柄中部多起脊（图五，1、2）；啄斧有管銎，尖部呈圆锥状，尾部呈圆柱状，顶部有一圆垫封堵（图五，3）；镞根据质地可分为青铜制和骨制两种，多呈扁平柳叶状或子弹头状，无铤者居多，有的底部带有倒刺（图五，4～9）。装饰题材主要见：青铜胸饰牌上身体蜷曲的雪豹、配备笼头的马头角制圆雕、青铜短剑剑首和杖头顶端四肢伸展、蹄尖伫立的野猪、山羊（图五，10～13）。其中野猪和山羊的形象与当地青铜时代末期鹿石上凿刻的形象接近（图五，14；图六，3）。

早期晚段 大型木椁墓以阿尔赞2号坟冢为代表，坟冢下木构架不见，坟冢下有多个竖穴土坑。坟冢下部中心位置设有防盗掘的空坑，主墓室位于坟冢侧缘，仅有一重方形木椁，贵族夫妇直接安葬在椁地板上。主墓室旁也有陪葬墓坑和殉马坑，葬具出现由竖直石板围砌的石室（图三，4～6）。出现同冢异穴的多人合葬墓，以切姆斯克－鲍姆Ⅲ号墓地1号与2号坟冢为代表（图四，5～7）。随葬品包括金器、木器、石器、青铜和铁制武器和其他日用品。阿尔赞2号坟冢中出土金器最多，包括项圈、鍑的模型、耳环、冠饰、发簪以及衣物和箭箙上的各类饰件（图五，32～42）。另外库居鲁格－切姆Ⅰ号墓地9号坟冢、萨里格-布伦（Saryg-Bulun）墓葬也出土了一些形制类似、装饰纹样接近的金器；木器以包金马蹄形把手的敞口鼓腹圜底碗、小木盘为代表；石器主要见平底盘；武器流行蘑菇头状剑首、蝴蝶翼状剑格的宽刃铁短剑，剑柄有两竖道凹槽（图五，15、16、18）；新出现无管銎的啄斧，尾部呈圆柱状或多棱状（图五，19、20）；出现双翼、三翼有铤青铜镞（图五，21～26）；日常用具流行边缘卷起的圆形纽和桥形纽铜镜（图五，27、28、31）。此外阿尔赞2号坟冢还出土包金环首小刀、青铜鍑等日用品（图五，17、44）。这一时期的装饰多见于金器，题材流行虎、鹿、马、山羊、野猪、鹰、鳕鱼等动物纹和“S”形水波纹。动物姿态除了早期静止伫立状以外，还有做飞奔状、屈卧状，后蹄翻转180°的姿态开始出现但数量较少。构图趋于复杂、出现虎搏羊的动物搏斗场面（图五，32～42）。另外，切姆斯克－鲍姆Ⅲ号墓地1号与2号坟冢还出土两把骨梳，梳柄上雕刻的山羊造型与金器上的十分接近（图五，29）。

晚期早段 墓葬开始流行多人同椁合葬的小型木椁墓，这类墓葬地表也有圆形封堆，封堆下掏挖2.5～4米深的方形竖穴土坑，墓坑口小底大呈袋状，坑底架设圆木搭建的“井”字形方形木椁，木椁内并排合葬多人，均侧身屈肢、头向西、头下枕片石。每人有各自的随葬品，包括武器、陶器和其他日用品等随身携带的物品。以萨格里－巴兹（Sagly-Bazi）Ⅱ号墓地8号坟冢为代表（图三，7、8）。随葬品中出现少量陶器，以手制灰陶的小口鼓腹平底罐居多（图五，59）；武器仍流行蘑菇头剑首、蝴蝶翼格的宽刃短剑，剑首和剑格更加宽厚。出现“一”字形剑格、剑首的新形式。其中少数为铁制或铁刃铜柄（图五，45～47）；出现短管銎扇叶尾啄斧，顶部无垫片封堵（图五，48～50）；

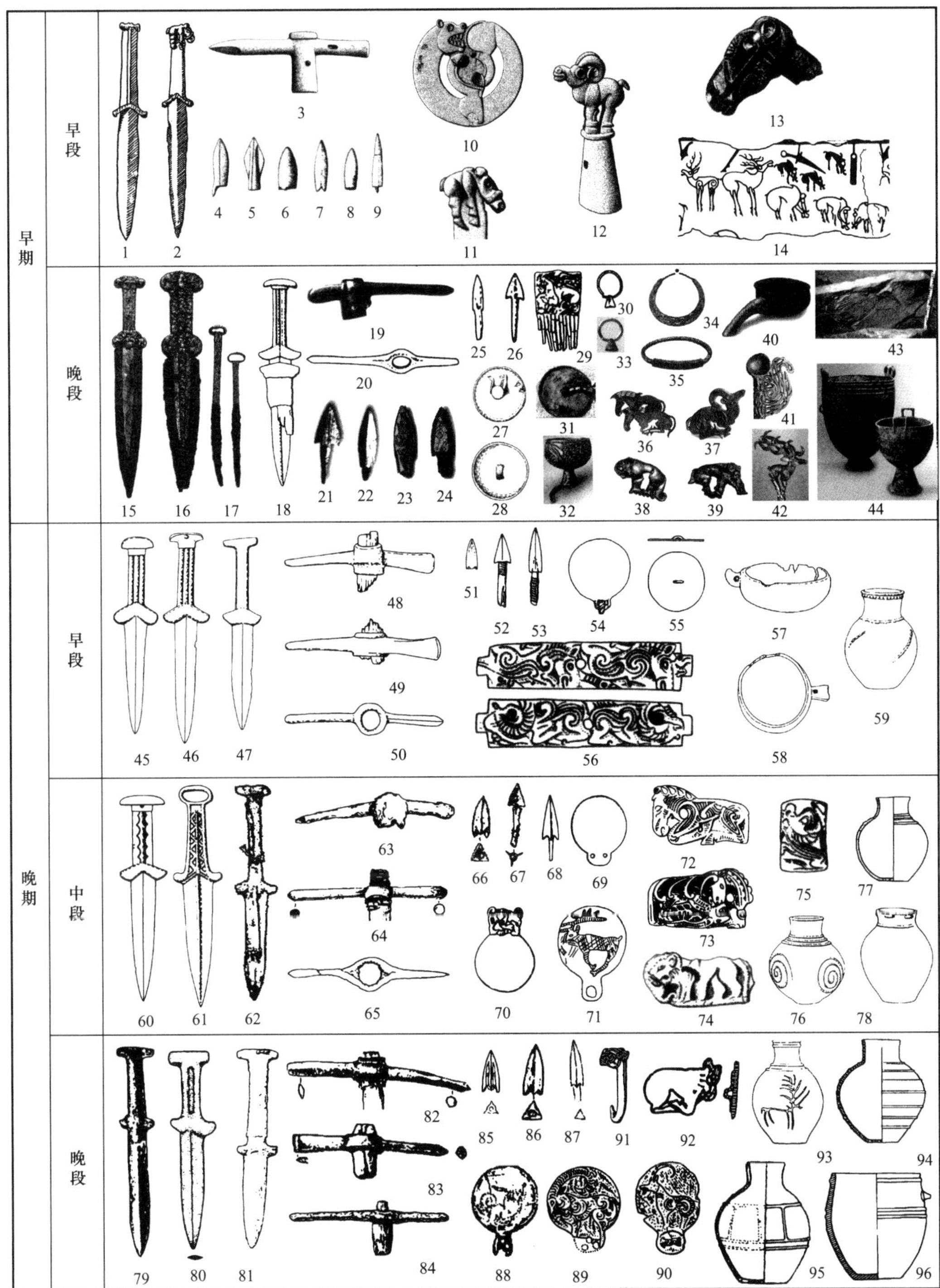

图五　萨彦岭地区考古学文化分期

1～14. 阿尔赞1号坟冢　15～17、19、21～24、31～44. 阿尔赞2号坟冢　18. 切姆斯克－鲍姆Ⅰ号墓地6号坟冢　20、25. 切姆斯克－鲍姆Ⅰ号墓地1号墓　26. 切姆斯克－鲍姆Ⅰ号墓地2号坟冢　27～30. 切姆斯克－鲍姆Ⅲ号墓地1号与2号坟冢　45～47、50、56、58、59. 萨格里－巴兹Ⅱ号墓地8号坟冢　48、54. 萨格里－巴兹Ⅱ号墓地9号坟冢　49. 库居兹兰Ⅰ号墓地1号坟冢　51～53. 萨格里－巴兹Ⅱ号墓地3号坟冢　55. 萨格里－巴兹工号墓地二组5号墓　57. 萨格里－巴兹Ⅱ号墓地3号坟冢　60、70、72、78. 萨格里－巴兹Ⅱ号墓地13号坟冢　61、65、68、69、74、76. 杜泽里格－楚乌卒Ⅰ号墓地2号坟冢　62、77. 乌兰固木36号墓　63、73. 达甘－戴里Ⅰ号墓地3号坟冢　64. 乌兰固木16号墓　66、67. 乌兰固木43号墓　71. 乌兰固木31号墓　75. 达甘－戴里Ⅰ号墓地1号坟冢　79. 乌兰固木53号墓　80. 乌斯特－埃蒂甘墓地　81、84. 别勒捷克10号墓　82、86. 乌兰固木33号墓　83. 乌兰固木46号墓　85. 乌兰固木25号墓　87、93. 乌兰固木1号墓　88、95. 乌兰固木47号墓　89、90. 奥弥利格墓群　91. 乌兰固木33号墓　92. 乌兰固木47号墓　94. 乌兰固木23号墓　96. 乌兰固木21号墓

流行三翼青铜镞和三棱骨镞（图五，51～53）；铜镜流行境纽位于镜面边缘的侧纽境，早期的圆纽境和桥纽镜少见（图五，54、55）；木器仍使用带柄的敞口鼓腹圜底碗（图五，57、58）。装饰题材主要见骨雕牌饰上屈卧姿态的马和山羊（图五，56）。

晚期中段　小型木椁墓墓壁趋于竖直、墓口外敞。有的还在墓穴北部留出二层台，殉葬马匹。典型墓葬如萨格里－巴兹Ⅱ号墓地1号、6号坟冢，乌兰固木31号墓（图三，9、10）。随葬品中陶器数量增多，仍以小口鼓腹弦纹罐为主，陶罐口沿和颈部多饰2或3道弦纹，有的也在罐腹饰螺旋形水波纹（图五，76～78）。随葬武器中，短剑仍以“一”字形剑格和剑首的形式为主，新出现一些环首短剑（图五，60～62）；铁制啄斧数量增多，无管銎柱状尾啄斧流行（图五，63～65）。三翼青铜镞和三棱骨镞流行（图五，66～68）；铜镜仍流行侧纽境，在境背面刻画鹿的图案以及将境纽打制成动物形状的做法增多，新出现无纽境、只在镜面边缘打2～3个小孔（图五，69～71）。装饰题材主要见于骨雕牌饰和铜镜背面，以屈卧姿态的马和伫立状公鹿为主（图五，70～75）。

晚期晚段　仍以小型木椁墓为主，乌兰固木地区的一些墓葬开始用片石铺椁底。典型墓葬如乌兰固木43号墓（图三，11）。日用器中陶器数量大大增加，仍以小口鼓腹弦纹罐为主。流行在罐腹装饰多道平行弦纹、方格纹、几何弦纹等。有的也装饰抽象的鹿纹（图五，93～96）。流行侧纽铜镜，侧纽部分加长，除前后穿孔外，还出现上下穿孔。在境背装饰动物纹的做法增多（图五，88～90）、武器仍流行“一”字格铁制短剑（图五，79～81）、无管銎柱状尾啄斧（图五，82～84）、三翼青铜镞和三棱骨镞（图五，85～87）；装饰题材仍以铜镜背面刻凿的动物纹为主，常见伫立姿态的野山羊和公鹿，也有后蹄翻转180°的动物造型（图五，88～91）。另外也发现少量青铜饰牌和带钩，表现屈卧姿态的鹿和张开牙齿的虎头和狼头（图五，91、92）。

3. 年代

上文已提到，在阿尔赞1号坟冢的积石中发现一块鹿石残件。我们知道，鹿石是卡拉苏克文化晚期的典型特征，通常立于墓葬前面，象征武士。从纹饰和地域上，俄罗斯学者伏尔科夫将欧亚大陆草原上的鹿石可以大致分为两大类：一类刻划动物图案及武器，根据表现手法“写实”与“抽象”的特征又可细分为两小类：“萨彦－阿尔泰类型”、“蒙古－外贝加尔类型”；另一大类则只刻画其他如项链、武器等图案，称为“欧亚类型”（图六，1～4）[33]。阿尔赞1号坟冢出土的鹿石，雕刻着野猪、公鹿的形象，造型写实；折背短剑、啄斧造型，也与当地卡拉苏克文化墓葬中出土实物一致，由此可以判定这块鹿石应为“萨彦-阿尔泰类型”鹿石（图五，14）。而鹿石在萨彦-阿尔泰地区最晚的流行时间约在公元前8世纪。由考古地层学理论可知，以阿尔赞1号坟冢为代表的考古学文化打破了时代较早的卡拉苏克文化，其年代不早于公元前8世纪。同时结合科学测年结果，可将阿尔赞1号坟冢年代判定在公元前8世纪末至公元前7世纪初之间[34]。

阿尔赞2号坟冢规模变小，坟冢下不再搭建圆形散射状的木椁，而开始向地表下掏挖竖穴作为墓室，在坟冢中心掏挖方形空室，而将主墓室移开的做法也应是晚期为防避盗掘所专门设计的。同时阿尔赞2号坟冢使用大型木椁、双人合葬、侧身屈肢、头向西，以及大量殉葬马匹的习俗和随葬品均与阿尔赞1号坟冢相似，具有明显的继承关系。此外，阿尔赞2号坟冢填石中也发现一块萨彦－阿尔泰类型鹿石，同时出土金器上鹿、野猪等动物造型与鹿石图案接近，这种情况在晚期则很少见（图五，43）。由此推测这座墓葬的年代应在公元前7世纪。这与科学测年的结果一致[35]。

同冢异穴合葬墓的坟冢下正中的墓葬规模稍大，其南、西、北三侧绕以小墓，这种规律与阿尔赞2号坟冢相同。墓葬中出土“Y”字形马镳、带扣、圆锥形金耳环以及骨梳上装饰的动物纹造型与阿尔赞2号坟冢中发现物接近。以此推断两者应属于同一时代。

中小型木椁墓在墓葬形制、随葬品方面与大型木椁墓有较明显的承袭关系，属于同一文化，公元前5世纪左右出现多人同椁合葬的现象。这种文化在公元前4～前3世纪，向南扩张到蒙古西北部的乌兰固木地区。

表四　萨彦岭地区墓葬分期

<table>
<tr><th rowspan="2">期</th><th rowspan="2">段</th><th colspan="5">典型墓葬</th></tr>
<tr><th>木椁墓</th><th>同冢异穴合葬墓</th><th>土坑墓</th><th>石板墓</th><th>石室墓</th></tr>
<tr><td rowspan="2">早期（公元前8～前6世纪）</td><td>早段（公元前8～前7世纪初）</td><td>阿尔赞1号坟冢</td><td></td><td rowspan="2">埃米利格墓地</td><td rowspan="2">阿尔赞2号坟冢陪葬墓</td><td rowspan="5">阿格里克提墓</td></tr>
<tr><td>晚段（公元前7中至公元前6世纪）</td><td>阿尔赞2号坟冢、切姆斯克－鲍姆Ⅰ号墓地6号坟冢</td><td>切姆斯克－鲍姆Ⅲ号墓地1号与2号坟冢、艾迪－拜勒Ⅰ号墓地21号坟冢</td></tr>
<tr><td rowspan="3">晚期（公元前5～前3世纪）</td><td>早段（公元前5世纪）</td><td>萨格里－巴兹Ⅱ号墓地8号坟冢</td><td rowspan="3"></td><td rowspan="3">萨格里－巴兹Ⅰ号墓地第二组5号墓、乌兰固木56、45号墓</td><td rowspan="3">乌兰固木49号、53号墓、苏什河墓地</td></tr>
<tr><td>中段（公元前4至前3世纪初）</td><td>萨格里－巴兹Ⅱ号墓地1号、6号坟冢、乌兰固木43号墓</td></tr>
<tr><td>晚段（公元前3世纪中后）</td><td>乌兰固木31号墓</td></tr>
</table>

（三）阿尔泰山地区与萨彦岭地区考古学文化的关系

从上述讨论可知，萨彦岭地区考古学文化的主体是以木椁墓为代表的文化。这与阿尔泰山地区情况接近，两地大型墓葬都是木椁墓，葬具多用独木棺，流行侧身屈肢、西首葬的葬式，殉葬大量马匹；两地小型木椁墓差异较大，阿尔泰山地区一直流行殉马的木椁墓，萨彦岭地区则流行多人合葬的木椁墓和同冢异穴的合葬墓，人马合葬的现象仅见一例，后者可能受到前者的影响；前面已经论及石板墓的墓主人很可能是卡拉苏克文化的遗民，这类墓葬在萨彦岭和阿尔泰山地区都有少量分布。所不同的是，阿尔泰山地区石板墓单独埋葬、不与木椁墓合葬，而萨彦岭地区的石板墓还有作为大型木椁墓的陪葬墓或与木椁墓同冢合葬的现象，这或许表明萨彦岭地区木椁墓文化与石板墓文化的联系更多。另外两地都流行石围土坑墓，石围石圈墓为阿尔泰山地区独有，石室墓则只在萨彦岭地区流行。

服饰方面，萨彦－阿尔泰两地贵族妇女都流行留高耸的发髻，比如阿尔赞2号坟冢埋葬的女性，发髻上还插有30多厘米长的金簪。阿尔泰阿克－阿拉哈3号墓地1号墓葬的女主人发髻里面还用毡和羊毛绳作为定形的材料。目前还没有更多的资料发表，还不宜根据年代早晚直接判定这种习俗是从萨彦岭地区传入阿尔泰的。

从两地随葬品看，萨彦岭地区武器更为发达，在早期铁器时代初期就能锻造出制作精良的短剑、啄斧、箭镞，并且在公元前7世纪就出现用人工冶铁锻造的武器。随后该地区的武器逐渐改进、箭镞由两翼变为三翼，增加了箭身飞行的稳定性。公元前4世纪以后铁制武器逐渐普及。阿尔泰山地区发现的武器数量远少于萨彦岭地区。

两地马具形制十分接近，相比之下，阿尔泰居民除了金属马具以外，还流行使用装饰华丽、造型多样的木制马具。另外，阿尔泰居民将马装饰成鹿形格里芬的习俗在萨彦岭地区不见。

两地的早期文化中都很少见到陶器。从公元前5世纪左右，木椁墓中开始出现少量陶器，以手制灰陶为主。两地都流行小口直颈鼓腹平底罐，晚期墓葬中陶器数量增加，并且流行在罐腹装饰动物、水波纹或几何纹样。所不同的是，阿尔泰山地区流行的侈口折腹平底罐、小口细颈鼓腹罐在萨彦岭地区不见，而萨彦岭地区在陶罐的口沿、颈、腹部装饰弦纹的做法在阿尔泰山地区少见。

木器在两地都比较发达。木制容器以马蹄形把手的圜底木碗最为独特。这种木碗在萨彦岭地区最早见于公元前7世纪的阿尔赞2号坟冢并在当地延续了几个世纪。而从现有资料来看，圜底木碗最早出现在阿尔泰中期文化的图埃赫塔1号坟冢中。这类器物或许是从萨彦岭地区在晚期传入阿尔泰山地区的，至于它可能涉及的特殊葬仪和宗教信仰，我们已经很难得知了。公元前5世纪以后，阿尔泰山地区木器工艺比萨彦岭地区发展得更加迅速，除了装饰精美的木制马具和马身饰件，还能制作木枕、木桌和结构复杂的马车。

毛织业在阿尔泰山地区也十分发达，尤其在公元前5世纪以后，技术获得大幅提升。除了衣物和鞍鞯，还能制作大幅挂毯和立体动物模型，表现复杂的画面。萨彦岭地区则仅在阿尔赞1号、2号坟冢中见到毛织衣物残件，在晚期木椁墓中发现的实物很少。

萨彦-阿尔泰的装饰纹样具有鲜明的地方特征。萨彦岭地区岭更多地承袭了当地早期卡拉苏克文化的因素，早期就开始流行自然风格的鹿、野猪、山羊等纹样，动物姿态以蹄尖伫立和屈卧为主。同时当地还发展出马、身体蜷曲的雪豹、虎等母题以及奔跑状姿态、后蹄翻转180°的造型，动物搏斗场景数量不多。阿尔泰山地区对卡拉苏克文化因素的继承相对较少，早期也流行身体蜷曲的雪豹等图案，但在在公元前5世纪以后，受到波斯艺术和欧亚草原西部斯基泰艺术的影响，更多地使用狮、狮首格里芬、鹰首格里芬、公鸡形象，表现手法也比较接近。当地还发展出鹿形格里芬、虎、鹰的动物纹，动物搏斗场景大量出现。另外，两地都流行独特的虎、鳕鱼的造型，老虎身体用“之”字纹表现斑纹、鳕鱼均为俯视，详细表现出对称的眼、腮、鳍、尾等细节[36]。这两类题材在萨彦岭地区出现于公元前7世纪，阿尔泰山地区则在公元前5世纪左右才有，有可能后者受到了前者的影响。

四、萨彦-阿尔泰考古学文化中的外来因素

巴泽雷克墓地遗物中包含的波斯、希腊、中国文化因素一直是学界讨论的热点。结合近年来的新资料，我们在归纳前人研究的基础之上对这些文化因素进行重新梳理。

（一）欧亚草原其他地区文化因素

早期铁器时代的欧亚草原民族之间有着广泛的文化交流。一般而言从人种和考古学文化上可以将这一时期欧亚草原分为东西两个大区，西区是以印欧人种为主的多支文化，最靠东的是塔加尔文化，东区以蒙古高原和外贝加尔地区流行的石板墓文化为典型，以蒙古人种为主。塔加尔文化（公元前7～前1世纪）位于萨彦-阿尔泰地区东北部的米努辛斯克盆地，该文化是卡拉苏克文化的直接继承者[37]。墓葬地表多有金字塔形的高大坟冢，坟冢外侧有用竖直的石板围成的长方形石围，石围四角的石板高大。坟冢下有多个浅的墓坑，葬具分木椁和石室两种，流行多人同椁合葬或同冢异穴合葬，墓主人仰身直肢，头向西南。总体上看其墓葬形制和葬式与萨彦-阿尔泰地区差异很大，但是萨彦岭地区在公元前5世纪以后木椁墓中出现的多人合葬习俗很可能是受到塔加尔文化的影响。从随葬品来看，塔加尔文化中的马具、管銎啄斧、蝴蝶翼短剑、边缘卷起的铜镜、身体蜷曲的雪豹饰牌等样式可能来自于萨彦岭地区；而马具饰扣上卷叶动物纹则来自阿尔泰山地区（图六，5～10、12、14～17）。同时塔加尔的器物造型也被萨彦岭地区借鉴，如对鹰首短剑、平底大口瓮等（图六，10、13）。

萨彦-阿尔泰东部毗邻的哈萨克斯草原在早期铁器时代分布着以塔兹莫拉（Tasmola）、阿姆河、奇列克塔（Chilikta）等地为代表的塞种文化（公元前8～前6世纪）。虽然该地区流行坟冢高大、仰身直肢葬的石板墓，形制与萨彦-阿尔泰地区差异很大。但是奇列克塔随葬品中葫芦状双孔马衔、马镫形马衔及棒状三孔马镳，边缘卷起的铜镜，金器上虎、鹿、野猪、雪豹、鳕鱼、鹰等自然主义风格的动物纹与萨彦岭地区阿尔赞1号、2号坟冢，巴泽雷克1号墓、2号墓出土物接近（图六，19～27、30～39）。可见两地之间存在比较广泛的文化交流。

1969～1970年考古学家发掘了阿拉木图东50千米的伊塞克山间河流左岸一座坟冢未经盗掘的侧室，该侧室北部的椁底板上安放着墓主遗体，墓主人头戴金冠，上衣、腰带、靴子上满饰金叶片和牌饰，因此这座坟冢也被称为“金人墓”。苏联考古学家阿基舍夫将这座坟冢的年代定为公元前5～前4世纪[38]。金饰牌的图案有后蹄翻转180°的老虎、马、格里芬形象（图六，40～45）。造型与阿尔泰中晚期木雕、巴泽雷克M2男性墓主人、阿克-阿拉哈M3女性墓主身上的文身十分接近。一般认为刺此类文身的可能是萨满巫师。值得注意的是，伊塞克古墓金人头冠装饰的犄角与阿尔泰巴沙德勒、图雅赫塔、巴泽雷克、波莱尔墓葬中马头装饰的鹿角十分相似。对鹿的崇拜似乎最早可以追溯到古西伯利亚的萨满巫术，从实物来看，铜石并用时代南西伯利亚米努辛斯克盆地的奥库涅夫文化（公元前2000～前1500年）就流行鹿角装饰，该文化流行在居址或祭祀地树立0.5～2米高的大型立石或石雕，立石一般利用天然碑形大石，上面阴刻面目狰狞的鬼神怪兽或人面形象，其中一些就带有鹿角。据称这些长有鹿角的人面是巫师的面具。到青铜时代末期，此类天然立石遂被卡拉苏克文化的鹿石取代。鹿石表现了鹿和武士的混合体。据称鹿在萨满教中是一种可通神的动物，鹿石上的鹿纹象征古代武士勇猛善战[39]。进入早期铁器时代，此类图案仍被沿用，如鹿石阿尔赞2号坟冢墓主人王冠上就装饰着一只金鹿，其鹿的造型与年代稍早鹿石上的图案完全一致，均表现为蹄尖向下，鹿首上扬，鹿角成繁枝状。另外陪葬的女性也带着造型

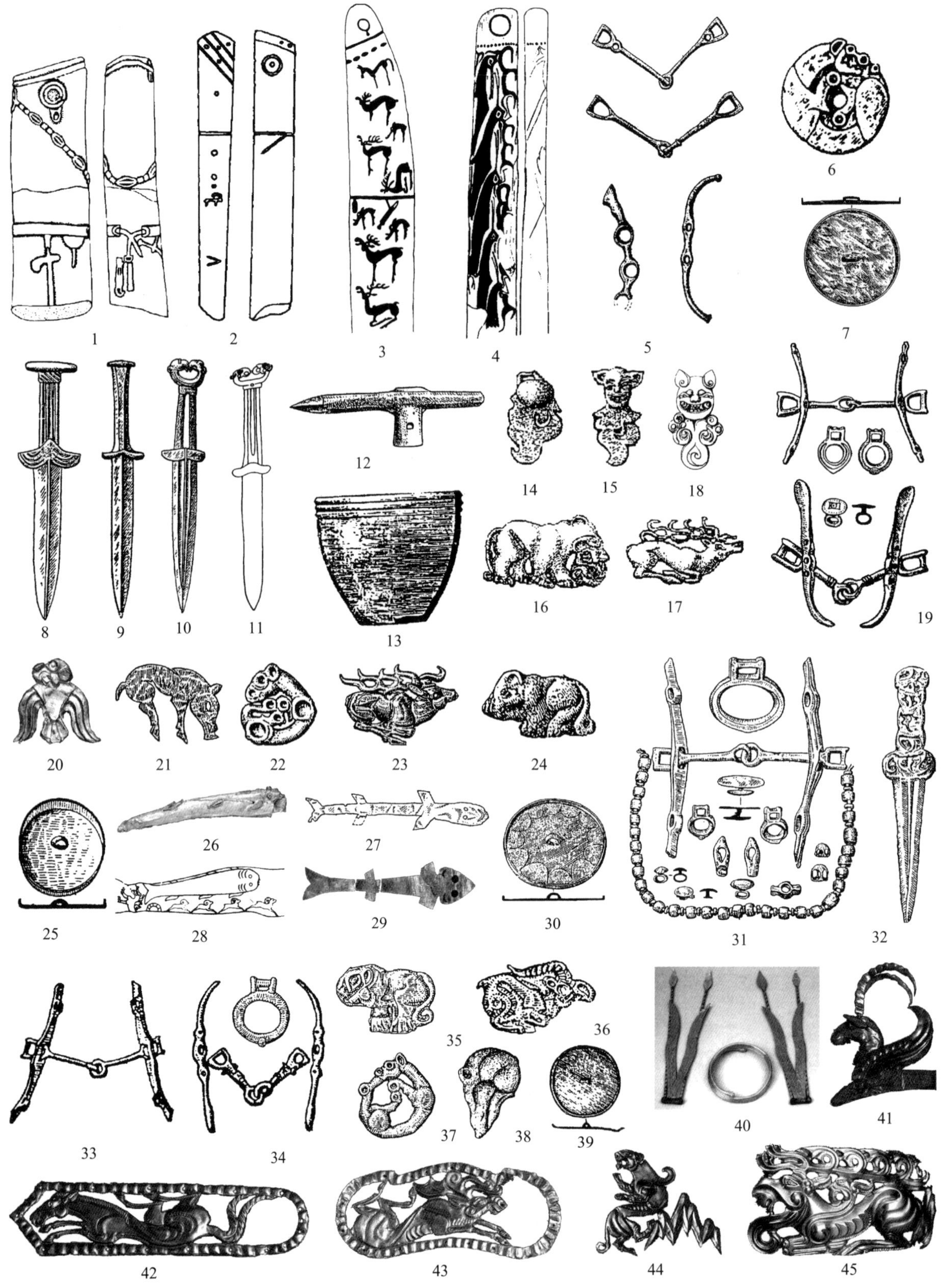

图六 萨彦-阿尔泰与欧亚西部草原

1、2. 欧亚类型鹿石 3. 萨彦－阿尔泰类型鹿石 4. 蒙古－外贝加尔类型鹿石 5～10、12～17. 塔加尔文化 11. 乌兰固木26号墓 18. 图埃赫塔1号坟冢 19～27. 哈萨克斯坦东部塞种文化 28. 巴泽雷克2号坟冢 29. 阿尔赞2号坟冢 30～32. 哈萨克斯坦中部塔兹莫拉文化 33～39. 阿姆河塞种文化 40～45. 中亚伊塞克“金人墓”

相似的鹿纹金簪（图五，42）。可见鹿在当时很可能还代表一种高贵的地位，无论象征萨满巫师还是军事首领，或者两者兼而有之。我们在阿尔泰墓葬中，这种鹿角则主要用于装饰大型木椁墓中殉马的头冠，其含义也是相近的（图二，38、61～62）[40]。此后鹿纹的造型在欧亚草原诸民族中广为流传。

博科文克近年通过比较欧亚草原墓葬形制和随葬品得出这样的结论：早期铁器时代殉葬大量马匹、武器、无墓坑、直接在地表起建帐篷状木构架的大型木椁墓最早出现在萨彦—阿尔泰地区。这表明当地已建立起复杂的游牧社会结构。他进而大胆推断游牧文化公元前一千纪初的游牧文化很可能发端于萨彦—阿尔泰地区，他将这一过程划分为两个时期："隐形"期（"hidden" stag，公元前10～前9世纪），发明骑马术，新的葬仪观念出现，开始在墓葬中殉马并发展出一套贵族使用的随葬品：武器、青铜马衔和衣服；阿尔赞期（Arzhan stage，公元前8～前7世纪），早期斯基泰文化系（Early Scythian Complex）形成，包括葬仪等各种贵族文化传统形成，骑兵出现。大型木椁墓无墓坑，坟冢下有帐篷状木构架，晚期墓坑出现。流行鹿、身体蜷曲的雪豹、鹰喙状鸟等装饰纹样。随着这一时期游牧文化的繁盛和扩张，大批游牧民开始向西迁徙。路线大致有南北两条，通过北部草原，经西西伯利亚草原、乌拉尔山、伏尔加盆地，迁至黑海北岸；南路经哈萨克斯坦南部、中亚、伊朗，迁至外高加索地区。他们在西迁途中，不断吸收、融合沿途文化因素，从而促使欧亚西部草原的萨夫罗马泰文化、斯基泰文化等诸多游牧文化的形成[41]。另外有学者发现土耳其西南部高尔蒂安墓葬（Gordion）与阿尔泰巴沙德勒9号、10号等墓葬形制、殉马、马具、铁器、陶器等随葬品十分相似，同时两地人种均带有部分近东因素。从而证明公元前8～前7世纪阿尔泰山地区的游牧民就与近东的辛梅里安人建立了稳固的联系。马萨德罗夫（Leonid Marsadolov）更大胆推测阿尔泰部落是南俄罗斯草原辛梅里安人（Cimmerian）的移民及后裔[42]。但是萨彦－阿尔泰地区考古学文化出现较早、发展序列完整，这可能更加印证了伯克文科的观点，即高尔蒂安墓葬的主人是公元前8～前7世纪萨彦－阿尔泰游牧民向西的移民。

根据现有材料我们还无法确认是否存在这种以木椁墓代表的人口迁徙，尽管这种推论与古典作家希罗多德的记述更加吻合[43]。但他为我们勾勒了一幅欧亚草原诸民族广泛交流的景象。欧亚西部草原诸民族在墓葬形制、随葬品方面差异很大，但在武器、马具、动物纹方面享有很大的共性。这些文化因素应该是在早期铁器时代初期骑马术的普及、游牧部落战争与贸易趋于频繁的背景下，从萨彦－阿尔泰地区向西传播过去的。同时西部草原游牧部落在与波斯、希腊等地的交流中形成的一些文化因素也源源不断地反馈回东方，使各地区的游牧文化共性增强。尤其是在4世纪以后，随着文化交流速度的加快，欧亚西部草原大部分地区的游牧民所使用的武器、马具、动物纹趋于成熟、造型程式化，彼此更加接近。

（二）波斯文化因素

这里所谓的波斯文化因素指波斯帝国独特的文化因素，主要以尼姆鲁、苏萨、波斯波利斯王宫浮雕及出土艺术品为代表。此外还包括中亚1877年发现的"阿姆河宝藏"（Oxus Treasure）及2002年美秀博物馆7月展出的"古代巴克特利亚之遗宝"中的部分物品。波斯文化因素主要出现在阿尔泰中晚期文化中：

巴泽雷克2号坟冢出土一件木制角形竖箜篌，其音箱、琴杆、琴弦、蒙皮部分均保存完好（图七，2）[44]。一般认为这件箜篌是当地工匠模仿亚述、波斯箜篌形制改造而成的。关于箜篌的用途，鲁金科认为是宗教仪式专用，耶特马尔则主张是在吃饭时演奏助兴的[45]。值得注意的是，1996年新疆且末扎滚鲁克墓地M2、M14出土3件角形箜篌（图七，3）[46]。2003年考古工作者又在新疆鄯善洋海一号墓地90号墓、二号墓地263号墓中发掘出两件角形箜篌（图七，4）[47]。巴泽雷克箜篌的音箱部分与新疆箜篌形制差异很大。而洋海一号墓地90号墓的年代虽然没有公布，但从同出的其他随葬品来看，可能要早于公元前6世纪。这就意味着这座墓葬出土的箜篌可能来自亚述而不是波斯。

巴泽雷克5号墓出土一件天鹅绒毛毯，位于墓室西北角四轮车附近（图七，8）。毛毯上走狮、有翼狮身格里芬、骑士的形象以及十字形花纹等图案是显然受到了波斯艺术的影响。据研究这张毛毯是中亚工匠仿制的[48]。

格里芬指一种鹰、狮混合的神兽。带翼鹰首狮身或带翼狮身的神兽，最早出现在公元前三千纪左右的两河流域[49]。西方学者通常根据造型差异将格里芬形象大致分为两类：鹰形格里芬和狮形格里芬[50]。两者均在等阿尔泰中期墓葬出现，并且在晚期墓葬中十分流行（图七，鹰形格里芬：15～17、21～24；狮形格里芬：9～11、14）。木雕、鞍鞯上都大量使用此类题材。其中一些狮形格里芬四肢粗壮，装饰“(”或“,”形图案，格里芬头部开始装饰山羊角，此类造型为典型的波斯风格，与中亚阿姆河宝藏，巴克特利亚遗宝，西亚的苏萨、波斯波利斯王宫浮雕上的格里芬造型一致（图七，11）。另外，阿尔泰山地区还将对鹰、鹿的崇拜融入格里芬造型，创造出鹿形格里芬（图二，71；图九，17）。

狮子图案是西亚长期流行的传统题材。在阿尔泰山地区最早见于图雅赫塔1号坟冢出土木雕，狮子四肢直立，头、颈部无鬃毛（图二，34）[51]。造型与亚述、波斯艺术相似。晚期墓葬除木雕外，还见于毛制品上。狮子造型与早期接近，但头、颈部带有浓密的鬃毛，毛织品狮子造型除侧面全身外，还出现只表现鬃毛浓密的狮头的图案。如巴泽雷克1号坟冢壁挂毡毯边缘装饰的狮头，5号坟冢毛毯上的连续走狮。狮头的鬃毛、狮身装饰肌肉的“(”——括号形、“,”——逗号或雨滴形图案，狮尾上扬等特征均与波斯石雕、滚筒印章上的狮子特征一致。

斯芬克斯图案见于巴泽雷克5号坟冢壁挂毡毯，表现人首长角的带翼狮形象的斯芬克斯与神鸟搏斗的场景（图七，7）[52]。鲁金科、阿扎尔帕伊均认为巴泽雷克的斯芬克斯的题材来自亚述、波斯艺术，但其造型与西亚的差别很大，经过阿尔泰山地区当地工匠的较大改造[53]。耶特马尔则认为来自中国母题[54]。通过比较我们发现在斯芬克斯头顶增加鹿角源于萨彦—阿尔泰地区萨满巫术中对鹿的崇拜，如阿尔赞2号坟冢男性墓主人的鹿形冠饰、图雅赫塔1号、巴泽雷克1号坟冢殉马头顶的鹿角；神鸟造型应是对巴泽雷克5号墓出土楚式丝绸上凤鸟的模仿。

巴泽雷克5号坟冢壁挂毡毯上，表现出一位坐在椅子上的女性手持生命树谒见卷发骑士的场景（图七，12）。鲁金科认为手持生命树的女性是斯基泰女神塔比提（Tabiti），其原型来自波斯女神阿娜希塔（Anahita）[55]。阿娜希塔原是古伊朗雅利安人女神之一，在大流士一世（Darius I, 522～486B.C.）至阿塔薛西斯二世（Artaxerxes II, 486～465B.C.）之间被祆教吸收。在波斯印章上表现为阿娜希塔女神谒见波斯国王的场景（图七，18）。该神祇后传入斯基泰，被称为塔比提。据希罗多德

图七　阿尔泰山地区的希腊、波斯文化因素

1. 苏美尔泥版　2、11、14、17、24. 巴泽雷克 2 号坟冢　3. 扎滚鲁克 M14　4. 洋海墓地 M90　5. 巴泽雷克 6 号坟冢　6. 长沙楚墓 M1032　7、8、12、19. 巴泽雷克 5 号坟冢　9、20、21. 阿姆河宝藏　10. 苏萨　13、16. 库尔－奥巴墓葬　15. 希腊青铜圆雕　18. 波斯滚筒印章　22、23. 巴泽雷克 1 号坟冢

记载，塔比提女神是斯基泰人最为崇敬的神祇，位居众神之首。据说她能够提供水源，维持草场肥沃和动物多产。居住在南乌拉尔森林草原交界地带的秃头阿尔吉派欧伊人，其部族名“Argippaei”就被斯基泰人视为塔比提，因此虽然没有任何武器仍能得以自保，受到斯基泰人的庇护。在克里米亚半岛库尔－奥巴（Kul-Oba）发现的公元前4世纪斯基泰墓葬中出土的饰牌上就表现了塔比提女神谒见武士的场景（图七，13）。画面左边是女神，她坐在椅子上，左手拿着一把有柄的铜镜。右边是一名站立的武士，头戴尖帽，右手持来通杯做饮酒状。这与巴泽雷克5号墓的挂毯十分相似。

巴泽雷克5号坟冢出土的墓主人衣物上，装饰许多四方格。每个格子中心有一火坛，火坛两侧各有两个女性（图七，19）。靠近火坛的两个女性手持莲花，头戴王冠，王冠向下有披巾，服饰与阿娜希塔女神相同。此类场景在亚述、波斯时期流行，见于波斯波利斯、苏萨、巴克特利亚等地的石雕、印章及阿姆河宝藏的金牌饰之上（图七，20）[56]。至于女神身后的两个人，鲁金科认为是女神的侍女，可能有误。对照阿姆河宝藏及波斯钱币可知，这两个无披风的人应该代表是波斯帝国国王，整幅图案表现了阿娜希塔引领波斯王向圣火献祭的场景。但根据这些我们还无法得知阿尔泰居民是否受波斯影响而信奉火祆教。

莲花纹是西亚传统装饰纹样，见于巴泽雷克等巴泽雷克晚期墓葬，用于装饰木器及毡毯[57]。

阿尔泰晚期墓葬中出现公鸡图案，如巴泽雷克2号墓女主人头顶装饰、木罐上的贴花、1号墓马鬃饰件等（图二，79）。另有一些鹰形格里芬头颈后的鬃毛也表现为鸡冠状，可见公鸡融入阿尔泰艺术后被赋予了某种宗教含意，据称其造型可能来自小亚[58]。

狮子与格里芬、公牛、山羊搏斗题材的图案在西亚很早就已经出现，波斯帝国时期尤其流行。阿尔泰公元前4世纪突然增多的格里芬、狮子互斗及扑食野山羊等题材就是根据波斯造型仿制的。另外阿尔泰山地区还发展出鹰搏羊、鱼搏羊等题材。鲁金科等许多学者都已讨论过阿尔泰斗兽纹与波斯艺术的关系，此不赘述。

波斯地区与中亚的塞人有着广泛的联系。波斯帝国（550～330B.C.）的前三任国王如居鲁士（Cyrus, 558～529B.C.）、冈比西斯（Cambyses, 529～522B.C.）、大流士（Darius I, 522～486B.C.）凭借强大的军事实力，积极向中亚河中地区扩张，最终降服了那里的诸游牧部落，使他们俯首称臣。波斯波利斯王宫浮雕上就生动地表现了这些头戴尖帽，进贡手镯、裤子的塞人形象。另外波斯帝国兵源中有不少就来自中亚塞种部落。除了战争之外，中亚与波斯之间也有长期的贸易往来，从波斯帝国东北经阿姆河往有一条通往中亚草原的商道。后来马其顿大帝亚历山大征伐中亚失利，曾一度禁止过这条商道，可见其对中亚游牧民的重要意义。阿姆河宝藏和巴克特里亚遗宝都见证了两地的广泛联系。阿尔泰墓葬出现的诸多波斯文化因素，应是在与中亚的交流中吸收的。

以前学者们常常直接把波斯与巴泽雷克墓地放入同一时代讨论，但现在看来，波斯文化因素是在公元前5世纪以后才在阿尔泰山地区流行的。可见这些文化因素在阿尔泰地区有一个传播、吸收和本土化的过程。

（三）希腊文化因素

阿扎尔帕伊（Guitty Azarpay）最早注意到了阿尔泰山地区考古学文化中的古典因素。他发现阿尔泰墓葬中流行的花形图案源于公元前6世纪希腊工匠使用的棕榈纹（Palmette-hook）和连续旋涡纹（Continuous Scroll motif）[59]；头发竖起的人面木雕也可在公元前 6 世纪的希腊花瓶上找到其原型——美杜沙（图二，47、66）[60]。

另外格里芬形象也是希腊艺术因素之一，该母题在公元前 14 世纪就被希腊吸收，见于克里特岛的米诺斯文化（3000～1100B.C.）的青铜圆雕，希腊格里芬口大张，舌前伸，早期前额有肉瘤状凸起，头颈后有锯齿状鬃毛（图七，15）。公元前 4 世纪格里芬前额上肉瘤消失，头颈后出现鱼鳍状鬃毛，受波斯艺术影响突出表现格里芬后肢强健的肌肉（图七，16）。格里芬在早期宗教、神话中的含义尚不清楚。据希罗多德《历史》（Vol.IV.13,27），独眼的阿里玛斯拔人（Arismaspian）北部居住着看守黄金的格里芬人。希腊式格里芬形象在阿尔泰中期文化中就已经出现，如图雅赫塔 1 号坟冢中出土的鹰形格里芬木雕，头颈后带有多股上扬的鬃毛（图二，36）；公元前 4 世纪以后，格里芬形象大量出现在巴泽雷克墓地中，其中一些格里芬鬃毛表现为鱼鳍状，造型为典型的希腊风格（图二，65；图七，17、22～24）。

文献和考古学材料都表明：公元前 6 世纪以前希腊就已经在黑海周围建立了殖民城邦，他们通过贸易和战争的形式与南俄罗斯草原的斯基泰人之间有着频繁的文化交流。“七兄弟”墓、库尔 - 奥巴等斯基泰墓葬中出土的许多金器就出自希腊工匠之手[61]。而这些器物与巴泽雷克墓地出土物十分接近，同时考虑到公元前 4 世纪欧亚西部草原存在的广泛交流，我们推测阿尔泰的希腊因素应来自南俄罗斯草原的斯基泰人。阿扎尔帕伊也注意到这一点，但他还提出一条从希腊经波斯、阿姆河再到阿尔泰山的路线[62]。由于缺乏足够证据，我们尚无法判断。

（四）中国文化因素

阿尔泰晚期文化的巴泽雷克 5 号、6 号墓出土了一些中国[63]制造的物品。

四山镜：巴泽雷克 6 号坟冢出土 1 件，直径 11.5 厘米，厚 0.5 毫米，方形纽，“山”字粗矮，底边与镜纽四边平行（图七，5）。是战国时期典型的楚式羽地四山镜（图七，6）[64]。四山镜在湖南长沙等楚墓中大量出土，发展序列完整。通过比较可知，巴泽雷克 6 号坟冢出土四山镜相当于战国晚期[65]。

凤鸟纹丝绸：巴泽雷克 5 号坟冢出土，包裹在一匹殉马马鞍的鞯上（图八，1）[66]。凤鸟纹织锦在楚国最为流行，1982 年湖北江陵马山楚墓出土一件，年代在公元前 340～前 278 年，与巴泽雷克 5 号坟冢织锦相似（图八，2）[67]。

漆器：巴泽雷克 6 号坟冢出土，仅余小块残片，装饰波折纹（图八，4）。梅原末治推测这属一件漆制容器，与汉代漆器相仿[68]。希伯特援引李学勤《东周与秦汉文明》一书漆器部分内容，认为这类漆器是战国时期从中国北方地区传到阿尔泰山地区的[69]。我们发现，这件漆器上装饰的波折纹与湖北云梦睡虎地战国晚期至秦代的秦墓出土漆器的纹饰十分接近（图八，5）[70]。由此推测这件漆器可能是秦式夹纻漆奁盒之类的漆容器。

四轮马车：巴泽雷克 5 号坟冢出土，位于木椁外北侧（图八，3）。有车厢和辕，前轴为死轴，不能转动，轴与轮之间有多根辐条，整架马车上没有任何金属部件。作为旅行、居住、丧葬用的四轮棚车在斯基泰部落中十分流行，也见于古典作家希波克拉底（Hippocrates，460～377B.C.）的

图八 萨彦－阿尔泰与中国北方

1、3. 巴泽雷克5号坟冢 2. 江陵马山楚墓 4. 巴泽雷克6号坟冢 5. 云梦睡虎地M11 6. 乌鲁木齐板房沟 7、10. 阿拉沟墓葬 8. 乌拉泊水库古墓 9. 新源县康苏乡 11. 吐鲁番艾丁湖 12. 庆阳吴家沟圈 13. 易县燕下都老爷庙V号地下夯土建筑 14、17. 易县燕下都辛庄头M30 15. 彭阳县张街M2 16. 西安北康村99XLM34 18. 宝鸡益门村 19. 庆阳塌头 20. 杨郎墓地 21. 凤翔县马家庄K17 22. 巴沙德勒2号坟冢 23. 崞县窑子

记载[71]。但车轮多见实木轮。这辆马车从辐条、榫卯做工上来看与中国车辆接近，但形制却不相同。据此，耶特马尔认为这辆马车是模仿中国样式制造的明器[72]。但在阿尔泰当地，这类马车只发现一辆，并不流行，而且马车部件的加工技法与当地木工截然不同。同时考虑到 5 号坟冢同出的凤鸟纹织锦等中国制品，我们怀疑这辆马车是由中国工匠制造的。至于它们是否是通过战国某诸侯的馈赠或是贸易获得的，是一次性获得还是几次获得，我们就不得而知了。

春秋战国时期中国北方农牧交错地带活跃着多个民族，他们与中原地区和北方草原地区都有着广泛的联系。巴泽雷克的这批中国物品很可能是经由他们辗转输入阿尔泰地区的[73]。

五、萨彦—阿尔泰古文化对中国之影响

（一）中国北方地区

文献与考古学资料都表明，春秋战国时期中国北方的新疆、甘肃、宁夏、陕西北部、内蒙古鄂尔多斯及河北北部等地区活跃着多个民族[74]。从他们的考古学文化中，我们发现许多来自萨彦—阿尔泰地区的文化因素，举其要者分析如下。

1. 新疆地区

新疆天山南、北麓的轮台、和静、乌鲁木齐、吐鲁番、哈密等地。就墓葬形制而言，新疆轮台县群巴克Ⅱ号墓地 M10B、M10O 为殉马坑，内葬马头、前后肢或整匹马，而旁边的 M10Q 为一浅穴单人葬，墓主人侧身屈肢，头向北[75]。这种侧身屈肢，人、马同茔异穴合葬的葬式与阿尔泰地区早期小型墓相似。同时，Ⅰ号墓地 M27 出土双马头“S”形青铜带饰，M5C、IM9 中厚重的马镫形、双孔葫芦形青铜马衔，M5C 的青铜啄斧，M17 的蝴蝶翼铁制短剑，M7 的野山羊首骨笄和仿野猪獠牙骨制马镳的形制，均与萨彦－阿尔泰公元前 8～前 7 世纪出土物接近[76]。和静县察吾乎沟口西南的三号墓地 M8，墓穴西侧殉葬一整匹马，殉马配备铁马具[77]。这与阿尔泰流行的人马合葬习俗相似（图一，13）[78]。另外，吉木萨尔县大龙口村 M9 封堆底部发现一块鹿石，这种随葬鹿石的习俗与萨彦岭地区十分接近（图六，2）。所不同的是，这块鹿石为“欧亚类型”[79]。就随葬品而言，察吾呼一号墓地出土铜镜、带饰，新源县的金卧虎，吐鲁番阿拉沟墓葬出土的后肢翻转 180°的虎纹金牌饰，艾丁湖征集的虎噬羊动物纹牌饰，乌鲁木齐板房沟采集的管銎状啄斧，乌拉泊古墓葬出土的圆锥形金耳环、铜镜等，均能在萨彦－阿尔泰文化中照到相似物（图八，7～11）[80]。

2. 甘肃地区

以庆阳为中心的区域是古代义渠之戎的领地。20 世纪 80 年代以来考古工作者在甘肃清水、庆阳、秦安等地发掘、收集到许多春秋战国时期的北方系青铜武器、马具、带扣、动物纹饰件、金饰片[81]。另外河西走廊东段沙井文化（绝对年代：公元前 900～前 409 年）中，发现铜镜、前圆后方的带扣、人腰带上“S”形铜饰件，以及造型丰富的动物纹图案等[82]。学者们发现这些器物与宁夏固原、鄂尔多斯等地出土物形制相似。我们更倾向于认为，它们是受到萨彦－阿尔泰地区文化因素

的影响（图八，12）。值得注意的是，甘肃庆阳出土了两件虎噬羊纹牌饰，虎尾上扬，身体以线条勾勒轮廓（图八，19）。显然采用了春秋时期汉地的表现手法，很可能是汉地工匠仿制。体现了萨彦—阿尔泰搏斗纹在庆阳地区本土化的过程。

3. 宁夏地区

20世纪70年代以来，以固原为中心的地区采集、发掘出大量北方系青铜器和金饰片。其中以1987、1989、1998年科学发掘的彭堡于家庄、杨郎马庄、草庙乡张街村三处墓地最为典型[83]。其武器、马具、带饰、动物纹饰件与沙井文化、鄂尔多斯式青铜文化相似，相似遗物也在其他地区零星发掘、采集到不少[84]。这些发现多与萨彦-阿尔泰地区接近（图八，15、20）。以宁夏固原为中心的清水河流域可能是春秋战国时期乌氏之戎活动的区域[85]。除鄂尔多斯外，这一地区出土的带有萨彦-阿尔泰地区文化因素的器物最多，可见乌氏之戎可能与阿尔泰部落之间存在较为广泛的文化交流。

4. 陕西地区

1957年，陕北神木县纳林高兔村发现一座战国晚期墓葬，发现金、银、铜制的鹿形格里芬、虎、刺猬、鹿等动物圆雕，以及银制错金剑柄、前圆后方的带扣等，形制与鄂尔多斯地区遗物相似（图九，14、15、18）。1999年12月，西安北郊发现战国晚期墓葬，出土鹿形格里芬纹铸铜模具，发掘者推测此为铸铜工匠之墓[86]。其中虎、鹿形格里芬的造型源自阿尔泰艺术，从同出陶范上的人形图案等来看，这个工匠铸造的青铜或金牌饰很可能是向匈奴输出的（图八，16）。

5. 内蒙古东胜鄂尔多斯地区

春秋战国时期晋胡、楼烦等多个部族曾在此活动。自20世纪初以来出土了大量装饰具有北方草原气息的动物纹青铜器，称为鄂尔多斯式青铜器，时代可从西周晚期一直延续到战国晚期。田广金、郭素新等内蒙古考古工作者在这里做了大量工作，初步弄清了该地区的考古学文化面貌。我们在鄂尔多斯西沟畔、阿鲁柴登、碾房渠、速机沟等地发现许多装饰虎、鹿形格里芬、鹰、狼等动物纹和虎搏羊等场景的冠饰、耳环、牌饰、带扣[87]。其装饰题材的原型多可在萨彦-阿尔泰地区找到源头（图九，1～3、5～12）。其中西沟畔M2出土7件银质虎头节约，背面阴刻“少府二两十四朱”“得工二两二朱”“得工二两廿一朱”等铭文。另有两块金饰牌，背面刻写“一斤五两四朱少半”“一斤五两廿朱少半”“故寺豕虎气”铭文。其中斤、两、朱为计重铭文，而“得工”是赵国工官。“少府”在战国晚期出现，见于秦、韩、魏、赵等国，但撰写字体属赵。可知这7件节约均为赵国制造的产品。黄盛璋先生还判定另两件金饰牌为秦少府打造，也是可信的[88]。据此我们推测这批物品很可能是秦、赵两国工匠专为鄂尔多斯部落贵族专门打造的。需要注意的是，鄂尔多斯、沙井、新疆也发现一些熊、刺猬的动物纹，这类题材并不见于萨彦-阿尔泰地区，在战国晚期被匈奴艺术所吸收。阿鲁柴登窖藏中的金项圈与新疆交河出土的金项圈都为螺旋形，表现狼或动物搏斗场景，很可能是匈奴遗物。同时这种螺旋形项圈在中亚的萨尔马提亚民族中出现时间较早也最为流行，这两件项圈的造型可能源自中亚。

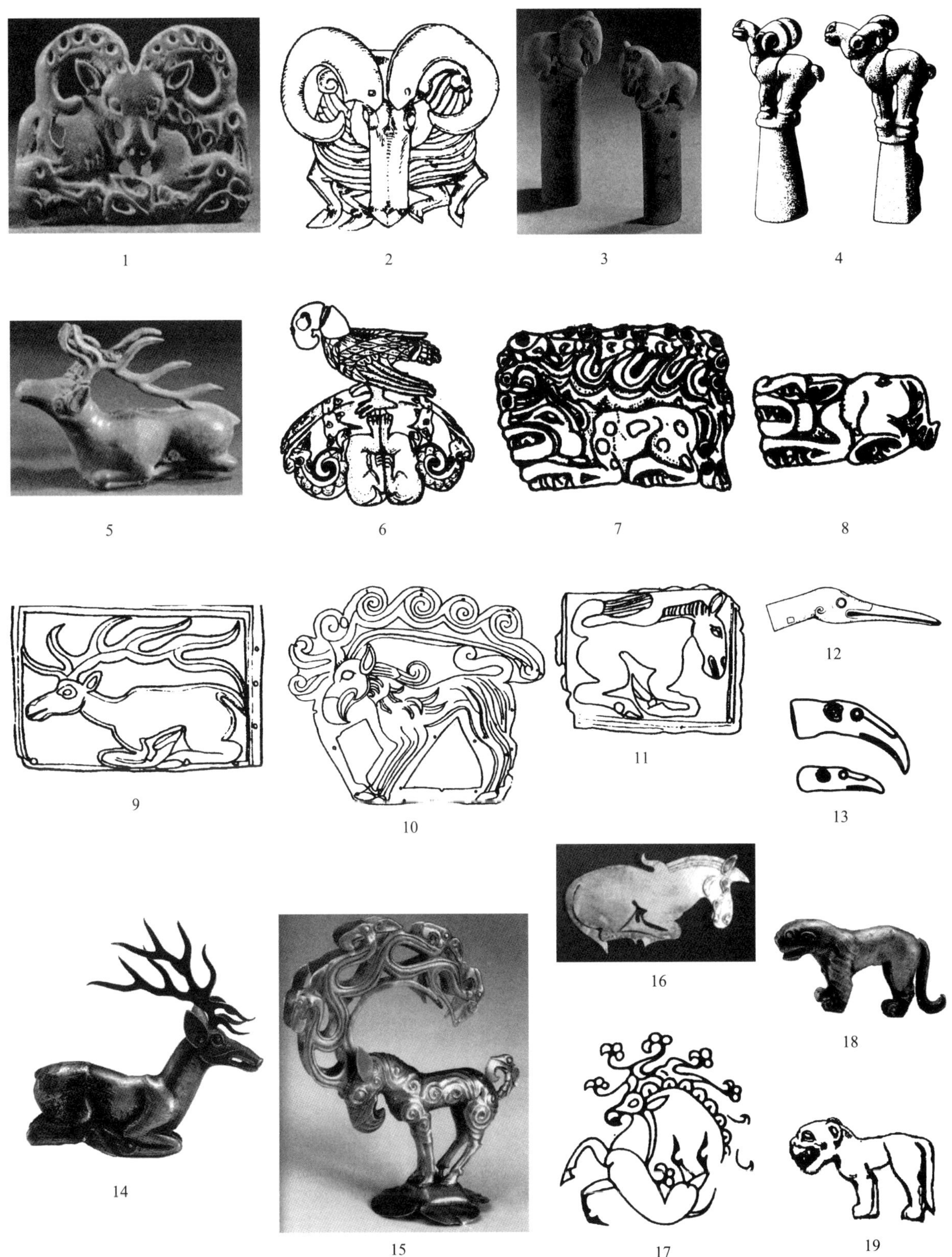

图九　萨彦－阿尔泰与鄂尔多斯

1. 内蒙古博物馆藏品　2. 巴泽雷克1号坟冢　3、5. 速机沟墓葬　4. 阿尔赞1号坟冢　6～8. 阿鲁柴登墓葬　9～12. 西沟畔墓地　13. 达甘－戴里Ⅰ号墓地2号坟冢　14、15、18. 神木县纳林高兔墓葬　16. 阿尔赞2号坟冢　17. 阿克－阿拉哈3号墓地1号墓　19. 图埃赫塔1号坟冢

6. 河北地区

战国晚期与萨彦－阿尔泰地区的联系较多，主要以易县燕下都晚期遗址、墓葬及平山中山国墓葬群为代表[89]。河北易县燕下都遗址的老爷庙V号地下夯土建筑，郎井村10号、30号作坊，都出战国晚期的“双龙纹饕餮纹”瓦当，图案造型显然为波斯式长有野山羊犄角的狮形格里芬（图八，13）。燕下都同时期的辛庄头M30，出土金柄铁剑、错金银铜衡饰及方、圆形金饰件共计82件。金器上普遍装饰以马、鹿、鹿形格里芬、虎、狼等动物为主的动物图案。动物造型及四肢表现肌肉的“(”形纹饰，这些题材和造型多与萨彦－阿尔泰地区出土物相似（图八，14、15）。其中20件背面都刻写“十两九朱”“五两十三朱”等计重铭文，有学者考证这批器物是赵国宫廷工官制造的[90]。

综上所述，春秋战国时期中国北方的新疆、甘肃东部、宁夏、内蒙古鄂尔多斯地区都或多或少受到了来自萨彦－阿尔泰地区文化的影响。新疆地区与阿尔泰临近，受到影响的时代也较早，墓葬形制、马具、动物纹、武器、金器等方面均有表现。甘肃东部、宁夏、内蒙古鄂尔多斯等地在葬俗方面流行仰身直肢葬，流行殉葬绵羊头、马头和牛骨，可能更多地受到了欧亚东部草原石板墓文化的影响[91]。而在战国晚期这些地区出土的装饰鹿形格里芬动物纹、虎噬羊纹的青铜制或金制带扣、饰牌、冠饰、首饰，以及金柄铁剑等，装饰母题和造型有许多都借鉴了萨彦－阿尔泰艺术因素。其中鄂尔多斯地区在战国早期以前的动物纹，动物肢体纤细，足部多表现为圆圈状，整体风格抽象。其风格与鄂尔多斯东部的西拉木伦河与老哈河流域的夏家店上层文化、北京及河北北部燕山地区的北辛堡文化动物纹装饰接近[92]。很可能受到石板墓文化影响较多。而进入战国中晚期，萨彦－阿尔泰艺术风格才在鄂尔多斯地区逐渐流行。

（二）秦 文 化

萨彦－阿尔泰地区与秦文化在陵冢制度、墓葬习俗、随葬品等方面存在较多的相似之处。

秦国是最早在地表堆筑坟冢的国家之一。秦王墓葬上堆筑封堆，始于战国中期的秦惠文王（公元前337～前311年在位）[93]。文献中称君王的坟墓为“陵”，也始于秦惠文王[94]。那么秦人堆筑坟冢的习俗从何而来？杨宽先生虽未明说，但他认为秦人是称君主为“王”、称王墓为“陵”均是对中原楚、魏、齐等国的模仿。我们知道，在墓葬上方以土、石堆筑坟冢一直被认为是印欧人的习俗，最早见于公元前四千纪中叶南乌拉尔、黑海北岸的竖穴墓文化（Pit Grave Culture）[95]。在欧亚东部草原这一传统延续到青铜时代晚期（公元前1300～前800年）主要见于萨彦－阿尔泰及米努辛斯克盆地的卡拉苏克文化，此类墓葬还流行在坟冢旁竖立鹿石。进入早期铁器时代，这一习俗仍在萨彦－阿尔泰及塔加尔文化中流行。受其影响，中国境内新疆北疆的阿尔泰山、天山一带的古部族，从青铜时代晚期开始也流行在墓葬上方堆筑圆形石冢，石冢规模有大有小。其中以新疆东部的吉木萨尔大龙口墓地及青河三道海子大石冢比较具有代表性，其时代可早至公元前8世纪左右[96]。我们同时还发现，秦文化西部西周晚期至战国早期的沙井文化，甘肃庆阳、清水，宁夏固原等地的春秋战国墓均不使用坟丘，因此坟冢的葬仪从新疆沿河西走廊传入秦地已不大可能。从考古发现来看，萨彦－阿尔泰地区在早期铁器时代较米努辛斯克盆地的塔加尔文化发达得多，对中国北方的影响也更为广泛，那么秦人堆筑坟冢的葬仪，是否可能受到了萨彦－阿尔泰文化的影响呢？而且，前面已经提到巴泽雷克6号坟冢发现过秦式漆器，证明战国晚期两地间可能存在某种形式的文化交流。诚然，单从有无坟冢或是否称为“陵”的标准来推断过于简单，我们还需要同时结合墓葬习俗、随葬品等因素的做综合分析。

很多学者都已注意到：自两周之际的上村岭虢国墓地以降，陕西雍城及西部陇山地区春秋早中期的秦人和西戎墓葬中集中出土了一批铜柄、金柄铁剑。很多学者都认为秦人可能模仿西戎使用这类武器[97]。这种铁剑的刃部是用人工冶铁锻打而成，剑柄和剑首以金、铜、绿松石等为料装饰中原式兽面纹、夔龙纹、蟠螭纹，十分华丽（图八，18）。以前我们只知道欧亚西部草原的斯基泰和塞种游牧部落的贵族，流行使用镶嵌宝石、装饰华丽的金柄铁剑。而2000年发掘的阿尔赞2号坟冢中，向我们展示出东部草原贵族的富有和权势。其中发现的两件金柄铁制短剑，分别佩带于男性和女性贵族腰间。短剑剑格和剑柄部位贴金箔，锤揲出虎搏羊的动物纹图案（图五，15、16）。同出的箭镞、箭箙等武器上也贴有金箔（图五，23、24）。足见萨彦地区的游牧部落以用金多寡来标志身份，并且尤以在短剑等武器上用金以象征权势。从时代上看，阿尔赞2号坟冢约在公元前7世纪，属于春秋早期，较陕西西部和甘陇地区的秦墓或西戎墓葬同时或更早。我们推测西戎和秦人贵族使用金柄铁剑的习俗可能来自于萨彦地区。另外学者们还在出铁剑的墓葬中发现金串珠、金带钩等用于人身装饰的物品。我们知道以金项圈、耳环、冠饰、饰牌、带扣等装饰人身是在早期铁器时代的欧亚草原十分流行，欧亚西部草原尤其以萨彦－阿尔泰地区为典型。至于铁剑柄上的中原式纹样，学者们认为推论这是崇尚周文化的秦人、戎人仿制的。正如前面我们提到甘肃庆阳出土的中原技法草原题材的饰牌一样，都可表明西戎、秦人处于萨彦－阿尔泰与中原两个文化发达的区域之间，对两地习俗、文化因素的吸取和融合。

众所周知，世界上最早的人工冶炼铁至迟开始于公元前2700～前2500年的西亚地区，这项技术后来被公元前一千纪兴起的北方草原民族吸收，至迟在公元前8世纪传入南西伯利亚。而在中国，一般认为冶铁技术的出现分为两种情况：最迟在公元前8世纪，冶铁技术已由草原民族带入南西伯利亚，经新疆哈密、甘肃、陕西一线传入中国西北地区；楚继承吴越地区发达的铸造技术，开始冶炼铁器[98]。人工铁器在秦文化中出现较早，数量也最多。从出土材料来看，萨彦－阿尔泰地区早期的铁剑、铁刀、铁箭头等武器均出自大型贵族墓葬，而在同时期的小型墓葬中很少见。这一现象在西戎和秦人墓葬中也很普遍。可见铁器在当时是十分稀贵的，只有贵族能获得。而用这种稀贵的金属来打造象征身份与权威的短剑，也是两地共有的习俗。考虑到上述西北戎人与萨彦－阿尔泰地区和秦人的联系，我们是否可以推测这种使用金柄铁剑以象征权威的习俗也是从萨彦岭、阿尔泰山地区居民经由西北地区戎人影响到秦人的呢？

屈肢葬、西首葬是秦人独特的习俗，始于西周中期，主要流行于中小型秦墓，可能与西戎有关。但与秦文化邻近的甘青地区青铜文化中，均不见典型的屈肢、西首葬俗[99]。那么，这一习俗从何而来呢？我们上面已经提到，在公元前8～前3世纪的欧亚东部草原，萨彦－阿尔泰地区是屈肢葬、西首葬习俗最流行的地区，与秦人葬俗十分相似。同时，秦墓中的殉人也有许多为屈肢葬、西首葬，如在秦景公一号大墓椁室周围，“箱殉”“匣殉”的就有166人，均侧身屈肢，头向西，一些殉人棺椁盖上有朱砂书写的文字、编号，表明殉人身份、等级不同[100]。这种殉葬的习俗显然与商代殉葬的奴隶身份不同，很多是墓主人的侍从、亲随或重臣。殉葬侍从和重臣的习俗在早期铁器时代欧亚东部草原的萨彦－阿尔泰地区尤为突出，以阿尔赞1号坟冢和2号坟冢为代表。其中阿尔赞1号坟冢被认为是王陵级别的大墓，其主椁室内的北、西、南三面都有用独木棺或木椁盛敛的殉人，有的年龄与墓主人相当，身上还配备武器、装饰华丽的金器。阿尔赞2号坟冢殉葬墓是等级较高的石板墓，墓主人也随葬精致的武器和金器。两地的葬仪具有很多共性。

另外，陕西省雍城考古队1981～1984年在陕西凤翔县纸坊公社马家庄发掘了一处春秋中晚期的秦宗庙遗址，其中K17、K121两个祭祀坑内，发掘出29件金器，总重量达302.6克，均为马具或马具的饰件，而且均采用铸造技术。其中两件金饰为“虎头、双卷角、偶蹄、有翼、卷尾、卧姿”[101]。经仔细考察，其造型实为狮头、有犄角、带翼的格里芬，与阿尔泰中晚期墓葬流行的图案一致（图八，21）。值得注意的是，这两座祭祀坑的金器都用来装饰马具，而不用于车器。我们怀疑祭祀坑中的马匹是戎人献给秦王的，其中格里芬等造型，也是受阿尔泰艺术因素影响下的戎人仿造的。

通过以上比较可知，早期铁器时代萨彦－阿尔泰地区的堆筑坟冢、屈肢、西首葬的葬仪，以及以用金、铁剑象征贵族身份的习俗等都与西北地区戎人和秦人有很多相似之处，据此我们推测这些文化因素是通过西北戎人间接地影响到了地处西陲的秦人。

六、结　　语

在前文，我们从已有的材料出发对萨彦－阿尔泰地区的考古学文化发展、演化的系列进行了梳理，并就其与周边的联系做了一些初步的讨论。以往研究中，学者们更多的是强调农牧交错地带的夏家店上层文化、沙井文化、辛店文化等对中国北方诸民族考古学文化的影响。或也有学者注意到贝加尔湖地区的石板墓文化、米努辛斯克盆地的卡拉苏克文化、塔加尔文化与中国北方诸文化的交流。但我们认为，这种认识似乎失之片面。事实上，欧亚东部草原的萨彦－阿尔泰地区在早期铁器时代对欧亚东部草原以及中国北方诸部落的文化影响也是不容忽视的。缺乏对萨彦－阿尔泰地区考古学文化的认识，是很难全面合理地理解春秋战国时期中国北方考古学上出现的一些变化。

早期铁器时代萨彦岭地区和阿尔泰山地区的考古学文化既有各自的地区特点，同时也有许多的共性。两地都以堆筑坟冢的木椁墓为主体，流行屈肢、西首葬。高等级贵族多使用独木棺为葬具。与同时期欧亚草原其他地区的游牧民族相比，发达的马具、木雕、毛织品、金器、铁制武器，动物纹、殉马的习俗是萨彦－阿尔泰地区最为显著的特征。两地在公元前8世纪左右就发展成为以骑兵为主的军事部族并形成一套等级制度。这些因素可能也影响到了欧亚西部草原诸部落。公元前5世纪开始，随着文化交流的增进，阿尔泰山地区更多地接受了来自中亚、波斯等地的文化因素并积极将其融入本土文化当中，创造了许多生动的动物纹造型，同时也促进了当地文化的繁荣。萨彦岭地区在早期发展过程中，较多地继承了卡拉苏克文化的因素，并且与卡拉苏克的遗民有着密切的联系。公元前5世纪以后，受塔加尔文化影响，流行多人合葬的木椁墓，并且开始向东南方向扩张，进入蒙古东北部的乌兰固木地区。

萨彦－阿尔泰地区的部族在兴起以后向东向南与中国北方地区诸部族的文化交往逐渐增多。尤其在公元前4世纪以后，新疆、甘肃庆阳和清水、宁夏固原、内蒙古鄂尔多斯地区发现的许多造型奇特的马具、动物纹牌饰、金饰物、金柄铁剑，其渊源都可追溯到萨彦－阿尔泰地区。另外秦文化中修筑陵冢、屈肢、西首葬、殉葬重臣和贵族的葬仪，大量用金、以金柄铁剑象征身份权威的习俗等很可能是经西戎间接地受到了萨彦－阿尔泰文化的影响。

注　释

［1］根据古环境学家对欧亚湖相沉积地层中植物的分析，公元前850年左右由于太阳活动的减少，欧亚大陆开始从次北极时期（Subboreal Period）干热的气候迅速骤变为次大西洋时期（Subatantic Period）湿冷的气候。欧亚大陆中北部森林地带退化为草场，南部许多半干旱地区的植被开始繁盛，形成优良草场。这一气候巨变迫使当地以农业、畜牧、渔猎和采集为主的古代居民迅速向游牧经济转化。详见 Van Geel B, Bokovenko N A, Burova N D, et al. Climate change and the expansion of the Scythian culture after 850 BC: a hypothesis. *Journal of Archaeological Science*, 2004, Vol.31, pp.1735-1742; Sulimirski T., Scyths. *The Cambridge History of Iran*, vol.2, Cambridge University Press, 1985, p.150.

［2］我们现在惯用的“动物纹”或“野兽纹”一词，全称为“斯基泰－西伯利亚动物纹”（Scytho-Siberian Animal Style），一般指早期铁器时代欧亚草原民族流行的一种装饰题材，其中以屈卧的鹿、后蹄翻转180° 的老虎和山羊、动物相互撕咬的场面最为典型。“‘动物纹’仅限于少数日用品，如武士使用的武器、装饰品、带扣以及马具等。这些产品通常是用青铜、银、金、木、骨等材料制成。”参见 Karl Jettmar. Body-painting and the Roots of the Scytho-Siberian Animal Style. *The Archaeology of the Steppes Methods and Strategies*, Napoli, 1994, p7.

［3］Phillips E D. *The Royal Hordes: Nomad Peoples of the Steppes*, New York: McGraw-Hill, 1965; Karl Jettmar. *Art of the Steppes*, New York: Crown Publishers, 1967; Davis-Kimball J, Bashilov V A，Yablonsky L T. *Nomads of the Eurasian Steppes in the Early Iron Age*, Berkeley, C A: Zinet Press, 1995; 冯恩学《俄国东西伯利亚与远东考古》，吉林大学出版社，2002年，第330～343页。

［4］坟冢，外国学者也称作“库尔干”，是“Kurgan”一词音译，指墓口上方堆筑的封堆，可与汉语“坟丘”、“陵”等词汇对应，由于有多座墓葬共用一个坟冢的现象，墓葬与坟冢不能直接等同。

［5］Hanskins J F. Sarmatian gold collected by Peter the Great: - Ⅶ；The Demidov gift and the conlusions. *Artibus Asiae*, 1959, Vol. ⅩⅫ, pp.64-78. 2: 469-474。

［6］“永久冻土墓”指古代埋葬在雪线附近的古墓。山顶积雪融水及地下水渗入疏松的墓室并且冻结，在来年夏季也不会融化。早年拉德洛夫使用热水浇灌的方法来融化封冻的坟冢，然后再进行发掘。

［7］Golomshtok E A, Griaznov M P. The Pazirik Burial of Altai. *American Journal of Archaeology*, 1933, Vol.37, No.1, pp.30-45.

［8］〔苏〕吉谢列夫《南西伯利亚古代史》（上册），新疆社会科学院民族研究所，1981年，第145～152页；《南西伯利亚古代史》（下册），新疆社会科学院民族研究所，1985年，第11～41页。

［9］Rudenko S I. *Frozen Tombs of Siveria: the Pazyryk Burials of Iron Age Horsemen*. Berkeley and Los Angeles: University of California Press, 1970.

［10］Руденко С И. *Культура населения Центрального Алтая в скифское время*. Москва, 1960.

［11］Полосьмак Н В,Кундо Л П, Малахов В В, et al. Исследование вещественного состава находок из “Замерзших” могил Горного Алтая // Российская археология © 1. М., 1997б. С. 37-49.

［12］Деревянко А П,Молодин В И,Савинов Д Г, *Древние культуры Бертекской долины*. Новосибирск: ВО<<Наука>>. Сибирская издательская фирма, 1994.

［13］Polos’ mak N V. Investigations of a Pazyryk barrow at Kuturguntas. *Ancient Civilizations from Scythia to Siberia*,1995, Vol.2,No.1., pp.92-111.

［14］Samashev Z S, Bazarbaeva G A, Zhumabekova G S. et al. Le kourgane de Berel’ dans l’Altaï kazakhstanais. *Arts*

Asiatiques, 2000, 55, pp. 5-20.

[15] http://www.spiegel.de/international/0,1518,433600,00.html.

[16] 参见：Bokovenko N A. History of studies and the main problems in the archaeology of Southern Siberia during the Scythian Period. *Normads of the Eurasian Steppes in the Early Iron Age*, Berkeley, CA: Zinet Press, 1995, pp.255-261; Hiebert FT. Pazyryk Chronology and Early Horse Nomads Reconsidered. *Bulletin of the Asia Institute*, 1992, Vol.6, pp.117-129.; Молодин ВИ. *Некоторые итоги археологических исследований на юге Горного Алтая* // Российская археология © 1. М., 1997б. С. 37-49.

[17] Kenk R. *Grabfunde der Skythenzeit aus Tuva, Süd-Sibirien*. München, 1986.

[18] 同注〔16〕Bokovenko N A. 文。

[19] Grjaznov M P. *Der Großkurgan von Arzhan in Tuva. Südsibirien*. München, 1984.

[20] Semenov V, Chugunov K. New evidence of the Scythian-type culture of Tuva. *Ancient Civilizations from Scythia to Siberia*, 1995, Vol.2, No.3, pp.311-334.

[21] Edards M. Master of Gold. *National Geographic*, 2003 , Vol., No.6, pp.112-129.

[22] 阿尔赞2号坟冢简介和图录已经出版：Аржан Источник в Долине царей Археологические открытия в Туве (Archaeological Discoveries in the Valley of the Kings, Tuva Artifacts from the Arzhan Barrow), Санкт-Петербург 2004.

[23] Novgorodova E A, Volkov V V, Korenevskij S N. et al. *Ulangom, Ein skythenzeitliches Gräberfeld in der Mongolei*. Otto Harrassowitz, Wiesbaden, 1982;〔苏〕沃尔科夫著，陈弘法译《乌兰固木古墓群》,《文物考古参考资料》第六期，内蒙古自治区文物工作队，1984年，第42～46页；Volkov V V. Early Nomads of Mongolia. *Normads of the Eurasian Steppes in the Early Iron Age*. Berkeley, CA: Zinet Press, 1995, pp.316-333.

[24]〔蒙〕策温道尔吉著，陈弘法译《昌德曼文化》,《文物考古参考资料》第六期，内蒙古自治区文物工作队，1984年，第46～51页。

[25]〔苏〕吉谢列夫《南西伯利亚古代史》(上册)，新疆社会科学院民族研究所，1981年，第145～152页。

[26] Bokovenko N A. Scythian Culture in the Altai Mountains. *Normads of the Eurasian Steppes in the Early Iron Age*, Berkeley, CA: Zinet Press, 1995, pp.282-295.

[27] Молодин ВИ. *Некоторые итоги археологических исследований на юге Горного Алтая* // Российская археология © 1. М., 1997б. С. 37-49.

[28] 同注[26], p.286.

[29][40] 耶特马尔认为装饰鹿角和面具的马匹在葬仪中起领头作用，参见注[3] Jettmar K. 书，p.108.

[30] 鹿形格里芬题材在战国晚期传入中国北方地区，参见乌恩：《略论怪异动物纹样及其相关问题》,《故宫博物院院刊》1994年第3期，第27～30页。

[31][34] 马劳瑞将巴泽雷克墓地的绝对年代定在301～235B.C.，参见 Mallory J P. etc. The Date of Pazyryk. *Ancient interactions: east and west in Eurasia*, Cambridge: McDonald Institute for Archaeological Research, 2002, pp.199-211.

[32] 注[16] Bokovenko N A. 文，pp.255-261. 注[19]。

[33] Volkov V V. Early Nomads of Mongolia. *Normads of the Eurasian Steppes in the Early Iron Age*, Berkeley, CA: Zinet Press, 1995, pp.316-333.

[35] 同注[22]，第63页。

[36] 据人骨分析，巴泽雷克居民的食物结构中，鱼占较大比重。参见 Connell T O’, Levine M, Hedges R. The Importance of Fish in the Diet of Central Eurasian Peoples from the Mesolithic to the Early Iron Age. *Prehistoric steppe adaptation and the horse*, Cambridge: McDonald Institute for Archaeological Research, 2003, pp.253-268.

[37] Bokovenko N A. The Tagar Culture in the Minusinsk Basin. *Normads of the Eurasian Steppes in the Early Iron Age*. Berkeley, CA: Zinet Press, 1995, pp.297-314.;〔苏〕奇列诺娃著，冯霞译《南西伯利亚塔加尔文化起源的主要问题》,《新疆文物译文专刊》1992年，第11～16页;〔苏〕马克西缅科夫著，林沄译、莫润先校《关于米努

辛斯克盆地青铜时代分期问题的现状》,《考古学参考资料》6，文物出版社，1983 年，第 81～103 页；高浜秀《大興安嶺からアルタイまで》,《中央ユーテシアの考古学》，同成社，1999 年，第 102～112 页。

[38] 阿基舍夫著，吴妍春译、陈万仪校《伊塞克古墓——哈萨克斯坦的塞克艺术》，选译自莫斯科艺术出版社 1978 年出版的《伊塞克古墓》一书,《新疆文物》1995 年第 2 期，第 90～115 页。

[39] 相关研究可参见：Martynov A I. The Golden Reindeer Flying to the Sun. *The ancient art of Northern Asia*, Urbana and Chicago:University of Illinois Press,1991, pp.52-73.; Burchard Brentjes. "Animal Style" and Shamanism: Problems of Pictoral Tradition in Northern in Central Asia, *Kurgans, Ritual Sites, and Settlements: Eurasian Bronze and Iron Age*, Oxford: The Basingstoke Press, 2000, pp.259-268.

[41] Bokovenko N A. Asian Influence on European Scythia. *Ancient Civilizations from Scythia to Siberia*, Vol.3, No.1, 1996, Leiden: E J Brill, 1996, pp.97-112.

[42] Marsadolov L. The Cimmerian Tradition of the Gordion Tumuli (Phrygia) : Found in the Altai Barrows (Bashadar, Pazyryk) . *Kurgans, Ritual Sites, and Settlements: Eurasian Bronze and Iron Age*, Oxford: The Basingstoke Press, 2000, pp.247-258.

[43] 〔古希腊〕希罗多德著，王以铸译《历史》，商务印书馆，第 270、271 页。

[44] 箜篌，西方又称竖琴（harp），根据造型差异分为 3 类：角形箜篌（angular harp）、弓形箜篌（arched harp）、卧箜篌（horizontal harp）。中国古代箜篌分为 3 种：卧箜篌、竖箜篌、凤首箜篌，其中竖箜篌可归入角形箜篌，而凤首箜篌可归入弓形箜篌。弓形箜篌最早产地不明，在公元前四千纪后半的美索不达米亚和埃及都有发现。角形箜篌在公元前二千纪产生于美索不达米亚，后传入埃及；箜篌出现及其在埃及、西亚、印度、中国、朝鲜、日本等地传播、演化情况可参考：赵沨《中国乐器》，现代出版社，1991 年，第 156、157 页。〔日〕林谦三著，钱稻孙译《东亚乐器考》，人民音乐出版社，1962 年，第 196～205 页；杨荫浏《中国古代音乐史稿》上、下册，人民音乐出版社，1981 年，第 128、129 页；项阳《中国弓弦乐器史》，国际文化出版公司，1999 年，第 75～81 页；〔联邦德国〕汉斯·希克曼等著，王昭仁、金经言译《上古时代的音乐——古埃及、美索不达米亚和古印度的音乐文化》，文化艺术出版社，1989 年，第 25～33、82、91 页。

[45] 注［9］引 Rudenko S I. 书，p.277.；注［3］Jettmar K. 书，p.95.

[46] 新疆维吾尔自治区博物馆、巴州文管所、且末县文管所《新疆且末扎滚鲁克一号墓地发掘报告》,《考古学报》2003 年第 1 期，第 89～136 页。王子初建议将且末箜篌归入弓形箜篌，但从形制来看，巴泽雷克、且末箜篌虽然都出自当地工匠之手，但基本结构与西亚角形箜篌一致，因此，我们更赞同王博的看法。参见王子初《且末扎滚鲁克箜篌的形制结构及其复原研究》,《文物》1999 年第 7 期，第 51～60 页；王博《新疆扎滚鲁克箜篌》,《文物》2003 年第 2 期，第 56～62 页。

[47] 新疆文物考古研究所，吐鲁番地区文物局《鄯善县洋海一号墓地发掘简报》《鄯善县洋海二号墓地发掘简报》,《新疆文物》2004 年第 1 期，第 21、45 页。

[48] 早年鲁金科、格利亚兹诺夫等学者根据毛毯打结的方式判定它是波斯制造，并从中亚或伊朗运到阿尔泰地区的。后来鲍莫尔和汤姆森通过分析这张毛毯的原料和染色方法，证明这张毛毯是中亚制作的产品。目前这一观点得到大多数学者认可。参见：注［9］Rudenko S I. 书，pp.298-304;〔苏〕格里亚兹诺夫、达维母、斯卡郎《阿尔泰巴泽雷克的五座古冢》,《考古》1960 年第 7 期，第 63～69 页；Böhmer and Thompson. The Pazyryk Carper: A Technical Discussion. *Source*10.4, pp.30-36.

[49] 格里芬形象最早出现在公元前三千纪左右的两河流域，见于埃兰（Elam）国都苏萨（Susa）出土的滚筒印章，鹰头、有翼、前肢为鹰爪、后肢为兽足、有细长兽尾。波斯帝国时期的格里芬额顶出现野山羊角装饰。

[50] 李零先生将欧亚草原的格里芬分为 4 类：鹰首格里芬、狮首格里芬或带翼兽、带翼虎、鹰首鹿。其中鹰首鹿可与本文所谓鹿形格里芬对应，而图雅赫塔 1 号坟冢出土“带翼虎”木雕应为带翼狮，也即狮首格里芬。相关研究可参考李零《论中国的有翼神兽》,《中国学术》2001 年第 1 期，第 119～121 页；Franz Hancar. The Eurasian Animal Style and the Altai Complex. *Artibus Asiae*, 1952, Vol.XV, pp.171-194, 1952; Anne Roes. Achaemenid Influence upon Egyptian and Nomad Art. *Artibus Asiae*, 1952 , Vol.XV, pp.17-30; Guitty Azarpay. Some Classical and Near Eastern Motifs in the art of Pazyryk. *Artibus Asiae*, 1959, Vol.XXII/4, pp.313-339.

［51］ 与老虎图案不同。鲁金科认为狮子有鬃毛，尾巴末端呈刷子形，而老虎则没有。参见注［9］Rudenko S I. 书，p.256. 通过比较我们发现，这一标准适用于毛织品。阿尔泰木雕狮子与老虎的区别在于耳朵的形状：狮子的耳朵呈半圆形，而老虎的耳朵顶端有小尖，呈桃形。

［52］ 斯芬克斯（sphinx），古埃及、希腊的神话动物，最早以圆雕出现，呈趴卧状，立于埃及吉萨（Giza）古王国第4王朝第4任法老哈弗拉（King Khafre , 2575～2465 B.C.）金字塔旁，象征法老哈弗拉。该形象在公元前1500年传入美索不达米亚，与埃及不同的是，开始在斯芬克斯肩部添加双翼。公元前14世纪，出现女性斯芬克斯。西亚的斯芬克斯一般呈坐姿，一支前臂上抬，其形象多于格里芬混合。公元前1600年，斯芬克斯形象出现在希腊克里特岛的米诺斯中期文化，也长有双翼，与西亚造型相似，呈坐姿，但多以女性出现。亚述、波斯艺术的斯芬克斯形象则是希腊、西亚因素混合的结果。参见ENCYCLOPEDIA. BRITANNICA. 2004光盘版“sphinx”条。

［53］ 注［9］Rudenko S I. 书，pp.274-275.; 注［50］Guitty Azarpay 文，p.338.

［54］ 耶特马尔认为斯芬克斯与神鸟的线条与巴泽雷克墓地其他物品上的图案差异较大，原形来自中国与中亚。而斯芬克斯身上装饰的圆形徽章形纹饰则受到了色雷斯－辛梅里安（Thraco-Cimmerian）艺术的影响。参见注［3］Karl Jettmar 书，p.112, fig.95,114.

［55］ 注［9］Rudenko S I. 书，pp.289-290.

［56］ 注［9］Rudenko S I. 书，pp.296-297; Dalton O M. *The Treasure of the Oxus*, 2nd ed., London: the British Museum, 1926, pl 38.

［57］ 注［3］Karl Jettmar 书，p134.

［58］ 注［9］Rudenko S I. 书，pp.287-288.

［59］ 注［50］Guitty Azarpay 文，棕榈叶纹传入西亚后经在亚述、波斯艺术中流行，与希腊原型差异不大。故耶特马尔等学者认为棕榈叶纹是从近东传入，两者并无矛盾。参见注［3］Karl. Jettmar 文，p.134.

［60］ 阿扎尔帕伊在此反驳了吉谢里夫的看法，后者认为巴泽雷克人面表现蒙古人种，证明了匈奴人向阿尔泰地区的渗透。显然臆测成分过多而与史实不符。

［61］ Talbot Rice T. *The Scythian*, London: Thames and Hudson, 1957.

［62］ 注［50］Guitty Azarpay 文，pp.313-339.

［63］ 本文所述“中国”特指现代中国行政区划范围。

［64］ 注［9］Rudenko S I. 书，pp. 115-116, fig.55; 注［15］Hiebert F T. 文，p.121; 另外，河北易县燕下都曾发现羽地四山镜的石范。但“四山”位于镜纽方座的四角，与巴泽雷克6号坟冢铜镜不同。参见孔祥星，刘一曼《中国古代铜镜》，文物出版社，1984年，第30～35页。

［65］ 巴泽雷克6号坟冢铜镜，“山”字粗矮，与《长沙楚墓》二类c型Ⅱ C式四山镜形制相同，时代约为战国晚期早段。参见湖南省博物馆、湖南省文物考古研究所、长沙市博物馆、长沙市文物考古研究所《长沙楚墓》，文物出版社，2000年，第235～242页，插图一六一。

［66］〔苏〕鲁金科《论中国与阿尔泰部落的古代关系》，《考古学报》1957年第2期，第37～48页。

［67］ 湖北省荆州地区博物馆《江陵马山一号楚墓》，文物出版社，1985年，第62页，图四九。

［68］ 梅原末治《古代北方系文物の研究》，星野书店，昭和十三年6月第1版，第177、178页。

［69］ 注［16］Hiebert F T. 文，p.122.

［70］《云梦睡虎地十一座秦墓发掘报告》，《文物》1976年第9期，第51～62页。另可参见陈振裕《试论湖北战国秦汉漆器的年代分期》，《江汉考古》1980年第2期，第37～50页；陈振裕《湖北出土战国秦汉漆器综论》，《“迎接二十一世纪的中国考古学”国际学术讨论会论文集》，科学出版社，1998年，第242～285页。

［71］ 苏联科学院主编《世界通史》，第二卷上册，三联书店，1960年，第191、192页。黑海北岸的斯基泰墓葬中出土有顶棚的四轮车模型，见Minns E H. *Scythians and Greeks*. London: Cambridge Unversity Press, 1913, pp.50-52.

［72］ 注［3］Karl Jettmar 书，pp.116-117.

［73］ 详见第四章。

[74][85] 据先秦文献记载，春秋战国时期中国北方曾有多支民族活动、迁徙。其族属与考古学文化面貌不尽相同，林沄先生将长城地带春秋晚期至战国时期北方民族的考古学文化分为六区，分别代表六个民族，可确定族属的大致有 3 个：河北北部北辛堡文化为代表的“代国”、宁夏南部清水河流域的“乌氏之戎”、甘肃东部庆阳地区的“义渠之戎”。参见林沄《关于中国的对匈奴族源的考古学研究》，《林沄学术文集》，中国大百科全书出版社，1998 年，第 368～386 页。

[75] 中国社会科学院考古研究所新疆队、新疆巴音郭楞蒙古族自治州文管所《新疆轮台县群巴克墓葬第二、三次发掘简报》，《考古》1991 年第 8 期，第 684～703 页。

[76] 报告称群巴克Ⅰ、Ⅱ号墓地绝对年代为公元前 950～前 600 年，基本与萨彦－阿尔泰地区吻合，但上线可能偏早，注[75]，第 701、702 页。

[77] 新疆文物考古研究所《新疆察吾呼——大型氏族墓地发掘报告》，东方出版社，1999 年，第 253～271 页。

[78] 原报告认为察吾呼三号墓地不属于察吾呼文化，其年代属东汉至西晋。此外察吾乎沟口的 M3、M4、M7 也发现人马合葬的习俗，结合墓葬出土弓弥、陶器、熊图案的金饰片来看，该墓地时代与察吾呼三号墓地接近，应与匈奴文化有关。

[79] 新疆文物考古研究所《新疆吉木萨尔县大龙口古墓葬》，《考古》1997 年第 9 期，第 41、43 页。

[80] 乌鲁木齐市文管所《乌鲁木齐板房沟新发现二批铜器》，《新疆文物》1990 年第 4 期，第 97～99 页；柳洪亮《吐鲁番艾丁湖潘坎出土的虎叼羊纹铜牌》，《新疆文物》1992 年第 2 期，第 31～34 页；穆舜英、王明哲《论新疆古代民族考古文化》，《新疆古代民族文物》，文物出版社，1985 年，第 1～22 页，图版 160、图版 161。

[81] 李晓青、南宝生《甘肃清水县刘坪近年发现的北方系青铜器及金饰片》，《文物》2003 年第 7 期，第 4～17 页；刘得祯、许俊臣《甘肃庆阳春秋战国墓葬的清理》，《考古》1988 年第 5 期，第 413～424 页；秦安县文化馆《秦安县历年出土的北方系青铜器》，《文物》1986 年第 2 期，第 40～43 页。

[82] 蒲朝绂《试论沙井文化》，《西北史地》1989 年第 4 期，第 1～12 页；李水城《沙井文化研究》，《国学研究》第二卷，北京大学出版社，1994 年，第 493～523 页；谢端琚《沙井文化》，《甘青地区史前考古》，文物出版社，2002 年，第 213～225 页。

[83] 宁夏文物考古研究所《宁夏彭堡于家庄》，《考古学报》1995 年第 1 期，第 79～107 页；许成、李进增、卫忠等《宁夏固原杨郎青铜文化墓地》，《考古学报》1993 年第 1 期，第 13～56 页；耿志强、樊军、杜李平等《宁夏彭阳县张街村春秋战国墓地》，《考古》2002 年第 8 期，第 14～24 页。

[84] 罗丰《宁夏固原石喇村发现的一座战国墓》，《考古学集刊》第三辑，1983 年，第 130、131、142 页；罗丰、韩孔乐《宁夏固原近年发现的北方系青铜器》，《考古》1990 年第 5 期，第 403～418 页；罗丰、韩孔乐《1988 年固原出土的北方系青铜器》，《考古与文物》1993 年第 4 期，第 17～21 页；罗丰《以陇山为中心甘宁地区春秋战国时期北方青铜文化的发现与研究》，《内蒙古文物考古》1993 年第 1、2 期合刊，第 29～49 页；钟侃《宁夏固原出土文物》，《文物》1978 年第 12 期，第 86～90 页；钟侃、韩孔乐《宁夏南部春秋战国时期的青铜文化》，《中国考古学会第四次年会论文集》，文物出版社，1985 年，第 203～213 页；杨宁国、祁悦章《宁夏彭阳县近年出土的北方系青铜器》，《考古》1999 年第 12 期，第 28～37 页；延世忠《宁夏西吉发现的一座青铜时代墓葬》，《考古》1992 年第 6 期，第 573～575 页；延世忠《宁夏固原出土战国青铜器》，《文物》1994 年第 9 期，第 94～96 页；宁夏回族自治区博物馆考古队《宁夏中宁县青铜短剑墓清理简报》，《考古》1987 年第 9 期，第 773～777 页；周兴华《宁夏中卫县狼窝子坑的青铜短剑墓群》，《考古》1989 年第 11 期，第 971～980 页；延世忠《宁夏固原吕坪村发现一座东周墓》，《考古》1992 年第 5 期，第 469～470 页；宁夏文物考古所《固原县河川河谷考古调查》，《宁夏考古文集》，宁夏人民出版社，1994 年，第 18～41 页；宁夏文物考古所、西吉县文管所《西吉县陈阳川墓地发掘简报》，《宁夏考古文集》，1994 年，第 61～70 页。

[86] 戴应新、孙嘉祥《陕西神木县出土匈奴文物》，《文物》1983 年第 12 期，第 23～30 页；陕西省考古研究所《西安北郊战国铸铜工匠墓发掘简报》，《文物》2003 年第 9 期，第 4～14 页。

[87] Haskins J H.. China and the Altai. *Bulletin of the Asia Institute*,1988 ,Vol.2, pp.1-9; 伊克昭盟文物工作站、内蒙古文物工作队《西沟畔匈奴墓》，《文物》1980 年第 7 期，第 1～10 页，该文后经修改收入田广金、郭素新主编《鄂尔多斯青铜器》，文物出版社，1986 年，第 351～365 页；高毅《内蒙古东胜市碾房渠发现金银器窖藏》，《考古》

1991年第5期，第405～408、389页；田广金、郭素新《内蒙古阿鲁柴登发现的匈奴遗物》，《考古》1980年第4期，第333～338页；田广金、郭素新《西沟畔匈奴墓反映的诸问题》，《文物》1980年第7期，第13～17页。

[88] 黄盛璋《新出战国金银器铭文研究（三题）》，《古文字研究》第十二辑，中华书局，1985年，第340～348页。

[89] 河北省文物研究所《河北省平山县战国时期中山国墓葬发掘简报》，《文物》1979年第1期，第1～31页；河北省文物研究所《燕下都》，文物出版社，1996年，第684～731页。

[90] 同注[88]，第348～351页。

[91] 冯恩学《俄国东西伯利亚与远东考古》，吉林大学出版社，2002年，第350～362页。

[92] 夏家店上层文化年代相当于西周晚期至春秋晚期，可能为山戎文化；北辛堡文化年代属春秋至战国早期，可能是北狄所建的"代国"。参见林沄《东胡与山戎的考古探索》，《林沄学术文集》，中国大百科全书出版社，1998年，第387～396页；朱永刚《东北青铜文化的发展阶段及其族属问题》，《考古学报》1998年第2期，第133～152页；乌恩《欧亚大陆草原早期游牧文化的几点思考》，《考古学报》2002年第4期，第437～470页；河北省文物局文化工作队《河北怀来北辛堡战国墓》，《考古》1966年第5期，第231～242页。

[93] 在中原地区，坟丘式墓葬最早出现在春秋晚期，而在战国中期以后逐渐普及。目前发现最早使用坟丘的是河南固始侯古堆一号宋国墓，坟丘高达7米，直径55米，属公元前5世纪中叶。参见杨宽《中国古代陵寝制度史研究》，上海人民出版社，2003年，第9、10页；固始侯古堆一号墓发掘组《河南固始侯古堆一号墓发掘简报》，《文物》1981年第1期，第1～8页。秦惠文王与秦武王（公元前310～前307年在位）陵墓均葬于毕陌陵区，即今咸阳市秦都区北原上周陵中学附近，封土现存11.6米。参见王学理《秦都咸阳》，陕西人民出版社，1985年，第47、48页，注14；《秦物质文化史》，三秦出版社，1994年，第255页。

[94] 杨宽指出，称君王坟墓为"陵"最早出现在秦、赵、楚三国，见于《史记·赵世家》记载赵肃侯十五年（公元前335年）"起寿陵"，《史记·秦始皇本纪》记载惠文文王"葬公陵"、悼武王"葬永陵"。参见注[93]杨宽书，第14页。

[95] 又称为颜那亚文化（Yamnaya Culture, 3600～2200B.C.），参见 Mallory J P, Adams D Q. *Encyclopedia of Indo-European Culture*. London and Chicago: Fitzroy Dearborn Publishers,1997, pp.651-653；莫润先《竖穴墓文化》，《中国大百科全书·考古卷》，中国大百科全书出版社，1986年，第480、481页。

[96] 林梅村《阿尔泰山和天山的大石冢》，《欧亚学刊》第三辑，中华书局，2002年，第101～115页。

[97] 赵化成《公元前5世纪中叶以前中国人工铁器的发现及其相关问题》，《考古文物研究——纪念西北大学考古专业成立四十周年文集》，三秦出版社，1996年，第289～300页；赵化成《宝鸡市益门村二号春秋墓族属管见》，《考古与文物》1997年第1期，第31～34页；罗丰《以陇东为中心甘宁地区春秋战国时期北方青铜文化的发现与研究》，《内蒙古文物考古》1993年第1、2期合刊，第29～49页；陈平《试论宝鸡益门二号墓短剑及有关问题》，《考古》1995年第4期，第361～375页。

[98] 中国早期铁器起源问题已有很多学者讨论过，目前对新疆察吾呼沟、焉布拉克墓地铁器年代争议很大，我们比较赞成瓦戈纳的看法。参见 Wagner D B. The earliest use of iron in China. *Metals in Antiquity*, pp.1-9；华觉明《冶铁术的兴起及其前期发展（上）》，《中国古代金属技术——铜和铁造就的文明》，大象出版社，1999年，第294～337页；王巍《中国古代铁器及冶金术对朝鲜半岛的传播》，《考古学报》1997年第3期，第285～340页。

[99] 俞伟超《古代"西戎"和"羌"、"胡"考古学文化归属的探讨》，《先秦两汉考古学论集》，文物出版社，1985年，第180～192页；赵化成《甘肃东部与羌戎文化的考古学探索》，《考古类型学的理论和实践》，文物出版社，1989年，第145～176页。

[100] 王学理《秦物质文化史》，三秦出版社，1994年，第270～273、320、321页。

[101] 同[100]，第83、84页。

再论“中原制造”
——欧亚草原古代金属动物纹饰品的产销与仿制

邢义田

2014年我在一本小书中，曾针对草原斯基泰风格金属牌饰等工艺品的生产者，略略提过以下的揣测：

1999年在西安北郊北康村发现了战国铸铜工匠墓，可以说为解决这个问题提供了迄今最有利的证据。墓中发现了很多用于制作金属工艺品的泥范和工具，因此可判断墓主的身份是一个工匠。从出土模具的纹样，可以清楚看到泥范上马的形象，完全具有草原斯基泰文化艺术的特色，将它和黑海出土的铜马饰对比，在总体造型和向前反转的马脚这最具代表性的特征上，几乎一致。

这位工匠的墓位于今天西安北郊，墓主应是战国时代的秦人。他却依草原游牧民所喜爱的样式，制造铜饰品。**这强烈暗示游牧民的铜饰品至少有一部分产自中原**。华夏中原从战国时代开始不断接触游牧民族，接受他们的骑射、养马技术及相关的信仰，同时中原的工匠也制造了大量工艺品输出到草原。大家知道，汉王朝经常大量赏赐丝绸、粮食、各种工艺制造品给归顺或尚未归顺的草原游牧民族。宁夏考古研究所的罗丰先生在2010年第3期《文物》上发了一篇论文《中原制造——关于北方动物纹金属牌饰》。论文里面收集了大量这方面的材料，我很同意他的看法，大家可以进一步参考。

以下举一个罗丰没提的例子。前苏联哈萨克斯坦共和国境内卡耳格利（Kargaly）曾出土一个时代属西汉晚期，镶嵌绿松石的金冠边饰。虽然已经断裂，但**很可能是当地工匠吸收了汉代中原工艺母题元素，也可能即由中国工匠为草原民族所制造**。卡耳格利一带在汉代是乌孙国的所在，乌孙久为汉代盟国，汉公主曾下嫁乌孙王。因此这里出土中原工艺品，并不奇怪。

中原工匠在制造的时候，有意无意地会把汉代中原流行的造型元素带入这些工艺品的构图里。例如金冠的怪兽上面坐着羽人，这个羽人的造型与汉代画像石或铜器上看到的几乎一样，瘦瘦长长，带着翅膀。……这件金冠因此有可能是中原工匠的杰作。此外，我还要稍稍补充一点。**中原工匠生产的域外风格工艺品，大概并不只是供应草原牧民，也供应嗜好“洋玩意儿”的本朝王公贵人**。中国古代的统治者一向喜欢殊方异物。两汉书和《西京杂记》都有不少记载。汉武帝的上林苑就是一座域外珍宝和珍禽异兽聚集的博物馆。

> 草原游牧民因本身生活形态、原料和技术种种限制，能够生产的高质量“珍宝”十分有限，即使从他人手中辗转贩卖，大概也不能满足大汉皇室和王公贵族的嗜好。**一个解决的方法就是由中原工匠仿制。**近年在徐州西汉初诸侯王陵及刘氏亲属墓里，已发现好几件具有草原艺术特色的金腰带扣，有趣的是它们构图繁复，工艺精致，也杂有中原造型元素（例如龟、龙），不全然同于草原制品。尤其是徐州狮子山楚王陵出土的一件，背面有中文铭刻“一斤一两十八铢”、“一斤一两十四铢”。金银铜器上注记重量，是汉代工官造器的惯例。**因此，我相信诸侯王墓出土的恐怕不是真正来自草原的“进口货”，而是中原工匠的山寨冒仿品。**[1]

当时提这些，是想支持和补充罗丰先生的“中原制造”说。但仓促间没能充分论证，有些部分须要进一步说清楚，有些现在看来须要修正。适逢王炳华先生八十华诞祝寿论文集征稿，因此想借这个机会修补前说，一方面向从事新疆考古数十年，为古代中外文化交流史奉献半生的王炳华先生致敬并祝寿，一方面也向这方面其他的先进讨教。

一、流向草原的牌饰及佩饰

小文仍从西安北郊北康村战国铸铜工匠墓的泥范说起。泥范中有些具有明显的草原艺术风格特色，尤其是那件长方形以马为母题的腰带牌饰（图一）[2]。前引小书仅举了黑海北岸出土的公元前4世纪铜马饰为例（图二），说明泥范中的马后腿向上翻转和斯基泰艺术中马饰造型特色一致，现在打算作些补充。此外，前引小书中说“中原的工匠也制造了大量工艺品输出到草原”时，完全没有举证，现在也想举几件证据，说明中原工匠的制品确实曾流播到北方草原。

图一　北康村工匠墓出土泥范

（Zhixin Jason Sun, *Age of Empires*, The Metropolitan Museum *steppes*, of Art, New York, 2017, p.107）

图二　黑海北岸出土铜马

（V. Schlitz, *Les Scythes* : *et les nomads des* Gallimard, 1994, p.252）

在欧亚草原地带所谓的斯基泰动物纹艺术中，具有兽类后腿向上翻转造型特色的例证极多，本无须多说，可是有两件似乎尚少人注意的新疆出土品值得补充。一件是1993年在阿合奇县库兰萨日克乡琼布隆村西南一处约属公元前5至前3世纪墓地发掘的金马饰（图三）。另一件是约属同一时期，特克斯恰甫其海墓群出土的骨质雕饰（图四）。库兰萨日克在前苏联吉尔吉斯坦（Kyrgyzstan）

伊赛克湖（Issyk-Kul）东南，两地之间隔着天山，直线距离不到 200 千米；恰甫其海则在伊赛克湖东北约 350 千米，而伊赛克湖周边正是斯基泰艺术的重要原乡之一[3]，这三地在墓葬形式和陪葬品内涵上有明显的亲缘关系，这篇小文不可能全面去谈，仅举前说涉及的马纹牌饰为代表。

图三　库兰萨日克墓地出土金马饰
（Zhixin Jason Sun, *Age of Empires*, p.63）

图四　伊犁特克斯县恰甫其海水库墓地出土骨雕牌饰
（《丝路传奇》台北历史博物馆，2008 年，第 68 页）

1993 年克孜勒苏柯尔克孜自治州考古所在库兰萨日克乡琼布隆村西南约 1.8 千米处抢救性发掘和清理了 45 座墓中的 10 座。墓地表面有卵石和土混合堆筑的坟堆，其中五号圆形石围石堆墓是规模最大的一座，石堆下有三个墓室，已被盗，仍然出土了两件极精美完整的金器。其中一件被称为金奔马（图三），重 12 克，通高 4.4 厘米，长 4.6 厘米，以金箔模压成形。造型特征和本文讨论的铜马牌饰类似，前蹄弯曲奔腾，后肢翻扬。考古简报曾比较这样的造型，认为和乌鲁木齐阿拉沟竖穴木椁墓以及巴泽雷克地区墓葬出土的动物牌饰酷似，因而将库兰萨日克墓地的时代订在战国至西汉之间[4]。有趣的是与此相近或更早，即公元前 5～前 4 世纪，伊赛克湖地区已曾出土以金箔模压制成，类似的镂空单马牌饰和具有翻转后肢特色的麋鹿牌饰（图五，1～3）[5]。它们和库兰萨日克牌饰、乌鲁木齐阿拉沟卅号墓出土虎纹金牌饰（图六，1～3）之间的文化亲缘关系至为明显[6]。

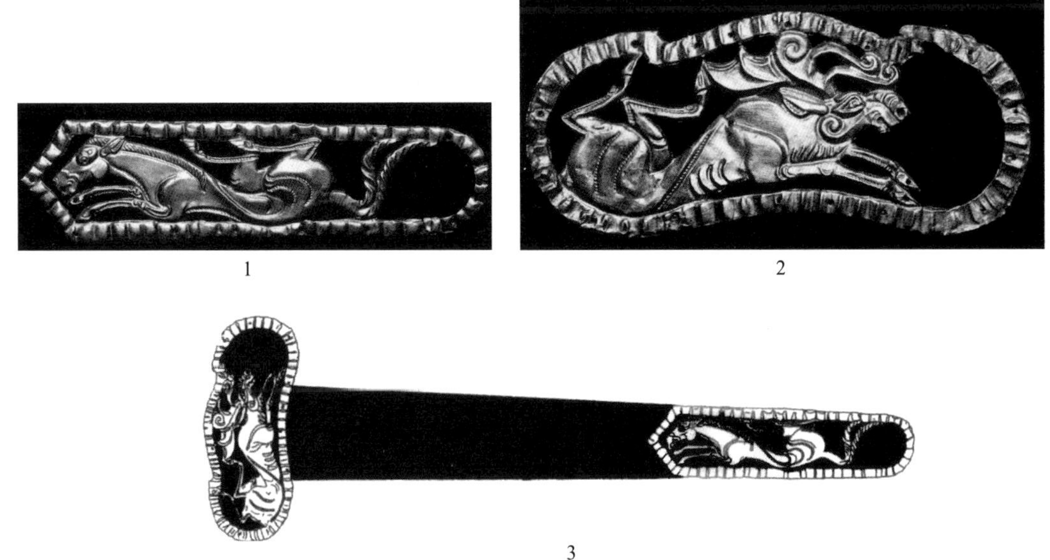

1　2

3

图五　伊赛克冢墓出土剑鞘金饰
1、2. 剑鞘金饰（V. Schlitz, *Les Scythes*, p.302）3. 剑鞘金饰复原示意图（I. Lebedynsky, *Les Saces*, 2006, p.197）

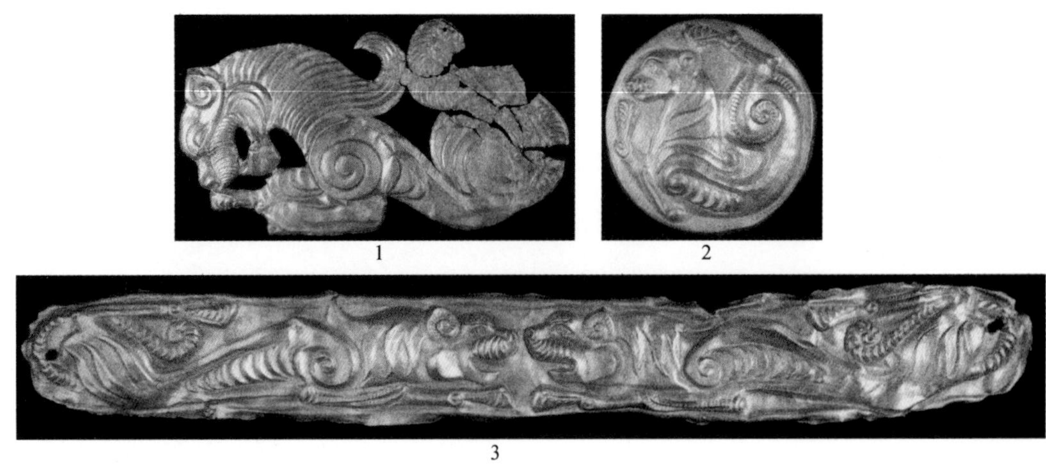

图六 阿拉沟卅号墓出土虎纹金牌饰
（《シルクロード：绢と黄金の道》东京国立博物馆，2002年，第24页）

2008年，一批新疆出土文物曾到台北历史博物馆展出，博物馆出版了图录《丝路传奇——新疆文物大展》。其中收录一件2004年伊犁特克斯县恰甫其海水库墓地出土的骨牌饰（图四）。扁平的骨牌残长12.5厘米，最大宽5.6厘米，平面呈梯形，其上左端画面残存浅浮雕的狼或熊，咬着头部已失的兽，兽后肢向上翻转，右端画面完整，一头狼或熊咬着马，马前肢弯曲，后肢翻转上扬。以已有发掘简报可据，在特克斯河北岸水库墓地A区的IX、X、XV墓葬群来说，其时代约自公元前4世纪至公元8世纪。但出土骨器的XV号墓群则属公元前4～前3世纪，个别晚到东汉。不久前，据罗丰转告发掘人吕恩国提供的消息，这件骨牌出土于特克斯河南岸B区三号墓地一号墓（M1），时代约为公元前5至前3世纪，目前还没有发掘报告发表[7]。以上库兰萨日克和恰甫其海的两件出土品时代约属战国早中期，都出现在南西伯利亚和华夏中原之间，可以填补这类造型饰品在时空分布上的中间环节。新近甘肃张家川马家塬西戎墓出土战国末期的金带钩，可以填补起战国末陇西地区的一个环节。镂空带钩上有左右两对方向相反虎咬鹿的图案，鹿的后肢向上翻转，构图特征和前述骨雕牌饰相类似（图七）[8]。中间环节填补的越多，越能排出年代序列，才越有把握去掌握流播的方向和过程。

图七 马家塬十六号墓出土金带钩
（《西戎遗珍》第61页）

以下为“中原制造说”再略举几件马纹牌饰为证。其中有些前贤已经提过，本文拟补充些细节。

第一件是卢芹斋（C. T. Loo）藏品中有一件铜质镂空单马牌饰（图八，1），后收入苏联考古学家M. A. 戴甫列特《西伯利亚的腰牌饰》（莫斯科：1980）一书。这件和北康村战国墓泥范上的马匹极为相似。戴甫列特的书在台北无法找到，我仅从《鄂尔多斯式青铜器》转见其线描图（图八，2）[9]。这一线描图和《卢芹斋藏中西艺品集》（*Sino-Siberian Art in the Collection of C. T. Loo*）图版比对，我发现二者实是同一件东西，即卢芹斋藏品[10]。牌饰上方有一排五只朝左，具有勾吻特征的连环式勾吻鸟首，下方有马一匹，马首朝下朝左，前肢一前一后弯曲，后腿一前一后向上翻转，构图几乎完全一样。由于边饰花纹不同，可以确定这件腰带牌饰成品并不是由北康村泥范直接铸出，但可以证明造型如此类似的牌饰，一在中国北方长城地带或西伯利亚发现，一在西安北郊发现泥范，绝非偶然。罗丰大文已曾引用这件牌饰作为中原工匠制造的证据[11]。这种中原制造的腰带牌饰很可能自战国起即流播到了西伯利亚。据田广金和郭素新的转述，戴甫列特一书所收牌饰主要是来自前苏联科索歌尔窖藏、米努辛斯克盆地（Minussinsk）、图瓦（Tuva）以及外贝加尔（Transbaikal）墓葬[12]。无论如何，从前述卢芹斋藏单马牌饰成品和泥范构图特征如此一致来看，战国中原工匠的制品曾销售、馈赠或被劫略到了西伯利亚，应该说是合理的推论。

1

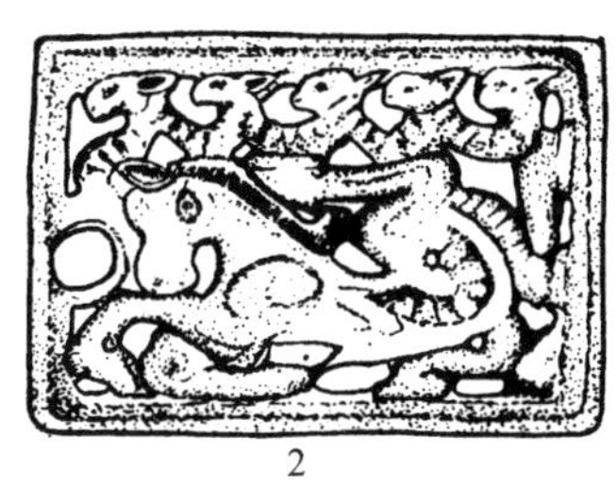
2

图八 牌饰
1. 铜质镂空单马牌饰（*Sino-Siberian Art of C T Loo* plateXXVI.4） 2.《西伯利亚的腰牌饰》线描图

又罗丰大文曾引用一件自宁夏固原三营红庄征集的同型金牌饰[13]。这件战国时代的牌饰，我有幸于2004年7月21日在固原博物馆见到（图九）。它的质地欠佳，制作比较粗糙，左右宽窄甚至不一，工艺上完全不能与徐州等地诸侯王墓出土者相比。马首方向与北康村墓出土的泥范相反，也不见镂空，但边框绳索纹饰相同，可见这样纹饰的制品十分受到欢迎，作坊非止一处。固原这件牌饰虽出于征集，大致可以用来填补从西安到西伯利亚流播路线上的中间环节。

图九 固原三营出土
（2004年作者摄于固原）

另一件是鄂尔多斯博物馆收藏，著录于《鄂尔多斯青铜器》，造型类似却又有明显不同的一对长方形镂空鎏金铜马腰带牌饰（图一〇）[14]。这一对牌饰工艺十分细致，构图优美，其特征和前件以及北康村出土泥范基本雷同，但镂空处较多，马前后肢较瘦细，上方连环式勾吻鸟首由五头变成七头。照考古类型学的方式，它们应可归入同一“型”的不同“式”。尤有甚者，北康村泥范上的马后肢向上翻，一向前，一朝后，但马腹下似另有一弯曲的后肢，十分不自然（卢芹斋著录的一件也有相同的现象）。鄂尔多斯博物馆这一对牌饰将不自然的后肢改成了和其他镂

图一〇 长方形镂空鎏金铜马腰带牌饰
（《鄂尔多斯青铜器》第183页）

空处相同的弯曲鸠首纹，化解了不自然的问题。由于《鄂尔多斯青铜器》一书没有著录出土信息，非常遗憾无法得知它是出土或征集品，更不知它的出土地点和时代。不论是不是出土品，或可猜想它应出自今内蒙古地区。这如同前述固原征集者，也可稍稍填补中原与北亚流播上的中间环节。

图一一 鎏金铜带钩
（*Traders and Raiders,* no.66, p.145）

研究北亚青铜器著名的埃玛·邦克（Emma C. Bunker）长年以来一直力主许多北亚青铜器乃出自中原工匠之手[15]。她举的一个例子刚好是和上述单马牌饰相类又有不同的另一对私人藏鎏金铜带钩（图一一）[16]。一对两件，长宽分别是10.9厘米×5.5厘米，11厘米×5.5厘米，估计为公元前3至前2世纪之物。牌饰上有左右背对的两匹马，两马造型姿势和前述几件单匹的几乎一样，前肢一前一后弯曲，后肢翻转向上，马颈部、身腹和后腿有几乎一样的螺旋纹饰。埃玛·邦克在图版说明中特别指出它们是中国工匠为北方消费者大量制造的经典例证。

类似的双马牌饰在辽宁西丰县西岔沟匈奴墓（图一二、图一三）和宁夏回族自治区的同心倒墩子遗址都曾出土（图一四），[17]也见于卢芹斋藏品和其他著录（图一五）。我可稍作补充的是：第一，这些双马牌饰在设计概念上和前述单匹者其实一模一样，只是将单匹改为相背的两匹而已，甚至也有改为两两相背四匹的（图一六）；其次，牌饰上马的吻部，有时勾曲如草原艺术中常见的格理芬（griffin），因此有些学者不称它为马，而仅名为怪兽或神兽。前文提到有出土自辽宁、宁夏和新疆的，据此可约略想象这样的牌饰应曾颇为广泛地流播于蒙古草原、新疆，又由这些地方流入了南西伯利亚。

图一二 同心倒墩子墓出土双马牌饰
（*Ancient Bronzes*, fig.A122）

图一三 双马牌饰
（*Ancient Bronzes*, fig.A111, p.79）

1　　　　2

图一四　双马牌饰

1.《鄂尔多斯青铜器》第 186 页　2.《鄂尔多斯青铜器》第 187 页

图一五　双马牌饰

（*Collection of C T Loo*, plateXXVII.3）

图一六　双马牌饰

（*Collection of C T Loo*, plate XXVII.2）

第三类可支持中原制造说的证据是经由考古出土，具有中原艺术母题特色的制品。例如宁夏同心倒墩子同墓所出土的龟龙鎏金及双龙镂空铜带饰（图一七～图一九）[18]。龟龙或双龙这样成组成对的装饰母题无疑出自中原，非草原固有，其由中原工匠制作（不论制作的地点在中原或因工匠遭虏略或亡入草原地区）的可能性应大于由草原牧民自身工匠所制作。这正如同我在前引旧文中所说，中原工匠在制造草原艺术风格的牌饰时，有意或无意地将中原流行的母题纳入了制品。这样的长方形双龙或龟龙牌饰也见于其他著录（图二〇），甚至出现在广州市的西汉景、武之世南越王赵眜墓（图二一）。此外，卢芹斋藏品和南俄贝加尔湖布瑞阿提亚（Buryatia）附近一处匈奴墓都有构形十分相似的虎咬龙牌饰（图二二），龙虎母题习见于秦汉以来的中原装饰艺术，虎咬龙牌饰不消说也应归入此类。

图一七　同心倒墩子墓出土龟龙纹牌饰

（*Ancient Bronzes*, fig.A123）

图一八　同心倒墩子墓出土双龙纹牌饰

（*Ancient Bronzes*, fig.A120）

图一九 同心倒墩子墓出土双龙纹牌饰

（《中原与匈奴》第170页）

图二〇 鎏金铜龟龙牌饰

（*Traders and Raiders*, no.80, p.158）

1

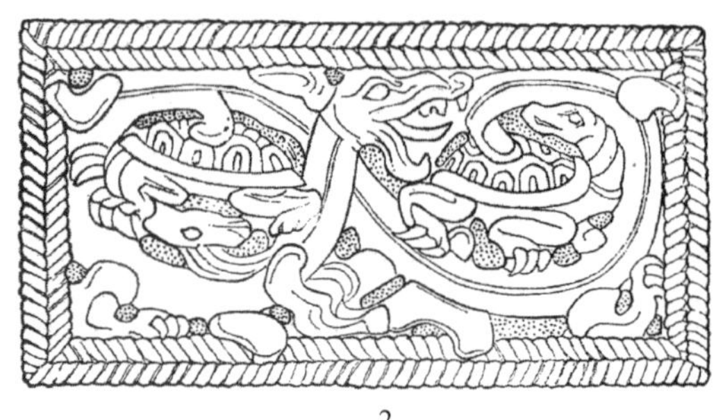

2

图二一 长方形龟龙纹牌饰

1. 南越王墓出土（《广州秦汉三大考古发现》，1999年） 2.《西汉南越王墓》上（文物出版社，1991年，图一〇四，1）

1

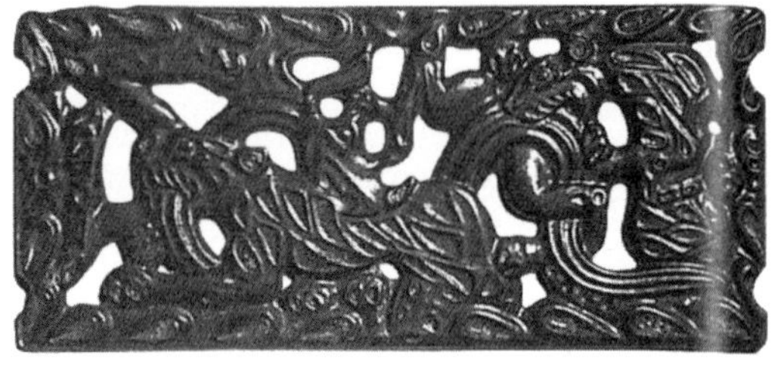

2

图二二 虎咬龙牌饰

1. *Collection of C T Loo* plateXXII.3 2. *Ancient Bronzes*, fig.242.2,p.274

或许有人会说在欧亚大陆其他地方也曾出土老虎（图二三、图二四）[19]和类似龙的饰物[20]，龙虎都非中原所独有。可是如果整体评估这些带有龙纹的出土物以及龙虎成组的组合形式，更为合理的假设应是欧亚大陆其他地方的工匠见到中原产制的饰物后，借用造型，加以仿制。仿制问题，将在下节另说。

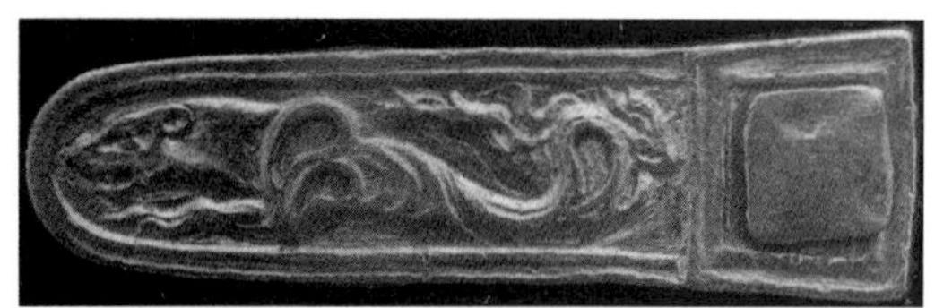

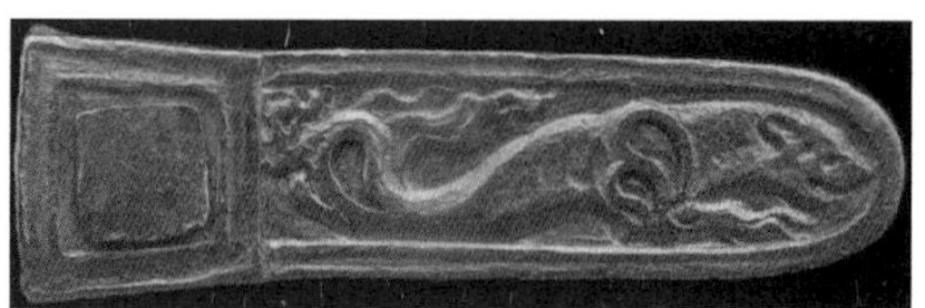

图二三 黄金之丘第四号墓出土舌状金饰

（*Afghanistan*,no.190, p.271）

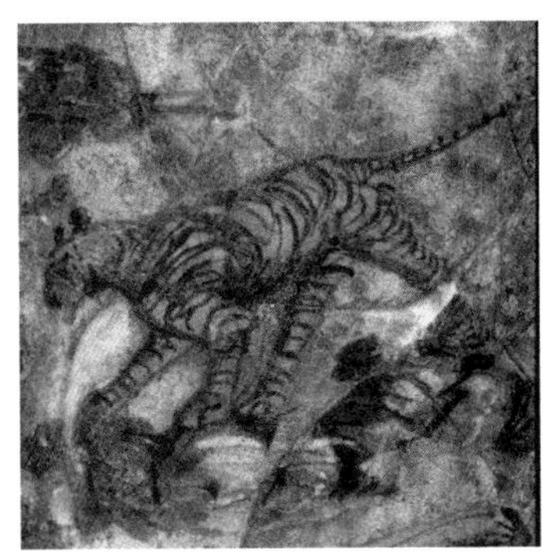

图二四 贝格蓥出土公元1世纪多彩玻璃杯上的老虎
（*Afghanistan*,no.100, p.198-199）

支持中原制造说的第四类证据是出现在草原地带，具有中原造型特色的小型铜马垂饰。2014年出版的《丝绸之路天山廊道——新疆昌吉古代遗址与馆藏文物精品》一书收录不少新疆吉昌州博物馆珍藏的草原文物。其中有鄂尔多斯等地常见的小型铜马垂饰（图二五）。田广金和郭素新指出这类小型铜垂饰在“整个欧亚草原均有发现”（图二六、图二七）。[21] 但其中标明出土于内蒙古的一件骑马铜饰引起我的注意（图二八）。这件骑马铜饰的马匹在造型上马头较大，竖耳如削竹，吻部微张，前胸突出，四肢较粗或短。这和欧亚草原发现的例如卢芹斋藏品（图二六）以及《鄂尔多斯式青铜器》一书所收录的（图二七）明显不同，反而与陕西咸阳市兴平道常村出土的西汉陶骑马俑、洛阳出土西汉画像砖上的马、四川绵阳双包山汉墓所出的黑漆木马俑或河南偃师寇店出土的鎏金铜马类似（图二九～图三二）。它与咸阳兴平出土的骑马俑尤其相似，连马前胸和后臀的络马带具都几乎一样。

图二五 昌吉州博物馆藏铜马垂饰
（《丝绸之路天山廊道》，文物出版社，2014）

图二六 卢芹斋藏品
（*Collection of C T Loo*, plate XXXV.7～8）

图二七 小型铜垂饰
（《鄂尔多斯式青铜器》图版八十九）

图二八 内蒙古出土骑马铜饰
（《丝绸之路天山廊道》，文物出版社，2014年）

图二九 陕西兴平道常村出土西汉骑马俑
（《茂陵文物鉴赏图志》，三秦出版社，2012年）

图三〇 洛阳出土西汉画像砖
（《河南汉代画像砖》图一三，上海人民美术出版社，1985年）

图三一 四川绵阳双包山
（《绵阳双包山汉墓》，文物出版社，2006年，图版113）

图三二 河南偃师寇店
（《中原与匈奴》，中州古籍出版社，2012年）

今天新疆和甘青地区的青铜制造工业存在极早，其制品吸收欧亚大陆四方八面的造型和工艺技术成分，又向各方辐射[22]，华夏中原曾受辐射影响，无可怀疑。不过中原青铜工艺自身的特色和传统应曾受到多方的影响。现在已有些中国学者主张在欧亚草原东部自公元前第二千纪起已逐渐出现了一个中国北方—蒙古高原冶金区[23]。这里的制品自殷商之前至春秋战国不断向西、向南流播，影响到中原的青铜工艺，也反向受到中原的影响。

私意以为马的造型即为一例。工艺传统一旦形成，虽非一成不变，主要造型特征每每顽固持续。如果我们稍稍观察图二五至图二七和图二八至图三五两组，即不难看出二者造型风格和传承上的差异。具有中原造型特色的，最少可上追到战国中晚期湖北枣阳九连墩二号楚墓出土的青铜马（图三三），从此延续到东汉[24]。因此，不能不令我倾向于相信前述内蒙古的骑马铜饰应由中原工匠制造，或是出自熟知并紧随中原风格和传统的工匠之手。此外，具有类似中原风格特色的铜马饰也见于据传出自南西伯利亚米努辛斯克盆地的卢芹斋藏品（图三四）[25]，和广州南越国宫署遗址出土的骑射铜俑（图三五）。[26]

图三三 湖北枣阳九连墩
（《荆楚长歌》，山西人民出版社，2011年）

图三四 卢芹斋藏品
（*Collection of C T Loo* plateXXXV.6）

图三五 广州南越国宫署
（《南越国宫署遗址》，广东人民出版社，2010年）

诚如罗丰所说，这些流入草原的中原制牌饰和佩饰应和北亚和中亚发现的丝绣织品、中原风格铜镜、漆器、五铢钱币、建筑部件和玉器等等并列同观，它们共同反映了自战国以来中原物品流向草原地带的现象。[27]

二、汉朝流行的“异域风”与仿制品

龟龙牌饰出现在景、武之世的南越王墓中，不禁令我联想到中原工匠制造这样风格的鎏金牌饰，恐怕不仅仅为了满足北方草原贵族对奢华饰品的需求，也为了应付帝国之内对异域珍奇的好尚。因为域外供应在质或量上不敷需求，激起了中原本地的仿制。

自战国以来，北方草原游牧民即与燕、赵、秦等国有着频繁的战争、掠夺和贸易关系。他们以马牛羊等畜产或得自他处的珍异，交换中原的粮食、织物和各种工艺品。中原统治阶层十分喜好域外珍异。李零研究战国晚期山东青州西辛墓出土裂瓣纹银豆，非常清楚地指出“任何外来风格，一旦受到欢迎，马上就会引起仿效，买方可以照单定做，卖方可以投其所好。有仿造就有改造。……汉代的诸侯王陵，特别喜欢异国情调，这在当时是一种风尚。比如南越王墓的银豆和玉来通就是这种混合风格的典型”[28]。李零的论断正合敝意。南越国当然不能算是汉帝国内部，南越国自有工官作坊，也自中原及南海进口各种珍异之物。唯南越国由秦南海郡尉赵佗所建，时属景、武之世的赵眜墓出土不少带有斯基泰风韵的牌饰和马饰（图三六、图三七），这和下文将谈到的汉初诸侯王墓对草原艺术风格的好尚，可以说有相当高的一致性，一致反映了战国以来中原统治者对异域文物的普遍爱好[29]。

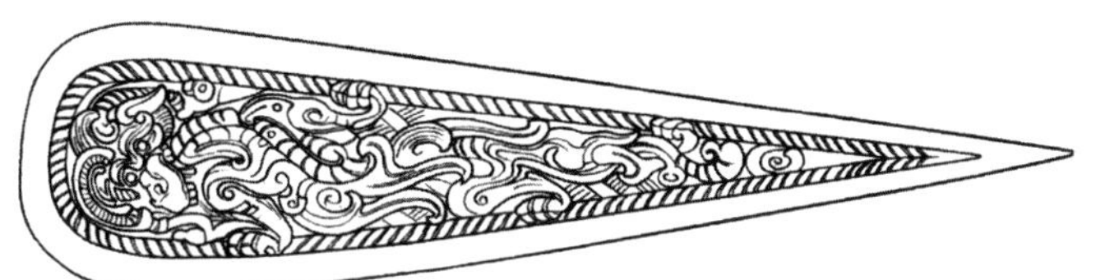

图三六 《西汉南越王博物馆珍品图录》
（文物出版社，2007 年，第 91 页）

图三七 《西汉南越王墓》上
（文物出版社，1991 年）

这个爱好很可能源自战国时代和草原游牧民接触较多的赵、燕、秦等国。秦国的渊源目前已有张家川马家塬西戎墓地出土的金器和前述西安北康村工匠墓的泥范等线索[30]，而河北易县燕下都遗址辛庄头三十号墓出土的金牌饰和马饰则可证明战国时期的燕国，不但吸收了北方草原装饰艺术的元素，并且从器背铭刻文字可知其为自制。以下要特别提一下和本文相关的长方形马纹牌饰和有后肢向上翻转特色的桃形双马金饰（图三八）。

河北易县燕下都城内共有三个墓区，其中只有辛庄头墓区中的三十号墓出土了金饰 82 件，其中 20 件背面有铭刻重量若干两若干铢的文字[31]。长方形饰牌有五件，分为二式。共同的特色是背面有突起的桥形纽，部分表面有织布纹，正面边框都有绳纹，边框内有两匹相对跪伏的马，马后肢姿态自然，没有刻意向上翻转。I、II 式之别主要在于 I 式一侧多了一个牛头。有趣的是出自同墓的桃形金饰，其上两匹相上下对卧的马后肢都明确向上翻转，一肢向前，一肢朝后。这和西安北康村秦墓出土泥范上的马姿几乎一样，差别仅在前者为桃形有马两匹，后者为长方形仅马一匹。而这样上下对卧的动物牌饰也见于属公元前 3～前 2 世纪，鄂尔多斯出土似马又似格里芬的牌饰（图三九）。其不同在于马或格里芬后肢没有向上翻转，但遭虎或熊咬住。不论如何，这样兽咬兽的构图和姿势已足以说明它们和欧亚草原斯基泰艺术风格的关系。战国时期的秦和燕不约而同出土了这类明显自制的金饰或泥范，可证其广受欢迎，到汉代仍然如此。

以下接着谈谈西汉诸侯王陵具有草原艺术特色的仿制饰物。较好的例证见于江苏徐州狮子山楚王陵、盱眙大云山江都王墓、河南永城芒砀山梁王墓、山东章丘洛庄汉初吕国王墓以及最近发掘的江西南昌海昏侯刘贺墓，其中鎏金铜牌饰及马具当卢、节约尤其可为代表（图四〇～图四五）[32]。

它们明显都不是自草原进口，而是诸侯王国接受朝廷赏赐或由王国作坊所造。这一点论说者已不少，应该可以得到多数人的同意[33]。

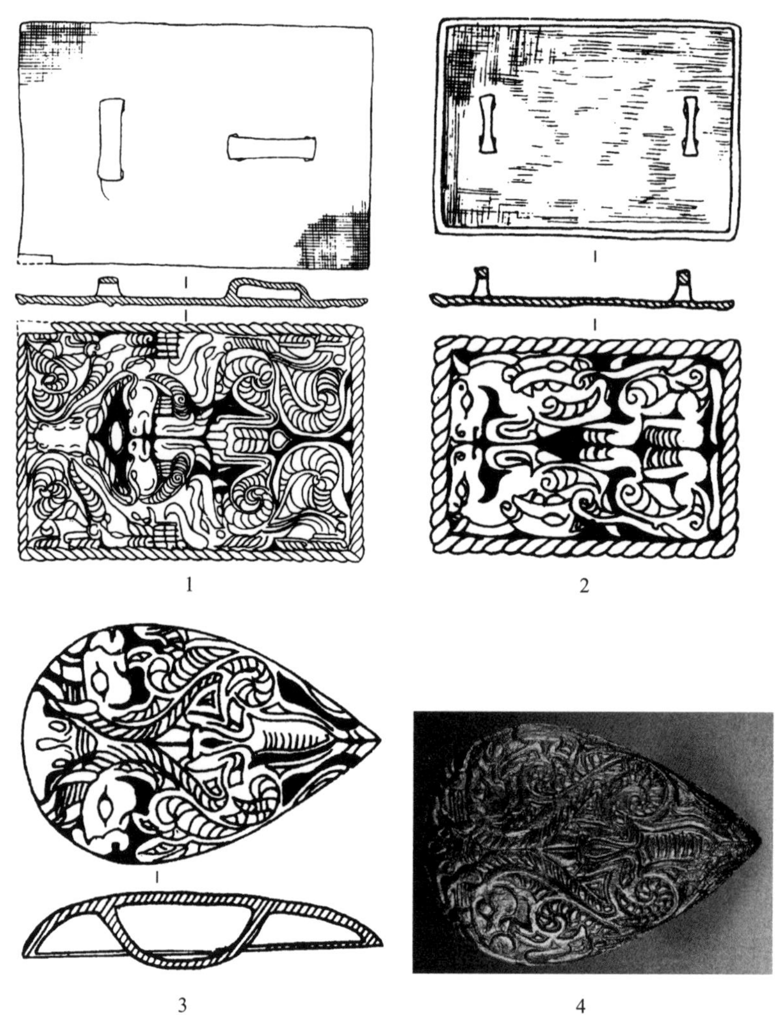

图三八 长方形牌饰和桃形双马金饰

1～3.《燕文化简论》第117页 4.《燕下都》，1996年，彩版三一，2

图三九 鄂尔多斯出土牌饰

（V. Schlitz, *Les Scythes et les nomads des steppes*, p.289）

1 2

图四〇 徐州狮子山出土牌饰
1. 徐州狮子山楚王陵（《古彭遗珍》第 276 页） 2. 前图作者线描图

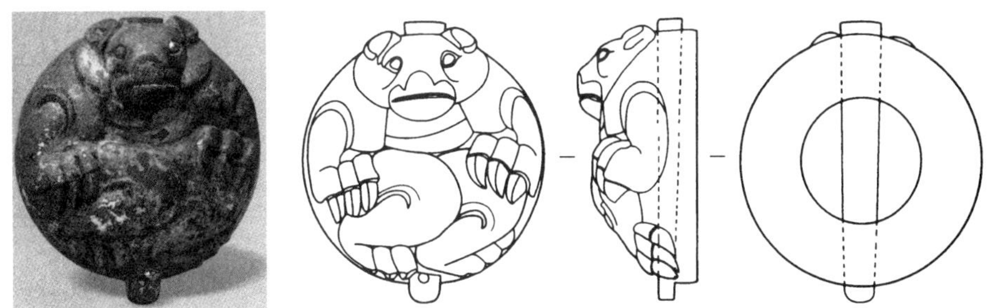

图四一 盱眙大云山江都王墓出土鎏金节约及线描图
（《考古》2013 年第 10 期）

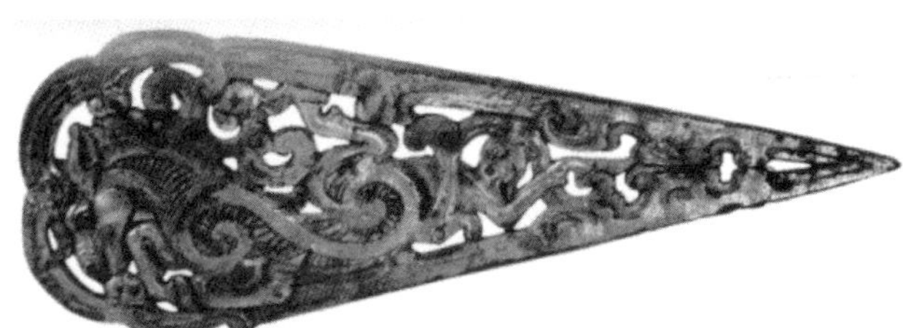

图四二 永城梁孝王后墓出土鎏金当卢
（《中原与匈奴》第 134 页）

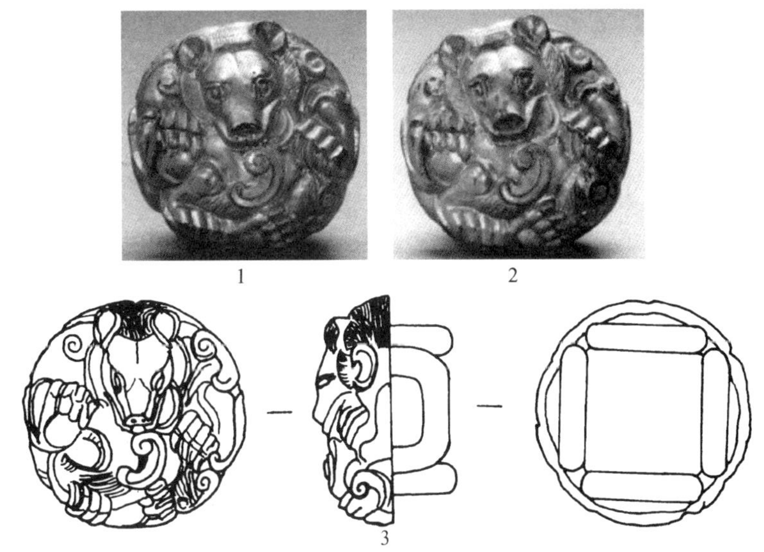
1 2
3

图四三 永城梁孝王后墓出土鎏金节约
1、2.《中原与匈奴》第 13 页 3.《芒砀山西汉梁王墓地》第 57 页，图二六，1

1

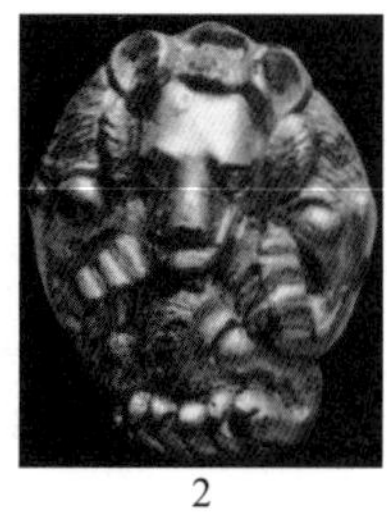
2

3

图四四 章丘洛庄汉墓九号陪葬坑出土

1. 金当卢 2. 金节约 3. 金格里芬

（采自网络 http://www.dili360.com/cng/article/p5350c3d67897101.htm

崔大庸《山东考古大发现——洛庄汉墓》,《中国国家地理》2001 年第 8 期）

本文首先想补充的是自汉初以来，汉廷不时因不同的原因和在不同的场合，赏赐诸侯王各种物品，有时为得自域外者。例如，1993 年江苏连云港尹湾功曹史饶墓曾出土“永始四年（公元前十三年）武库兵车器集簿”木牍一件，其上列有前缀“乘舆”二字的兵车器五十八种，十一万件，又列有“乌孙公主、诸侯使节九十三（按：节指使者所持之节）”以及“郅支单于兵九（按：兵指兵器）”[34]。我曾指出西汉昭宣以后的东海郡，在汉初曾有部分疆域属汉初刘交的楚国。诸侯王国之制比拟汉朝，因此武库部分兵器会有“乘舆”二字[35]。宣帝时，匈奴郅支单于曾遣子入侍，后反叛，威迫乌孙。元帝建昭四年（公元前 35 年）甘延寿和陈汤等诛郅支，斩王以下首一千五百级。所谓郅支单于兵、乌孙公主和诸侯使节，应该是汉朝廷为显耀武功，以所虏获域外战利品分赐郡国，以见证大汉天子之威。这些汉初以来王国的兵器和后来得到的赏赐，都长期保存在东海郡的武库中。除了战利品，诸侯王或贵臣薨，朝廷时或赐以东园秘器。可是徐州诸侯王陵出土的金或鎏金饰带，是否出于朝廷赏赐，或出自王国本身的工官作坊，难以论定。不论如何，其工艺之精致美观，远远超出北亚或中亚出土的类似之物。以徐州狮子山楚王陵所出双熊咬马金腰带和永城梁王后陵九号陪葬坑出土鎏金当卢和节约为例，其纹饰极其繁复而优美，可谓金银饰物之极品。狮子山楚王陵所出者侧面甚至有“一斤一两十八朱（铢）”“一斤一两十四朱（铢）”刻铭[36]，尤足以证明其为官方作坊制品而非自草原进口，虽然它们都明显具有草原斯基泰动物纹饰的特色。

图四五 海昏侯墓出土的金节约

（采自《五色炫曜》）

总之，具有这样特色的金或鎏金之物竟然出现在时代相去不远的江苏徐州、盱眙，山东章丘，江西南昌和河南永城的诸侯王或王后陵墓中，这无疑反映了自汉初以来上层诸侯与亲贵相当普遍的好尚。类似的双熊咬马牌饰也曾出现在内蒙古和国外的收藏（图四六、图四七），但无论成色或工艺似乎都不能与楚王陵所出者相比，疑其或自中原流出，或为草原工匠所仿制。

图四六 双熊咬马牌饰

（《鄂尔多斯青铜器》第 170 页）

图四七 Miho 博物馆藏鎏金银铜带钩

（Giuseppe Eskenazi, *A Dealer's Hand*, London: Scala Publishers, 2012, no.67, p.201）

其次，本文想略略一说的是过去较少人谈到的鎏金节约。这种鎏金节约多为圆形，直径约2～6厘米，模压而成。正面突起如泡，有以熊头和双爪占主体的纹饰（图三八，1～2；图四三，1～2；图四四，2；图四八；图四九；图五〇，1～2；图五一，1～2）。

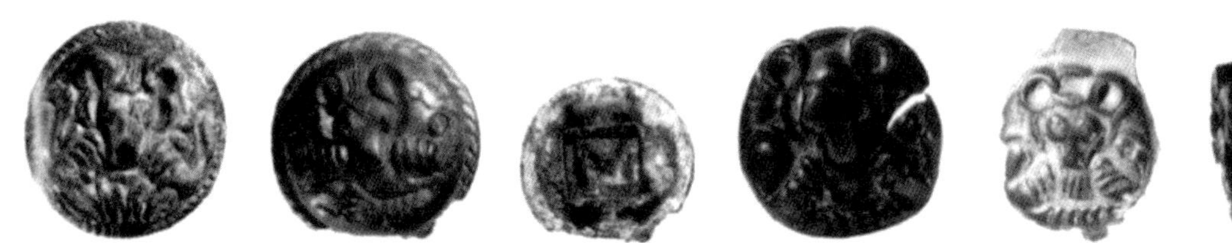

图四八 鎏金节约

（*Ancient Bronzes*, no.228a-d, p.263）

1 2 3 4

图四九 鎏金饰

1～3. *L'Or des Amazones*, 2001, p.199、235、272 4. *The Treasures of Nomadic Tribes*, p.81

图五〇 鎏金节约

（《鄂尔多斯青铜器》第246页）

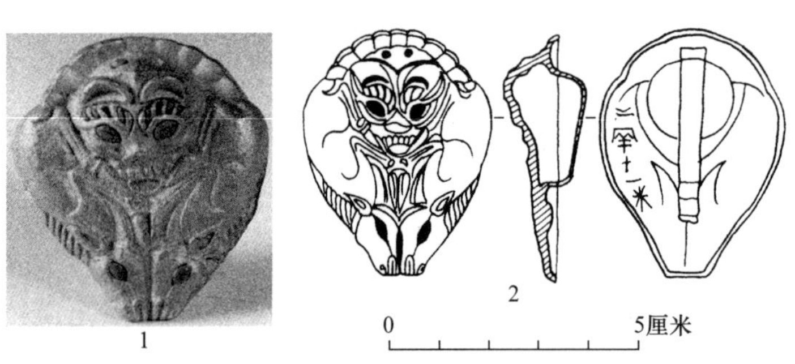

图五一 燕下都辛庄头M30出土节约

1.《燕下都》彩版三一，3 2.《燕文化简论》第117页

节约背面有供马首缰绳穿过，高高弓起，二横二竖四道或仅两道的桥形纽。节约一方面用以套结多向的缰绳，一方面也成为马首的装饰。这样的节约不约而同在河南永城、山东洛庄诸侯王以及广州南越王墓中出土，饰纹都是带双爪的熊首，熊首正面朝前，左右各一大耳，头首下方左右则为双爪。过去少有人谈到这种秦或汉初节约纹饰的来历[37]。近日看到时代属公元1～2世纪，罗斯托夫（Rostov）地区沙多唯（Sadovyi）的冢墓中曾出土了直径约4.9厘米，用于马具的圆形镶绿松石熊首鎏金饰，但可能因镶了绿松石，熊首下方左右并没有爪的痕迹（图四九，1）。罗斯托夫博物馆另藏有1987年寇比亚寇沃（Kobyakovo）十号墓出土属公元1、2世纪间，直径6.4厘米的兽纹鎏金泡（图四九，2）。1974年在黑海东岸的克拉斯诺达尔（Krasnodar）的村子里偶然出土两件鎏金、银的马勒装饰，直径6.6厘米，其上有兽头纹，似狐又似熊（图四九，4）。1975年在克拉斯诺达尔的乔治皮亚（Gorgippia）冢墓二号棺内曾出土公元2～3世纪中期狮首纹饰的鎏金泡[38]。狮首正面朝前，两眼圆睁，吻部突出（图四九，3）。这样以兽首为主题的装饰在欧亚大陆西端颇为流行。蒙古草原也曾出现它的踪迹，铜质鎏金，纹饰虽已漫漶，但兽面朝前，大眼、突吻和一双大耳仍可清楚辨识，其为熊首无疑，可惜没有出土信息可据（图五〇）。有出土信息的是战国晚期燕下都辛庄头三十号墓出土的镶有绿松石的金熊和羊节约（图五一）。

必须声明的是我没能在欧亚大陆西端找到早于战国晚期或公元前3世纪兽纹节约的例子[39]。这可能是因为我所知太少，也可能的确没有，有待进一步研究。再者，狮子纹的马首装饰似乎没有受到蒙古草原牧民和中原统治者的青睐，熊、羊、牛、象头纹却受到欢迎和接纳[40]。由此可知，在文化流播和借取的过程中，不论是草原或中原的消费和生产者都在不同程度上作了选择，不是所有的纹饰母题都照单全收。那么，在中原由谁作选择呢？

汉代中原的选择和消费者主要是上层的统治精英，而生产者似以官方作坊为主。他们引领的“异域风”由汉廷吹向诸侯王国，再影响到全帝国。《后汉书·马援传》记载马廖在上疏中曾有以下一段话：

> 时皇太后躬履节俭，事从简约，廖虑美业难终，上疏长乐宫以劝成德政，曰：“…夫改政移风，必有其本。传曰：‘吴王好剑客，百姓多创瘢，楚王好细腰，宫中多饿死。’长安语曰：‘城中好高髻，四方高一尺，城中好广眉，四方且半额，城中好大袖，四方全匹帛。’斯言如戏，有切事实。”

马廖的上疏无非是对举君王、宫中和百姓，城中和四方，以城中统治者的衣饰好尚为例，表达“上有所好，下必甚焉”的观点。长安人说城里人所好的高髻、广眉和半额，城外人会夸大模仿，这虽是戏言，应相当切合事实。因此他才能以此长安俗语劝勉皇太后要保持节俭的美德，以劝四方。他的话从今天社会学的角度看，非常具体地说明东汉社会风尚或流行文化由上而下，由宫中、城中向城外四方流播的现象。

汉代最能够掌握域外珍异的无疑是汉天子、重臣及诸侯贵戚。不论透过四方朝贡或变相的贸易，汉帝国周边国族的使者或商人将值钱的珍稀物品源源送到长安或洛阳。以长安而论，《三辅黄图》载长安奇华殿“在建章宫旁，四海夷狄器服珍宝，火浣布、切玉刀、巨象、大雀、师子、宫（宛）马、充塞其中”[41]。此外，长安城西的上林苑则聚而栽植了异域珍奇植物。《三辅黄图》谓：“扶荔宫，在上林苑中。汉武帝元鼎六年破南越，起扶荔宫。以植所得奇草异木，菖蒲…山姜…甘蔗…、留求子…、桂…、密香、指甲花…、龙眼、荔枝、槟榔、橄榄、千岁子、甘橘皆百余本。”[42]方三百里的上林苑据说曾种植“群臣远方”所献“名果异卉”达三千余种[43]。

帝王好尚不但影响到像梁孝王这样的诸侯王，去筑“延亘数十里，奇果异树，珍禽怪兽毕有”的兔园[44]，也激起茂陵富人袁广汉在咸阳北方的北邙山下大筑园囿，畜养“奇珍异禽”和“奇树异草”。袁广汉后来有罪被诛，“鸟兽草木皆移入上林苑中”[45]。此风为东汉所承，较有名的要数东汉明帝、明帝时的楚王刘英和灵帝。明帝曾“遣郎中蔡愔、博士弟子秦景等使于天竺，写浮屠遗范。愔仍与沙门摄摩腾、竺法兰东还洛阳。中国有沙门及跪拜之法，自此始也。愔又得佛经四十二章及释迦立像。明帝令画工图佛像，置清凉台及显节陵上，经缄于兰台石室。愔之还也，以白马负经而至，汉因立白马寺于洛城雍门西”[46]。明帝时的楚王刘英“尚浮屠之仁祠”，“学为斋戒祭祀”[47]。帝王和诸侯王之所好引导了流行，洛阳甚至出现了中土第一座佛寺。灵帝则以好胡服、胡帐、胡床、胡坐、胡饭、胡空侯、胡笛、胡舞著称，《续汉书·五行志》接着明确地说：“京都贵戚皆竞为之。”以上这些好尚异域宗教或物质文化的现象颇合于东汉初马廖所说的话。

喜好异地奇物的并不是只有两汉帝王和诸侯王。汉初宦者中行说投奔匈奴，曾对匈奴单于喜好汉廷所赐缯絮食物，极不以为然（《汉书·匈奴传》第3759页）。中原产制的缯絮食物对匈奴贵人而言，也是异域珍奇。由此一端，可以推想具有“异域”特色的物品，市场广大，不限中原。除了中央和诸侯王国的工官作坊，应也曾有不少民间作坊参加模仿，供应中外不同层级市场的需求。过去《西京杂记》被视为后世伪书，不受重视，但其中若干记载，例如巨鹿的织匠陈宝光，长安的铸作巧工丁缓、李菊，却不妨看作是私人纺织和铸造作坊存在的遗影。又《西京杂记》提到高帝、武帝、宣帝和哀帝时，中外各地献异物，影响到一时之好尚，例如本文特别讨论的马匹饰物：

> 武帝时，身毒国献连环羁，皆以白玉作之。玛瑙石为勒，白光琉璃为鞍，鞍在闇室中，常照十余丈，如昼日。自是长安始盛饰鞍马，竞加雕镂，或一马之饰直百金[48]。

这里说到受身毒国影响，以各种宝石盛饰马鞍，可惜目前还无法从考古出土上得到证实。其实中原马匹各部分的装饰，甚至骑士的装束，自战国以来即深受草原牧民的影响。前述山东、江苏、河南西汉诸侯王墓和广州南越王墓中所见斯基泰艺术风格的金、鎏金当卢、节约或腰带扣饰，可以说都是这种风尚下的产物。

值得一提的是在南越国宫署遗址曾出土一种和金熊节约造型相同、用以铺垫宫室台阶的空心砖（图五二，1～2）。这颇可证明来自域外的熊造型深受欢迎，不仅用于仿制马具，更曾被应用到其他的装饰上。同样转移应用的情形也见于南昌海昏侯墓出土的玉饰残件（图五二，3）。残件上可清晰看见双熊咬着某种兽类或野猪的背部。安徽巢湖北山头一号汉初墓出土的两件漆盒上分别有极精美对称的四马图案，四马一致翻转后肢，底部刻有“大官”二字（图五三，1～3；图五四，1-2）[49]。

以上种种具斯基泰风格的纹饰母题被仿制到金带饰，甚至只有华夏中原才产制的漆器和玉饰上，不但充分说明异域装饰母题或造型的转移应用，更足以证明西汉流行的风气。尤其值得注意的是巢湖北山头一号墓的墓主，据考古报告分析，不是一般平民，但也不是西汉初年的诸侯或侯，比较可能仅仅是汉代居巢县的县令、长之类[50]。换言之，自战国以来原本在上层贵族和诸侯王国流行的异域风，在文景之时似乎已向下吹到了地方首长这一级。

图五二　带有熊图案的砖和饰件

1. 空心砖（作者摄于广州南越国宫署遗址博物馆，2017.8.18） 2. 空心砖（《南越国宫署遗址》第64页）
3. 玉佩饰残件（采自《五色炫曜》）

图五三　安徽巢湖出土漆盒

（采自《巢湖汉墓》第112～113页，图八〇、图八一）

1　　2

图五四　安徽巢湖出土漆盒

（采自《巢湖汉墓》彩版五〇，4、5）

三、域外与域内的仿制

工艺品相互仿制是文明交流过程中常见的现象。所谓仿制可有几层意义：一是制造技术的引入或输出，二是装饰母题或形式的模仿，三是母题或形式模仿后的再创造或在地化。在数千年漫长的岁月里，在欧亚大陆这块广阔的区域内，工艺接触和模仿的过程极其复杂，至今仍有太多的谜，但可以确信的是其中应有很多不是直接接触和模仿，而是层层间接的再仿制。其结果，有些还有痕迹可寻，有些已桃僵李代，面目难辨。这个问题太大，以下仅能略举一二例。

就工艺技术而言，罗丰前引大文曾据埃玛•邦克、林嘉琳（Katheryn Linduff）和小田木治太郎对牌饰制造技术不同的看法，进一步复原了模具范铸的工艺流程，并指出失织–失蜡法和套铸法可能并存，硬模铸造可能用于大量生产的青铜牌饰，而失织–失蜡法则或仅用于贵金属器的制造[51]。我对铸器工艺一向缺乏研究，因为本文讨论的马纹青铜或鎏金牌饰多有镂空特征，这里仅想补充去年王金潮和王玮发表对中国古代透空青铜器制造工艺的检讨[52]。两位王先生首先指出中国古代青铜器的铸造法长期有泥范和失蜡法的争议，他们以实际复制曾侯乙尊、许公宁扣手透空饰件和陈璋壶透空纹饰圈泥范为例，以及细致观察其他青铜器的工艺痕迹，指出中国“青铜时代的确不存在失蜡法，过去所称以失蜡法铸造的透空青铜器皆能以泥质合范工艺实际完成”[53]。他们更指出即使用失蜡法，同样需要制作分块的组合范；换言之，分块合范铸造才是自二里头起先秦青铜器铸造法的主流。今人虽曾以失蜡法实验复制出了先秦青铜器，并不能证明先秦镂空青铜器就是以失蜡法制成。

两位王先生虽然这么说，我仍然比较赞成罗丰失蜡和块范两法并存的结论。以失蜡法造青铜器在欧亚大陆西端可以最少上溯到公元前第三千纪。以今天伊朗地区为例，这里出土的古铜器几乎全以失蜡法制成[54]。古代中原的青铜制造无疑主要以块范法制成，但如果我们同意中原曾受域外青铜工艺的辐射，甚至模仿了域外器物的形式和纹样，却认为完全没有吸收和利用外来的技法，岂不难以理解？[55]不过在制法上是否合适以质材作划分，也就是说主要以硬模大量铸造青铜器，以失织–失蜡法制作贵金属？似乎还可以再商量。因为许多器物往往采用多种材质，以多重而非单一的工艺技法去完成。所谓的贵金属如果是指金、银，金、银的确有些以失织–失蜡法制作，很多主要以锤揲或模压制成，更有很多是以铜或铁为器底，表面鎏金、银（铁器鎏金、银者例如见于马家塬和图瓦），甚至有以木为心，外包金或银箔[56]。如果质材并非单一，复合为器，其工艺技术必复杂多样，这就须要更为细致的区分。

这里打算特别讨论的是母题的借用和仿制。前引旧文曾推断哈萨克斯坦共和国境内卡耳格利出土一个时代属西汉晚期，镶嵌绿松石的金冠边饰，很可能是当地工匠吸收了汉代中原工艺母题元素，也可能即由中国工匠为草原民族所制造。卡耳格利一带在汉代是乌孙国的所在，乌孙久为汉代盟国，汉公主曾下嫁乌孙王。因此这里出土中原制品，并不奇怪。我虽提到两种可能，但原本的意见其实比较倾向于由中原工匠所制。近来看了较多的材料以后，觉得须要修正。这应更可能是当地工匠利用中原母题而仿制。因为我们不宜单看某件饰物，必须将它放在当地的器物工艺传统中来考察，才可能比较正确地去判断它的生产者。我过去忽略了这一点。

卡耳格利在伊赛克湖北岸，这一带冢墓出土金银器很多，在器形和纹饰风格上明显有当地自己的传统。而这个传统又和欧亚大陆，尤其是黑海地区一脉相连。从黑海东岸罗斯托夫的寇比亚寇沃十号冢墓所出镂空镶绿松石金冠（图五五）到卡耳格利所出金冠，应该都是一个相近传统影响下的产物，后者不过是在部分纹饰上借用了流行于汉世中原的神仙母题而已。在中亚从事考古的美国学者史塔克（Sören Stark）曾试图利用寇比亚寇沃金冠复原卡耳格利金冠缺失的部分（图五六），说明二者的关联性。他又据北亚游牧民族墓葬出土的汉代铜镜上的神仙纹饰，论证卡耳格利金冠上神仙纹饰的可能来源。衡量其说，现在觉得实较我的旧说更为合理[57]。

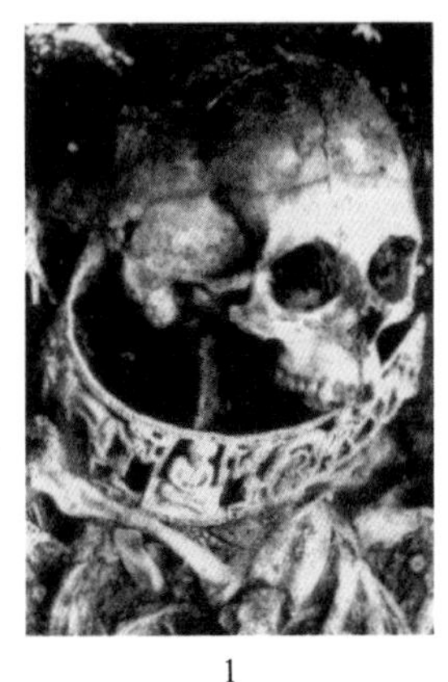
1

2

图五五 镂空镶绿松石金冠

1. 出土情况 *L'Or des Amazones*, p.219 2. *The Treasures of Nomadic Tribes*, p.111

图五六 史塔克尝试复原的金冠展开图

（*Nomads and Networks*, p.134）

中亚古代器饰曾借用和仿制中原母题的另外一个例子是龙。较好的例证应属阿富汗北部席巴尔甘黄金之丘出土的金质附耳式刀鞘和金带钩。黄金之丘墓群出土金器上万，其中属于公元1世纪后半期的四号墓，出土一件金刀鞘。其鞘身装饰有一连串首尾相衔的神兽（图五七），其中有一龙形兽，其头部和波浪状弯曲的身躯，与秦汉画像和雕画中常见的龙几无二致。首先必须指出附耳式刀鞘的形式有单耳和双耳，很清楚渊源自古老的伊朗，双耳者曾见于前述黑海东岸罗斯托夫廿五号冢的一号墓（图五八）和新疆天山北麓的尼勒克吉林台墓地（图五九）[58]，这与古代中原流行的无耳刀鞘完全不同。附耳式刀鞘只可能是中亚传统下的产物[59]。若仔细观察，刀鞘上的龙尾分岔略似鱼尾，又似被其后一兽咬住。这样的尾部造型和构图概念完全不见于秦汉中原器饰，却见于黄金之丘出土的其他金饰（见前图二四，1～2）和新疆尼雅出土的棉布蜡染（图六〇）。棉布蜡染工艺绝非秦汉中原所曾有，其上图饰左侧描绘手持丰饶角的女神，右端上方残存狮爪和狮尾，这些都和希腊神话有关，也明确和秦汉中原无涉。可见这件棉织品不可能来自中原，只可能是公元一二世纪尼雅或尼雅贸易范围内，某地工匠受东西各方装饰艺术母题影响，兼容并蓄而后制作而成的。

黄金之丘第四号冢墓还出土一件金带钩，其上有造型十分明确的龙（图六一），龙头、龙角和波浪式弯曲的龙身都和中原所见无异，其后虽无追咬的兽，尾部却也分岔如鱼，可见龙的造型虽大体类似中原，尾部造型却融入了在地的元素。而这种在地元素应和古代希腊神话中似龙有鱼尾或马头龙身鱼尾的海怪（ketos）有关（图六二～图六五）。因为正如大家所熟知，黑海地区代表斯基泰

1　2　3

图五七　黄金之丘四号墓出土金刀鞘

1. *Afghanistan crossroads*, no.194,p.272　2. 前图鞘身局部　3. 前图作者线描

图五八 罗斯托夫廿五号冢一号墓出土约公元2世纪铁刀与刀鞘

（*L'Or des Amazones*, p.246）

图五九 2003年尼勒克吉林台墓地出土公元前10～前6世纪骨质刀鞘

（《丝路传奇》台北历史博物馆，2008年，第69页）

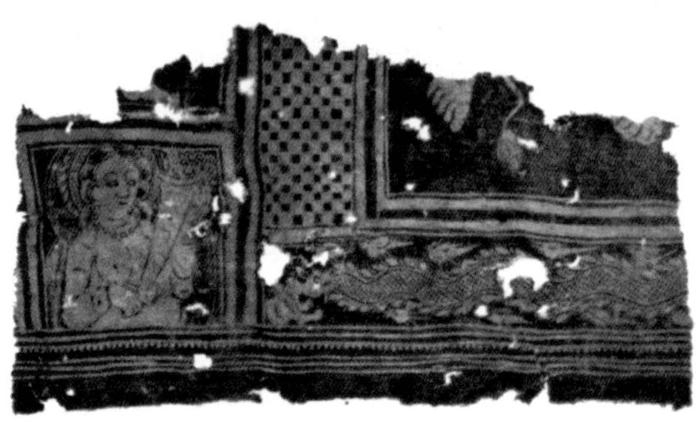

1

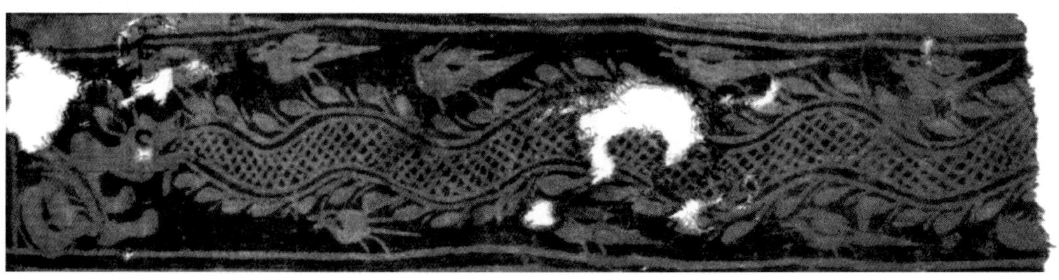

2

图六〇 新疆尼雅出土蜡染棉布

1. 新疆维吾尔自治区博物馆编《新疆出土文物》，文物出版社，1975年，图35）

2. 前图局部，左侧有一兽咬住龙尾

图六一　黄金之丘第四号墓冢出土金带钩
（*Afghanistan*,no.205, p.279）

图六二　土耳其西南卡锐亚（Caria）出土公元前 530 年左右希腊陶瓮及局部，描绘赫拉克利斯（Heracles）大战海怪（ketos）

图六三　美国加州盖提博物馆（J.Paul Getty Museum）藏公元前 4 世纪希腊陶罐，描绘伯尔修斯（Perseus）大战海怪（ketos）

图六四　公元前 3 世纪海怪 ketos 镶嵌
［意大利半岛南端考隆尼亚（Caulonia）的龙之屋（Casa del Drago）发现，以上采自网络 https://commons.wikimedia.org/wiki/File:Mosaic_with_a_ketos_（sea_monster）］

艺术的许多金银器实际上出自黑海沿岸希腊殖民城邦的希腊工匠之手。如果比较黄金之丘第四号冢出土的龙和希腊陶罐上彩绘的龙，即不难发现四号冢金带钩和金刀鞘上的龙头和龙身部分和中国中原的较相似，龙尾部分则有希腊海怪分岔如鱼的特色而与中国龙不同。

前贤早已指出仿制的现象见于域外，也见于域内，本文仅作了些补充。

最后打算举河南永城芒砀山西汉梁王墓牌饰为例，说明由仿制进而再创造，终致母题“在地化”而面目全非的现象。这一现象过去已有学者注意，唯意见相当分歧[60]。前文提到所谓仿制有形式上和纹饰上的模仿。西汉梁王墓陪葬坑出土了很多明显具有斯基泰艺术风格的仿制金质马具和牌饰，有趣的是在同一陪葬坑内，另外出土了十余件长方形镂空马车的牌饰。长方镂空铜质鎏金牌饰无疑保留了草原牌饰的外部形式，牌饰的纹饰内容却已完全“汉化”成中原本土流行的谒见、玄

图六五 公元一二世纪银盘中心纹饰
（*L'Or des Amazones*, p.197，罗斯托夫沙多唯冢墓出土）

武、麒麟等和神仙有关的母题（图六六）。

考古报告说这些铜质鎏金牌饰有15件，可分为二型。I型有2件，整体形状为竖立长方形，图案透雕。以耸峙的山峦为主题，流云环绕，古松葱翠。山顶峰有一鸟，山脚下一虎作爬山状。II型有13件，外部轮廓长方形，方框内为透雕人物、异兽等图案。II型共有五种不同的图案，简单地说有：① 树下宾主对坐相互为礼，后有站立的侍者（图六六，1）；② 右端有仙人，与左端兽首人身者对语（图六六，2）；下有骑虎异兽；③ 仙人骑麒麟尾随玄武之后（图六六，3）；④ 异兽与带羽仙人各骑一麒麟（图六六，4）；⑤ 跪姿人物及带翼神兽（图六六，5）[61]。

图六六 铜质鎏金牌饰
1.《中原与匈奴》第169页 2.《芒砀山西汉梁王墓地》，图版一二，1 3.《芒砀山西汉梁王墓地》，图版一二，3
4.《中原与匈奴》第169页 5.《芒砀山西汉梁王墓地》，图版一三，1

以上马车牌饰不论I型或II型，都呈镂空长方形，这和近年甘肃张家川马家塬西戎墓出土镶嵌在车箱外侧，以金银箔片剪切而成的长方形镂空车牌饰，在外形上可谓一致[62]，但纹饰内容完全不同。马家塬出土的其他金银车饰和腰带饰都明显和北亚斯基泰艺术风格有关[63]。我们当然不能说梁王墓牌饰和马家塬者直接相关，但用长方形镂空金属片装饰马车的概念，无疑可以透过马家塬找到域外的渊源。这里要强调的是来自域外的车饰或其他牌饰形式在中原工匠的模仿下，或者保有原本的形式和内容，或者作了局部和不同程度的变化（有些保有纹样，却制作地更为优美繁复精致），或在旧瓶中注入了全新的酒，除了瓶子，已无原酒的滋味。这部分分辨不易，也最容易被忽略。这个问题还须要更多论证，更多方面的考虑，这篇小文仅提了个头，不论域内或域外者，细论都有待来日[64]。

总结来说，从黑海北岸向东大致经西伯利亚、蒙古草原到大兴安岭，数千年来一直是民族移动、贸易、战争和文化往来的通道，因往来而留下的无数遗迹、遗物，近两百年来吸引着无数学者去勾勒出一幅幅面貌不尽相同的历史画卷[65]。随着遗址发掘或发现和出土遗物的增加，有些画面变得较为清晰，仍有太多模糊不明，争议难定，有待进一步解析。本文仅就时代约略属战国至汉代的长方形金属动物纹牌饰或佩饰为线索，对旧作略作补充和修正，试图指出古代中外文化交流现象和内涵的复杂性；有些现象比较明显，尚可追索，有些面目难辨，还难论定。最后必须郑重强调，动物纹牌饰在不同时代和地区有十分多样的形制[66]，仅仅据长方形马纹牌饰为线索一定会有认识上的局限。不足和欠妥之处必多，敬请前贤指教。

附记：本文写作过程中，得到好友罗丰、陈健文及学棣石升烜、游逸飞协助，谨申谢忱。又本文写完后，得见英国杰西卡·罗森（Jessica Rawson）《异域魅惑——汉帝国及其北方邻国》，载《古代墓葬美术研究》第二辑（湖南美术出版社，2013 年）、《中国与亚洲内陆的交流（公元前 1000 至公元 1000 年）：一个西方的视野》收入复旦文史研究院、中华书局编辑部编《心物交融》（中华书局，2017 年）以及杨建华等著《欧亚草原东部的金属之路》（上海古籍出版社，2016 年）所论或和敝文相关，或和敝见相似，不及充分参考，十分遗憾。

2016.9.20

（本文原载于孟宪实、朱玉麒主编《探索西域文明——王炳华先生八十华诞祝寿论文集》，中西书局，2017 年，第 45～71 页。2018 年 5 月 22 日增订）

注 释

［1］邢义田《“图像与历史研究”之孙悟空篇》，《立体的历史》，三民书局，2014 年，第 41～47 页；生活·读书·新知三联书店，2014 年，第 47～52 页。

［2］陕西省考古研究所《西安北郊战国铸铜工匠墓发掘简报》，《文物》2003 年第 9 期，第 4～14 页；《西安北郊秦墓》，三秦出版社，2006 年，彩版一。据乌恩研究，这类长方形牌饰应是装饰在束腰皮带上的，并非带钩。参乌恩岳思图《北方草原——考古学文化比较研究》，科学出版社，2008 年，第 327～343 页。

［3］伊赛克湖周边较新的考古发掘和出土品可参 S.Stark and K.S.Rubinson eds. *Nomads and Networks: The Ancient Art and Culture of Kazakhstan*, Princeton and Oxford： Princeton University Press, 2012.

［4］新疆文物考古研究所《阿合奇县库兰日克墓地发掘简报》，收入王炳华、杜根成主编《新疆文物考古的新收获（续）1990～1996》，新疆美术摄影出版社，1997 年，第 440～449 页；迪丽努尔《浅谈库兰日克墓地出土的两件金器》，《新疆文物》2008 年第 1～2 期，第 72～73 页。

［5］图版采自 https：//en.wikipedia.org/wiki/Issyk_kurgan（2015.10.9 上网）这样的金饰据推测原是剑鞘上的装饰，参 Iaroslav Lebedynsky, *Les Saces: Les ‹Scythes› d'Asie, VIIIe siècle av.J.-C.-IVe siècle apr.J.-C.*, Paris：Editions Errance, 2006, pp.196-199.

［6］日本高滨秀教授已指出这样的亲缘关系。参氏著《新疆における黄金文化》，收入《シルクロード：绢と黄金の道》，东京：东京国立博物馆，2002 年，第 184～190 页。阿拉沟卅号墓出土者虽以虎为饰，其后肢一律向上翻转，特色相同。

［7］由于没有发掘报告，暂将此地相关的其他的考古报告列出，供大家参考：新疆文物考古研究所、新疆特克斯县文物管理所《特克斯县恰甫其海 A 区 X 号墓地发掘简报》，《新疆文物》2006 年第 1 期，第 41～79 页；新疆文物考古研究所《特克斯县恰甫其海 A 区 IX 号墓地发掘简报》，《新疆文物》2006 年第 2 期，第 6～18 页；新疆文物考古研究所、西北大学文化遗产与考古学研究中心《特克斯县恰甫其海 A 区 XV 号墓地发掘简报》，《文物》2006 年第 9 期，第 32～38 页。

［8］甘肃省文物考古研究所编《西戎遗珍》，文物出版社，2014 年，第 61 页。

［9］ 田广金、郭素新《鄂尔多斯式青铜器》，文物出版社，1986年，第84页，图五二，3。

［10］ A.Salmony, *Sino-Siberian Art in the Collection of C. T. Loo*, Paris： C. T. Loo, Publisher, 1933,（ 以 下 简 称 *Collection of C. T. Loo*）, plate XXVI.4. A. Salmony将这一牌饰归属于受斯基泰沙马锡安（the Samartians）艺术影响之产物，并认为年代约属唐代（第60～69页），现在看来显然过晚。其出土则不明。

［11］ 罗丰《中原制造——关于北方动物纹金属牌饰》，《文物》2010年第3期，第56～63页。

［12］ 同注［11］，第71页。

［13］ 同注［11］，图五，1。钟侃、韩孔乐《宁夏南部春秋战国时期的青铜文化》，《中国考古学会第四次年会论文集》，文物出版社，1985年，第203～213页。感谢陈健文兄提供资料。

［14］ 本金牌饰有一对，见鄂尔多斯博物馆编《鄂尔多斯青铜器》，文物出版社，2006年，第183页。

［15］ Jenny F. So and Emma C. Bunker, *Traders and Raiders on China's Northern Frontier*（ 以 下 简 称 *Traders and Raiders*）, Arthur M. Sackler Gallery, Smithsonian Institute, 1995. 尤其可注意此书第四章"公元前六至一世纪中国外销北方的奢侈品"，第53～67页。

［16］ Op.cit., no.66, pp.145-146.

［17］ Op.cit., pp.145-146. 原报告见宁夏文物考古研究所等《宁夏同心倒墩子匈奴墓地》，《考古学报》1988年第3期，第333～356页，图九及图版拾伍、贰拾。在《文物》1960年第八、九期合刊上，孙守道发表了西岔沟古墓群的发掘简报，认为是匈奴墓地。但随后有学者认为系乌桓人所遗，如曾庸《辽宁西丰西岔沟古墓群为乌桓文化遗迹论》，《考古》1961年第6期，其后又有扶余等不同意见，较新的综合检讨可参范恩实《论西岔沟古墓群的族属》，《社会科学战线》2012年第4期，第126～137页。族属问题迄今尚难定论。

［18］ 宁夏文物考古研究所等《宁夏同心倒墩子匈奴墓地》，《考古学报》1988年第3期，第333～356页，图九，9及图版拾肆，1；张文军主编《匈奴与中原——文明的碰撞与交融》，中州出版社，2012年，第170页。

［19］ 阿富汗席巴尔甘（Sheberghan）黄金之丘（Tillya Tepe）四号墓出土公元一世纪的舌状金饰上有奔跑的虎（第271页），头部似虎，但图录解说是豹。因无虎斑，较难确定。但贝格蓥（Begram）出土一世纪的彩绘玻璃杯上则明确有带虎斑的老虎（第198～199页）。F.Hiebert and P. Cambon eds., *Afghanistan*：*Crossroads of the Ancient World*, the British Museum, 2011（以下简称*Afghanistan*）, pp.198-199,271.

［20］ 例如林俊雄《公元前2世纪至公元2世纪之间的格里芬和龙》，收入中国社科院考古所、新疆文物考古研究所编《汉代西域考古与汉文化》（科学出版社，2014年，第500～501页）即谈到欧亚大陆中部出现的龙形纹饰。张文玲也认为阿富汗席巴尔甘二号墓出土的剑鞘和金垂饰中有龙。见所著《黄金草原》，上海古籍出版社，2012年，第175～178页及附图二十八、二十九。剑鞘上的确实可称为龙，本文将再详述；但席巴尔甘二号墓出土的金垂饰上的双龙，有翻转的后蹄，头部似马，头上有角，像羚羊角，整体造型与其说是龙，似不如说更像羚羊或有角的马。

［21］ 田广金、郭素新《鄂尔多斯式青铜器》，第134页。

［22］ 李水城《西北与中原早期冶铜业的区域特征及交互作用》，《考古学报》2005年第3期，第239～278页，李文结尾第272页引林沄先生一段形容中亚草原游牧民族通过大范围的活动给予周边地区强大文化辐射的话，我十分赞同。又可参林沄《中国北方长城地带游牧文化带的形成过程》，原刊《燕京学报》第14期（2003年），收入罗丰主编《丝绸之路考古》第1辑，科学出版社，2018年，第1～34页。较新研究可参例如阮秋荣《新疆库车县提克买克冶炼遗址和墓地初步研究》，《汉代西域考古与汉文化》，第136～149页。与新疆地区古代冶炼工业相关遗物包括石范和坩埚，可参新疆昌吉回族自治州文物局编《丝绸之路天山廊道——新疆昌吉古代遗址与馆藏文物精品》，文物出版社，2014年，图59、77、251。又林梅村及其团队最近对塞伊玛-图尔宾诺文化的研究也可说明中原古代的冶金术来自欧亚草原。参林梅村《塞伊玛-图尔宾诺文化与史前丝绸之路》，《文物》2015年第10期，第49～63页及同期另两篇相关论文，第64～69、77～85页。

［23］ 参杨建华等著《欧亚草原东部的金属之路》，上海古籍出版社，2016年。另可参单月英《中国及欧亚草原出土的长方形腰饰牌与饰贝腰带研究》，《丝绸之路考古》第1辑，科学出版社，2018年，第127～167页。

［24］ 西汉中期以后，因西域非蒙古种马匹的输入（如大宛马）和受到重视，工艺上马的造型有新的增加，如1981年汉武帝茂陵一号陪葬墓一号从葬坑出土的鎏金铜马，参王志杰编《茂陵文物鉴赏图志》，三秦出版社，

2012 年。但工艺品中以蒙古马为样本的马匹造型仍持续存在。

[25] A.Salmony, *Sino-Siberian Art in the Collection of C. T. Loo*, pp.82-83.

[26] 南越王宫博物馆筹建处、广州市文物考古研究所编《南越宫苑遗址——1995～1997 年考古发掘报告》，文物出版社，2008 年。

[27] 罗丰《中原制造——关于北方动物纹金属牌饰》,《文物》2010 年第 3 期，第 61～62 页。

[28] 李零《论西辛战国墓裂瓣纹银豆》,《文物》2014 年第 9 期，第 68 页。

[29] 广州市文物管理委员会等编《西汉南越王墓》，文物出版社，1991 年，第 331～349 页。

[30] 秦的风尚当与西戎有关。最近甘肃张家川马家塬战国时期西戎墓出土大量的金银器以及王辉的研究都提供了最好的证据。参王辉《张家川马家塬墓地相关问题初探》，原刊《文物》2009 年第 10 期，又收入《丝绸之路考古》第 1 辑，科学出版社，2017 年，第 82～90 页；《马家塬战国墓地综述》,《西戎遗珍——马家塬战国墓地出土文物》，文物出版社，2014 年，第 68 页。又可参甘肃省文物考古研究所、清水县博物馆编《清水刘坪》(文物出版社，2014 年) 以及书中第 12～45 页王辉所写《概述》。

[31] 河北省文物研究所编《燕下都》，文物出版社，1996 年，第 721 页。原报告线描图印刷欠清晰，本文图三五线描图采自石士永、王素芳《燕文化简论》,《内蒙古文物考古文物》1993 年第 1～2 期，第 117 页。

[32] 相关著录请参李银德主编《古彭遗珍——徐州博物馆藏文物精选》，国家图书馆出版社，2010 年；阎根齐主编《芒砀山西汉梁王墓地》，文物出版社，2001 年；张文军主编《匈奴与中原——文明的碰撞与交融》，中州出版社，2012 年；崔大庸《山东考古大发现——洛庄汉墓》,《中国国家地理》2001 年第 8 期；崔大庸《洛庄汉墓 9 号陪葬坑出土北方草原风格马具试析》,《中国历史文物》2002 年第 4 期，第 16～25 页；崔大庸《山东章丘洛庄汉墓出土的鎏金铜当卢》,《文物世界》2002 年第 1 期，第 24～26 页；崔大庸、高继习《章丘洛庄汉墓发掘成果及学术价值》,《山东大学学报 (哲学社会科学版)》2004 年第 1 期，第 25～28 页。江西省文物考古研究所、首都博物馆编《五色炫曜——南昌汉代海昏侯国考古成果》，江西人民出版社，2016 年。

[33] 例如黄展岳《关于两广出土北方动物纹牌饰问题》,《考古与文物》1996 年第 2 期，第 55～60 页；潘玲《矩形动物纹牌饰的相关问题研究》,《边疆考古研究》(第 3 辑)，科学出版社，2005 年，第 126～145 页；卢岩、单月英《西汉墓葬出土的动物纹腰饰牌》,《考古与文物》2007 年第 4 期，第 45～55 页。感谢石升烜提供数据。

[34] 连云港市博物馆等编《尹湾汉墓简牍》，中华书局，1997 年，第 103～106、115、117 页；张显成、周群丽《尹湾汉墓简牍校理》，天津古籍出版社，2011 年，43～52、69、73 页。

[35] 邢义田《尹湾汉墓木牍文书的名称和性质》，收入邢义田《地不爱宝——汉代的简牍》，中华书局，2011 年，第 133～137 页。

[36] 李银德主编《古彭遗珍》，第 277 页。

[37] Emma Bunker 曾有数语言及，参所著，*Ancient Bronzes of the Eastern Eurasian Steppes*, p.263.

[38] 参日本朝日新闻社一九九一年出版的图录 *The Treasures of Nomadic Tribes in South Russia*, p.141; 法国 Musée Cernuschi 博物馆出版的图录 *L'Or des Amazones*, Paris：2001, p.272.

[39] 在今巴基斯坦北端 Taxila 曾出土时代属公元 1 世纪，背面有桥形纽的铜节约，但另一面全无纹饰。参 Iaroslav Lebedynsky, Les Saces, p.204.

[40] 铜质节约最少自西周早期即已出现在贵族的车马坑，也曾出现在夏家店上层约属西周中晚期的遗址中。例如洛阳北窑早中晚期墓葬都出土了十字形、X 形管状、长方扁形或圆泡形等不同形式的铜节约，多数为极简单的几何纹或兽面纹，少数有象头纹 (图八二，3，第 142 页)，但未见狮、熊之类。参洛阳市文物工作队《洛阳北窑西周墓》，文物出版社，1999 年；《洛阳北窑西周车马坑发掘简报》,《文物》2011 年第 8 期，第 4～12 页；《夏家店上层文化的青铜器》，韩国出版展览图录，2007 年，图 173-177。夏家店上层遗址出土其他铜饰有些有明显草原纹饰因素，但铜节约和洛阳北窑出土的基本类型 (十字形、X 形管状、圆形) 十分相似，有一件所谓的鸟纹节约 (图 177)，但无兽形纹饰者。

[41] 何清谷校注《三辅黄图校注》，三秦出版社，1998 年，第 168 页。《汉书・西域传》说：“巨象、师子、猛犬、大雀之群食于外囿，殊方异物，四面而至。”

[42] 何清谷校注《三辅黄图校注》，第 195～196 页。

[43] 同注[42]，第216页。

[44] 同注[42]，第208～209页。

[45] 同注[42]，第220页。何清谷注引陈直说，谓自咸阳北面高原至兴平一带，农民称为北邙坂，与洛阳北邙山名同实异。

[46]《魏书·释老志》，第3025～3026页。

[47]《后汉书·光武十王传》，第1428页。

[48] 向新阳、刘克任校注《西京杂记校注》，上海古籍出版社，1991年，第78页。

[49] 安徽省文物考古研究所，巢湖市文物管理所编《巢湖汉墓》，文物出版社，2007年，第111～113页。

[50]《巢湖汉墓》，第149页。

[51] 罗丰《中原制造——关于北方动物纹金属牌饰》，《文物》2010年第3期，第58～59页。

[52] 王金潮、王玮《实验考古——中国青铜时代透空青铜器泥范铸造工艺求实》，《古今论衡》2014年第26期，第3～34页。

[53] 同注[52]，第6页。

[54] Houshang Mahboubian. *Art of Ancient Iran Copper and Bronze*. London： Philip Wilson, 2007.

[55] 参周卫荣、黄雄《"失蜡失织法"商榷〉收入《早期丝绸之路暨早期秦文化国际学术研讨会论文集》，文物出版社，2014年，178～188页；王纪潮《铸鼎镕金——先秦时期中国青铜技术成就和动因》，《鼎立三十》，"国立"自然科学博物馆，2015年，7～15页，尤其13页指出春秋中期，中国青铜铸造技术的重要发展是失蜡法的出现，而最早的失蜡法出现在近东。又该书第79页提到1979年6月，中国机械工程学会铸造分会曾召开鉴定会，鉴定湖北随州曾侯乙墓青铜尊盘为熔模（失蜡）工艺铸造。河南淅川下寺一号楚墓出土的铜盏附件，二号墓出土的铜禁器体和兽形附饰、王子午鼎兽形附饰等春秋中期青铜器也被确认为以失蜡法制造。

[56] 甘肃省文物考古研究所编《西戎遗珍——马家塬战国墓地出土文物》，第70～198页；S.Stark and K.S. Rubinson eds., *Nomads and Networks*：*The Ancient Art and Culture of Kazakhstan*, p.26, 38-45, 76.

[57] Sören Stark, "Nomads and Networks ：Elites and their Connections to the Outside World", *Nomads and Networks*：*The Ancient Art and Culture of Kazakhstan*, p.107-138. 孙机先生也认为本件金冠是中亚工匠受汉文化影响而制造。参孙机《东周、汉、晋腰带金银扣具》，《仰观集》，文物出版社，2012年，第94～95页。

[58] 尼勒克吉林台墓地考古简报见新疆文物考古研究所、伊犁哈萨克斯坦自治州文物局《尼勒克县加勒克斯卡茵特山北麓墓葬发掘简报》，《新疆文物》2006年第3～4期，第1～28页。这个墓群的年代上限在公元前6世纪前后，下限最晚相当于汉晋时期。

[59] 孙机先生曾讨论过这种附耳式刀鞘的来历和佩带法，请参孙机《玉具剑与璏式佩剑法》，《中国圣火》，辽宁教育出版社，1996年，第15～43页。

[60] 卢岩、单月英曾以扬州西汉晚期"妾莫书"木椁墓出土长方形鎏金金铜腰饰牌的边纹和内饰都已失去浮雕动物纹的特征为例，以说明这种长方形动物纹牌饰在西汉晚期逐渐退出历史舞台。参氏著《西汉墓葬出土的动物纹腰饰牌》，《考古与文物》2007年第4期，第54～55页。但也有学者指出草原动物纹饰对两汉画像石艺术造成了影响，并未消失，只是转换了舞台。参杨孝鸿《欧亚草原动物纹饰对汉代艺术的影响——从徐州狮子山西汉楚王陵出土的金带扣谈起》，《艺苑·美术版》1998年第1期，第32～38页。潘玲更据较多的材料对长方形牌饰分类和定年，指出在不同的区域会以原有的牌饰为模型"翻制出新的牌饰"，时代可以晚到两晋三燕时期。参潘玲《矩形动物纹牌饰的相关问题研究》，《边疆考古研究》（第3辑），科学出版社，2005年，第126～145页。意见颇有不同，可见这一问题还待较全面地深入研究。

[61] 详见阎根齐主编，《芒砀山西汉梁王墓地》，第47～48页。

[62] 参甘肃省文物考古研究所编《西戎遗珍——马家塬战国墓地出土文物》，第24页图一四、第86页鱼纹银车饰、第93页长方形金银车轮饰、第96页长方形虎纹金车轮饰等。

[63] 同上，第30页。

[64] 例如1987年在新疆和静县察吾乎出土一面属新疆铁器时代早期的青铜圆形镜，直径9厘米，中央有桥形纽，外形完全像秦汉铜镜，但其背面虎形纹饰完全不见于中原，纹饰线条简单粗糙，无疑是当地的仿制品。另

外阿尔泰山区村庄 Boukhtarma 也曾出土时代约属公元前 8 至前 7 世纪的鹿纹圆形中央有纽无柄铜镜，直径 13.5 厘米。这类域外仿制而母题已完全在地化的应有不少，难以细举和辨识。和静出土铜镜见朝日新闻社《楼兰王国と悠久の美女》，东京：朝日新闻社，1992 年，第 124 页图 324。Boukhtarma 出土铜镜见 Iaroslav Lebedynsky, *Les Saces*, Paris, 2006, p.104.

[65] 较新一篇大规模检讨中国北方地带和草原文化互动关系且有新见的论文当属单月英《东周秦代中国北方地区考古学文化格局——兼论戎、狄、胡与华夏之间的互动》,《考古》2015 年第 3 期，第 303～344 页。根据单先生的分析，本文讨论兽类有翻转后肢特色的鎏金或金银饰牌多出现在战国末期至秦代，并认为装饰神兽纹样的长方形腰饰牌本身就是秦国工匠的“全新创造”（第 343 页）。同样意见又见前引单月英《中国及欧亚草原出土的长方形腰饰牌与饰贝腰带研究》,《丝绸之路考古》（第 1 辑），第 127～167 页。另一检讨全局并提出新说的应属前引杨建华等著《欧亚草原东部的金属之路》，值得参考。

[66] 乔梁《中国北方动物饰牌研究》,《边疆考古研究》（第 1 辑），科学出版社，2002 年，第 13～33 页。

对鄂尔多斯北方青铜文化时期金银器的新认识

王志浩　小田木治太郎　广川守　菊地大树

本文是以上四位作者对内蒙古鄂尔多斯青铜器博物馆所收藏的北方青铜文化时期的金银饰牌，以及伴随出土文物进行调查的研究成果。调查分两次进行，分别为2012年8月2～6日和2013年8月5～6日。本次共调查了171件文物，其中青铜器99件、金器49件、银器23件。包含了西沟畔墓地、碾房渠、石灰沟、宝亥社的出土遗物。这里选择西沟畔2号墓、碾房渠和石灰沟出土的61件金银器进行分析。

一、对饰牌的新认识

饰牌是本次调查资料中最引人注目的器类。这里先介绍本次调查获得的新认识。在以往的研究中，大家都很熟知饰牌的正面纹饰，但是却很少有人关注它的背面和断面（器物内部）所蕴藏的信息（图一、图二）。本次调查正是因为注意到了这一点，对饰牌的正反面都进行了详细观察，因而获得了意想不到的结果。

1. 西沟畔2号墓虎豕咬斗纹金饰牌

2件。大小和纹饰完全相同[1]，纹饰不多做介绍。一件（M2∶27，1763・1）是在左侧附近有孔，而另一件（M2∶26，1764・2）则在左侧的相同位置上仅做出圆孔状的圆形纹饰，而没有钻孔。两件金饰牌的背面，各有断面为长方形的半圆形纽。带孔的一件在孔的对面有一个横向的纽，而无孔的那一件则是在孔状圆纹的背面有一个横向的纽之外，在其对面还有一个纵向的纽。整个背面均分布有粗针织状的凸纹。有孔的一件在沿着孔侧边缘錾刻有“一斤二两廿朱少半”的文字，沿着孔的上侧边缘从左到右有“故寺豕虎三”。无孔的那一件则在圆孔状纹饰的相反侧錾刻“一斤五两四朱少半”。

金饰牌的断面与纹饰的凸凹相合，也呈凸凹形，厚度基本一致。缘面不凸起，侧缘边没有形成面。厚度大概在1～2毫米，最薄的地方是0.6毫米，最厚的地方是2.8毫米，无孔的一件略厚。有孔的重量是292.5克，无孔的重量是330克（图一，1、2）。

2. 碾房渠虎狼咬斗纹金饰牌

2件。1988年出土1件[2]，另一件为2003年收藏于鄂尔多斯青铜博物馆的藏品。两件的纹饰基本呈左右对称，但是在一些细节上略有差异，在纹饰的表现上，前者平滑，后者则圆润。1988

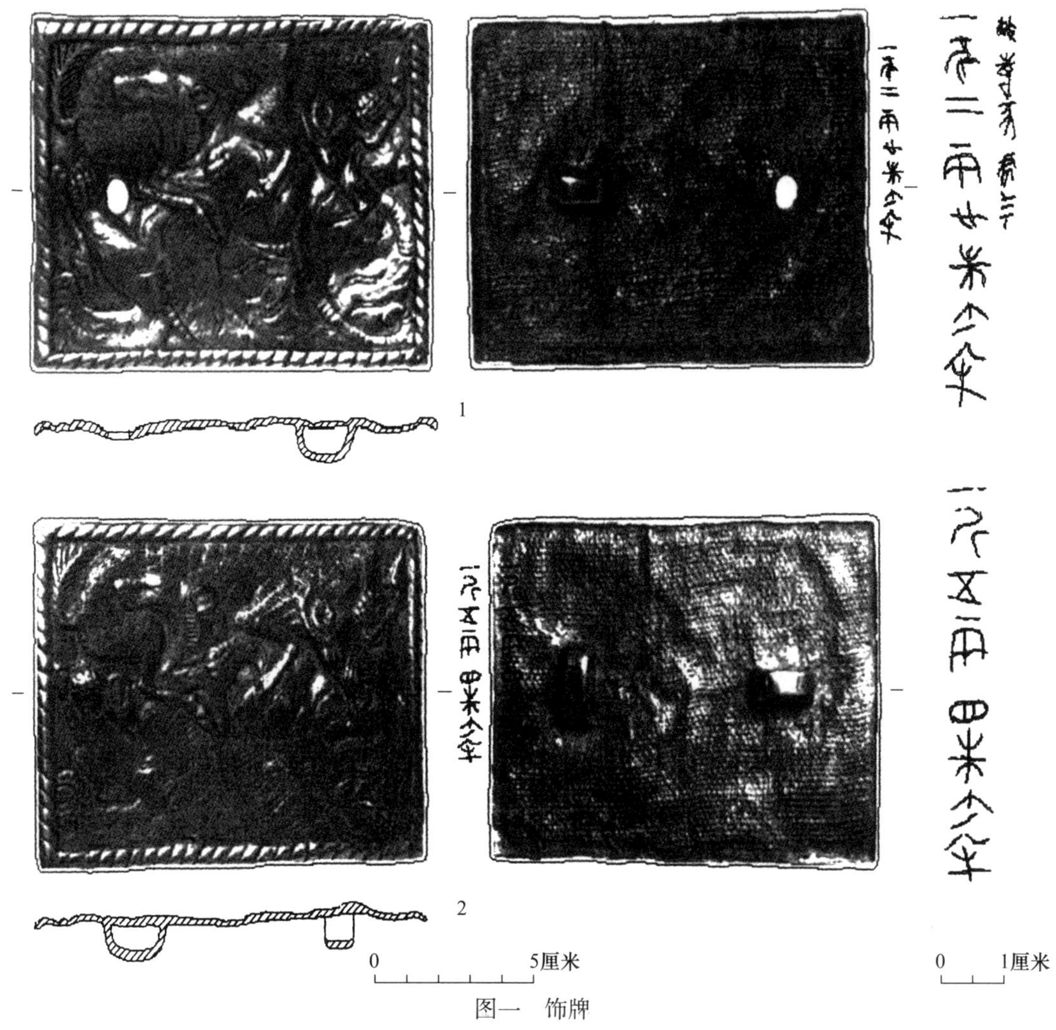

图一 饰牌

1、2. 西沟畔（M2：27，1763 • 1；M2：26，1764 • 2）

年发现的那件老虎是向左转的，在左边有一个孔。而后发现的那一件老虎则是向右转的，没有孔。背面均有断面呈圆形或是略呈三角形的很细的半圆形纽。有孔的那一件在孔的对面有一个纵向的纽，而无孔的那一件则在左右两侧各有一个纵向的纽。两件的断面形态与表面的纹饰凸凹一致，也呈现凸凹形，厚度基本一样。边缘略显弯曲，但是没有明显的边缘部，侧边看不到面。厚度大概在1～1.5 毫米，最薄处为 0.3 毫米，最厚处为 3 毫米，整体来看，无孔的一件略显厚。有孔的重量为 226 克，无孔的重量为 270.5 克。

两件遗物在使用过程中进行过修补，修补方法相同。都是在有坏损的部分钻孔，然后用金线连接。背面则用一种暗灰色的材料嵌入，这种灰色材料将在后面详细叙述。有孔的一件有一处裂缝也曾被修补过。此外还在内侧，发现了一个钻了半截的凹痕。无孔的一件在两个断裂处，分别在 4 处经修补结合。而在其右侧没有裂缝处，也有两个相同的修补孔，但是没有任何用金线接合的痕迹（图二，1、2）。

3. 石灰沟虎咬鹿纹银饰牌[3]

1 件。收藏号 3195 • 90，背面有两个断面呈圆形的细纽。一个在前端呈横方向，另一个在后方

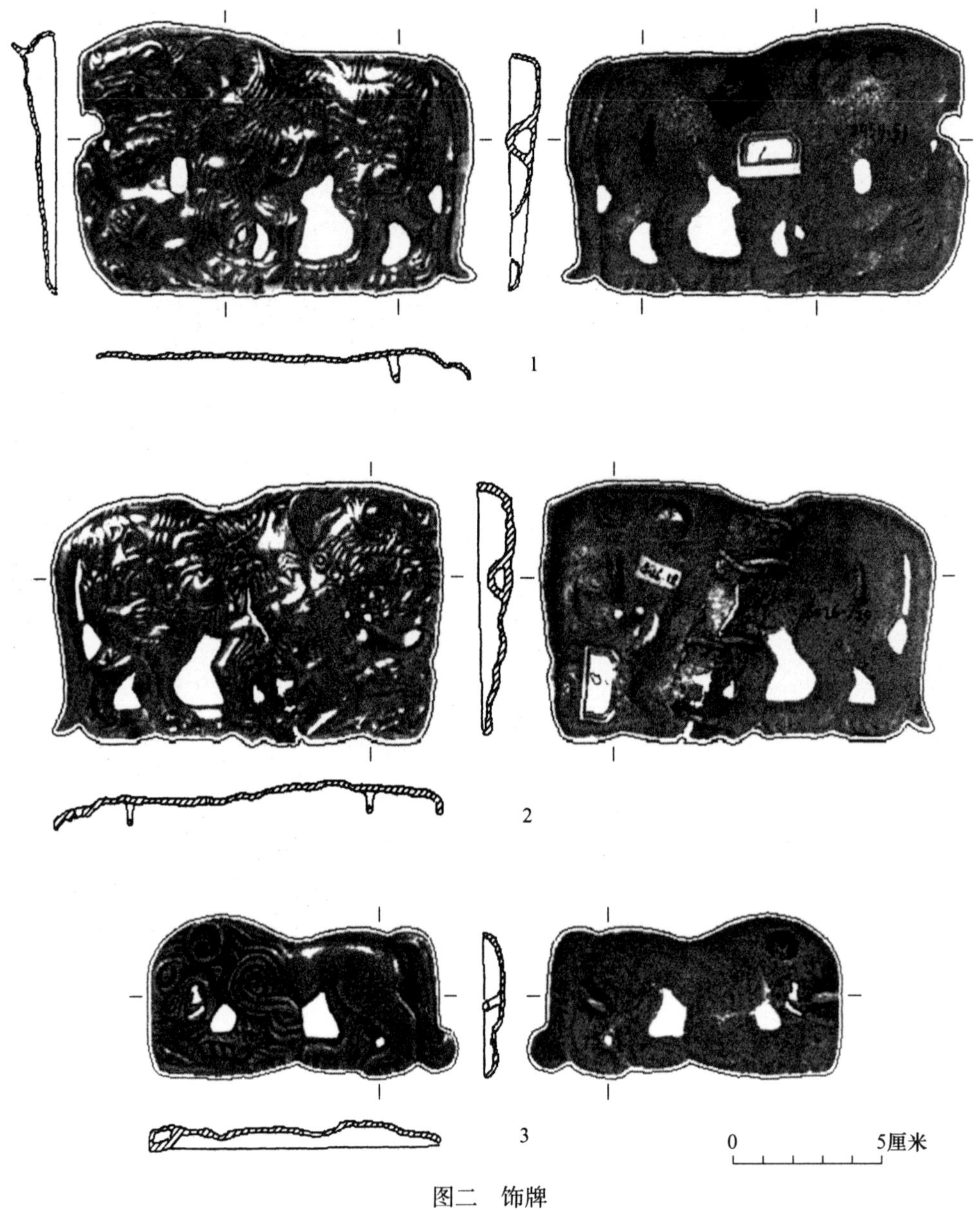

图二 饰牌

1、2. 碾房渠（2454·51、5026·129） 3. 石灰沟（3195·90）

呈斜方向。其位置和朝向在老虎左下肢处呈直交。断面契合纹饰的凸凹，背面也呈凸凹状，厚度基本一样。边缘不明显，侧边看不到面。厚度大概在1～2毫米，重量为75.7克（图二，3）。

以上3组饰牌，其时代均属于战国晚期。3组金银饰牌均没有明显的边缘，也看不到侧面，这是它们的一个共同点。这一点与同属于战国晚期的河北省辛庄头30号墓[4]一样，而与西汉早期的徐州狮子山墓葬[5]、徐州簸箕山3号墓[6]等不同。因此可以认为没有侧面应是战国晚期的一个特征。

西沟畔2号墓和碾房渠的出土遗物案例，都是由有孔与无孔的2件（套）组成。因此有可能是在使用的时候将两件并列放置，将有孔者的孔朝向内侧，即面向右侧排列。这种做法与战国晚期到西汉早期的许多饰牌相同。但是，西沟畔2号墓与碾房渠的有孔饰牌，在孔侧没有配置纽，这一点与战国晚期的白家湾[7]一样，而与西汉早期的狮子山汉墓以及簸箕山3号墓在孔侧有纽的状况相异。因此在孔侧不设纽，应该是战国晚期饰牌的又一个显著特征。

西沟畔2号墓的有孔饰牌，在右侧即有野猪的背面，有唯一的纽，呈横向。而无孔的一件在野猪背面的纽则呈纵向，而孔状圆纹的背面则是一个横向的纽。总之，无论是有孔还是无孔的饰牌，在正面配置纹饰时在其背面均配有左右对称的纽。由此可以推论西沟畔2号墓的两件饰牌，都是以与正面的纹饰对应而配置纽的可能性比较高。因为无孔那件的孔状圆纹不大可能与孔呈正对面而设置。

以上分析明确了饰牌背面和断面的详细信息，而这些信息能帮助我们进一步确定战国晚期饰牌的特征。

二、荧光X射线分析

与前文的实物调查结合，我们还利用便携式荧光X射线装置进行了分析。这次荧光X射线分析调查所使用的机器是Innovex System α2000。其装置形式是管电压：40kV、管电流：6μA，照射X射线径：短径6毫米的椭圆，X射线探测器：能量色散型探测器。测定方法是用三脚架将检测器固定在与测试品1毫米距离的地方，1个测点大约以120秒计测。每件文物测试了2～5个测点。每个测点采用的定量是根据厂家设计的FPM数值。另外，在同一资料的测点中去除有显著差异的测点，并采取检测元素定量数值的平均值。测试结果表示在文末的附表中。

荧光X射线分析只是一个器表面分析，分析数据很大程度上受制于分析试料的表面状况。本文介绍的金银器中，特别是银器表面有很多灰暗呈酸化物。金银器表面未进行清洗或是研磨，我们尽量选择酸化物少，可以看到金银色露出的地方进行测试，但是测定数据仍受表面酸化附着物的影响。照射X射线的线径为6～8毫米，分析范围非常大。只能选择凸凹不平的露出点进行分析。因此，以上的定量数值受测试料的环境影响误差比较大，所获得的测量值仅供参考。

分析所用的资料大约57件，均为鄂尔多斯青铜器博物馆的藏品。分别为西沟畔2号墓出土金器19件、银器8件，碾房渠出土的金器15件，石灰沟出土银器15件。以下以金器、银器的顺序介绍这次测定和分析的结果。

1. 金器

西沟畔2号墓出土的19件金器和碾房渠出土的15件金器，共计34件金器的定量测试分析结果如表一所示。

表一　鄂尔多斯青铜器博物馆所藏金制品荧光X射线分析定量表（数值为重量%）

品名	收藏编号	Au	Ag	Cu	Sn	Pb	Ti	V	Fe	Ni	Zn	As	Br	Bi
西沟畔M2：26虎豕咬斗纹金饰牌无孔	1763・1	88.6	10.9	0.1	0.1		0.1		0.2		0.0			0.1
西沟畔M2：27虎豕咬斗纹金饰牌有孔	1764・2	88.7	10.6	0.2	0.1	0.1			0.3					

续表

品名	收藏编号	Au	Ag	Cu	Sn	Pb	Ti	V	Fe	Ni	Zn	As	Br	Bi
西沟畔 M2：28 金项圈		92.6	7.0	0.2					0.2					
西沟畔 M2：30 金指环	1803・41	88.8	9.9	0.2	0.2	0.2			0.3					0.4
西沟畔 M2：31 金石耳坠	1804・42	88.9	9.2	1.2	0.1		0.3		0.3					
西沟畔 M2：32-38 鸟形金饰片①	1780・18	86.8	11.3	0.7	0.1	0.4			0.5					0.2
西沟畔 M2：32-38 鸟形金饰片②	1781・19	86.6	11.3	0.8	0.1	0.6			0.4			0.1		0.2
西沟畔 M2：32-38 鸟形金饰片③	1782・20	86.6	11.3	0.7	0.1	0.3			0.6					0.4
西沟畔 M2：32-38 鸟形金饰片④	1783・21	86.7	11.3	0.6	0.2	0.4			0.7					0.2
西沟畔 M2：32-38 鸟形金饰片⑤	1784・22	87.0	11.3	0.7	0.1	0.4			0.5			0.1		
西沟畔 M2：32-38 鸟形金饰片⑥	1786・24	75.3	21.3	1.8	0.1	0.5			0.9					
西沟畔 M2：57 三兽咬斗纹金饰片	1767・5	78.2	20.4	0.2	0.3	0.6			0.5			0.1		
西沟畔 M2：58 双兽咬斗纹金饰片	1778・16	79.4	12.7	0.9	0.3				6.3					0.3
西沟畔 M2：60 卧状怪兽纹金饰片	1768・6	94.1	4.4	0.4	0.1	0.1			1.0					
西沟畔 M2：60 卧状怪兽纹金饰片	1768・6	60.6	2.7	0.2					36.3					0.2
西沟畔 M2：75-79 金泡饰①	1789・27	52.6	41.2	5.5	0.2	0.1			0.1					0.3
西沟畔 M2：75-79 金泡饰②	1790・28	52.8	41.2	5.1	0.3	0.1			0.3					0.3
西沟畔 M2：75-79 金泡饰③	1791・29	53.1	41.7	4.6	0.3	0.1			0.2					
西沟畔 M2：75-79 金泡饰④	1792・30	52.5	41.1	5.9	0.2	0.1			0.2					
西沟畔 M2：75-79 金泡饰⑤	1793・31	53.9	40.1	5.2	0.2	0.1			0.3					0.2
碾房渠虎狼咬斗纹金饰牌有孔	2454・51	91.2	7.4	0.7	0.2				0.4					0.1
碾房渠虎狼咬斗纹金饰牌有孔（里）	2454・51	11.7	85.9	1.7					0.3		0.2			0.1
碾房渠虎狼咬斗纹金饰牌无孔	5026・129	91.6	7.1	0.6	0.1				0.3					0.2
碾房渠虎狼咬斗纹金饰牌无孔（里）	5026・129	34.8	63.0	1.8					0.2					0.2
碾房渠金环	2479・76	80.8	15.1	1.1	0.2	0.1			2.4					0.5

续表

品名	收藏编号	Au	Ag	Cu	Sn	Pb	Ti	V	Fe	Ni	Zn	As	Br	Bi
碾房渠金串珠		84.6	13.2	1.5			0.2		0.2					0.2
碾房渠兽头形饰		64.7	12.3	0.8	0.2	10.1	0.4		11.2					0.4
碾房渠兽头形饰		14.4	2.9	0.2	0.1	3.4	0.3		78.6	0.1				
碾房渠包金玛瑙饰件		86.5	10.4	1.3	0.0	0.1	0.4	0.2	1.0					
碾房渠双龙文金饰片①	2455•52 1	87.9	10.0	0.8	0.3				0.9					0.2
碾房渠双龙文金饰片②	2455•52 2	88.0	9.7	0.7	0.3	0.1	0.6		0.7					
碾房渠双龙文金饰片③	2455•52 3	88.2	9.8	0.8	0.3				0.9					
碾房渠双龙文金饰片④	2455•52 4	88.2	10.0	0.9	0.3				0.7					
碾房渠双龙文金饰片⑤	2455•52 5	87.7	10.0	0.8	0.3				1.0					0.2
碾房渠金排管状饰Ⅰ式①	2457•54 1	89.0	9.1	0.7	0.1		0.3		0.7					0.2
碾房渠金排管状饰Ⅰ式②	2457•54 2	87.2	10.9	0.6	0.1	0.1	0.3		0.8					
碾房渠金排管状饰Ⅰ式③	2457•54 3	84.8	12.4	1.0	0.1		0.4		1.1					0.3
碾房渠金排管状饰Ⅱ式	2460 • 57	90.7	8.1	0.4					0.5					0.3
碾房渠金排管状饰Ⅲ式	2456 • 53	90.7	8.2	0.5	0.1				0.5					
碾房渠金耳坠①	2458 • 55	83.3	15.3	1.1		0.1			0.3					
碾房渠金耳坠②	2458 • 55	85.0	12.8	1.1		0.5			0.7					
碾房渠金耳坠②部品	2459 • 56	85.5	12.5	1.5	0.1	0.1			0.4					

首先来看西沟畔2号墓出土的19件金器结果，虎豕咬斗纹金饰牌2件，金指环、金石耳坠、鸟形金饰片5件等，其构成成分为金含量90%弱，银含量10%强，还有铜等微量元素（图三，1、2）。对6件鸟形金饰片进行了测试，但是有1件的金含量仅为75%，银含量测值为20%强，与其他5件相异（图三，3）。金银以外的元素没有变化是因为不受器表状况的影响，能反映原本的成分组成。3件兽纹金饰片（1767/5、1778/16、1768/6）中的前两件银含量测值比较大，后1件的金含量测值比较大。因为器物表面附着有铁锈，很可能不能正确反映原本的金属成分。而5件金泡饰的银含量测值均为40%强，铜含量测值为5%弱，显示了与其他资料完全不同的测值结果（图三，4）。

其次来分析碾房渠出土的15件金器测值。我们对虎狼咬斗纹金饰牌2件、双龙纹金饰牌5件、金管状饰5件，共计12件进行了测定，其结果所显示的含量构成为金90%左右、银10%和微量的铜。这与西沟畔2号墓出土品的测值结果一致（图三，5~7）。金环、金串珠、金兽头形饰、金耳坠等的金含量测值比较低，这是因为器物都是不到6毫米的小型品，荧光X射线的红外线强度低，很难与以上12件进行单纯比较。

2件虎狼咬斗纹金饰牌的背面均有修补，经测试修补处的银含量比较多（图三，6）。可以认为是用以银为主的原料修补的。而金兽头形饰则检测出更多的铅成分，这可能与来自兽眼等镶嵌物或者是镶嵌时的黏结剂有关。

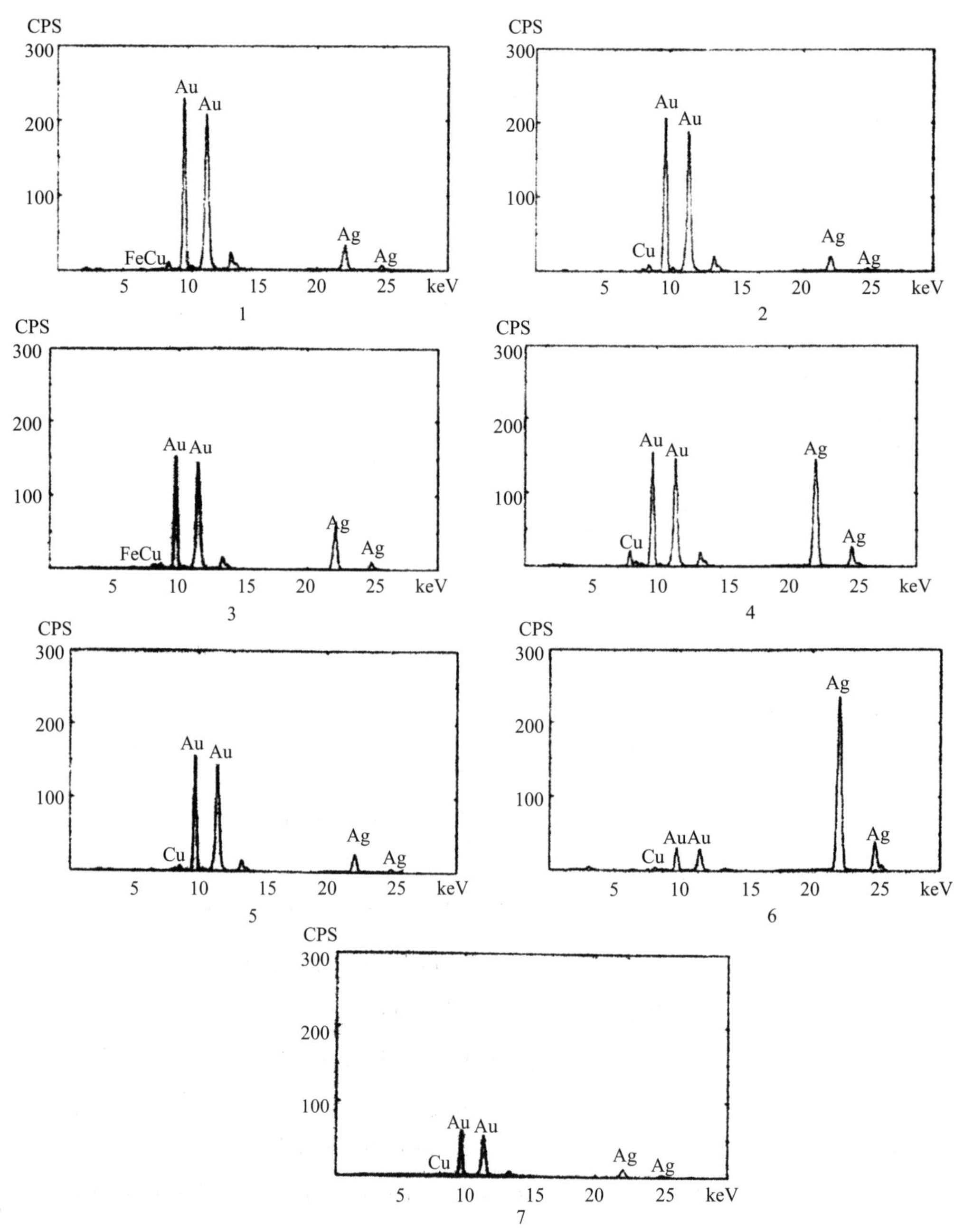

图三 鄂尔多斯青铜器博物馆收藏金器荧光 X 射线能谱曲线图

1. 西沟畔 M2∶26 虎豕咬斗纹金饰牌无孔 2. 西沟畔 M2∶32-38 鸟形金饰片③ 3. 西沟畔 M2∶32-38 鸟形金饰片⑥ 4. 西沟畔 M2∶75-79 金泡饰② 5. 碾房渠虎狼咬斗纹金饰牌有孔 6. 碾房渠虎狼咬斗纹金饰牌有孔（背） 7. 碾房渠金耳坠①

以上简要介绍了 34 件金器的测值结果，这些金器的大部分金含量测值为 90% 左右，银含量为 10%。其中西沟畔 2 号墓出土的 5 件金泡饰的金含量测值仅为 50% 强，而银测值为 40% 强，铜为 5% 弱，显示了与其他器物有较大的差异。

而西沟畔 2 号墓出土的 6 件鸟形金饰片中有 1 件的银含量也比较多，而铜以外的微量元素没有太大的差异。即使肉眼观察也可以看出这 1 件银的含量多，鸟尾的羽毛等表现明显粗糙。因为 6 件鸟形金饰片是在相同条件下连续进行测试的，即使考虑到表面状况的影响也不应该有如此之大的误差，因此只能认为这一件与其他器物不同，它们应该是分别制作的。

再来观察金银以外的微量成分构成，所有器物均测出了铜、铁，大多数器物还测出了锡和铅。其中铜应该是包含在银中的微量元素，但是检测出的锡和铅等成分，则很有可能是来自与其共出的青铜器表面的附着物。而西沟畔 2 号墓出土的 5 件金泡饰中的铜测试值为 5% 以上，则可能是混入的。

2. 银器

我们对西沟畔 2 号墓出土的 8 件银器和石灰沟出土的 15 件银器，共计 23 件银器的测试数值进行分析，结果如表二所示。

表二　鄂尔多斯青铜器博物馆所藏银制品荧光 X 射线分析定量表（数值为重量 %）

品名	收藏番号	Au	Ag	Cu	Sn	Pb	Ti	V	Fe	Ni	Zn	As	Br	Bi
西沟畔 M2：13-19 银虎头节约①	1795・33	0.2	94.7	1.0		0.2			3.8					
西沟畔 M2：13-19 银虎头节约②	1796・34	0.2	94.6	2.7		0.4			2.1					
西沟畔 M2：13-19 银虎头节约③	1797・35		97.3	1.4		0.6			0.7					
西沟畔 M2：13-19 银虎头节约④	1798・36		87.2	1.5		0.7			10.5					
西沟畔 M2：13-19 银虎头节约⑤	1799・37		97.9	1.1		0.3			0.7					
西沟畔 M2：13-19 银虎头节约⑥	1801・39		98.0	1.5		0.3			0.2					
西沟畔 M2：41-45 天鹅形铅饰件①	2077・89		88.8	0.5		10.3			0.1				0.2	0.1
西沟畔 M2：41-45 天鹅形铅饰件②	2078・89		81.4	1.0		17.2			0.1					
石灰沟虎咬鹿纹银饰牌	3195・90		99.5	0.4					0.1					
石灰沟双虎咬斗纹银扣饰①	3196・91		98.5	1.1		0.3			0.1					
石灰沟双虎咬斗纹银扣饰②	3197・92		98.1	1.5		0.3			0.1					
石灰沟双虎咬斗文银饰牌①	3198・93		97.8	1.6		0.3			0.3					
石灰沟双虎咬斗文银饰牌②	3199・94		95.7	1.0		0.2			3.1					
石灰沟羊纹银扣饰①	3206・101	0.8	98.5	0.5					0.2					
石灰沟羊纹银扣饰②	3207・102		98.0	1.7		0.1			0.2					
石灰沟羊纹银扣饰③	3208・103		97.4	1.4		0.1			1.1					
石灰沟羊纹银扣饰④	3209・104		97.8	1.9		0.1			0.2					
石灰沟羊纹银扣饰⑤	3210・105		98.2	1.0		0.1			0.7					
石灰沟刺猬形银饰件①	3202・97		99.2	0.1		0.1			0.1					
石灰沟刺猬形银饰件②	3204・99		99.4	0.5		0.1								
石灰沟刺猬形银饰件③	3205・100		99.3	0.6		0.1			0.1					
石灰沟银靴底饰片①	3201・95		98.1	1.3		0.5			0.2					
石灰沟银靴底饰片②	3201・96		98.2	1.2		0.4			0.3					

首先是西沟畔2号墓出土品的检测结果。检测样本有银虎头节约6件和天鹅形铅饰2件。虎头节约表面有铁锈，另有3件比较特别，检测出较多的铁成分，但是其他样本铜含量均在1%～2%程度，铅含量少，而银含量相当高（图四，1）。

相反，天鹅形铅饰件检测出的铅含量为10%～17%（图四，2）。即使肉眼观察也可以看到完全呈无光泽的灰色，原报告认为它们是铅制品。但是通过这次检测得知其主要成分是银而不是铅，并含有少量的铜，其他含量均由银和铅构成，而器物表面仅有铅，或者是其背面仅有银，因此可以推测这是银铅铜这三类的合金。西沟畔2号墓除了出土有2件小型铅饰外，没有发现以铅成分为主的制品，土壤埋藏等外因使铅附着在器表的可能性也比较低。据此推测它们应该是在铅上镀银，或者是银与铅的合金。若是以Amalgam镀银的话，考虑到水银沸点为356℃，铅溶点是327℃，器物本身表面铅溶解的可能性比较高，但问题是这种情况下鸟头的造型能不能维持。若是银与铅合成中铅成分占到20%时，合金的溶解温度会下降，与纯银相比在铸造上要容易很多。但是必须指出这个结论只是对这个例子的分析，因为没有其他可以旁证的资料，因而可以说只是限于器物表面的荧光X射线的分析结果。

其次介绍石灰沟出土器物的检测结果。检测样本资料有双虎咬斗纹银饰牌1件，双虎咬斗纹银扣饰2件，双虎咬斗纹银饰牌2件，羊纹银扣饰5件，刺猬形银饰3件，银靴底饰片2件。对这些样品的测试结果显示其铜的计测值为2%未满，其他还有微量元素铅和铁，而银含量非常高（图四，3）。特别是器表状况良好的双虎咬斗纹银饰牌和刺猬形银饰件银，它们的银含量在90%以上。

总结以上介绍的银器检测分析结果，除了西沟畔2号墓出土的天鹅形铅饰件外，大部分器物均

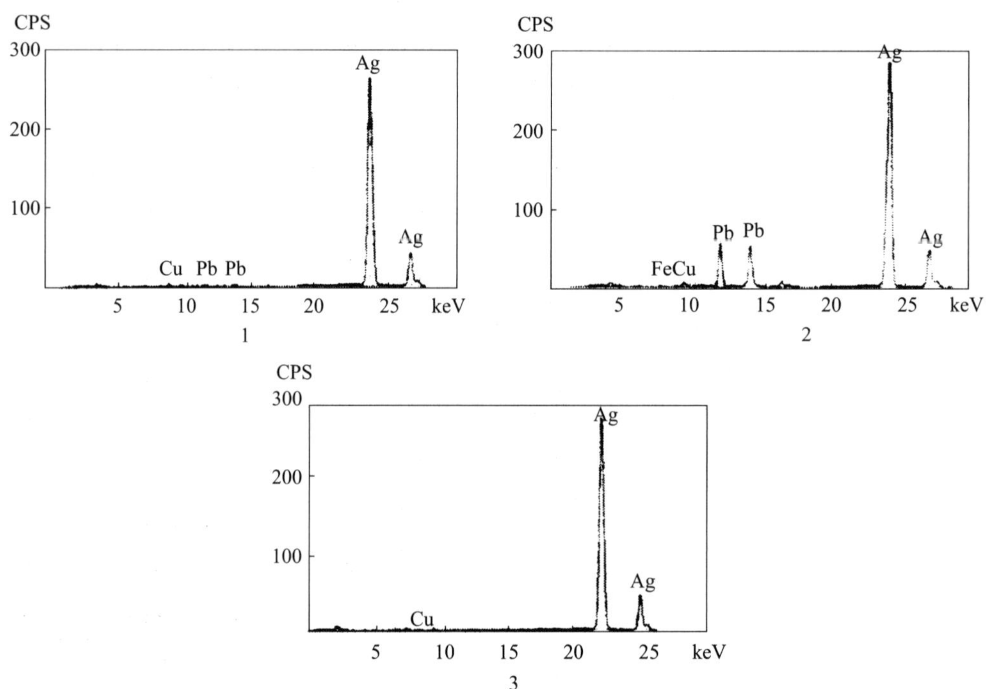

图四 鄂尔多斯青铜器博物馆收藏银器荧光X射线能谱曲线图

1. 西沟畔M2：13-19银虎头节约⑤ 2. 西沟畔M2：41-45天鹅形铅饰件② 3. 石灰沟虎咬鹿纹银饰牌

使用了高纯度的银，而几乎不含金，铜含量也很少，这一点比较特别。而微量成分的铁和铅几乎在每一件样本中都有，其中铁可能与器表附着的铁锈有关。

3. 从分析结果观察鄂尔多斯青铜器博物馆所藏金银制品的特征

在中国，曾对多例战国时代金银制品进行过科学分析，特别是北方系金银制品的分析。我们以马家塬墓地出土的金银制品的分析结果[8]对比来进行说明。马家塬墓地出土的金银制品曾进行过多种不同形式的科学分析，其中对 39 件金制品、36 件银制品进行了荧光 X 射线分析。因为分析环境和分析机械装置不完全相同，不应做简单的数值比较，这里仅就大致的组成趋势进行比较和探索。

首先是金制品，马家塬墓地出土品的检测数值分别是金 70%～94%、银 7%～33.5%，数值的变幅比较大。特别是 1 号墓出土的金箔残片的金含量 69.4%，银含量是 25.1%。6 号墓出土的环形金饰的金含量是 64.9%，银含量为 33.5%，银含量比较多。其他 6 件金含量比例占到 70%，银的含量多这一点比较显著。但是与鄂尔多斯博物馆所藏金制品的金含量 85%～92%，银含量 10%，数值比较接近的资料有 15 件。报告者认为金银组成成分没有明确的规则。另外，还有 27 件检测含铜在 0.3%～3.4%，变幅比较大，特别是含量超过 3% 的样本有 2 件。马家塬墓地出土金制品的这一分析结果与鄂尔多斯博物馆所藏金制品大致比较来看，除了西沟畔 2 号墓出土的 5 件金泡饰外的 29 件金制品，金银含量的组成分别为金 90% 左右、银含量为 10%，非常有规律。同时这些金银制品还含有 1% 左右的铜，变异幅度很小，其中 6 件仅含不到 0.5%，量非常小。而马家塬墓地出土品中锡、铅含量几乎相同，变异幅度很小。与马家塬墓地出土相比整体组成非常均一，因此使用同一原料制作的可能性比较大。

金含量 85%～90% 强，银含量 10% 左右的构成，与陕西省宝鸡市益门村出土金制品和陕西省凤翔县出土金制品的 49 件中的 42 件相当，也许这种构成正是东周时代金制品的标准构成。可以说西沟畔 2 号墓出土品和碾房渠出土器物拥有同时期不同系统金制品的构成成分。与此相当，西沟畔 2 号墓的 5 件金泡饰构成，具有与马家塬墓地出土器物不同的构成，也与陕西省宝鸡市益门村、陕西省凤翔县出土的金制品构成相异，是非常特殊的例子。

其次来看银制品，马家塬墓地出土器物除了镶嵌金制品和金含量在 20% 的一组外，银含量的测值在 87%～98.6%，变异幅度比较大。很多样本的金含量在 1%～3%，含量比较高。这种状况一般应该是在银制品的精炼阶段不曾进行拔金，或者是不能进行拔金，对原材料不做任何加工而使用的结果。与此相比，西沟畔 2 号墓和石灰沟出土器物如果不在意器表的铁锈，其银含量的纯度非常高，金含量几乎检测不到（仅在西沟畔 2 号墓出土的 2 件节约，石灰沟出土的 1 件鸟头纹圆形饰中检测出不到 1%），而铜含量均在 1% 左右，并呈现均一的构成，变异幅度很小。显示了与马家塬墓地出土器物不同的原材料构成。

前文介绍的西沟畔 2 号墓出土的天鹅形铅饰，铅含量在 10%～20% 弱的银制品在其他遗址并没有得到确认。因此在还不能得到资料构成的更多信息的时候，虽然很难判断出土器物的原本性质，但是这些都可以被认为是一些很不寻常的资料。

通过对马家塬墓地、西沟畔 2 号墓、碾房渠及石灰沟出土的金银制品的对比分析结果表明，除了一部分例外，其他金属含量构成具有很高的一致性。荧光X射线分析因为受到器表状况的影响，很难仅就测值结果进行判断，但是现在通过比较我们认为上述三处墓地出土的金银制品，是使用相同的金属原材料制作的。

正如刚才介绍的那样，有一部分例外的制品，其构成与大多数样本不同，测值中金银含量比几乎是1∶1的西沟畔2号墓出土的金泡饰，测出银与铅含量的西沟畔2号墓出土的天鹅形铅饰件，还有西沟畔2号墓出土的6件鸟形金饰片中的1件银含量比较多。对于这些特例，需要进行更高精度的科学分析后，才能进行讨论。

三、结　　语

本文对两次现场调查和荧光X射线分析所获得的新发现进行了具体分析，并与其他墓地出土器物进行了对比和分析。对于本次研究所涉及的样本，其金银比例几乎为1∶1的合金特点，银器中含有较多铅成分等都是本次调查得到的新认识，也可以说是一次重要的发现，而其他金器和银器的金属构成则分别为非常有规则的合金，也是本次研究调查的重要发现之一。

西沟畔2号墓出土的2件金饰牌上的铭刻，为秦文字的特征，已经有学者认为长方形饰牌本身就是中原地区制造的器物[9]。因此，有理由相信西沟畔2号墓的金饰牌应该是当时鄂尔多斯地区的北方民族文化与中原文化交流的结果[10]。而同一墓葬出土的7件银制节约上的铭刻，显示是在赵国官府制作的，这些器物有可能是从赵国传入的。但是在荧光X射线分析调查中，它们均呈现了与其他金器、银器样本相同的构成成分。鄂尔多斯地区正如从这次调查的西沟畔2号墓、碾房渠、石灰沟以及阿鲁柴登墓地[11]等所见到的那样，战国时代晚期金银器突然繁盛并开始流行，那么，战国时代之前几乎不使用金银器的鄂尔多斯地区是如何传入大量的金银器的？这一问题的成因是多方面的，不仅涉及鄂尔多斯地区与中原地区的关系，还涉及中国北方地区，甚至欧亚腹地不同民族间文化的传播与交流等。所有这些都是需要研究的重要课题，这些课题在学界已有许多学者进行过研究[12]。因此，虽然对本次调查结果需要持以慎重的态度，但是至少不可否认鄂尔多斯地区的金银原材料存在着从秦、赵传入的可能性。

随着近年来发掘资料的增加，尤其是甘肃省马家塬墓地所出土的许多金银器[13]，为我们提供了很多可供研究的资料。马家塬墓地是一处有车马器陪葬的墓地，有人认为这是一处被秦征服后的西戎在接受秦的怀柔过程中形成的墓地[14]。如果这一见解可以成立的话，马家塬墓地的金银原材料来自秦国的可能性比较大。但是值得注意的是，马家塬墓地的金银器成分构成与本次调查的鄂尔多斯地区的金银器构成显示出较大的差异性。在研究资料还不十分充分的情况下，目前尚无法对以上论题进行更多的讨论，但是以金银原材料为中介来探讨中原势力与周边各民族的交流与接触，是今后需要深入研究的课题。

附记：整个调查期间，鄂尔多斯博物馆、鄂尔多斯市文物考古研究院杨蒙泽院长等给予了大力协助，在此深表谢意。本文是在署名全体成员充分讨论的基础上，经反复审议而最后定稿的。本项研究成果是日本2012～2013年度科学研究费补助金研究成果的一部分。

注 释

[1] 伊克昭盟文物工作站、内蒙古文物工作队《西沟畔匈奴墓》,《文物》1980年第7期；田广金、郭素新《鄂尔多斯式青铜器》，文物出版社，1986年。

[2] 伊克昭盟文物工作站《内蒙古东胜市碾房渠发现金银器窖藏》,《考古》1991年第5期；王志浩、杨泽蒙《鄂尔多斯青铜器》，文物出版社，2006年；杨泽蒙《远祖的倾诉——鄂尔多斯青铜器》，内蒙古大学出版社，2008年。

[3] 伊克昭盟文物工作站《伊金霍洛旗石灰沟发现的鄂尔多斯式文物》,《内蒙古文物考古》1992年第1、2期。

[4] 河北省文物研究《燕下都》，文物出版社，1996年。

[5] 邹厚本、韦正《徐州狮子山西汉墓的金扣腰带》,《文物》1998年第8期。

[6] 徐州博物馆《徐州西汉宛朐侯刘埶墓》,《文物》1997年第2期。

[7] 内蒙古自治区文物考古研究所、乌兰察布市博物馆《察右前旗百家湾金器窖藏发掘简报》,《草原文物》2011年第1期。

[8] 黄维、陈健立、王辉、吴小红《马家塬墓地金属制品技术研究——兼论战国时期西北地区文化交流》，北京大学出版社，2013年。

[9] 小田木治太郎《北方系长方形带饰板の展开——西安北郊秦墓出土铸型の分析から》,《中国考古学》第5号，日本中国考古学会，2005；罗丰《中原制造——关于北方动物纹金属牌饰》,《文物》2010年第3期；小田木治太郎《长方形腰饰牌的出现及变迁》，未出版，秦始皇陵博物院，2013年。

[10] 田广金、郭素新《西沟畔匈奴墓反映的诸问题》,《文物》1980年第7期；黄盛璋《新出战国金银器铭文研究（三题）》,《古文字研究》第十二辑，中华书局，1985年。

[11] 田广金、郭素新《内蒙古阿鲁柴登发现的匈奴遗物》,《考古》1980年第4期。

[12] 秋山进午《内蒙古高原の匈奴墓葬》,《富山大学人文学部纪要》第4号，1981年。

[13] 甘肃省文物考古研究所、张家川回族自治县博物馆《2006年度甘肃张家川回族自治县马家塬战国墓地发掘简报》,《文物》2008年第9期；早期秦文化联合考古队、张家川回族自治县博物馆《张家川马家塬战国墓地2007—2008年发掘简报》,《文物》2009年第10期；早期秦文化联合考古队、张家川回族自治县博物馆《张家川马家塬战国墓地2008—2009年发掘简报》,《文物》2010年第10期；早期秦文化联合考古队、张家川回族自治县博物馆《张家川马家塬战国墓地2010—2011年发掘简报》,《文物》2012年第8期。

[14] 王辉《张家川马家塬墓地相关问题初探》,《文物》2009年第10期。

（本文原载于《草原文物》2015年第1期）

论青海大通上孙家寨汉晋墓出土银壶的异域风格

仝 涛

20 世纪 70 年代，青海大通（图一）上孙家寨汉晋墓地的乙区 M3[1] 出土了一件单耳银壶，其口沿、腹部和底部装饰有三组镀金装饰纹带，分别为波浪纹、卷草纹和雉堞纹（图二、图三）。这座墓葬的形制和其他随葬品与中原汉墓并无太大差异，唯独此银壶风格奇特，在迄今为止中国境内的考古遗物中鲜有可类比者。在该墓以南 65 米处同一时期汉墓中，出土了一枚“汉匈奴归义亲汉长”驼纽铜印，为银壶的风格来源和使用者族属的推定提供了重要线索。俞伟超首先指出：“这件银壶，根本不是汉人之器，也不像匈奴物件，其花瓣，有一部分酷似忍冬纹，估计应当是安息（波斯）制品”，同时认为此墓主极有可能是匈奴人，“因为只有他们，才最可能得到这种安息的工艺品”[2]。《上孙家寨汉晋墓》报告沿用了俞伟超的观点[3]。此后有人认为它是“公元 3 世纪时期，今叙利亚一带的罗马时期的制品”[4]，或者“是中亚地区的器物”[5]。这些推断都将其归为西亚或中亚风格，但仅仅是根据忍冬纹样进行的粗略估计，而没有进行具体的论证，因此这种观点近年来受到孙机的质疑。孙机认为在新疆地区的陶器中，有与大通银壶颇相近者，而楼兰所出丝绸上，也有与大通银壶上类似的波浪纹，因此该器物是新疆制品[6]。马尔夏克（Boris I. Marshak）曾对该器物进行过简短的评论，指出它是在游牧民族地区制作的希腊化风格的器物[7]，这为本文的探讨提供了重要的启发。笔者根据所收集的相关资料，尝试对该器物做具体的分析和比较，以更好地揭示其风格来源问题。

该银壶口径 7、腹径 12、底径 5.4、高 15.8 厘米，为直口，长颈，鼓腹，平底，腹侧置单耳。器身系由整块银片切割、锤揲而成，装饰有三组镀金装饰纹带。口沿饰一周波浪纹，宽约 0.8 厘

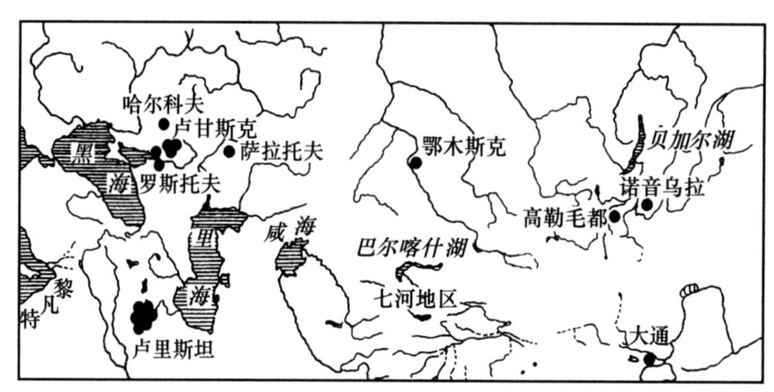

图一 青海大通位置示意图

图二　青海大通上孙家寨汉晋墓出土银壶

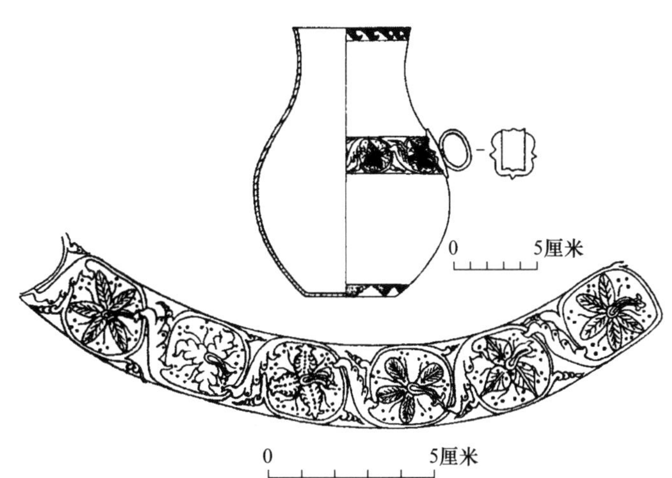

图三　青海大通上孙家寨汉晋墓出土银壶

米，波浪自右向左奔涌，以戳点纹为地；腹部饰卷草纹带，宽约3厘米，卷草纹为齿状叶片及其细长的茎蔓环绕一多瓣花朵，自右向左以二方连续的形式环绕一周，共有六朵不同形式的花叶，每朵中心伸出一花蕾，底部正面展开三至五片花瓣，花瓣有叶状、石榴状、卷曲状等，各不相同，各花瓣之间伸出一或两条细长的花须，每条顶部托三圆点象征花蕊，在齿状叶片以及个别花瓣上也缀以圆点；底部饰一周雉堞纹，宽约0.8厘米，每座雉堞共有五阶，也以戳点纹为地。

波浪纹和卷草纹均属典型的希腊装饰纹样。波浪纹（wave scroll）又称奔犬纹（running dog），在地中海地区有着悠久的历史，最初可能与河流有关，公元前8世纪中期以后它作为边饰较多地出现在希腊彩陶上[8]，在罗马时期也常用作浴室内马赛克地板的边饰[9]。卷草纹（tendril）最初源于意大利南部，而东方希腊化时期的卷草纹则直接源自公元前4世纪晚期流行于亚历山大大帝本土的马其顿，其基本保持了意大利卷草纹的典型特征[10]，即呈波状起伏的枝蔓发于一簇毛茛叶中，波曲之内饰以各类花蕾，其茎部生于波峰和波谷之上。在一件公元前320～前310年的希腊陶碗[11]上，主题图像的周边绘有卷草纹和波浪纹，可视为该类装饰组合在希腊文化本土的典型代表（图四，1），其装饰纹样及其空间构图，直接影响了希腊化东方的器物装饰。雉堞纹（battlement或crenellation）是伊朗阿黑门尼德王朝时期流行的装饰纹样，它的造型源于城堡雉堞，在公元前800～前700年卢里斯坦的青铜箭箙上，可见鎏金的城堡和雉堞图像[12]，公元前6世纪晚期雉堞纹出现在浮雕的大流士王冠[13]上，同时大量运用于各类重要建筑的墙头。在公元前5～前4世纪制作的银碗[14]上（图四，2），鎏金的雉堞纹装饰在器物的口沿部分，而它下面成排的人物（可能是国王）、玫瑰花饰及整体图像布局，与波斯波利斯宫殿的台阶护墙浮雕非常接近，说明雉堞纹开始从实用或装饰的建筑部件过渡到器皿的边饰。萨珊时期雉堞造型演变为波斯王冠上的重要组成部分，显然是因袭了大流士时期的传统。而这一传统的伊朗装饰纹样，在希腊化的帕提亚（即安息），同卷草纹和波浪纹一起形成相互间隔的平行的镀金装饰纹带组合，频繁出现在银制器皿的表面。

1

2

图四 与青海大通上孙家寨汉晋墓出土银壶相关的遗物

1. 德国沃尔兹堡大学马丁·冯·瓦格纳博物馆藏希腊陶碗 2. 大英博物馆藏波斯银碗

一、帕提亚（Parthian）银碗

1981年，美国洛杉矶的琼•保罗•盖蒂博物馆（J. Paul Getty Museum）收藏了一批器物[15]，包括银碗、宝石和马饰。其中银碗共24件，均为敞口、圜底，由整片银片捶制，镀金的环状装饰纹带平行分布于器物内壁，共有18件有相似的装饰，主要为波浪纹、卷草纹和雉堞纹这三种图案随机组合，或仅装饰其中之一两种，或三种兼具，甚至在不少器物上同一装饰纹带被重复多次（表一），大部分器物在碗底中心还饰以团花装饰，其构图方式与希腊陶碗上的装饰一致，装饰带相间隔的特点同大通银壶上的三条带饰遥相呼应（图五）。波浪纹和雉堞纹的细节也雷同，都是在背景处饰以戳点纹以突出图案本身，但波浪纹比大通银壶上的更加丰富，存在多种略微不同的浪花造型，并有左右两种不同的涌动方向，充满动感；雉堞纹则给人以静止稳固之感，多为三至四阶。卷草纹比大通银壶上的灵活流畅，变化亦较多，但基本与大通银壶上的纹饰相合，如带齿状叶片的枝蔓波状起伏，波谷含各种花苞，叶片上饰以圆点等。再加之制作工艺的一致性，基本可以肯定这批器物是大通银壶装饰风格的源头。

表一 琼·保罗·盖蒂博物馆藏银碗上的图案组合

器物编号 装饰内容	1	2	3	4	5	6	7	8	9	10	11	12	13	14	15	16	17	18	19	20	21	22	23	24
		√	√	√	√ √		√		√ √	√ √	√ √ √	√	√ √ √	√ √ √	√ √ √	√ √	√							√
	√							√	√	√			√	√	√	√								
				√		√	√		√ √	√	√													
铭文		√							√			√	√	√	√		√	√				√		
其他图案	√	√	√	√	√	√	√	√	√	√	√	√					√		√	√				√

注：三种装饰纹样中每一√代表一周该类纹样

图五 美国琼·保罗·盖蒂博物馆藏帕提亚银碗

由于这些银器是从瑞士的文物市场购得，其出土地点不得而知。普福默（M. Pfrommer）对这批器物进行了深入探讨[16]，他列举了3件属于同一风格的银碗：一件瑞士的私人藏品（图六）、一件汉堡艺术和纺织品博物馆（Museum für Kunst und Gewerbe）藏品，据报道它们均来自伊朗卢里斯坦（Luristan）；另外一件大英博物馆（British Museum）的银碗据称也来自伊朗。此外在部分器物上还刻有阿拉美语铭文，标明了制作者的姓名和器物重量，也说明它们是帕提亚的制品，普福默由此将其产地推定为伊朗的西部或西北部，即里海西南地区。他又根据对铭文和装饰风格的分析，将较晚的一组的年代确定为公元前1世纪，较早的定为早期帕提亚时期，即公元前

图六 瑞士私人藏伊朗卢里斯坦银碗

2世纪，个别可早到公元前3世纪晚期。

波斯在阿黑门尼德王朝时期便深受希腊文化的影响，而全面的希腊化进程是在亚历山大大帝征服之后通过在东方建立殖民地的形式进行的，在希腊人统治的塞琉古时期这一政策得以延续，希腊的器物制造和装饰风格对波斯产生了重要影响。公元前2世纪帕提亚人侵入伊朗西南后，希腊化因素并没有被消灭，而是融合到其自身的传统中。其“文化通过若干因素相互作用而发展形成，即阿黑门尼德遗产、希腊化时期观念、帕尔尼游牧人贡献，乃是融合了希腊文化与土著文化”，而更为重要的是，他们的手工业十分发达，贸易和通货也很繁荣，参与了广泛的国际贸易[17]，为其手工业品的远播创造了条件。

二、南俄罗斯草原的萨尔马提安人银器

公元前3世纪萨尔马提安人（Sarmatian）代替斯基泰人成为黑海和里海北部草原的主宰者，其在亚欧大陆的繁荣持续到1世纪。在被推定为萨尔马提安人的墓葬中，发现有大量希腊化风格的金银器物，其中最丰富的是马具上的金属圆盘，它们根据不同的需要装饰于马匹的不同部位，欧洲、近东到西伯利亚乃至希腊化的巴克特里亚都有广泛的分布，与萨尔马提安人的活动密切相关。圆盘多为银质，图案部分镀金，中心一般刻有典型的希腊化或草原风格的主题纹饰，周边环以各种装饰纹带，其中有不少是波浪纹和卷草纹，与帕提亚银碗有类似的构图。带有波浪纹和卷草纹的圆盘主要集中在顿河下游地区，时代为公元前3世纪末至公元前2世纪。如在罗斯托夫（Rostov）附近发现的一件银盘[18]（图七，1）中心有衔矛的狮头，其周围饰一周卷草纹带，其枝蔓波曲和花苞造型都与帕提亚银碗上的卷草纹类同。尤其值得注意的是，在一些花朵中伸出的花须顶端有三个圆点象征花蕊，应是大通银壶上花蕊表现方式的来源。装饰有波浪纹的器物相对较多，如在乌克兰东部的卢甘斯克（Lugansk）附近发现的一些盘状银马饰[19]，在里海北部伏尔加河沿岸萨拉托夫（Saratov）东南出土的银盘[20]（图七，2），另外在乌克兰的哈尔科夫（Charkov）和摩尔多瓦的一些地区也有此类器物。而东部最远的例子是西西伯利亚的鄂木斯克（Omsk）出土的一件圆形银牌饰，在所刻画的希腊女神的衣领上装饰有完全相同的波浪纹[21]。这些银制马具多是公元前2世纪的遗物。

波浪纹和雉堞纹的组合还出现在日用器皿上。在罗斯托夫地区的墓冢中出土一件虎柄镀金银罐[22]（图七，3），罐身以两圈波浪纹和中间的一圈雉堞纹分割为两个单元，内部描绘各类动物和神话故事题材。其中虎柄和器身的某些动物图案，是游牧民族的常见装饰内容，对立羊图案属于典型的波斯风格，而神话故事及裸体人物形象则显示了希腊文化的影响。该器物的年代被定为公元前1世纪末至公元1世纪，是同类装饰的器物中年代稍晚的。

南俄罗斯草原在斯基泰时期已经与希腊文化有密切的接触和融合，萨尔马提安人时期可以说是这种趋势的延续和深化。但该地区与希腊化的西部伊朗之间的文化联系也是显而易见的，将波浪纹和卷草纹用作镀金银器上的装饰图案，并与雉堞纹组合应用，与帕提亚银碗的装饰风格相一致，在时代上也基本相同。

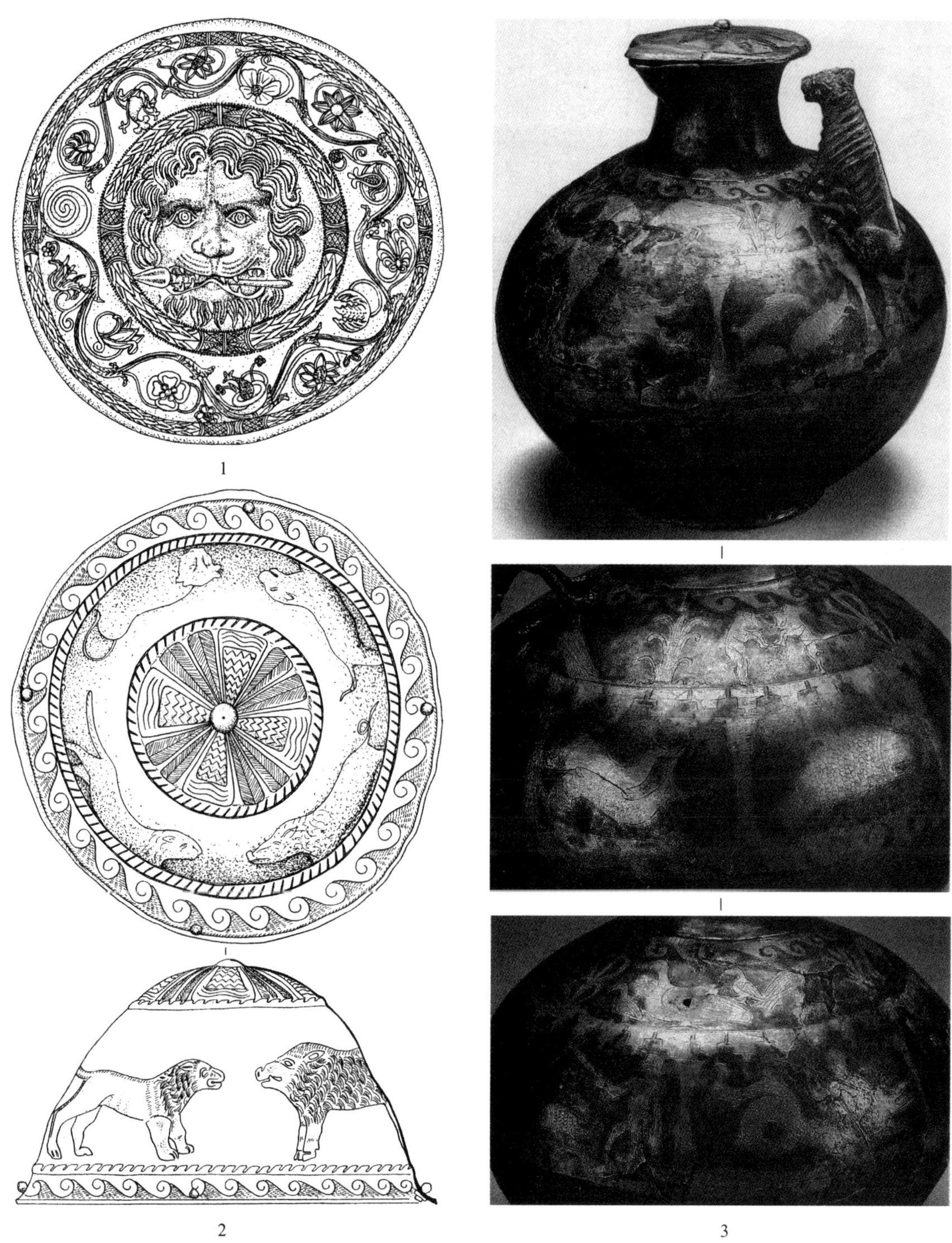

图七 俄罗斯罗斯托夫出土萨尔马提安人银器

1、2. 银盘 3. 银罐

三、匈奴墓葬中的银器和织物

除了伊朗西部和南俄罗斯草原外，在蒙古国的匈奴单于或贵族墓葬中，也出土了一些有类似装饰的遗物，它们为大通银壶的来源路线和文化属性提供了更直接的证据。其中最重要的发现是法国

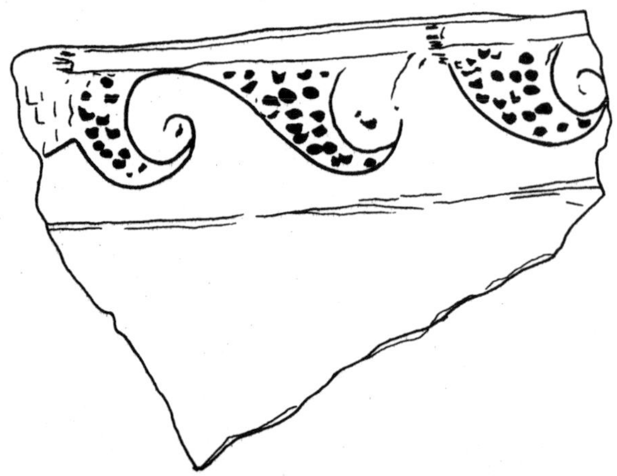

图八 蒙古国高勒毛都匈奴墓出土银片

图九 蒙古国诺音乌拉匈奴墓出土毛织物残片

图一〇 蒙古国诺音乌拉匈奴墓出土挂毯

考古队在2000～2001年对高勒毛都（Gol Mod）一号墓[23]的发掘。该墓葬位于蒙古国后杭爱省北部胡内河盆地，规格较高，可能是某一匈奴单于的墓葬。出土遗物中有一件残长2.2厘米的银片（图八），其边缘处刻有一条镀金波浪纹带，上面残存四朵波浪纹，自右向左涌动，以戳点纹为地，与大通银壶的口沿装饰并无二致，显然为同类器皿的口沿部分，至少也是同一手工作坊系统的产品。墓主的匈奴单于或高级贵族身份，为大通银壶在上孙家寨匈奴墓区的出现，提供了令人满意的注脚。墓中出土有两面1世纪上半叶的汉镜，^{14}C测定又进一步将年代限定在公元20～50年，这使我们有可能将大通银壶的制作时间推定为大致相当的年代。如果考虑这类贵重金属器物从制作、使用到随葬入墓室的时间差，其制作时间还应该再提早一些。

这样的发现并非孤例，在蒙古国诺音乌拉（Noin Ula）匈奴墓葬中出土的一些织物上也有波浪纹、卷草纹和雉堞纹这三种图案。在一座以发掘者康德拉捷夫（Kondrat’ev）命名的墓冢中出土了一些毛织物残片（图九），有一片饰有两道波浪纹，另外两片除了波浪纹外还有花卉纹带[24]，其中一条为卷草纹样，在一些花朵上可见有三个圆点状花蕊。这些带状装饰都平行而有间隔，构图和内容都是典型的帕提亚风格。有类似图案的织物在伊拉克[25]和叙利亚[26]都有发现。诺音乌拉6号墓被推定为1世纪初匈奴单于乌留珠的墓葬，所出的一件挂毯可能是来自帕提亚或小亚细亚的产品，在其四方形虎皮图案之间隔以几何纹填充的装饰带，其中就有一周连续的雉堞纹，每座皆为四阶（图一〇）。据称同样图案的织物早先也发现一件，但出土地点不明，被认为是在黎凡特（Levant）织造的[27]。

除此之外，还有诸多因素显示了该地区与希腊化帕提亚波斯的联系，事实上早在斯基泰时期的巴泽雷克墓冢中就有西亚织物出土，反映了游牧民族广阔的活动空间及持续繁盛的远距离贸易。

四、结　　语

虽然上述一些地点都发现有与大通银壶装饰风格相同的镀金银器，但具体装饰纹样的细节却存在一些差别，如雉堞纹的阶数较多，在其他地区不见；卷草纹虽然在构图上与其他地区的同类纹饰大致相仿，但每朵花及缠绕它的长茎叶片构成独立的单元，不同于希腊化卷草纹彼此连接、起伏而没有中断；花的形式也相对比较呆板。这都说明该器物并非制作于帕提亚或者黑海草原本土，而更有可能是黑海草原和蒙古高原之间某处的仿制品。但毋庸置疑的是，银壶的装饰和制作工艺受到了从这些地区输入的银器如马具饰盘或日用器皿等的深刻影响，甚至可能是来自帕提亚或者黑海地区的金属工匠参与或影响了它的制作。

图一一　哈萨克斯坦七河地区乌孙墓出土陶壶

从器形上看，与大通银壶可能类似的器物除了高勒毛都墓地出土的银器残片外，无论是在帕提亚还是在南俄罗斯草原都没有发现。马尔夏克指出银壶的环形耳是后来附加上的，似乎很有道理，因为环形耳破坏了已经打制完好的镀金卷草纹带，而罗斯托夫银罐的虎柄则有意错开了镀金部分的主要图案。因此银壶的环形耳很有可能是在器物陈旧之后为了使用的方便而添置的，其原型可能是无耳的银壶。而这种无耳器物的造型，在公元前 3 世纪到公元 1 世纪哈萨克斯坦七河地区（Semirechye）的陶器中相当常见（图一一），并被认为是乌孙文化的遗物[28]。如果这一比对合理的话，银壶出土的地区很有可能是这类陶器的仿制地点。

通过以上分析，基本上可以确定大通银壶的异域风格的来源，并大致重建其输入青海地区的过程：在公元前 2 世纪希腊化帕提亚首先融合并产生了这样的镀金银器装饰纹样，同一时期黑海北岸地区的萨尔马提安人的镀金银器也深受其影响，通过强大的萨尔马提安人 - 匈奴人主宰的草原之路，至迟在 1 世纪，具有同样制作工艺和装饰纹样的银器，连同其他一些希腊化帕提亚文化因素，出现在蒙古地区匈奴王庭，并流入定居在中国边境地区的匈奴贵族手中。在这一过程中，作为萨尔马提安人的一支控制了从咸海到黑海大片地域的奄蔡（Aorsi），以及占领七河地区并与匈奴有密切往来的乌孙，可能在器物风格的传播过程中扮演了重要角色。尤其是位于今里海东北至顿河下游的奄蔡，据斯特拉波的记载，一条通过其境内的重要商业路线使他们能够利用骆驼商队进行印度和巴比伦之间的商业贸易，并与南高加索的米底和亚美尼亚进行商品交换（该地区正接近帕提亚银碗的分布区），这些贸易使奄蔡人“披金戴银”[29]。中国的商品也可以通过这一商道到达黑海沿岸，罗斯托夫出土的西汉连弧纹日光镜和斯塔夫罗波尔出土的东汉连弧纹铜镜[30]，都证明了这一点，说明高勒毛都银器和大通银壶在遥远东方的出现，并不是偶然的巧合。

当然，另外一条可能的输入途径是通过当时比较兴盛的丝绸之路，自帕提亚西部经巴克特里亚和索格底亚那输入巴尔喀什湖南部地区，然后进入蒙古和中国北部。但遗憾的是，在巴克特里亚和帕提亚东部一带，都没有发现类似的装饰图案，经由此路线传播或影响的轨迹并不明显。而无论从哪条路线传入，传入的也只是器物的制作工艺和装饰风格，其器形应是为了适合其间某个民族或使用者的习惯而做了相应的调整。

大通银壶最后的主人应属于匈奴别部卢水胡，它因居于张掖以南源出祁连山的卢水一带而得名，与河湟地区的羌人来往密切，1世纪中期曾攻击烧何羌，后又联合羌人反抗东汉统治[31]，可能有一部分迁入了湟水谷地，并随着其他湟中诸胡逐渐融入汉文化当中。当银壶在东汉晚期随葬于上孙家寨墓地的时候，这一匈奴别部在文化上已经很难与中原汉人区分开了，只有一枚“汉匈奴归义亲汉长”铜印，以及这一件希腊化帕提亚装饰风格的银壶，成为他们曾经游牧生涯的一个印记。

注 释

[1] 青海省文物考古研究所《上孙家寨汉晋墓》，文物出版社，1993年，第160页。

[2] 俞伟超《古代“西戎”和“羌”、“胡”文化归属问题的探讨》，《青海考古学会会刊》1980年第1期。

[3] 青海省文物考古研究所《上孙家寨汉晋墓》，文物出版社，1993年，第220页。

[4] 中国历史博物馆编《华夏之路》（第二册），朝华出版社，1997年，第283页。

[5] 齐东方《唐代金银器研究》，中国社会科学出版社，1999年，第253页。

[6][25] 孙机《大通银壶考》，《中国历史文物》2002年第3期。

[7] James C Y Watt, An Jiayao, Angela F. Howard, et al. *China: Down of a Golden Age, 200—750 AD*. Exh. Cat. New York: The Metropolitan Museum of Art, 2004, p. 193.

[8] Coldstream J N. *Greek Geometric Pot-tery: A Survey of Ten Local Styles and Their Chronology*. London: Methuen, 1968. pp. 102-103.

[9] Eva Wilson. *Roman Designs（British Mu-seum Pattern Books）*. London: British Mu-seum Press, 1999. p. 12.

[10] Michael Pfrommer. GroBgriechischer und Mittelitalischer Einfluss in der Rankenorna-mentik Frühhellenistischer Zeit. *Jahrbuch des Deutschen Archaologischen Instituts* 97, 1982. pp. 119-190.

[11] Winfried Held, et al. *Begegnungen mit der Antike: Zeugniss aus Vier Jahrtause-nden Mittelmeerischer Kultur*. Würzburg: Ergon, 2001, p. 130.

[12] Houshang Mahboubian. *Art of Ancient I-ran: Copper and Bronze*. London: Philip Wilson, 1997, p. 301.

[13] Ferrier R W. *The Art of Persia*. New York: Yale University Press, New Haven & London, 1989. p. 35.

[14] John Curtis, Nigel Tallis ed. *Forgotten Empire: The World of Ancient Persia*. London: The British Museum Press, 2005. p. 118.

[15][16] Michael Pfrommer. *Metalwork from the Hellenized East: Catalogue of the Collections, the J. Paul Getty Museum*. Malibu: J. Paul Getty Museum Publications, 1993.

[17] 雅诺什·哈尔马塔主编，徐文堪、芮传明译《中亚文明史》（第二卷），中国对外翻译出版公司，2002年，第107页。

[18] Valentine Mordvinceva. *Sarmatische Pha-leren*, Archaologie in Eurasien, Bd. 11, Rahden/Westf: Leidorf, 2001, Taf. 1.

[19] Valentine Mordvinceva. *Sarmatische Pha-leren*, Archaologie in Eurasien, Bd. 11, Rahden/Westf: Leidorf, 2001, Taf. 26.

[20] Valentine Mordvinceva. *Sarmatische Pha-leren,* Archaologie in Eurasien, Bd. 11, Rahden/Westf: Leidorf, 2001, Taf. 14.

[21] John Boardman. *The Diffusion of Classical Art in Antiquity*. London: Thames & Hudson Ltd, 1994, p. 107.

[22] 古代オリエント博物馆、朝日新闻社编集《南ロシア骑马民族の遗宝展图録》，朝日新闻社，1991 年，第 98 页。

[23] Guilhem André. Une tombe princière Xiong-nu à Gol Mod, Mongolie (campagnes de fouilles 2000-2001). *Arts Asiatiques*, 2002, Vol. 57. pp. 194-205.

[24] Rudenko S I. *Die Kultur der Hsiung-nu und die Hügeleraber von Noin Ula*. Übersetzung aus dem Russischen von Helmut Pollems, Bonn: Habelt, 1969, Fig. 74, 75.

[26] Prudence Oliver Harper. *The Royal Hunter Art of the Sasanian Empire*. New York: The Asia Society, 1978, p. 127.

[27] Prudence Oliver Harper. *The Royal Hunter Art of the Sasanian Empire*. New York: The Asia Society, 1978, p. 90, Taf. 49.

[28] Grigore Arbore Popescu, Chiara Silvi An-tonini, Karl Baipakov eds. *L' Uomo D' Oro: La Cultura Delle Steppe Del Kaza-khstan Dall' età Del Bronzo Alle Grandi* Migrazioni, Exh. Cat. Mantua: Palazz Te; Milano: Electa, 1998, p. 230.

[29] Sulimirski T. *The Sarmatians*. London: Thames & Hudson, 1970, p. 117.

[30] 古代オリエント博物馆、朝日新闻社编集《南ロシア骑马民族の遗宝展图録》，朝日新闻社，1991 年，第 86 页图 80、88。

[31]《后汉书》卷八十七《西羌传》，中华书局，1973 年，第 2880、2881 页。

（本文原载于《考古》2009 年第 5 期）

白乌二年金方奇及相关问题

马　强

2006年9月，宁夏盐（池）中（宁）高速公路施工过程中，在盐池县青山乡古峰庄村一个山峁上出土3件金质文物（图一），其中一件自名“方奇”，经考古工作者现场勘察，未发现遗址和墓葬。这3件方奇出土后有学者对其进行了报道，认为属于隋大业九年（613年）称帝建元白乌的向海明政权遗物[1]。经过对方奇纹饰、铭文以及相关文献的梳理，我们发现上述结论有诸多疑点。现将方奇所涉及的问题做一探讨，求教于方家。

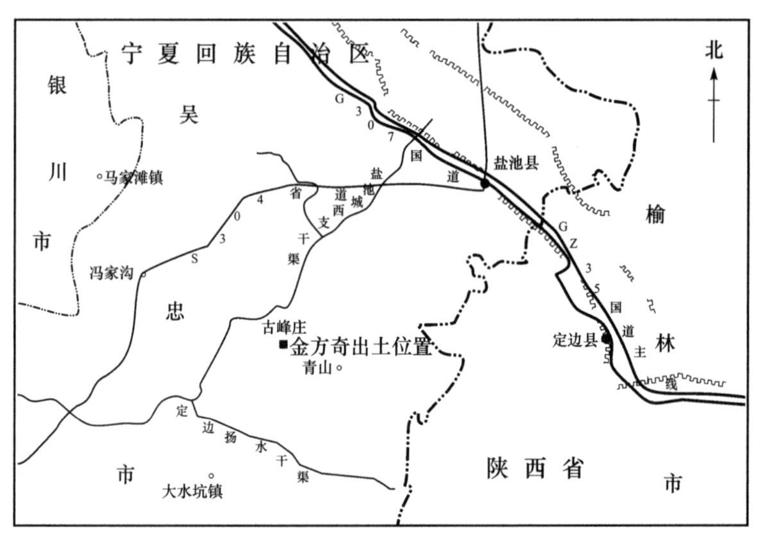

图一　金方奇出图位置示意图

一、方奇的形制与特点

1. 方奇一

长方形，长18、宽14、厚1厘米，重842.1克。粗钉高0.7、径0.3厘米，细钉高0.8、径0.2厘米。背平，刻有铭文。（图二，1）。

正中为侧视的狩猎图。依中间马蹄为界，分上下两部分。

下半部分左、右下角各有一屈膝半蹲状引弓搭箭、控弦待发的武士。武士身着铠甲，足蹬长靿

1

2

图二 方奇一

1. 正面 2. 侧视

靴，腰横挂山字形口沿箭箙，头戴高冠，帽缨系至耳后，帽子两角翘起，呈船状，且侧面有两个小的卷云纹装饰，帽子正中隆起一束较粗的穗状装饰。左下角武士右腿半屈，左膝跪地。长脸，高鼻，大眼，硕耳。箭箙素面，箭镞为三角形。右下角武士左腿半屈，右膝跪地。圆脸，直鼻，长目，大耳。箭箙上有两个山字形装饰。箭镞为扁平的铲状。左下角武士面前有一棵树，有枝无叶。树下左侧一犬，右侧一豹。豹子头顶蹲着一只狐狸。右下角武士面前有一翼狮，左后爪踩一扁圆似瓜棱状物。狮子的头顶蹲伏着一只豪猪，武士高冠左侧为一只鹰隼类钩喙猛禽。

上半部分正中为一奔马，左前蹄踩在飞翔的鹰隼颈部。右前蹄踏在豪猪的臂部，马额部有一螺旋状饰物，未见马镫。鞍上骑有一武士，长目，高鼻，下颌略尖。足蹬短靴，身上铠甲与左、右下角蹲踞武士一致，张弓前射，马前一只立虎，其背部立有一狼。马头和虎头上横向蹲着一只体型略小的老虎，马的右后蹄和左下角武士右小臂、冠顶踩着一只猿猴，一只兔子前腿搭在马臀上。一只鹰利爪抓住兔背部，一只体型较大的老虎踩在猿猴和兔子背部，嘴中咬住鹰隼的尾羽。其背部亦伏有一兽。

图像周边以双排乳丁纹做边框。边框与外层乳丁纹之间为一圈龙文。上方正中有一正面龙首，龙首左侧有一向左的行龙，右下角则接一向右侧视的龙首。最外缘一周平沿。

方奇背面的左右两侧及下方阴刻有隶书铭文，每句四字，共 82 字（图二，2）。铭文如下：

金鋰灵质，盛衰不移。良工刻构，造兹方奇。明明毂骋，
百兽飞驰。猿猴腾踯，狡兔奋髭。九龙衔穗，韩卢盻陂。
洸洸巨例，御世庄丽。保国宜民，千载不亏。白乌二年，
岁在戊午，三月丙申朔，九日甲辰，中御府造，用黄金四斤。

2. 方奇二

长方形，长 20、宽 16.5、厚 1 厘米，乳刺高 1、径 0.15 厘米。重 1166.8 克。

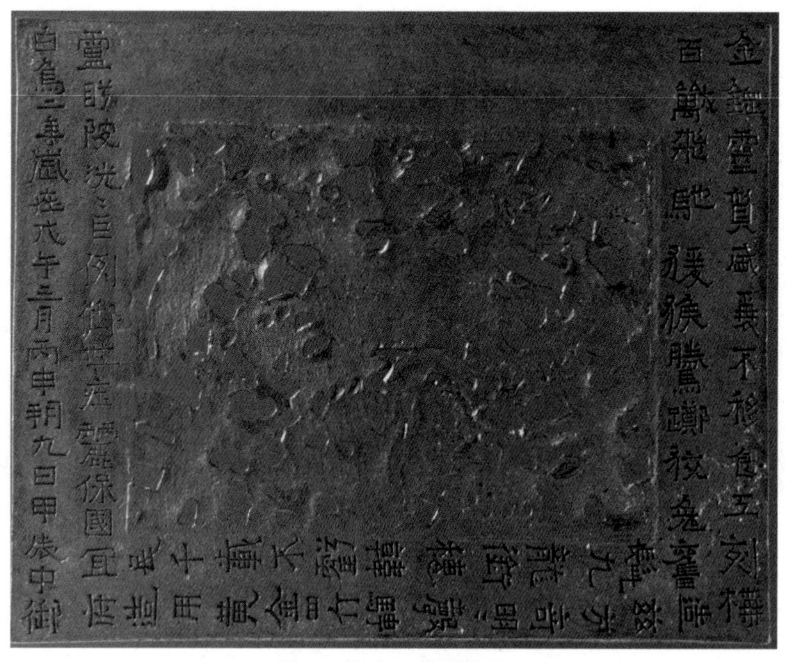

图三 方奇一背面铭文

正中图像为侧视的两只凤鸟衔环相对而立。第二重为一周勾连云纹。第三重为一周侧视龙纹带，上下方各两条龙，每一龙嘴前有一竖向界栏分隔，界栏左侧龙之形体完全，但右侧仅到后爪部分，余皆省略。外围以三排乳丁纹做边框。背面因正面的三凸棱所致，故呈三个相套的凹槽状长方形框（图四）。

1

2

图四 方奇二

1. 正面 2. 背面

3. 方奇三

长方形，长20、残宽16.1、厚1厘米。乳丁高0.7～0.9、径0.2厘米，残重937.8克。

整体形制与方奇二近似，但纹饰亦有诸多差别。下边沿破损（图五、图六）。正中为两只凤鸟相对而立。第二重为波浪形卷云纹。第三重为龙纹带。外围以三排乳丁纹做边框。

图五 方奇三正面

1

2

图六 方奇三

1. 侧视 2. 背面

二、方奇图案的艺术特征与文化属性

方奇一图案表现的是狩猎场景，有树、武士、马、犬、兔子、猿猴、豪猪、老虎、狮子、豹子、鹰隼等动物，另有龙纹。部分动物在铭文中也有提及，如猿猴、狡兔、九龙、韩卢等。图案中有诸多较特殊的地方，如武士身上的着装和冠饰、有翼狮子、马踏鹰隼一类的猛禽、武士所持铲形的箭镞、双身双头的龙纹等。图案整体表现出引弓搭箭、控弦待发的武士与周围的虎、狼、狮、豹、豪猪、鹰隼等猛兽对峙的狩猎场景。

狩猎题材的图像在古代世界各地都很流行。中国早在战国、汉代的陶器和青铜器上就已经出现，其后也绘于墓葬的墙壁上，然方奇的图案表现出了浓厚的域外文化特色，与整个西亚地区的艺术传统有关。

方奇一图案中狩猎武士表现出了游牧民族的特征。助猎动物有犬、鹰隼、豹子等，控弦待发的细节刻画与波斯萨珊时期银盘的细部相同。翼狮形象是波斯的阿契美尼德王朝的艺术特征。马踏鹰隼，武士搭弓射箭的姿势等与萨珊王朝时流行的狩猎图表现手法一致。张广达先生曾指出，这种风格的"豹猎"方式来自西亚或中亚[2]。

在中亚、西亚的金银器装饰艺术中，生命树较为常见，方奇一图案中萌芽状的树正是生命孕育的象征。另外，左右对称的构图方式被认为是帕提亚美术的特色，方奇一左右对称的武士、左右攀爬状对称的兽类，方奇二、方奇三相对的鸟，都体现了对称这一艺术特征。

方奇一中骑马人位于上半部分的中间位置，且人和马的形象均高大勇猛，这是为凸显骑马人的地位。目前流传于世的数十件萨珊银盘中，饰帝王狩猎图的占三分之二以上，几乎是标志性装饰[3]。在波斯美术中，帝王与野兽格斗的主题，既颂扬国王的权威和勇猛，也有着浓厚的宗教色彩，从袄教的观念来看，帝王代表了光明之神阿胡拉·玛兹达（Ahura Mazda），怪兽、狮子则是黑暗之神阿赫里曼的化身，这种题材在波斯艺术中历史悠久[4]。

三、相关问题探讨

（一）铭文释读及相关史实

"方奇"，在汉文文献中意为各地出产的珍奇物品：

《后汉书》："……自兵威之所肃服，财赂之所怀诱，莫不献方奇，纳爱质，露顶肘行，东向而朝天子。"[5]

《大唐西域记》："是知候律以归化，饮泽而来宾，越重险而欵玉门，贡方奇而拜绛阙者，盖难得而言焉。"[6]

"彀骋"，指张满弓弩的武士骑马驰骋。文献中有彀骑、彀马、彀弓之称。

《史记》："委任而责成功，故李牧乃得尽其智能，遣选车千三百乘，彀骑万三千，百金之士十万……"《索隐》引如淳曰："彀骑，张弓之骑也。"[7]

《新唐书》："贞观初，……（苏定方）从李靖袭突厥颉利於碛口，率彀马二百为前锋……"[8]

《新序》："梁君出猎，见白雁群。梁君下车，彀弓欲射之。"[9]

"韩卢睁陂"，指良犬怒视着山坡。韩卢，亦作"韩子卢"、"韩獹"。战国时韩国良犬，色墨。

《战国策》："以秦卒之勇，车骑之多，以当诸侯，譬若驰韩卢而逐蹇兔也，霸王之业可致。鲍本：'韩卢，俊犬名。《博物志》：'韩有黑犬，名卢。'"[10]

《战国策》："韩子卢者，天下之疾犬也。东郭逡者，海内之狡兔也。韩子卢逐东郭逡……"[11]

"洸洸"，指威武的样子。

《毛诗·大雅·江汉》："江汉汤汤，武夫洸洸。"

“白乌”，白色乌鸦。《说文》：“乌，孝鸟也。”古人谓乌有反哺之德，是为孝鸟。在文献中多有“白乌见、获白乌、献白乌”的记载，故白乌之见，是王者至孝，谨事宗庙之征。一般将白乌视为祥瑞之兆。

《太平御览》引薛综《白乌颂》曰：“粲焉白乌，皓体如素。宗庙致敬，乃胥来顾。”[12]

《梁书》：“时进见齐高帝，值有献白乌者，帝问此为何瑞？云位卑，最后答曰：‘臣闻王者敬宗庙，则白乌至。’”[13]

从文献中可见建元“白乌”可能有特殊的含义，所以希望通过方奇“金刚灵质，盛衰不移”的特点，达到“保国宜民，千载不亏”的目的。

“中御府”，官署名称，最早见于战国齐，之后汉代继承。似为掌管国家府库金玉帑帛的机构。唐代龙朔二年（662年）改殿中省为中御府，掌皇家供奉。

《史记》：“齐中御府长信病，臣意入诊其脉……”[14]

《后汉书》：“而今中尚方敛诸郡之宝，中御府积天下之缯，西园引司农之臧，中厩聚太仆之马，而所输之府，辄有导行之财。”[15]

《新唐书》：“武德元年，改殿内省曰殿中省。龙朔二年，曰中御府，监曰大监，丞曰大夫。有令史四人，书令史十二人，左右仗、千牛各十人，掌固、亭长各八人。旧有天藏府，开元二十三年省。”[16]

（二）方奇的年代及归属

方奇出土后，先后有人撰文指出它们属于隋代向海明政权的遗物[17]。文献中关于向海明举兵称帝的记载不多：

隋炀帝大业九年十二月，“丁亥，扶风人向海明举兵作乱，称皇帝，建元白乌”[18]。

“(大业）九年，帝在高阳。……。其后复有桑门向海明，于扶风自称弥勒佛出世，潜谋逆乱。人有归心者，辄获吉梦。由是人皆惑之，三辅之士，翕然称为大圣。因举兵反，众至数万。官军（太仆卿杨义臣）击破之。”[19]

“后三岁……妖贼向海公聚众作乱，寇扶风、安定间，义臣奉诏击平之。”[20]

从上述文献可知向海明是在隋炀帝大业九年十二月丁亥（613年2月2日）举兵称帝，建元白乌的，但在大业九年十二月底就被杨义臣击破（平），历时不到一个月。大业十年二月，隋炀帝征高丽，杨义臣随行，可见向海明政权的确是被剿灭了，因此，不存在向海明政权时“白乌二年”的纪年。向海明政权主要活动范围是扶风和安定，而方奇出土地盐池县在隋代属盐川郡管辖，距扶风郡相去甚远。从文献中可知向海明是扶风汉人，且为佛教徒，而方奇的制作艺术为西亚的波斯风格，方奇一中三武士皆为胡人，尤其是头顶冠饰，有着北方游牧民族的鲜明特色，这与向海明的身份不相符。

我们注意到骑马武士脚下没有马镫，就考古发现而言，最早的马镫发现于3~4世纪中国东北鲜卑人活动区域[21]，北魏以后马镫开始在中国北方地区普遍使用。而方奇中未有马镫图像，亦可排除它们属北魏以后遗物的可能。

方奇铭文中“明明彀骋”没有避向海明之“明”字讳。《隋书》明确记载向海明已称帝，即便是向海明政权覆灭后，其余部仍旧使用白乌这一年号，但避讳当是要遵从的。因此，通过“白乌”年号来断定方奇为向海明政权的遗物的证据是不充分的，其铸造者当另有其人。

解决这一问题的关键当从“戊午三月丙申朔九日甲辰（4月29日）”入手，通过检索《二十史朔闰表》符合这个纪年条件的有：东晋安帝义熙十四年、北魏泰常三年、夏赫连勃勃昌武元年、西凉李歆嘉兴二年、唐玄宗开元六年。

上述五个年号，可排除唐玄宗开元六年因铭文“御世庄丽”、“保国宜民”，不讳“世”、“民”二字，不可能属于唐代遗物。

417年，正是东晋权臣刘裕平后秦之年，晋军随后亦退，北魏势力尚未介入，关中处于权力真空时期，北边有赫连勃勃，西边有沮渠蒙逊，因此，地方上出现小政权的可能性比较大。今天所谓的十六国，是在当时影响最大的十六国，十六国以外，没有被唐代人记录到《晋书·载记》中，而事实上存在着的政权是比较多的。对于夏赫连氏的记载，史书记录较详细，年号排列很紧密，漏掉白乌纪年的可能性不大，因此也可排除方奇属夏赫连氏政权的可能性。

南匈奴附汉时，建庭于距五原西部塞八十里处，后徙居西河美稷（今内蒙古准格尔旗纳林），而诸部王分布在北地、朔方、五原、云中、定襄、雁门、代郡等地。此七郡，连同西河，东汉设置有太守等官吏和行政机构，是南匈奴部民与汉、乌桓、鲜卑等族混居之边郡。宁夏的同心县发现的汉代匈奴墓葬正是这时期内附匈奴的印证[22]。曹魏时期，曹操设置新兴郡，治所九原（今山西忻州），黄河东西岸的陕西、山西、内蒙古、宁夏诸地，是规划内迁南匈奴的区域。为进一步分化匈奴势力，将其一分为五，“太康中，改置都尉，左部居太原兹氏，右部居祁，南部居蒲子，北部居新兴，中部居大陵”[23]，成为五部匈奴居住地。该区域的部族主要有羯、稽、杂胡等。这一时期，纷杂的小政权不绝于史乘：

《魏书》卷三：神瑞二年（415年）三月，“河西饥胡屯聚上党，推白亚栗斯为盟主，号大将军，反于上党，自号单于，称建平元年，以司马顺宰为之谋主”。

《周书》卷四九：“魏孝昌中（525年），有刘蠡升者，居云阳谷，自称天子，立年号，署百官。属魏氏政乱，力不能讨。蠡升遂分遣部众，抄掠居民，汾、晋之间，略无宁岁。”

《北史》卷六：天平三年（536年）九月辛亥，“汾州胡王迢触、曹贰龙聚众反，署立百官，年号平都。神武讨平之”。

《周书》四九：建德五年（576年），“稽胡乘间窃出，并盗而有之。乃立蠡升孙没铎为主，号圣武皇帝，年曰石平”。

从上述史料来看，内迁的五部匈奴，经常建立地方割据政权。因此，417年，有一支胡自称天子，署立百官，年号白乌。盐池县也是以五部匈奴为中心而规划内迁草原游牧民族的区域，十六国晚期，在该区域出现一个割据的地方政权是极可能的，只是史书漏载而已。

四、结　　语

通过对铭文的释读、结合文献中的有关记载。我们认为，这三件金方奇不是隋代扶风向海明政权的遗物，应当是十六国晚期，417年内迁南匈奴的某一支称帝建元白乌，并于白乌二年（418年）铸造了这三件方奇。方奇的构图与波斯萨珊王朝时期的美术风格相似，是丝绸之路上文化交流的又一例证。这三件方奇为研究十六国晚期内迁胡人的历史提供实物资料。

附记：本文写作过程中得到宁夏博物馆陈永耘、杨丽蔚女士的帮助。水涛先生、张学锋先生给予诸多指导。陆帅、刘萃峰同学提出了诸多建议，在此谨致真挚的谢忱！

注释

[1] 白述礼《盐池发现的黄金方奇》,《宁夏大学学报》2007年第4期，第82～87页；刘先勇、王宗义《白乌二年金版：与天神交流的信物》,《东方收藏》2010年第6期，第57～59页；张树彬《千年“大射图”讲述隋末西北农民起义故事》,《东方收藏》2010年第6期，第60～61页；任晓霞《破译盐池古峰庄出土金版上的历史密码》,《东方收藏》2010年第6期，第62～63页。

[2] 张广达《唐代的豹猎——文化传播的一个实例》,《唐研究》第七卷，北京大学出版社，2001年，第177～204页。

[3] 齐东方《唐代的狩猎形象》,《中国史研究》第35辑，(韩国)书林印刷出版，2005年，第167页。

[4] 齐东方《虞弘墓人兽搏斗图像及其文化属性》,《文物》2006年第8期，第80页。

[5]（南朝宋）范晔撰，(唐)李贤等注《后汉书》卷八十八《西域传》，中华书局，1965年，第2931页。

[6]（唐）玄奘、辩机著，季羡林等校注《大唐西域记》卷一《三十四国·序论》，中华书局，1985年，第45页。另有《宋大诏令集》卷第二百三十七《赐谢恩进奉回书》，中华书局，1962年，第925页；《宋大诏令集》卷第二百四十《赐于阗国鳞黑汗王进奉敕书》，第945页。中有“献方奇”“出方奇”的记载。

[7]（汉）司马迁撰《史记》卷一百二《张释之冯唐列传第四十二》，中华书局，1959年，第2758、2759页。

[8]（宋）欧阳修、宋祁撰《新唐书》卷一百一十一《苏定方》，中华书局，1975年，第4137页。

[9]（西汉）刘向著《新序》卷第二《杂事》，中华书局，1985年，第22页。

[10]（西汉）刘向集录《战国策》卷五《秦三·范雎至秦》，上海古籍出版社，1985年，第189页。

[11]《战国策》卷十《齐策三·齐欲伐魏》，第390页。

[12]（宋）李昉等撰《太平御览》卷第九百二十《羽族部七·乌》，中华书局，1960年，第4084页。该条下亦有6条有关“白乌”的史料。

[13]（唐）姚思廉撰《梁书》卷十三《范云》，中华书局，1973年，第230页。

[14]《史记》卷一百五《扁鹊仓公列传》，第2800页。

[15]《后汉书》卷七十八《吕强》，第2532页。

[16]《新唐书》卷四十七《殿中省》，第1218页。

[17] 白述礼、刘先勇、张树彬、任晓霞等将“白乌”认定是属于向海明的年号，并认为铭刻干支“岁在戊午三月丙申朔九日甲辰”与《隋书》记载的向海明称帝时间“大业九年十二月丁亥”不符，是因向海明称帝改元白乌后，为了表示与隋王朝的决裂，实行了一套与历史上干支不相符合的自制的干支纪年。

[18]（唐）魏征、令狐德棻撰《隋书》卷四《炀帝下》，中华书局，1973年，第86页。校勘记：“向海明，本书《杨义臣传》作‘向海公’。”第97页。

[19]《隋书》卷二十三《五行下》，第663页。

[20]《隋书》卷六十三《杨义臣》，第1500页。

[21] 王铁英《马镫的起源》,《欧亚学刊》第三辑，中华书局，2002年，第93页。

[22] 宁夏文物考古研究所等《宁夏同心倒墩子匈奴墓地》,《考古学报》1988年第3期，第333～356页；宁夏文物考古研究所等《宁夏同心县李家套子匈奴墓清理简报》,《考古与文物》1988年第3期，第17～20页。

[23]（唐）房玄龄等撰《晋书》卷一〇一《刘元海》，中华书局，1974年，第2645页。

（本文原载于《文物》2015年第4期）

唐代金银器皿与西方文化的关系

齐东方　张　静

唐代银器皿上，一些不见于中国传统器物的特点，常被称为“西方风格”。概括地说唐代金银器皿的发展受西方影响，不会引起争议；如果具体到某一器物或器类与特定地区的关系时，就有不同的见解。过去，学者们论及一些具体器物与西方的关系，多视为受“萨珊”的影响，然而很少有详细的论证。夏鼐先生在《近年中国出土的萨珊朝文物》文中的“金银器”一节，仅提到西安南郊何家村出土的唐代高足银杯、八棱金银杯（本文称为带把杯）和内蒙古敖汉旗李家营子出土的带把银壶为萨珊式[1]。对于大量出土和传世的唐代金银器皿，从考古学角度，通过器皿类的比较，探索中西方文化的关系，是极有意义的。中国近些年大量出土的唐代金银器皿和浩繁的历史文献中对西方诸国的记述，为探求中西金银器皿的关系提供了丰富资料。

国内外学术界在这一方面可供参考的论著较少，本文根据目前的资料提出一些假设，并通过考古学文化因素的分析及文献史料记述来加以证明，其结论还有待于今后进一步探索和新材料的证实。

本文探讨、论证的前提有以下几方面。

（1）唐代，包括稍早一些的南北朝、隋，笼统地称为“西方”，并与之有密切关系的国家或地区，主要是贵霜、嚈哒、突厥、萨珊、拜占庭、粟特、大食，都是金银器皿制造发达的国家和地区，均包括在影响唐代金银器皿的“西方”范围内。

（2）20世纪70年代以后，国际上关于“萨珊银器”研究最重要的成果是所谓“东伊朗组”或“粟特银器”方面的进展，即传统认为是“萨珊银器”中的一部分实物被重新考定成中亚地区生产的。

（3）外国学者关于西方银器与唐代金银器关系问题的研究，经常以唐代器物为依据，然而，并未对唐代金银器皿有更深入的了解，大都没有利用中国科学发掘出土的遗物，特别是70年代以后的考古新发现。

（4）西方国家或地区的金银器绝大多数是未经科学发掘、无准确出土地点和制造年代的收藏品。

中国的许多器物（包括西方输入品）出土于有明确纪年的墓葬中，其他器皿在由大量考古资料为基础建立起来的年代谱系的框架中，也可以确定其相对年代。因此，中国出土的古代金银器皿在中国与西方文化关系的研究中占据重要的位置，甚至有的输入品可成为西方金银器皿断代的标准器。

在把唐代金银器与“西方金银器”反复进行比较后，可将一部分唐代金银器皿归为与萨珊、粟特、罗马-拜占庭有关的三个系统，但并不意味三者可以截然分开，中亚、西亚复杂的历史背景和金银器皿自身内涵的多样性，决定了金银器皿本身也常常是多种文化的集合。三个系统的提出只是引玉之砖，而对它的修正、补充，也是我们要继续努力的。

一、粟 特 系 统[2]

阿姆河（Amu Dar'ya）、锡尔河（Syr dar'ya）流域的粟特人，素以善于经商著称于世，足迹遍及欧亚内陆，成为国际贸易的转运者，同时也是东西文化的传播者。粟特地区是东西交通的枢纽，中国与西方之间的相互交往，许多都是通过粟特人进行的。近一个世纪以来中亚地区的考古发掘充分证实了他们的文化十分发达，片吉肯特（Pan jikent）和撒马尔罕（Samarkand）北郊的阿夫拉西阿卜（Afrasiab）古城7～8世纪壁画中的有些人物与唐墓壁画、敦煌石窟壁画极其相似[3]。粟特地区还发现中国织物、铜镜等，都说明该地区与唐朝的关系密切。约自4世纪起，还有不少粟特人移居中国，文献和地下出土的文书中对此均有记述[4]。

中国发现的与粟特有关的唐代金银器皿中，一部分是输入的粟特银器，另一部分是唐代仿粟特器物制造的金银器皿。

（一）输 入 品

内蒙古敖汉旗李家营子出土的银带把壶、带把杯、盘、长杯[5]，西安沙坡村出土的一件银碗[6]，西安西郊出土的一件银碗[7]，河北宽城出土的一件银壶[8]（图一），应是粟特银器。

带把壶，器身呈扁圆形。口部有流，略似鸟头形。束颈。鼓腹，最大直径稍偏下。圈足较粗，呈喇叭形，有联珠围绕足的底沿。弧形把的上端起自口部，下端止于中腹，把上端和口缘相接处有一胡人半身像，鎏金。锤揲成型（图一，4）。

同形器物在中亚、西亚经常可以见到，一般认为是波斯萨珊遗物。但它起源早、分布广，罗马到伊斯兰时代都有发现。传至东方的中国和日本以后，被称为"胡瓶"。东方学者较早注意"胡瓶"的是原田淑人，他在研究正仓院收藏的漆胡瓶时比较了波斯萨珊时代的器物，肯定其渊源在波斯萨珊[9]。然而，相当长的时期内，找不到出土于萨珊王朝所在的伊朗高原的作品，有出土地点的器物也都发现在南俄罗斯的草原地带。后来传到日本一件据说确实出土于伊朗高原吉兰州的带把银壶，日本学者深井晋司著《阿那希塔女神装饰鎏金带把水瓶》一文，列举了11件同形器，并把萨珊晚期至伊斯兰初期的与典型萨珊时代的器物进行排比，找出形制上的如下变化：口部由史前同形陶器的上部几乎没有，变为注口顶端出现一半为圆形，后半部分加盖。注口顶端舒缓的弯曲已消失，或成为折角形。颈部增长。把的上端由壶的上腹提高到颈部。萨珊时代末期，壶把上端安在口部，高足中部的节状装饰更加形式化[10]。但是，过去传统认为是萨珊器物的这种壶，未必都是萨珊器。70年代苏联学者马尔萨克《粟特银器》一书，把过去归为萨珊银器中的一部分区分出来，考定为粟特地区的产品，其中就包括了7件这种壶，时代均在7世纪之后（图一，1、2）[11]。

带把壶的喇叭状高圈足的特点，可追溯到帕提亚（Parthian）乃至阿契美尼德（Achae-menidae）王朝时代，罗马时代也有这样的高足器物。中亚、西亚的带把壶有细高圈足和粗矮圈足（甚至无圈足）两类，应当是两个不同的系统。深井晋司文中的11件萨珊带把壶，只有一件是粗矮圈足的，为青铜制品，其他都是喇叭状高圈足。而马尔萨克列举的7件粟特带把壶则都是粗矮圈足或无圈足。

图一 金银器皿

1～3、7～9. 选自马尔萨克《粟特银器》一书 4、6、12. 内蒙古敖汉旗李家营子出土 5. 河北宽城出土 10. 西安西郊出土 11. 西安沙坡村出土

在仔细观察对比了深井晋司和马尔萨克所列举的全部萨珊壶和粟特壶之后，考察李家营子的带把壶，不难看出，该壶把的上端直接安在口上，颈部短粗，圈足矮胖，没有节状装饰，更接近粟特

的产品，时代也相吻合。

带把杯，器身扁圆。口两端上翘，束颈，鼓腹，圈足外侈。腹部有环形把，把上加椭圆形指垫（图一，6）。

这是一件造型别致的器物，有两件器物可供比较。一件是西安南郊何家村出土的被称为“水器”的带把杯，另一件是苏联埃尔米塔什博物馆收藏的带把杯[12]（图一，3）。前者的年代为8世纪前叶，后者为8世纪。三件器物风格一致，时代可做参考。埃尔米塔什博物馆的带把杯，被考定是粟特或伊朗东北部的呼罗珊地区的产品。 何家村的带把杯如不是输入的，至少也是一件仿制品。李家营子带把杯杯把上部的椭圆形指垫，是粟特器物极富特色的装饰，已知的粟特地区的杯类几乎没有不带指垫的，指垫上还常常饰有精美的花纹或人物头像。由此可见，李家营子的带把杯与粟特或呼罗珊地区银器很相似。

长杯，素面，呈船形。原报告说：“圈足已残。”

中国至今尚未发现同类器物。已知的唐代金银器中有两种长杯，一种以藏于日本白鹤美术馆的长杯为代表，杯体是八曲形，为典型的萨珊样式。另一种以西安南郊何家村的长杯为代表，这是汉代以来的耳杯的形制。李家营子的长杯既不分瓣，又不带耳，形制特别。然而，这种杯在西方较多发现，而且历史悠久。日本古代东方博物馆编《丝绸之路上的贵金属工艺》一书，收录了七件东京、大阪、京都等私人的藏品，五件银制、两件白铜制，有三件饰纹样，都是萨珊遗物[13]。长杯在欧洲亦有收藏，杰克斯•摩根（Jacques de Morgan）在伊朗的苏萨（Susa）发掘出一件残器，年代为6或7世纪[14]。粟特地区也十分流行长杯，中亚撒马尔罕（Samarkand）东约70千米的片吉肯特（Panjikent）发掘出大量的粟特壁画，有许多人物手持这种杯进行宴饮的画面，有的旁边还放有带把壶[15]。可见李家营子长杯的产地也应当在萨珊、粟特地区寻求，最重要的还是粟特地区。

盘，侈口，斜壁下收，圈足外侈。盘心单独饰一狻猊或虎状动物（图一，12）。

中国不见这种动物及装饰手法。萨珊、粟特的银器中虽未发现这种动物，但萨珊和粟特的银器中很盛行在盘的中心饰动物、周围留出空白的做法。《粟特银器》一书的图版5～8，《丝绸之路上的贵金属工艺》书中的图9～11、15，都是这种装饰风格的盘（图一，9）。因此，李家营子的银盘也当是粟特地区的产品。

西安沙坡村出土的银碗，侈口，口沿以下内束一周，腹壁斜收，圈足。碗壁捶出12个起伏的瓣，内底刻花角鹿一只（图一，11）。

该碗的形制、纹样与其他中国发现的银碗迥然不同，内底刻画的花角鹿，与其他中国式的盘如河北宽城银盘[16]、日本正仓院收藏的唐代银盘[17]、内蒙古昭盟喀拉沁旗银盘[18]上的“肉枝顶”鹿，在形象上差别很大（图二，2～4）。鹿作为器物的装饰纹样，古代的中国和外国都有，而且历史很悠久，但鹿的形象各有特点。花角鹿更多见于西方的器物上，如《粟特银器》书中的9、34两件银器，日本天理参考馆收藏的伊朗七、八世纪的鎏金银碗[19]。在中国，这种风格特点的鹿还不多见[20]。银碗在碗壁上锤揲出十二个瓣，使器壁变得凸凹起伏。早在公元前，地中海东部沿岸国家和波斯帝国内便流行这种银器、保加利亚南部古代色雷斯地区就发现许多这种银制品[21]，五六世纪的粟特银器中也流行这种做法（图一，8）[22]。沙坡村鹿纹碗的口沿以下内束一周，也是不见于中国器物的作风，而在西方器物中十分流行。中亚、西亚的分瓣银器，分瓣多而细密的器物，年代

图二 金银器皿的纹样

1. 西安沙坡村出土银碗上的鹿纹 2. 河北宽城出土银盘上的鹿纹 3. 日本正仓院藏唐代银盘上的鹿纹 4. 喀喇沁旗出土银盘上的鹿纹 5～7. 西安南郊何家村出土银盒上的纹样 8. 喀喇沁旗出土银盘上的摩羯纹 9. 西安南郊何家村出土银碗上的摩羯纹 10. 瑞典俞博藏银碗上的摩羯纹 11. 西安市太乙路出土银长杯上的摩羯纹 12. 卡尔·凯波藏银长杯上的摩羯纹 13. 西安南郊何家村出土银带把杯上的摩羯纹 14. 浙江丁卯桥出土银盆上的摩羯纹

早，地点偏西；分瓣少的器物，年代偏晚，为偏东地区所造。根据这种装饰手法在时代、区域上的变化，可推定这件银碗是粟特地区制造的。

西安西郊出土的银碗形制特点是碗壁作八瓣，圈足底饰联珠一周，碗内中心亦有联珠两周（图一，10）。如前所述，这都是粟特银器的特征（图一，7），并有类似的实例。

河北宽城的银壶，小口有流，细颈，弧肩，圆鼓腹，喇叭状圈足较粗。口与腹之间原有一把，现已失（图一，5）。该壶的整体风格与李家营子的带把壶一致。

因此，西安和宽城的两件器物也应是粟特银器。

（二）仿制品

马尔萨克的《粟特银器》一书所附的图表中，A、B、C三个流派的器物均有带把杯，把的特征是在杯体的一侧呈环形，上有指垫，下带指鋬，指垫宽于把的横断面，其上多为胡人头像。器体有鼓腹、束腰、八棱三类。唐代金银器皿中均有与之相似的器物（图三）。这些带把杯除了陕西西安何家村出土的一件可能是输入的器物以外，其他杯从纹样上观察，应是中国在粟特银器影响下制造的。六、七世纪粟特银器中的碗类，器体多分曲或作花瓣形，并以锤揲技法使之凸凹起伏。中国唐代的许多碗也带有这种意匠（图四），而在传统器物中无相应的造型，应是受粟特影响的结果。

图三 银带把杯

1～3、7～10. 选自马尔萨克《粟特银器》一书 4、6、12. 西安南郊何家村出土 5、13. 西安沙坡村出土 11. 西安市电车二厂出土 14. 美国弗利尔美术馆藏

图四 银碗

1～3. 选自马尔萨克《粟特银器》一书 4、5. 西安南郊何家村出土 6. 纽约亚洲协会藏 7. 日本白鹤美术馆藏

二、萨珊系统

中国与萨珊往来最密切的是在北魏至唐初。唐永徽二年（651年）萨珊国王伊嗣俟（Yezdigerd Ⅲ）被杀，萨珊灭亡，其子卑路斯（Perozes）逃至吐火罗，咸亨年间来到唐朝，被授予右武卫将军。卑路斯死后，其子泥涅师于调露元年（679年）返回吐火罗，二十年后，部落离散[23]。唐代，萨珊与中国通使二十九次[24]，其灭国后的所谓使者，可能是萨珊遗族或商人冒充的使节。北魏到唐初的几百年间，许多波斯萨珊人来到中国，在定居中土的“波斯人”中，不乏金银工匠。《旧唐书·玄宗纪》开元二年十二月下记“时右威卫中郎将周庆立为安南市舶使，与波斯僧广造奇巧，将以进内。监选使、殿中侍御使柳泽上书谏，上嘉纳之”。又《旧唐书·田神功传》载：上元元年，田神功“至扬州，大掠百姓商人资产，郡内比屋发掘略徧，商胡波斯被杀者数千人。……大历三年三月，朝京师，献马十匹、金银器五十件、缯綵一万匹”。说明当时居住在中国的波斯人为数不少，而且手中有许多金银器，有的是带来的，有的是就地制造的。

中国发现最多的是萨珊银币，也有萨珊织物、玻璃器等，时代从4世纪末直到8世纪中叶[25]。其间，也有不少银器皿传入。本文探讨的主要是这类器物，并以银器为主。中国发现的萨珊金属器有封和突墓出土的银盘[26]、大同出土的“银洗”（即长杯）（图五，6）[27]，表明唐代以前萨珊银器已传入中国。唐代金银器被学者明确指出与萨珊有关的是西安南郊何家村出土的3件八棱带把银杯、高足银杯，内蒙古敖汉旗李家营子出土的带把壶。的确，这些器物带有一些萨珊风格，但与其说是萨珊式，莫如说更接近粟特地区的器物（详见上节）。唐代银器中最具代表性的萨珊式的器物应属长杯。世界各国博物馆中有不少这种杯的藏品，可进行比较。

日本至少收藏4件：一件为东京私人收藏，一件藏于天理参考馆，一件藏于冈山市立古代东方美术馆，还有一件保存地点不明[28]。

俄罗斯圣彼得堡（原列宁格勒）的埃尔米塔什博物馆收藏3件：一件八曲长杯出土于俄罗斯的彼尔姆（Perm）的Sloudka（图五，5），一件素面十二曲金长杯出土于乌克兰中部的彼尔塔瓦（Poltava），一件八曲长杯出土彼尔姆的Koulagyche[29]。

波兰发现2件：一件八曲银长杯出土于波兰东境的伏林尼（Wolynia），由基辅市个人收藏；一件十二曲银长杯也出土于伏林尼，藏于沙托利斯基博物馆（Czartorysky）[30]。

伊朗里海南岸厄尔布而士山脉南麓的加兹温（Kazvin）出土一件素面八曲长杯，藏德黑兰考古美术馆[31]。

阿萨都拉·索连（Assadulah Souren）和麦立坚·齐尔万尼（Melikian Chlirvani）在《伊朗银器及其对唐代中国的影响》一文中提出"所有与中国唐代银器最接近的那些器物都是萨珊帝国疆域以外制作的，而且几乎都是萨珊朝最后崩溃，即伊嗣侯三世在木鹿（Merv）附近被害之后百年制作的"[32]。文中主要讨论了翼驼纹带把壶、带把杯、直筒杯和一件八曲长杯，认为这组器物应是粟特或东部伊朗制作。还指出"一旦我们同意这些银器是粟特制作的，或更泛泛地说是东部伊朗生产的，在稍晚的时期所有同类器物都可以看作是七世纪后期或八世纪的。伊朗影响唐代金属器的问题不得不重新考虑"。但作者最终也未排除萨珊银器对中国影响的可能。有关"与唐代最接近的器物"，文中仅提到上述四件和多棱杯类器物，更少直接涉及中国的具体实例。然而即使这四器是在萨珊灭亡之后制造的，也并非所有与唐代银器相似的器物都晚于这一时间。

出土萨珊银盘的大同小站村花圪塔台北魏封和突墓，据墓志载其卒于宣武帝景明二年（501年），随葬银盘的制作不会晚于这一时间[33]。大同北魏城址出土的"银洗"（即长杯）亦被考定是萨珊银器，但产地可能在伊朗东部[34]。大同即北魏之都平城，为北魏政治中心，皇室、贵族大都居住于此，当然也是与西方诸国进行交往的中心。与长杯同出还有一件银碗、三件鎏金高足铜杯，均为精美的物品，非一般百姓所能具有。494年北魏将都城迁至洛阳，平城逐渐失去繁荣，孝昌年间（525～527年）平城为朔州流民占领，此后至唐代一直比较荒僻。故长杯及同出的其他珍贵器物，应是平城作为都城时传入的，最晚不超过6世纪初，也就是说大同出土的这件萨珊长杯时代下限不晚于6世纪初。据研究，日本天理参考馆藏的八曲长杯，器身所饰的阿那希塔女神裸体于水中，已具有伊斯兰时代常见画面的特点，故推测时代在萨珊末期，即6～7世纪[35]。中国的两件器物的时代下限明确或基本明确，天理参考馆的一件的时代也经过研究，它们都不是"后萨珊时期"（Post-Sassanian Period）的作品。

关于东方发现的八曲或十二曲长杯的渊源，20世纪30年代原田淑人曾根据正仓院南仓的八曲鎏金铜长杯和中仓的十二曲绿玻璃长杯体呈椭圆形的特点，认为它渊源于中国耳杯，其后向东西传播[36]。60年代后期，深井晋司研究了后来新收藏于日本的（即东京私人收藏品和天理参考馆藏品）八曲长杯，根据卢浮宫、大英博物馆所藏的仿贝壳形式的罗马银器和北欧Hannover出土的青铜贝形杯（图五，2、4），提出八曲长杯是以罗马时代贝壳形式的银器为蓝本，从贝壳作180° 展开后

图五 金银长杯

1～4. 选自深井晋司《ペルシア古美术研究》一书 5. 俄罗斯埃尔米塔什博物馆藏萨珊金长杯 6. 山西大同出土的萨珊银长杯 7. 美国圣弗兰西斯科美术馆藏 8. 日本白鹤美术馆藏 9. 卡尔・凯波收藏 10. 西安市太乙路出土 11. 梅车波里特美术馆藏 12. 美国弗利尔美术馆藏

的形式得到启发而创作出来的。罗马时代银器中无八曲长杯，应是萨珊朝在伊朗创作的。天理参考馆长杯内的龟甲纹与伊朗里海南岸吉兰省出土的切子装玻璃碗[37]的装饰风格一致，制作地点应有密切的联系。长杯纹样中鼻端突出的鱼，应是制造者据其熟悉的里海中的鲟鱼而作，该杯可能制作于里海周围。德黑兰考古博物馆也藏有出土于伊朗高原北部马赞德三省的Sari、据说时代为3世纪的贝壳式的银器（图五，1）[38]。作为一种地区性文化特征，造型艺术的某些特点是共同的。伊朗法尔斯省波斯波利斯（Persepolis）出土过萨珊朝的银制马具装饰，其上出现了高浮雕多曲长杯式的纹样（图五，3）[39]。所以深井晋司的推测不无道理。根据中国出土的遗物和上述学者的研究，我们认为多曲长杯是产生、流行于萨珊的银器。就萨珊银器和与中国银器的关系而言，中国出土的两件可以确定年代下限、出土地点明确的器物，不仅为中国唐代金银器受萨珊的影响提供了证据，也对70年代萨珊银器研究中的某些结论提出了质疑。

中国的长杯最初是忠实地模仿萨珊的器物。此类杯造型上最重要的多曲特征与萨珊杯几乎完全一致（图五，7、8），说明7世纪后叶或稍晚萨珊银器对中国具有相当大的影响。但将它们与全部萨珊长杯比较，又显现出其独特性。不仅其繁缛细密的植物纹纹样在萨珊器物上不见踪影，形制上杯体较深，口沿向外敞开，足部增高等皆表现出与萨珊器物微妙的区别。唐代工匠尽管模仿外来的器物造型，但并不盲从。从这一最典型的仿制品上就反映出7世纪后叶金银器的中国化已经开始。在中国长杯演变谱系中，杯体深、高足、敞口等有别于萨珊器的特征，在后来的器物上沿着两个方向发展，一是基本保持着八曲的特点，但杯体更深，几乎成为圜底碗的形态，下面的足更高，呈喇叭形，足部的棱已消失，中国流行的莲叶纹样与器体结合成为装饰（图五，11、12）。另一种先是将八曲改为八瓣即每曲形成的内凹线都是从口至底，再进一步将八曲减少至四曲（图五，9、10）。长杯在中国演变出的这两个分支是唐代的创新之作，成为两种使用功能不同的器物（图五，9～12）。

唐代金银器皿中还有一些较特别的纹样装饰当为萨珊银器的影响下出现的，如陕西西安何家村出土的银盒中，有的顶部和底部中心均有带翼的动物如狮、鹿等，周围绕以麦穗纹圆框（图二，5～7）。这类装饰做法唐代不流行，仅出现于8世纪中叶以前的几件器物上。萨珊和粟特器物上的动物多为想象出来的形象，将各种动物添加双翼，并在四围加麦穗纹圆框。这种装饰方法在萨珊银器上更为常见，称为"徽章式纹样"[40]。唐代金银器皿上的这种纹样显然接受了萨珊艺术的内容。这种纹样后来在中国的器物上发生了改变，首先是取消了圆框中的动物，代之以唐代流行的宝相花类，有的银盒盒盖与底上并存着动物和宝相花这两种风格的徽章式纹样，盖上仍为口衔花草的独角兽，底上则是一种团花。稍晚一些的银盒圆框中心是一朵宝相花，甚至取消了圆形的边框，8世纪中叶以后不见这种装饰。

三、罗马-拜占庭系统

1970年山西大同北魏平城遗址中出土了3件鎏金铜高足杯[41]，一件腹壁内弧，下部折成圜底，然后直接为高足的节，其下是覆盆状的足底。一件直斜壁，高足较粗，呈喇叭形。一件口下内束后带折棱，圜底，高足较细，中间有节。大同北魏封和突墓也出土一件银高足杯[42]，虽已残，但可以看出杯体较斜，喇叭形高足的中间无节。呼和浩特市土默特左旗毕克镇东北出土两件隋、唐初时期的银高足杯[43]，杯体为直口，圜底，腹部有一周凸棱，下接喇叭形高足。西安城郊隋大业四年（608年）李静训墓中出土过金、银高足杯各一件[44]，这两件高足杯与毕克镇出土的很相似。

高足杯不见于中国传统器物的造型之中。夏鼐先生认为，大同出土的鎏金铜高足杯，是输入的西亚或中亚的产品，带有强烈的希腊风格；李静训墓出土的金、银高足杯，是萨珊帝国的输入品；何家村出土的银高足杯，器形是萨珊式的，纹样为唐代中国式的，可能是中国匠人的仿制品[45]。孙良培先生认为大同的高足杯很可能来自伊朗东北部[46]。中国虽无人对高足杯渊源问题进行专门研究，但上述意见表明，学者们倾向将高足杯的来源考虑在萨珊伊朗。萨珊伊朗确有这种高足杯的传世品，但这是否为当地的传统风格，有待探讨。

日本学者桑山正进曾将唐代的金银杯分为四类，其中第二、四类即高足杯。他认为，第二类（杯形高足杯）在粟特和萨珊朝的伊朗都不存在，而在中国的陶瓷器中可上溯到东晋。高足器是四五世纪罗马流行的东西，后传入中亚，中国的这种高足器的祖型可能源于吐火罗地区[47]。桑山先生所说的粟特及萨珊伊朗不存在高足杯，可能是指这些地区的早期。然而，他提出与罗马有关的论点却很有见地。

可列举一些西方高足杯的实例来进行分析。

古代色雷斯地区（今保加利亚）出土的银高足杯，时代为公元前1世纪[48]。土耳其伊斯坦布尔博物馆藏的釉陶高足杯，时代为罗马帝国时代前期、1世纪初[49]。叙利亚的玻璃高足杯，为3～5世纪的产品[50]。出土于伊朗吉兰州的一件银高足杯，时代为3～6世纪[51]。出土于伊朗吉兰洲的一件玻璃高足杯，时代为3～7世纪[52]。土耳其伊斯坦布尔博物馆藏青铜高足杯，为拜占庭时代6世纪的作品[53]。埃尔米塔什博物馆收藏、出土于黑海沿岸彼尔塔瓦市郊的四件高足杯，两件金杯的时代为7世纪，两件银杯为7世纪初[54]。

高足杯在形制上最具特色的是高足部分。上述实例中，属于伊朗地区，即古代萨珊地区的器物，高足部分多无算盘珠式的节，而在偏西地区的作品中却较多地带有节状装饰，尽管萨珊时代的一些器物如执壶高足中部也有节，但总体上说比罗马-拜占庭地区少，而且时代偏晚。

与中国的高足杯形制最相似的是1912年黑海沿岸的彼尔塔瓦市郊出土的4件金、银高足杯（图六，1～3）。一件金杯的杯体中部有折棱，下部锤揲四个浮雕式的忍冬纹，其间的上端有三角形的花蕾。纹样粗犷简洁，没有细致的刻画，器壁很薄。另一件金杯的形制相同，纹样是在杯体折棱下部饰绳索纹，其下为花瓣纹。还有两件银杯无纹样，高足部分与金杯稍有不同，算盘珠式的节细而小，几乎成为凸弦纹。器物上有希腊或突厥文的字母。马尔萨克认为它们不是从伊朗传入的，应制作于黑海北岸，为游牧民族的遗物，而且类似的容器在6～7世纪从匈牙利到乌克兰的所有草原地带都有发现[55]。

中国内蒙古呼和浩特附近的毕克镇和西安李静训墓中发现的金银高足杯（图六，4、5）与彼尔塔瓦杯的外形极为相似。据报道，毕克镇的两件杯是在修水渠工程中发现的，当时掘得人骨架一具，尸骨处有拜占庭金币1枚、金戒指2件及牙签、刀鞘、铜环、牛骨、冠顶上的金饰片1件。“尸骨旁没有发现棺椁等葬具的痕迹，或许是一个商队的商人暴死于路而加以掩埋的。根据死者身上携带的如圈足银杯等物品，掩埋的时间，可能为隋唐时代或稍早一些。”这枚拜占庭金币是列奥一世（Leo I，457～474年）时所铸，与中国发现的其他的阿拉伯时代的仿制品不同。这枚金币是过路商人的物品，同出的金饰片也不是中国风格的物品，因此，这批器物中的高足杯可能与金币同样是拜占庭的制品。这种推测如果不误，说明拜占庭的高足杯在唐代以前已传入中国。李静训墓出土的金银高足杯，杯体较浅，为圜底碗形；高足为喇叭形，从足的顶部开始逐渐向外撇；高足中间仅有一细小的凸棱。这种杯与呼和浩特的高足杯乃至黑海地区和古罗马-拜占庭的作品相似。总之，高足杯最初应是罗马风格的器物，拜占庭时仍沿用。唐代的高足杯类，可能源于拜占庭的影响。当然，由于萨珊控制着中国通往拜占庭的要道，不能排除这种影响是间接的。

中国发现的一些仿金银器皿的铜、锡、陶瓷高足杯，大都出于南方的湖南、湖北、江西地区，时代最早的为东晋、隋。这一特别现象，似乎与拜占庭和中国的关系相吻合。《三国志》卷三十引鱼豢《魏略·西戎传》的记载：大秦“常欲通使于中国，而安息图其利，不能得过”。萨珊朝时这种情况更为严重，拜占庭则采取了相应的措施，查士丁二世于568年曾遣使到西突厥的可汗庭，想

图六　金银高足杯

1～3. 黑海沿岸的彼尔塔瓦出土　4. 呼和浩特近郊出土　5. 西安隋李静训墓出土　6. 美国弗利尔美术馆藏　7. 美国圣弗兰西斯科美术馆藏　8. 西安南郊何家村出土　9. 陕西临潼庆山寺出土　10. 卡尔・凯波收藏　11. 西安南郊何家村出土

绕道与中国交往。裴矩的《西域图记》序也记载了通拜占庭的三条商路，“北道从伊吾，经蒲类海铁勒部，突厥可汗庭，度北流河水，至拂菻国，达于西海”[56]。此路须绕道黑海，大致经过黑海北岸出土高足杯的地区。而最重要的还是通过海路，如531年拜占庭曾鼓动其盟国埃塞俄比亚国王与印度发展贸易，将中国丝绸运往本国[57]，虽未成功，已可见其对通过海路与中国交往的兴趣。海上交通，对拜占庭并不陌生，《后汉书・西域传》载：东汉初，大秦“与安息、天竺交市于海中，利有十倍”。《梁书・诸夷传》又载“大秦王安敦遣使自日南徼外来献，汉世唯一通焉。其国人行贾，往往至扶南（今柬埔寨南部）、交趾、日南（今越南北部）”。中国通过南海与罗马－拜占庭交往的历史悠久，广州象冈汉南越王墓出土有罗马地区制造的银盒[58]，云南石寨山则有这种银盒的青铜仿制品[59]。因此，隋唐时中国南方制造的铜、锡、陶瓷高足杯仿自罗马－拜占庭器物的可能性更大。

几十年来，中国出土了较多的拜占庭遗物，据宿白先生统计，新疆、甘肃、陕西、内蒙古、河北等省区的许多地点发现有拜占庭金币，金币多为6世纪后期到7世纪中期所铸，此外，还有一些玻璃制品传入[60]。因此唐代金银器皿中的高足杯类很可能是受拜占庭器物形制的影响而制作的（图六，6～11）。

四、余　　论

三个系统的问题一经提出，更多难以解决的问题也随之出现。种种迹象表明，唐代金银器中还存在着印度、贵霜、哌哒、突厥、阿拉伯文化的因素。马尔萨克在解释那件黑海北岸出土的高足杯时说，器物上的装饰即让人想到拜占庭的纹样，又与突厥-粟特混合样式接近[61]。可见，上述三个系统并不能囊括西方对唐代金银器皿产生影响的全部地区。由于资料不多，或文化特征不明显，及某些文化的本身尚待探索，不能做出更多的推测，但也应将问题提出。

1. 印度文化因素

瑞典学者俞博早在20世纪50年代根据传世品研究唐代金银器时，就提出了唐代金银器的形制、纹样有中国传统风格、萨珊波斯风格、印度风格和中国创新风格。唐代金银器皿上，有一些莲瓣、莲叶、迦陵频迦的题材，有学者认为是印度文化的因素。但莲花纹伴随佛教艺术传入中国，早在南北朝时已十分流行。唐代金银器皿，包括其他遗物上的这类纹样如若不是追本溯源，毋宁说是南北朝风格的延续。唐代金银器中的一些怪鱼类倒是值得注意的现象。它们出现在一些碗、带把杯、长杯、盆上[62]，被称为“摩羯”，是印度神话中的动物，常出现于古代印度雕塑、绘画艺术中。与其他和印度有关的纹样不同，摩羯在中国流行于唐代以后的器物上[63]，金银器皿上尤多（参见图二，8～14）。这种纹样应是受印度文化的影响。不过，阿富汗境内的伯格拉姆（Beram）遗址出土的贵霜时代遗物和中亚撒马尔罕的片治肯特粟特人遗址中，也有摩羯纹样，所以不能排除从中亚传入的可能。

2. 贵霜-哌哒文化因素

哌哒原居于阿尔泰山一带，因受柔然攻击西迁，5世纪中灭贵霜居于其地，进而控制粟特地区。哌哒立国虽时间不短，辖地广阔，但仍属游牧民族，其自身文化特征不清，故作为文化系统，暂与贵霜归在一起。如果说中国与西方交通，波斯和中亚粟特地区是重要的中间站，贵霜-哌哒则是中国通往这个中间站的必经之路，对中西交通举足轻重。可是能了解到的属于贵霜-哌哒文化的器物很少，这一地区数易其主，又常依附于周围强大的政权，特别是在波斯文化及希腊化时代的影响下，难以分辨出当地独特文化的基本内涵。就金银器而言，目前被推定的哌哒器物，如埃尔米塔什博物馆收藏的一件5世纪哌哒银碗和撒马尔罕出土的5世纪后期的哌哒银碗[64]，以及我国学者认为是哌哒银器的李贤墓出土带把壶及大同出土的银碗[65]。这些器物的形制均非当地独有，而纹样又带明显的希腊罗马及萨珊特征。不管这些器物能否肯定是哌哒器物，这一风格对唐代金银器有一定的影响。因为西安何家村鸳鸯莲瓣纹金碗上的尖瓣装饰和这些器物的装饰意匠接近。

3. 阿拉伯文化因素

阿拉伯于7世纪中叶崛起，自唐永徽二年（651年）始，与中国通使达36次之多，其间也有武力冲突。天宝十年（751年）的怛罗斯战役唐大败后，大食又派兵助唐平安史之乱，唐与阿拉伯交往密切，除正史外出现了一些专门的著述，如杜环在大食及其附近国家中生活十几年后写下的《经行记》和撰于唐德宗贞元十七年（801年）贾耽的《四夷述》。中国还发现有阿拉伯人制造的金币。据考，西安土门村高宗武后时期的墓中出土拜占庭式金币，是7世纪中叶仿拜占庭希拉古略（Heaclias，610～641年）时的金币[66]。西安西窑头村8世纪后叶至9世纪前叶的唐墓中出土3枚阿拉伯金币，最早的一枚铸于阿布达·马利克（Abd amalik）在位期间，约为702年；最晚的一枚铸于奥梅雅朝（白衣大食）最后的回教主马尔凡第二（末换）时期，约相当于746～747年[67]。阿拉伯也有发达的金银器皿制造业，从文献记载和中国出土的阿拉伯金币的情况看，其金银器皿也当传入中国，并对中国金银器皿的生产产生影响，但这一影响应比唐初受粟特、萨珊和罗马-拜占庭系统的影响要小，因为8世纪中叶中国金银器皿的制造已完成了中国化的过程，形成了自身的生产模式。

最后，还应看到，中西文化交流是双向的，通过“丝绸之路”，中国古代的先进技术亦传入中亚、西亚乃至欧洲，拜占庭引入中国的育蚕法、粟特人把造纸传入欧洲已为人们熟知。作为当地制品上中国文化因素的渗透，过去人们曾提到康国七八世纪仿中国方孔圆郭的铜币、葡萄纹镜等。金银器皿也当如此。现已查明的粟特银器中，便有许多与唐代金银器相近的因素，有的应是接受了中国的影响。

注　释

[1] 夏鼐《近年中国出土的萨珊朝文物》，《考古》1978年第2期。

[2] 齐东方《李家营子出土的粟特银器与草原丝绸之路》（见《北京大学学报》哲学社会科学版1992年第2期）中已论述过相关问题，为使本文的三个系统完整，仍将有关内容摘录于此。

[3] 宿白《西安地区唐墓壁画的布局和内容》，《考古学报》1982年第2期；姜伯勤《敦煌壁画与粟特壁画的比较研究（摘要）》，《敦煌研究》1988年第2期。

[4] 姜伯勤《敦煌吐鲁番とシルクローバのッダバ人》，《季刊东西交涉》第五卷一二三号，1986年；张广达《唐代六胡州等地的昭武九姓》，《北京大学学报》（哲学社会科学版）1986年第2期。

[5] 敖汉旗文化馆《敖汉旗李家营子出土的金银器》，《考古》1978年第2期。

[6] 西安市文物管理委员会《西安市东南郊沙坡村出土一批唐代银器》，《文物》1964年第6期。

[7] 保全《西安市文管会收藏的几件唐代金银器》，《考古与文物》1982年第1期。

[8] 宽城县文物保护管理所《河北宽城出土两件唐代银器》，《考古》1985年第9期。

[9] 原田淑人《古代东亚文化研究》，座右宝刊行会，1941年。

[10] 深井晋司《ペルシア古美术研究》（ガラス器·金属器），吉川弘文馆，1967年。

[11] Маршак. Б. И.*Согдииское серебро*. Москва, 1971.

[12] 东京国立博物馆《シルクロードの遗宝》，日本经济新闻社，1985年。

[13] 古代オソエソト博物馆《シルクロードの贵金属工艺》，有限会社シマプレス，1981年。

［14］ Harper P O. *The Royal Hunter.* New York. 1978.

［15］ Guitty Azarpay. *Sogdian Painting.* The Pictorial Epic in Oriental Art, 1981.

［16］ 宽城县文物保护管理所《河北宽城出土两件唐代银器》，《考古》1985年第9期。

［17］ 关根真隆《正仓院への道》，吉川弘文馆，1991年。

［18］ 喀拉沁旗文化馆《辽宁昭盟喀拉沁旗发现唐代鎏金银器》，《考古》1977年第5期。

［19］ 古代オエント博物馆《シルクロードの贵金属工艺》，有限会社シマプレス，1981年。

［20］ 中国内蒙古昭盟伊克速机沟出土的鹿形铜饰件为花角鹿，时代被定为战国；内蒙古西沟畔匈奴墓、呼鲁斯太匈奴基地也出土花角鹿纹的饰牌和饰件，是春秋末到战国时代北方匈奴墓的遗物。两者都不是中原文化的特点，而且年代很早。参见盖山林《内蒙古自治区准格尔旗速机沟出土一批铜器》，《文物》1965年第2期；伊克昭盟文物工作站等《西沟畔匈奴基》、塔拉等《呼鲁斯太匈奴墓》，《文物》1980年第7期。

［21］ 江上波夫等《古代トラキア黄金展》，中日新闻社，1979年。

［22］ Маршак Б Н. *Согдиское серебро.* МосkВа,1971.

［23］《新唐书·西域传》。

［24］ 参见张星烺《唐代波斯与中国之交通》，《中西交通史料汇编》第三册，中华书局，1978年。

［25］ 货币由国家铸造，是法定的流通手段，其形制具有鲜明的制币国的特征，从直观上便可判定其产地来源。有的古代货币，在进行国际贸易时，超越本国范围，在双方或多方认可的前提下，充当了地区性货币。萨珊银币就曾一度成为这种跨地区的国际货币。在隋以前的中国河西地区，萨珊银币可能是通货，表明中国与萨珊之间有商业交往。夏鼐先生在1974年发表的《综述中国出土的波斯萨珊朝银币》（《考古学报》1974年第1期）一文中，对这些银币做过详细的研究。据他当时的统计，中国发现的萨珊银币有33批，共1174枚。这些萨珊银币在中国的埋藏年代为4世纪末到8世纪中叶，其中以7世纪的最多。仅新疆乌恰山中7世纪后半叶的窖藏就一次出土947枚。银币出土于窖藏中，可能是商人遇险时掩埋的；随葬于墓中的，多是作为珍宝、饰品。萨珊的织物也曾传入中国（夏鼐《新疆发现的古代丝织品—绮、锦和刺绣》，《考古学报》（1963年1期）。

［26］ 大同市博物馆马玉基《大同市小站村花圪塔台北魏墓清理简报》，《文物》1983年第8期。

［27］ 出土文物展览工作组《文化大革命期间出土文物》，文物出版社，1973年。

［28］ 古代オエント博物馆《シルクロードの贵金属工艺》，有限会社シマプレス，1981年。

［29］ Pope A U. *the Survey of Persian Art.* New Edition, Ashiya. Japan, 1981.

［30］ 原田淑人《古代东亚文化研究》，座右宝刊行会，1940年。

［31］ 深井晋司《ペルシア古美术研究》（ガラス器·金属器），吉川弘文馆，1967年。

［32］ *Pottery and Metal work in T'ang China*, colloquies on Art and Archaeology, No. 1. London, 1971.

［33］ 夏鼐《北魏封和突墓出土萨珊银盘考》；马雍《北魏封和突墓及其出土的波斯银盘》，《文物》1983年第8期。

［34］ 孙良培《略谈大同市南郊出土的几件银器和铜器》，《文物》1977年第9期。

［35］［38］ 深井晋司《镀金银制八曲长杯》，《ペルシア古美术研究》（ガラス器·金属器），吉川弘文馆，1967年。

［36］ 原田淑人《古代东亚文化研究》，座右宝刊行会，1940年。

［37］ 中国称为磨花玻璃碗，此类碗的特点是用切或磨的技法在器表上做出许多龟甲纹状的装饰。

［39］ 深井晋司《镀金银制八曲长杯》，《ペルシア古美术研究》（ガラス器·金属器），吉川弘文馆，1967年。

［40］ Harper P O. *The Royal Hunter.* New York, 1978.

［41］ 出土文物展览工作组编《文化大革命期间出土文物》，文物出版社，1973年。

［42］ 大同市博物馆马玉基《大同市小站村花圪塔台北魏墓清理简报》，《文物》1983年第8期。

［43］ 内蒙古文物工作队等《呼和浩特市附近出土的外国金银币》，《考古》1975年第3期。

［44］ 中国社会科学院考古研究所《唐长安城郊隋唐墓》，文物出版社，1980年。

［45］ 夏鼐《近年中国出土的萨珊朝文物》，《文物》1978年第2期。

［46］ 孙良培《略谈大同市南郊出土的几件银器和铜器》，《文物》1977年第9期。

［47］ 桑山正进《一九五六年来出土の唐代金银器とその编年》，《史林》六十卷六号，1977年。

[48] 江上波夫等《古代トラキア黄金展》，中日新闻社，1979年。
[49] 中近东文化センター《トルコ文明展》，平凡社，1985年。
[50]~[52]《冈山市立オリエント美术馆》，大冢巧艺社，1979年。
[53] 中近东文化センター《トルコ文明展》，平凡社，1985年。
[54] 东京国立博物馆等《シルクロードの遗宝》，日本经济新闻社，1985年。
[55] 东京国立博物馆等《シルクロードの遗宝》，日本经济新闻社，1985年。
[56]《隋书·裴矩传》。
[57] 齐思和《中国和拜占庭帝国的关系》，上海人民出版社，1956年。
[58] 广州象冈南越王墓出土的银盒应是罗马地区的银器，见齐东方等《中国古代早期金银器皿研究》(待刊)。
[59] 云南省博物馆《云南晋宁石寨山古墓群发掘报告》，文物出版社，1959年，图版四三,4、5；插图二一，1。
[60] 宿白《中国境内发现的中亚与西亚遗物》,《中国大百科全书·考古卷》，中国大百科全书出版社，1986年。
[61] 东京国立博物馆等《シルクロードの遗宝》，日本经济新闻社，1985年。
[62] 韩伟《海内外唐代金银器萃编》，三秦出版社，1989年，图188、113、116、94、45、36、85、90、182、285。
[63] 岑蕊《摩羯纹考略》,《文物》1983年第10期；孙机:《摩羯灯》,《文物》1986年第12期。
[64] 东京国立博物馆等《シルクロードの遗宝》，日本经济新闻社，1985年，图77、78。
[65] 孙机《固原北魏漆画研究》,《文物》1989年第9期。
[66] 夏鼐《西安土门村唐墓出土的拜占廷式金币》,《考古》1961年第8期。
[67] 夏鼐《西安唐墓出土的阿拉伯金币》,《考古》1965年第8期。

（本文原载于《考古学报》1994年第2期）

古印度舍利容器集锦及初步研究

冉万里

本文所云的古代印度主要包括现在的印度、巴基斯坦、孟加拉以及阿富汗东南部等地[1]。目前所知的古印度舍利容器，从其质地而言，有陶、滑石、水晶、冻石[2]、片岩[3]等，这类质地的容器一般作为外容器使用。也有金、银、铜、玻璃等质地的舍利容器，这类质地的容器中除个别的用作外重容器之外，其余大部分都用作安置舍利的内重容器。古印度舍利容器中还有一些质地较为特殊的舍利容器如象牙容器。从其形制来看，舍利容器主要有覆钵塔形、罐形、扁平盒形、圆筒形等，它们是古代印度舍利容器的主流。此外，还有一些动物形舍利容器，如禽鸟形舍利容器等。关于印度的舍利瘗埋及其安置法，国外学者多有关注，如日本学者高田修曾专门撰文探讨古印度的佛塔及佛舍利的安置问题[4]。而国内学者对古印度的舍利容器及与之相关的古印度舍利瘗埋问题的研究尚较薄弱，甚至连介绍性的论著也都属于稀罕之物，大多数情况下只是在文章或者著作中偶尔引用一下或者有所提及，缺乏完整的资料信息。鉴于此，笔者觉得有必要对自己收集到的有关古印度的舍利容器进行介绍。本文所介绍的这些古印度舍利容器，是笔者在研究中国古代舍利瘗埋制度的过程中收集到的，它们对笔者认识中国古代的舍利容器及舍利瘗埋制度的特点曾经起过重要作用。不过，还需要说明的是，由于这些古印度的舍利容器，往往以组合的形式出现，如果完全按照类型来介绍，就会将其拆分得支离破碎。为了保持资料的完整性，笔者在论述过程中以最外重的容器为基本线索进行分类，然后介绍其整体情况。本文所介绍的相关资料的来源，主要是日本和韩国特别是日本出版的一些展览图录，在介绍过程中以详细的注释（包括著作者、书名、出版社、出版年月、页码和图版号）说明其出处，其中不列出插图所在页码和图版号者，表示该著作也曾引用过与本文相关的资料，但因其图版模糊等原因，并未作为本文的主要参考文献。这不仅是为了尊重原作者的知识产权，同时也便于读者进行检索，笔者在此只是起到一个编译和整理的作用，在收录这些资料的图录和相关著作中，并不是所有的舍利容器都有较为详细的说明文字，其中有些是笔者根据其形制和展示出的图片描述其特征的，有些则是将笔者参观时的简单记录和观察到的结果与相关资料相结合进行描述的，所以，疏漏之处或者看走眼的情况在所难免，尚祈指正。

一、覆钵塔形舍利容器

关于以小型窣堵波安置舍利，在玄奘《大唐西域记》卷二“那揭罗曷国”条云：“（醯罗城）城东南三十余里，至醯罗城。周四五里，竖峻险固，花林池沼，光鲜澄镜。城中居人，淳质正信。复有重阁，画栋丹楹。第二阁中有七宝小窣堵波，置如来顶骨。骨周一尺二寸，发孔分明，其色黄白，盛以宝函，置窣堵波中。欲知善恶相者，香末和泥，以印顶骨，随其福感，其文焕然。又有七宝小窣堵波，以贮如来髑髅骨，状若荷叶，色同顶骨，亦以宝函缄络而置。又有七宝小窣堵波，贮如来眼睛，睛大如柰，光明清彻，皦映中外，又以七宝函缄封而置。"[5]玄奘所云的作为安置舍利的"七宝小窣堵波"，也即为本文所云的覆钵塔形舍利容器。从古印度的佛塔形制来看，这种覆钵塔形舍利容器的形制就是对大型覆钵塔的模仿，或者说是微缩了的大型覆钵塔，这样一来其瘗埋形式即形成了"塔中有塔"的结构。

（一）英国伦敦大英博物馆收藏的冻石覆钵塔形舍利容器

英国伦敦大英博物馆收藏的冻石覆钵塔形舍利容器，出土于印度旁遮普马尼克亚拉，高 21.5 厘米。以冻石轮旋而成，台基呈束腰圆形，塔身为一整体，并且与其下部的圆形台基以子母口相套合。上部为覆钵，下部呈圆筒形，其上装饰凸棱。覆钵顶部有平头和四层伞盖。台基和塔身下部中空，用以安置内重舍利容器。在覆钵塔形舍利容器之内安置有 1 件鼓腹形水晶舍利容器，高 5 厘米，口部和底部较平，腹部略外鼓，口部有一莲蕾形纽，腹部中央部分有一个圆筒形孔穴，其中出土有以金箔包裹的骨片、戒指、货币、串珠等。这组舍利容器的年代在 1 世纪（图一）[6]。

1　　2

图一　英国伦敦大英博物馆藏覆钵塔形舍利容器（印度旁遮普马尼克亚拉出土）
1. 整体　2. 打开后

（二）日本平山郁夫丝绸之路美术馆收藏的覆钵塔形舍利容器

日本平山郁夫丝绸之路美术馆收藏 1 件覆钵塔形舍利容器，该器原藏于日本丝绸之路研究所（神奈川），以片岩轮制而成。高 17.5 厘米（一说 17.2 厘米），年代在 2～3 世纪。台基呈束腰圆形，台基中心有一圆形孔穴，其内有珍珠等。塔身部分为两部分，上半部分为覆钵；下半部分呈圆筒形，在其上部浮雕有栏楯装饰，呈圆筒状的塔身部分之内有圆形孔穴，以安置舍利及其供养品。圆筒状塔身与覆钵之间以子母口扣合。覆钵顶部为平头和伞盖（图二，1、2）[7]。

图二 覆钵塔形舍利容器

1、2. 日本平山郁夫丝绸之路美术馆藏（整体与打开） 3. 日本神奈川县个人藏 4. 韩国南硕焕氏藏

（三）日本神奈川县个人收藏的覆钵塔形舍利容器

日本神奈川县个人收藏1件覆钵塔形舍利容器，高28.5厘米，年代在2～3世纪（图二，3）[8]。该舍利容器除大小与上述日本平山郁夫丝绸之路美术馆收藏的覆钵塔形舍利容器有所不同之外，其余部分则完全一致。

（四）韩国南硕焕氏收藏的覆钵塔形舍利容器

韩国南硕焕氏收藏的覆钵塔形舍利容器，以片岩轮旋而成，高15.5、径9厘米，年代在2～3世纪，出土于印度。台基呈束腰圆形，塔身分为两部分，上半部分为覆钵，下半部分为圆筒形，其表面装饰栏楯。覆钵上方为平头、三层伞盖（图二，4）[9]。

（五）日本平山郁夫丝绸之路美术馆收藏的覆钵塔形舍利容器

日本平山郁夫丝绸之路美术馆收藏1件以黄金和玻璃制作而成的覆钵塔形舍利容器，高6厘米，台基呈方形，塔身分为两部分，上半部以玻璃制成，顶部呈略带弧度的覆钵形，在其下部有一圆筒状的孔穴，用以安置舍利；下半部以黄金制成，呈较为扁平的圆筒形。覆钵顶部有平头和四层相轮，其年代在2～3世纪（图三）[10]。

图三　日本平山郁夫丝绸之路美术馆藏覆钵塔形舍利容器

（六）日本个人收藏的水晶覆钵塔形舍利容器

日本个人收藏1件水晶质覆钵塔形舍利容器，高20.5厘米，出土于犍陀罗地区，年代在2～3世纪。台基呈束腰圆形，覆钵分为两段，下段之内有圆形孔穴，用以安置舍利，其内有圆形平顶的金质舍利容器、骨片、水晶、圆环形器等，其中的圆形平顶金舍利容器，可能是用来安置舍利的。覆钵的顶部有平头和五层相轮（图四，1、2）[11]。

（七）英国伦敦维多利亚阿尔巴特美术馆收藏的水晶覆钵塔形舍利容器

英国伦敦维多利亚阿尔巴特美术馆收藏1件水晶覆钵塔形舍利容器，1852年发现于印度中部的博

图四 水晶覆钵塔形舍利容器

1、2. 日本个人藏（整体与局部） 3. 英国伦敦维多利亚阿尔巴特美术馆藏 4. 日本个人藏

帕尔州桑奇东南 6.5 英里的博旧布尔村第二塔玄室中的红陶钟形外重舍利容器中。该覆钵塔形舍利容器的台基呈束腰圆形，塔身呈半球状的覆钵形，顶上部有一相轮、一伞盖和平头。在台基中央有直径 1.6 厘米大小的安置舍利的孔穴，其年代在公元前 3～公元 2 世纪（图四，3）[12]。

（八）日本个人收藏的水晶覆钵塔形舍利容器

日本个人收藏 1 件水晶覆钵塔形舍利容器，出土于犍陀罗地区，高 9 厘米，年代在 2～3 世纪。台基呈低矮的扁平圆垫状，覆钵呈炮弹形，在覆钵底部有圆筒形状孔穴以安置舍利。覆钵的顶部有平头，并在覆钵之上分别装饰 5 个独立的蘑菇形伞盖（图四，4）[13]。

（九）巴基斯坦塔克西拉卡拉万佛寺 A1 窣堵波舍利室出土的覆钵塔形舍利容器

在巴基斯坦塔克西拉的卡拉万佛寺 A1 窣堵波的舍利室出土 1 件覆钵塔形舍利容器，现藏于巴基斯坦卡拉奇国立博物馆。其上贴有金箔，以片岩轮旋而成，在束腰圆形台基的上方有半球形覆钵，覆钵顶部有栏楯形的平头和相轮。高 16 厘米，年代在 3 世纪。在束腰圆形台基及覆钵之间为安置舍利的空间，在其中有 1 件片岩轮旋而成的球形舍利容器，直径 4.7 厘米，其上也贴有金箔。在球形舍利容器之内，有 1 件呈圆筒形的黄金舍利容器，在黄金舍利容器之中出土有骨片以及刻文铜版（图五）[14]。

1

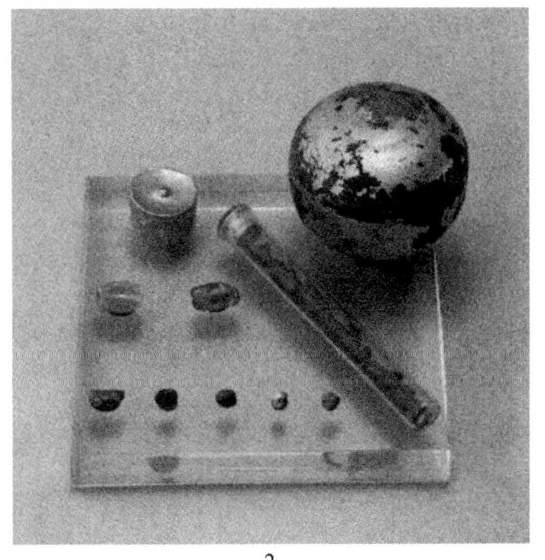

2

图五　巴基斯坦塔克西拉出土的覆钵塔形舍利容器

1. 舍利容器　2. 舍利容器中的物品

（十）巴基斯坦士瓦特出土的覆钵塔形舍利容器

巴基斯坦士瓦特出土的覆钵塔形舍利容器，以绿色片岩轮旋而成，高16、径9厘米，年代在3～4世纪，现藏巴基斯坦士瓦特考古博物馆。覆钵塔形舍利容器的顶部有六层相轮，台基呈束腰圆形。塔身为两部分，上半部为覆钵部分，其表面线刻覆莲瓣纹，下半部呈束腰圆筒形，并在其偏上部分浮雕栏楯装饰。呈圆筒形的塔身下半部分中空，与其下部有圆形孔穴的台基以子母口扣合，并于孔穴部分安置舍利及其供养品（图六，1）[15]。

1

2

图六 巴基斯坦士瓦特出土的覆钵塔形舍利容器

1. 巴基斯坦士瓦特考古博物馆藏 2. 巴基斯坦卡拉奇国立博物馆藏

（十一）巴基斯坦士瓦特出土的铜铸覆钵塔形舍利容器

铜铸造而成的覆钵塔形舍利容器，相传出土于巴基斯坦士瓦特，现藏巴基斯坦卡拉奇国立博物馆。年代在5～7世纪，高39.4厘米。台基为二层方形束腰须弥座式，其上为炮弹形覆钵，在覆钵的四面分别有圆拱形龛及坐于龛内的坐佛，坐佛偏袒右肩施禅定印。覆钵的上方表面有8个孔，孔内插有8个圆形铜棍，其顶端分别装饰灵鹫和花叶，而且相间排列（图六，2）[16]。

关于这些覆钵塔形舍利容器，与佛教经典的记载基本吻合。据小乘律典《根本说一切有部毗奈耶杂事》卷十八记载："可用砖两重作基，次安塔身，上安覆钵，随意高下。上置平头，高一二尺，方二三尺，准量大小。中竖轮竿，次著相轮，或一、二、三、四，及其十三，次安宝瓶。"[17]覆钵塔的台基由印度传统的圆形变为方形，并且成为贵霜时期及其以后的常见形式。据有的研究者推测，可能是由罗马的方形石棺演变而来[18]。

从考古发掘的古印度瘗埋舍利的塔基遗址来看，它们主要安置在覆钵塔的覆钵上部，如位于印度比哈尔邦首府巴特那东北43千米处的毗舍离佛塔塔基中央，有一个形制呈长方形的安置舍利的空间（图七）[19]。而塔形舍利容器则分为两种情况：一是安置在覆钵塔形舍利容器的覆钵部分；二是安置在台座中央的空间。又根据玄奘所著的《大唐西域记》有关舍利供养的详细记载来看，古印度除在窣堵波中安置舍利之外，还在精舍中供养舍利，而这些舍利并未完全封闭，而是可以随时供人瞻仰、礼拜的，否则，玄奘在其所著的《大唐西域记》中就不可能那么详细地描述他所见到的内外重舍利容器和其中安置的舍利。

图七　印度毗舍利佛塔塔基

二、罐形舍利容器

本文所云的各类罐形舍利容器，可能就是中国学者所云的罂罈舍利容器，其腹部多呈球形或扁球形，以片石、冻石、滑石等轮旋为主，有的表面还雕刻有精美的仰覆莲瓣纹或其他动物纹饰。其形状与我们常见的罐类似，笔者将其称为“罐形舍利容器”。不过，值得注意的是，这些罐形舍利容器在形制上也有一些差异，这种差异既有地域性的因素，也有时代性的因素，它们之间的差异，也使得对其进一步进行分类、分期等成为可能。

（一）印度巴特那博物馆收藏的罐形舍利容器

印度巴特那博物馆收藏1件滑石球状罐形舍利容器，高5.2、直径4.9厘米（图八），是1958年由印度考古学家A.S.阿尔特卡尔（Altekar）博士根据玄奘的《大唐西域记》中的有关记录，在印度比哈尔邦首府巴特那东北43千米处的毗舍离的野地间一座佛塔残基偏南的舍利室内发现的，时代约在公元前3世纪的孔雀王朝阿育王时期。该舍利容器整体呈球形，轮旋而成，盖部和腹部均呈半球状，两者以子母口扣合，盖顶部有一纽。与之一同出土的还有少量土块状骨灰以及海贝1枚、玻璃珠2枚、金箔1片、货币等，这些应该就是佛舍利及其与七宝相当的供养品[20]。这件球状罐形舍利容器应该是目前所知的年代最早的舍利容器之一。相传在佛陀涅槃后，佛舍利分给八个国家，而居住在毗舍离的梨车毗部族也分得了一份佛陀的舍利，并将其安置在毗舍离的这座佛塔中。

图八　印度巴特那博物馆藏滑石球状罐形舍利容器

该佛塔先后经过四次增筑，第一次增筑发生在公元前3世纪的阿育王时期，本文介绍的这件球状罐形舍利容器就是在这次增筑时瘗埋进去的[21]。

（二）日本龙谷大学博物馆收藏的罐形舍利容器

日本京都的龙谷大学博物馆收藏1件罐形舍利容器，相传出自巴基斯坦士瓦特，片岩质，轮旋而成。高6.4、最大径9厘米，年代约在公元前26年。整体呈扁球形，盖部与腹部以子母口扣合。盖顶部中央有一低矮的纽，其上部雕刻莲花瓣纹。在盖面之上阴刻两圈佉卢文铭文，经释读，其内容为："阿布恰王·自在主布伊达米特拉的一个叫布拉赫娣雅的宫女，奉纳了舍利；32年，塔工事监督官撒马德拉·布阿那达·室利来那马达的弟子、测量工事监督官阿叔拉克西达雕刻。"关于其中的纪年，作为伊朗系的塞族王阿塞斯，大约是在公元前58年或者公元前57年登基，所以，铭文中的32年应该是公元前26年或者公元前25年（图九）[22]。

1

2

图九 日本龙谷大学博物馆藏罐形舍利容器

1. 整体 2. 打开后

（三）印度新德里国立博物馆与加尔各答印度博物馆收藏的罐形舍利容器

这里着重介绍3件球状罐形舍利容器，现分别藏于印度新德里国立博物馆和加尔各答印度博物馆，它们均出土于印度北部靠近尼泊尔的毗普拉哈瓦塔基遗址，该地是释迦族的发源地，被认为可能是迦毗罗卫国首都所在地，而毗普拉哈瓦佛塔也是最早的佛塔之一。1898年，英国人佩佩（William Claxton Peppe，亦译作佩普）在该遗址中央大窣堵坡覆钵顶下方约5.4米处发现一长方形石室[23]，石室长1.3、宽0.8米，在其中发现5件舍利容器。另外，在石室的上方还发现1件单独存在的内装水晶、金饰的冻石球状罐形舍利。在以上的舍利容器中，安置有骨片、金饰、錾刻金箔、印章、宝石等共计108件。其中1件罐形舍利容器现藏加尔各答印度博物馆，高15、直径约10厘米，以冻石轮旋而成，盖部与腹部分别呈半球状，两者以子母口扣合后其整体呈球形，下部有圈足，顶部有覆钵塔式纽（图一〇，1）。在其盖面上部阴刻一圈婆罗谜文字铭文，经释读，其内容为："This shrine for Relics of the Buudha, the August one, is that of the Sakayas, the brethen of the Distiguished one, is association with their sister and with their children and their wives."意思为"这是释迦族的佛陀世尊的遗骨容器，是有名誉的兄弟与其姐妹、妻子们（奉祀）的”[24]。因为其中可能安置的就是释迦牟尼涅槃后，释迦牟尼的族人所获得的那份舍利，所以非常引人注目[25]。同出的另1件舍利容器，就是著名的鱼形纽水晶舍利容器，高12厘米。盖部和腹部均呈半球形，以子母口扣合后，外观形如球状，上部有一个鱼形纽（图一〇，2）[26]。1972年，印度考古局在1898年佩佩发现舍利容器的下方五六米处发现1件陶窣堵波（覆钵塔形舍利容器），其中安置有两件舍利容器，本文在这里介绍的就是其中的1件，滑石质，高9、腹径7厘米，盖呈半球形，其上部有覆钵塔形纽，腹部也呈半球形，两者以子母口扣合后整体呈球形，下部有圈足，发现时其中安置有已经炭化了的骨片（图一〇，3）。其年代相当于公元前5～前3世纪的孔雀王朝时期[27]。

1

2

3

图一〇 印度新德里国立博物馆及加尔各答印度博物馆藏舍利容器

1. 刻铭罐形舍利容器 2. 鱼形纽舍利容器 3. 罐形舍利容器

（四）日本平山郁夫丝绸之路美术馆收藏的罐形舍利容器

日本平山郁夫丝绸之路美术馆收藏的一组5件舍利容器（图一一），其中外重容器为球状罐形，高14、腹径12.2厘米，下部有圈足。在盖和身部表面浮雕四瓣花纹、莲瓣纹、网格状纹等纹饰带。盖上部原有纽，已残。其内安置有4件分别以金或银制作的圆筒形舍利盒，其中3件为平顶平底，盖上之纽为伞盖状或者宝珠形；另1件舍利容器的盖顶部为伞状尖顶，盖面上錾刻莲花瓣纹。这些舍利容器相互套合，形成五重结构。一同出土的有相当于七宝的六角形金箔花、银箔花、水晶和珍珠等。其中的一片长方形的金箔片上錾刻佉卢文铭文，其内容为：“奥梯国的王、纳巴的支配者、巴伊笈塔塞纳王的儿子、库夫的宗主阿笈塔塞纳供养一切诸佛，供养过去、现在、未来所有的独觉、世尊的弟子们以及父母，还供养一切应该供养者。这舍利是作为充满睿智的如来、作为世尊、作为阿罗汉、作为等正觉的释迦族中灭却烦恼的释迦牟尼的舍利。他在梯夫的城镇中尚未建佛塔之所修建了此佛塔，在其南半部分奉纳了释迦牟尼的舍利，愿以此行为切断至今所有一切之苦，达到涅槃的境界。第4年、阿莎达月的10日。”[28]

图一一 日本平山郁夫丝绸之路美术馆藏舍利容器一组
（两图为同一组器物，所表现的角度不同）

（五）日本奈良国立博物馆收藏的罐形舍利容器

日本奈良国立博物馆藏有1件片岩罐形舍利容器，高19.3、口径22厘米，时代在2～3世纪。相传出土于巴基斯坦白沙瓦附近，与犍陀罗地区出土的其他舍利容器相似，应该就是在白沙瓦一带出土的。轮旋而成，整体呈扁球形，盖部与腹部以子母口相扣合，盖上部有伞盖形纽，平底。一同出土的还有金质舍利容器、银质舍利容器的盖部以及相当于七宝的玻璃珠、金花等，其中金舍利容器的个体较小，盖面呈弧形，盖部与腹部可以扣合，推测其原来应该安置于失去盖部的银质舍利容器之内（图一二）[29]。

图一二 日本奈良国立博物馆藏外重罐形舍利容器及内重容器

（六）日本东京国立博物馆收藏的罐形舍利容器

日本东京国立博物馆收藏有一组3件罐形舍利容器（图一三），分别为石、银、金质，相传出土于白沙瓦附近的佛塔基址。其中罐形外重容器整体呈球状，片岩质，高10厘米，轮旋而成，子母口，盖顶部纽之下浮雕一周覆莲瓣，盖部及腹部表面有轮旋形成的弦纹。顶部有伞盖状纽，平底。银舍利容器呈低矮的扁平圆筒平顶状，盖顶部中央有一低矮的圆饼形纽，直径4.1

厘米。金舍利容器的直径为 2.1 厘米，其形制与银舍利容器完全相同。这是一组较为典型的套合式舍利容器[30]。

图一三 日本东京国立博物馆藏一组3 件罐形舍利容器

（七）日本平山郁夫丝绸之路美术馆收藏的罐形舍利容器

日本平山郁夫丝绸之路美术馆收藏有一组 3 件舍利容器（图一四），年代在 2～3 世纪，自外之内依次为石、银、金质，相传出土于犍陀罗地区。外重容器整体为略呈球状罐形，片岩质，高 9.8（一说

图一四 日本平山郁夫丝绸之路美术馆藏罐形舍利容器
（两图为同一组舍利容器，展示角度不同）

9.5)、径7.4(一说7.6)厘米。盖面和腹部表面分别浮雕覆莲瓣和仰莲瓣，在腹部中央位置以子母口扣合，下部有低矮的圈足。银容器呈扁平的圆形，高0.9、径3.8厘米。金舍利容器的形制与银舍利容器完全相同，只是略小于银舍利容器，高0.3、径1.5厘米，这样是为了便于它们相互套合。与上述舍利容器一同出土的还有金箔花、银箔花、银币1枚等，这些应当是相当于佛舍利的七宝庄严[31]。

(八)英国伦敦维多利亚阿尔巴特美术馆收藏的罐形舍利容器

英国伦敦维多利亚阿尔巴特美术馆收藏有一组4件舍利容器。这组舍利容器出土于印度中部博帕尔州位于桑奇西南的索纳利第二塔，1851年由康宁汉姆(亦译作坎宁普)(Alexander Cunningham)发现。其中罐形外重容器为灰白色片岩，轮旋而成，呈扁球形，盖部与腹部以子母口扣合，盖上有伞盖形纽，底部带有略高的圈足。高16.7、腹径18.2厘米。在盖面和腹部表面雕刻图像。盖部分成八个长方形区间，其内分别浮雕马、鹿、大象以及有翼狮子；腹部浮雕尖状较细长的仰莲瓣(图一五，

1　　2　　3　　4

图一五　英国伦敦维多利亚阿尔巴特美术馆藏罐形舍利容器一组

1. 罐形外重容器　2. 尖顶莲蕾形舍利容器　3. 相轮形纽舍利容器　4. 水晶盒子形舍利容器及志铭

1）。该外重容器最初与其他3件容器，都装有相当量的骨灰和白檀木碎片。尖顶莲蕾形舍利容器，高5.4、腹径4.2、足径3厘米。以质地较硬的黑色片岩轮旋而成，子母口，盖部与腹部以子母口扣合后整体外观呈莲蕾形，下部有低矮的圈足。盖面和腹部表面线刻莲花瓣纹，在器身部位刻有婆罗谜文字的铭文，其内容为："圣者ALABAGIRA的遗骨。"（图一五，2）相轮形纽舍利容器，高7、腹径5.6、足径5.15厘米。片岩质，轮旋而成，盖部与腹部均呈半球形，两者以子母口扣合后外观整体呈球形，盖上有四层相轮状纽。在盖面上有一圈阴刻而成的婆罗谜文铭文，其内容为："圣者KODINIPUTASA的继承者圣者MAJHIMASA的遗骨。"（图一五，3）水晶盒子形舍利容器，高3.1、腹径4.72厘米，整体呈扁平的球状，子母口（图一五，4），其内有一件以长方形片岩雕刻而成的志铭（图一五，4下部），长1.95、宽1、厚0.3厘米，在其两面刻有婆罗谜文字的铭文，其内容为："雪山地方的圣者GOTIPUTASA即法的继承者DUDUBHSARA的遗骨。"[32]

（九）德国柏林亚洲艺术馆收藏的罐形舍利容器

德国柏林亚洲艺术馆收藏一组4件罐形舍利容器（图一六），其中外重舍利容器为罐形，高13厘米，片岩质，轮旋而成，盖部及腹部偏下的位置分别浮雕下垂的叶瓣和仰莲瓣。盖上部的纽分为上下两部分，上半部分呈宝珠状，下半部分呈束腰的"工"字形。其中安置有3件舍利容器，其中1件为短颈小口，腹部呈球形；另两件均以黄金制作而成，腹部呈圆筒形，盖顶部有一宝珠形纽。从这4件舍利容器的大小与形制来看，原来应该为四重结构，除上述容器之外，其中还安置有水晶、玛瑙、珍珠等。该组舍利容器的年代在2～3世纪[33]。

图一六　德国柏林亚洲艺术馆藏一组4件罐形舍利容器

三、扁平盒形舍利容器

片岩扁平盒形舍利容器，出土于桑奇第二塔，出土时其内安置有4片火葬遗骨，年代在公元前2世纪。现藏英国伦敦维多利亚阿尔巴特美术馆。舍利容器呈扁平的圆形，盖部与腹部以子母口相扣合，盖上部有伞盖形纽。高4.1、腹径6.6厘米（图一七）。在盖面、盖内及腹、盖表面阴刻婆罗谜文铭文。盖面文字为"作为全喜马拉雅地区之师的圣者KASAPAGOTASA的遗骨"；盖内铭文为"圣者MAJHAIMASA的遗骨"；腹部表面文字为"圣者HARITIPUTASA的遗骨"。在这三位圣者中，名字雕刻于盖面和盖内的KASAPAGOTASA以及盖内的MAJHAIMASA两位圣者，是阿育王十八年召开巴特那会议之后派出的传教师，他们与另外三名传教师曾前往喜马拉雅地区

图一七 英国伦敦维多利亚阿尔巴特美术馆藏扁平盒形舍利容器

传播过佛教教义，从而非常著名。另外一位为圣者HARITIPUTASA，也应该参加了巴特那会议，并且也被派遣去传播佛教教义。这一发现是原始佛教教义成立时期遗留下来的非常重要的实物资料[34]。桑奇第二塔位于第一塔的西面约300米处，覆钵部分较第一塔要小，台基直径14.3米。1851年，康宁汉姆将覆钵挖开，在其中发现一个舍利石室，内有4件舍利容器，舍利容器上刻有阿育王时期10位高僧的姓名。本文介绍的这件扁平盒形舍利容器就是其中之一。现存覆钵塔是印度巽加王朝时期（公元前185～前73年）修建的，其修建方式是在原塔外包砌石块，使原塔增大，周围有栏楯，栏楯四方有塔门，栏楯柱有简素的浮雕纹饰；又在第三塔的覆钵的石室发现了佛陀的两大弟子舍利弗与目犍连的舍利骨片和大量的珠子[35]。

四、圆筒形舍利容器

圆筒形舍利容器在古印度的舍利容器中发现的数量不少，是与覆钵塔形、罐形舍利容器同样重要的外重容器之一。同时，从前文的论述还可以看出，其中不少内重容器的形制也呈圆筒形。从其形制来看，一般腹部笔直，平顶或弧形顶，顶部有纽。如果是石质的话，其腹部有的雕刻几何形花纹、莲瓣纹等。金属质地的则铸出或者锤揲出天鹅、佛、天人、童子、花绳等，也有一部分金属质地的圆筒形舍利容器为素面。一般顶部及底部均凸出如檐，在腹部中央或略偏上处以子母口扣合。从这类舍利容器的发现数量来看，可以说与覆钵塔形、罐形舍利容器并驾齐驱，这说明圆筒形舍利容器是古印度在舍利瘗埋过程中较为常用，而且内外重容器兼用。这种圆筒形舍利容器曾对中国古代舍利容器的形制产生过重要影响，如河北定州静志寺塔基地宫出土了4件圆筒形舍利容器[36]，其中2件为石质并且涂金，两者形制相同，盖顶部有宝珠形纽，腹部饰凸棱状纹饰，内壁涂橘红色粉。其中1件高8.9、底径7.7厘米（图一八，1、2）；另1件高9.2、底径8厘米（图一八，3、4）。另2件为铜质圆筒形，形制基本同于前两件，其中1件保存完整，口径7.8、高9.5厘米（图一八，5），而另外1件纽部已残，残高8、腹径7.8厘米。此外，在河北正定北白店村隋大业元年（605年）塔基地宫出土1件圆筒形铜舍利容器（图一八，6），高9.2、径6.2厘米，宝珠形纽，腹部饰凸棱状纹饰，与静志寺塔基地宫出土者在形制和特征上相一致，而北白店村塔基地宫有大业元年的纪年铭文[37]，据此也可推测静志寺塔基地宫所出者的年代大约也在隋大业时期。与古印度的圆筒形舍利容器所不同者，就是上述隋代圆筒形舍利容器的腹部为一个整体，不像古印度的圆筒形舍利容器的盖部与腹部几乎各半，然后以子母口相扣合，这种不同应当视为古印度与中国古代的用器习惯不同而发生的改变，从而使舍利容器这一外来事物在形制上更符合中国的用器习惯。

图一八 圆筒形舍利容器

1～5. 河北定州静志寺塔基地宫出土 6. 河北正定北白店村隋大业元年塔基地宫出土

（一）日本平山郁夫丝绸之路美术馆收藏的圆筒形舍利容器

日本平山郁夫丝绸之路美术馆收藏一组2件舍利容器，其中外重容器为圆筒形（图一九，1、2），片岩质，高11.8、径18厘米（对这件圆筒形舍利容器尺寸的标注，不同的图录有所差异，如高12.2厘米、高12.3厘米、径18.2厘米等），轮旋而成，以子母口扣合，盖部及底部边缘凸出如檐，腹部有轮旋形成的弦纹，其年代在1世纪前半叶（也有1～3世纪、2～3世纪，或者公元前2世纪等说）。相传出土于巴基斯坦白沙瓦附近。外容器盖面上阴刻婆罗谜文铭文，其内容为："司令官Uttara的妻子在至今为止尚未建立佛塔的Bramanitsa修建了此佛塔，敬奉过去及未来的一切佛陀、独觉者、正觉者及阿罗汉。"其中安置有金质球状罐形容器，其顶部有一中空的纽，盖上焊接有覆莲瓣，腹部焊接有荷叶，下部有低矮的圈足（图一九，3）。与之一同出土的有天然珍珠、金戒指、六瓣花形金箔片及银箔片、木片、玻璃珠等（图一九，4、5），应当是象征供养佛舍利的七宝[38]。

图一九 日本平山郁夫丝绸之路美术馆藏舍利容器
1、2. 灰色片岩外重容器 3. 金质内容器 4、5. 供养品

（二）日本平山郁夫丝绸之路美术馆收藏的圆筒形舍利容器

日本平山郁夫丝绸之路美术馆收藏有一组3件舍利容器（图二〇），它们相互套合，形成三重组合方式，自外而内分别为石、银、金质，年代在1世纪初。其中的外重容器为灰色片岩，形制呈上部略小下部略大的圆筒状，高6、最大径8.2厘米。盖部略上鼓，表面有两道凸起的弦纹，顶部中央有一圆饼形纽。在腹部中央有一周凸棱，而且以子母口扣合。在盖的下部侧面阴刻有一圈佉卢文铭文，其内容为："阿巴恰的王布伊加亚米特拉的儿子尹度拉给巴尔鲁玛王子，在首巴第阿至今尚未建佛塔之所安置了舍利容器，供养一切佛陀。"其中银质圆筒形舍利容器的盖部无存。金舍利容器呈扁平圆形盒子状，平顶，盖顶部中央有一圆饼形纽[39]。

（三）英国伦敦大英博物馆收藏的圆筒形舍利容器

图二〇　日本平山郁夫丝绸之路美术馆收藏的一组3件圆筒形舍利容器

英国伦敦大英博物馆收藏的圆筒形舍利容器，19世纪时由英国人C. 玛逊在东印度公司的支持下，在阿富汗贾拉拉巴德的毗摩兰发掘出土，出土时被安置于1件冻石制作的舍利容器中，盖已无存。与之一同出土的还有水晶、钱币等，现均收藏于英国伦敦大英博物馆。该舍利容器的材质为金质，以锤揲技法制作而成，另外在其外侧的上下部镶嵌红宝石。高6.7、径6.6厘米。在腹部一周锤揲有8个尖拱像龛，龛柱呈“H”形，其中有立佛像及礼拜佛的梵天、帝释天、菩萨等（图二一）。其年代在2～3世纪的贵霜时期（一说为1～2世纪，另一说为公元前1世纪）[40]。

图二一　英国伦敦大英博物馆藏阿富汗贾拉拉巴德毗摩兰出土的金质圆筒形舍利容器及其展开图

（四）巴基斯坦白沙瓦博物馆收藏的圆筒形舍利容器

巴基斯坦白沙瓦博物馆收藏的圆筒形铜舍利盒，是1件广为人知的舍利容器，即人们习惯上所称呼的“迦腻色伽王舍利盒”，高20厘米，铜质鎏金，年代在2世纪（图二二）。该圆筒形舍利容器于1909年由斯邦内博士（Dr. Spooner）在巴基斯坦白沙瓦东南的布路沙布罗城东南的Shah-ji-ki-dheri塔址，即被东晋僧人法显、北魏时期的宋云、唐代僧人玄奘所赞叹的“迦腻色迦王大窣堵波（也被称为雀离浮图、百丈浮图）”发现。盖部略鼓，其上铸造有三尊像，中尊为释迦牟尼说法像，结跏趺坐于瘦高的莲座之上，莲座下部为扁平覆莲瓣。佛像头后有圆形头光，边缘装饰尖凸的莲瓣纹，身披通肩大衣，大衣下摆覆盖于双腿之间，右手施说法印，左手握大衣一角。佛像的两侧为双手合十面向释迦牟尼佛像的梵天、帝释天，其特征相似，头后均有圆形头光，身披通肩或袒右式袈裟，跣足，踩踏于台座之上。覆钵上部即盖的下部侧面，铸有浮雕感强烈的六只同向环绕飞翔的天鹅。腹下部铸有同样的浮雕感强烈的肩抗波浪状花绳的七个裸体的童子像和一个天人像，在花绳下弧部分的上部分别为结跏趺坐的坐佛像及供养天人，坐佛共计三尊，每尊坐佛的两侧各有两个供养天人。在花绳的上部及下部均錾刻有文字，其中有迦腻色迦的名字，此可证实古代印度确有迦腻色迦其人，而且在其上还錾刻有“纳受说一切有部众”字样，可见迦腻色迦还是一切有部佛教的护法之王[41]。

关于迦腻色迦王大窣堵波，据《法显传》“弗楼沙国”条云：“从犍陀卫国南行四日，至弗楼沙国。佛昔将诸弟子游行此国，语阿难云：‘吾般泥洹后，当有国王名罽腻伽（即迦腻色伽王）于此

图二二 巴基斯坦白沙瓦博物馆藏圆筒形铜舍利容器

处起塔。’后腻伽王出世，出行游观，时天帝释欲开发其意，化作牧牛小儿，当道起塔。王问言：‘汝作何等？’答曰：‘作佛塔。’王言：‘大善。’于是王即于小儿塔上起塔，高四十余丈，众宝校饰。凡所经见塔庙，壮丽威严都无此比，传云：‘阎浮提塔，唯此为上。’王作塔成已，小塔即自傍出大塔南，高三尺许。”[42]

又玄奘在其所著《大唐西域记》卷二“健驮罗国”条也有对迦腻色伽王大窣堵波较为详细的记载，其中还叙述了迦腻色迦王由不信佛教而转向信仰佛教的简单过程，其文云：“卑钵罗树南有窣堵波，迦腻色迦王之所建也。迦腻色迦王以如来涅槃之后第四百年，君临膺运，统赡部洲，不信罪福，轻毁佛法。畋游草泽，遇见白兔，王亲奔逐，至此忽灭。见有牧牛小竖于林树间作小窣堵波，其高三尺。王曰：‘汝何所为?’牧竖对曰：‘昔释迦佛圣智悬记，当有国王于此胜地建窣堵波，吾身舍利多聚其内。大王圣德宿殖，名符昔记，神功胜福，允属斯辰，故我今者，先相警发。’说此语已，忽然不现。王闻是说，喜庆增怀，自负其名大圣先记，因发正信，深敬佛法。周小窣堵波，更建石窣堵波，欲以功力弥覆其上，随其数量，恒出三尺。若是增高，逾四百尺。基址所峙，周一里半。层基五级，高一百五十尺。方乃得覆小窣堵波。王因喜庆，复于其上更起二十五层金铜相轮，即以如来舍利一斛而置其中。式修供养。营建才讫，见小窣堵波在大基东南隅下傍出其半，王心不平，便即掷弃，遂住窣堵波第二级下石基中半现，复于本处更出小窣堵波。王乃退而叹曰：‘嗟夫，人事易迷，神功难掩，灵圣所扶，愤怒何及!’惭惧既已，谢咎而归。其二窣堵波今犹现在。有婴疾病欲祈康愈者，涂香散花，至诚归命，多蒙瘳差。”[43]

（五）英国伦敦大英博物馆收藏的圆筒形舍利容器

英国伦敦大英博物馆收藏有一组3件舍利容器（图二三），均为圆筒形，1948年出土于巴基斯坦塔克西拉的马尼克亚拉。其中外重容器为铜质，顶部呈圆弧形，容器身部呈圆筒状，高22.9厘米。第二重容器为银质，顶部有塔柱形纽。第三重为金质，形制为平顶的圆筒形。在这3件舍利容器中安置有金币、银币等[44]。

图二三　英国伦敦大英博物馆藏一组3件圆筒形舍利容器

（六）巴基斯坦塔克西拉考古博物馆收藏的圆筒形舍利容器

巴基斯坦塔克西拉希尔卡布王宫遗址出土一组2件圆筒形舍利容器，外重容器以片岩轮旋而成，高10.5、径8.5厘米。纽呈伞状，盖部表面较为平坦，其上阴刻莲瓣纹，以子母口扣合，腹部笔直，侧面阴刻折线纹、网格状纹。盖部及底部均凸出，盖部边缘凸出如檐（图二四，1）。其内安置一件金质圆筒形舍利容器，锤揲而成，纽呈葫芦形宝珠状，盖的顶部较平，腹壁笔直。在金质圆筒形内重容器之中，安置有以金箔包裹的舍利、珍珠等（图二四，2）。它们的年代被认为在1世纪[45]。无独有偶，在巴基斯坦士瓦特曾经出土一尊手持舍利容器的人物雕像（图二四，3），其手中所持舍利容器即与前述圆筒形舍利容器基本一致，这尊雕像的年代在1～2世纪[46]。

图二四 巴基斯坦塔克西拉考古博物馆藏舍利容器
1. 外重舍利容器 2. 内重舍利容器及舍利、供养品 3. 巴基斯坦士瓦特出土人物雕像

（七）日本松户市立博物馆收藏的圆筒形舍利容器

日本松户市立博物馆收藏1件圆筒形舍利容器，片岩质，轮旋而成，高5.5、径10.5厘米，年代在3～4世纪，出土于巴基斯坦犍陀罗地区。该舍利容器盖部和腹部有轮旋形成的弦纹，以子母口扣合，呈规整的圆筒形，也是目前所知的圆筒形舍利容器形制最为规整者。其盖部及底部边缘凸出，盖部中央有一饼形纽（图二五，1）[47]。

1　　2

图二五　圆筒形舍利容器

1. 日本松户市立博物馆藏　2. 日本东京国立博物馆藏

（八）日本东京国立博物馆展出的圆筒形舍利容器

日本东京国立博物馆展出的这件圆筒形舍利容器，为加藤宏氏寄赠，出土于巴基斯坦，年代在2～3世纪的贵霜时期。铜质，盖部平坦，盖中央有一个扁球状纽，腹部上小下大（图二五，2）。可惜的是这件舍利容器未公布出尺寸[48]。

五、其他形状的舍利容器

现藏英国伦敦大英博物馆的1件鹅形水晶舍利容器（图二六），出土于巴基斯坦塔克西拉，盖已无存，其外形逼真，并以流畅的阴刻线条雕刻出羽毛。通长10、高3.2厘米，年代在1世纪。这是1件安置舍利的内重容器，外重容器不明，而且其中还有一片錾刻文字的金版，其内容为："为了供养两亲，而将佛舍利安置在鹅形舍利容器中。"[49]这种鹅形舍利容器在古印度的舍利容器中属于比较罕见者，制作也比较精美。

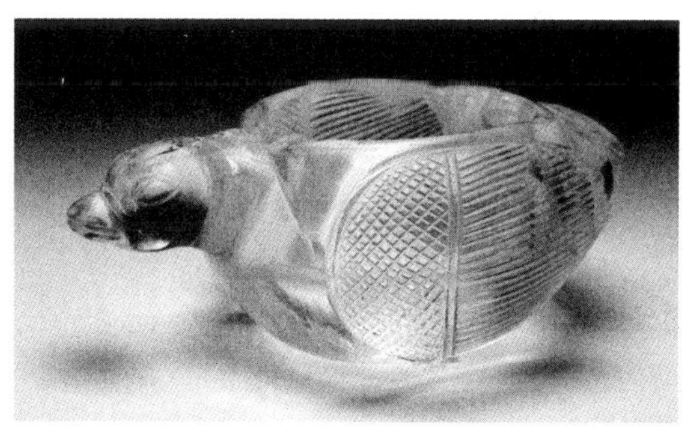

图二六　英国伦敦大英博物馆藏鹅形水晶舍利容器

六、结　　语

通过上述以外重舍利容器为基本线索对古印度的舍利容器进行介绍，我们对古印度舍利容器的形制、组合方式、供养品的种类等有了一个基本的认识，特别是原著作中多以彩色清晰的图片来展示这些舍利容器，为真实而客观地认识这些舍利容器提供了极大的方便，这不能不感谢原著作编写者的良苦用心，与此同时，这些清晰的图片也使得我们在对舍利容器进行观察时所产生的认识更加准确或接近于真实。下面就从三个主要方面——介绍古印度舍利容器的必要性与迫切性、古印度舍利容器与中国古代舍利容器之间的关系、从舍利容器的比较研究看中国古代对待外来文化的态度来谈谈笔者一些初步的思考和看法。

（一）介绍古印度舍利容器的必要性与迫切性

从考古发现及传世的古印度舍利容器来看，其形制是多种多样、丰富多彩的。在以往，中国学者徐苹芳先生在论述唐宋时期的塔基时，有这么一段话："用石函铜函、金棺银椁的瘗埋制度是前所未有的，改变了印度用罂罈瘗埋的方式，而用中国式的棺椁，更符合中国的习惯。"[50]近来又有学者转述徐苹芳先生之语，其文云："从唐代高宗晚期开始，舍利瘗藏制度发生重大的变化，该时期的舍利瘗藏从传统的印度式婴坛瘗埋向中国式的棺椁瘗埋进行了转变。"[51]但笔者对其中的"罂罈"到底是什么样的器物，一直心存疑问，并做了很多想象而不得其解。笔者想可能还有许多人也同样对其样子不得要旨。带着这一疑问，笔者开始搜集有关古印度的舍利容器，但国内缺少或者说几乎没有这方面的论著，为了解决这一疑问，笔者只能借助于各种外文资料，尤以日文资料为主。在收集资料的过程中，笔者发现古印度的舍利容器不论是质地还是形制，都是多样的，出土或者传世的舍利容器也为数不少，而且欧、日、韩等的博物馆或个人都有收藏。为了让国内学者对古印度的舍利容器有所了解，笔者着手对自己搜集到的有关古印度的舍利容器进行编译。笔者相信，通过对这些古印度舍利容器的介绍，可以增加人们对古印度舍利容器及其瘗埋制度的认识；古印度舍利制度及其容器的形制对中国古代的舍利瘗埋制度及舍利容器都产生过重要影响，通过对古印度的舍利容器进行介绍，对深入研究和认识中国古代舍利瘗埋制度及舍利容器的自身特点都将有所帮助。

通过对古印度舍利容器的介绍和初步研究，可以看出以往将古印度的舍利容器以"罂罈"二字进行概括显得过于笼统，也不够全面和直观，而且容易产生歧义。实际上，古印度舍利容器的形制是丰富多彩的，其中以覆钵塔形、圆筒形、罐形等形制的舍利容器较为常见，而且还有其他形制如扁平盒子形、禽鸟形等。现在看来，所谓"罂罈"，基本上与本文所云的罐形舍利容器相当。有比较才有鉴别，通过将中国古代舍利容器的形制与古印度的舍利容器进行对比，也可以帮助我们深刻认识中国古代的舍利容器中的哪些因素是中国式的，哪些因素是古印度式的，从而真正了解中国古代舍利瘗埋及舍利容器的特点，并从这一个视角出发来认识佛教在中国传播过程中的变融情形。另外，随着"一带一路"倡议的深入人心，支撑这一倡议的一个个鲜活的个案研究需要不断地加强，由于古印度舍利容器与中国古代的舍利瘗埋有着密切关系，是中国古代对外文化交流的一个重要组成部分，通过对古印度舍利容器的介绍，可以为"一带一路"倡议添砖加瓦，这又使得对古印度舍利容器的介绍具有一定的迫切性。

（二）古印度舍利容器与中国古代舍利容器之间的关系

上述古印度舍利容器，仅是笔者所见的资料的一部分。这些数量众多的有关舍利容器的资料，也反映了舍利瘗埋在佛教活动中占据着重要的地位，因为供养舍利即是供养佛本身，与开窟造像、绘制佛像等在宗教信仰的功能上是一致的。同时，还应该注意到，佛舍利在佛教向中国传播的过程中，曾经历了从作为宣传佛教的道具到作为信仰的舍利这样一个角色转换，所以，对佛舍利的瘗埋及其容器的研究，是佛教文化研究中不可或缺的重要的组成部分。通过对这些资料的介绍，也可以看出古印度与中国古代的舍利瘗埋制度及舍利容器之间存在的密切关系。对于两者之间存在密切关系这一问题，笔者在编译上述资料的过程中，对其进行了初步的思考与研究，并将着眼点放在古印度和中国古代舍利容器之间的关系这一点上，旨在探讨古印度和中国古代之间的文化交流这一问题，现从以下几个方面论述笔者思考的一些问题和一些不甚成熟的看法。

（1）中国古代在瘗埋舍利的过程中，往往将舍利容器以大小相互套合的方式来安置舍利，这种做法在古印度已经出现，显然，中国古代以套合方式安置舍利的方法应该是受其直接影响的结果。在以往的研究中，学者们多注重于中国古代丧葬制度中棺椁重数的多少对套合式舍利容器的影响，而很少关注古印度舍利容器的套合方式。如果从古印度以套合方式安置舍利这一点来看，也对舍利容器的重数非常重视，以上介绍的舍利容器中就有三重、四重、五重等情况，就是重要的证据。由此可见，古印度在安置舍利时不仅对舍利容器的重数非常重视，而且采用套合方式进行安置。至此，可以说，中国古代舍利瘗埋中出现的多重结构的套合方式，其直接来源还应该是古印度，只是因其与中国古代丧葬制度中强调棺椁重数的思想相一致，所以，外来因素与本土因素最终合二为一了，而不能简单地将其归结为是受了中国传统丧葬制度的影响。

（2）在中国古代的舍利容器中，方形盝顶函和棺椁形制的舍利容器，最具有中国特色，但除此之外的其他形制的舍利容器，在古印度的舍利容器中均能找到其影子，如覆钵塔形舍利容器、圆筒形舍利容器、罐形舍利容器等，显然是受其影响的结果，虽然其在中国古代出现的时间有差异，但都在接受其影响时又在形制上有所改变。

（3）以金箔花、银箔花、珍珠、钱币等作为“七宝”供养舍利在古印度已经出现，其中的金箔花与银箔花多呈尖瓣状，也有圆弧形花瓣者，从其形状上看犹如盛开的荷花。与之在形制上最为接近者，是陕西西安市隋开皇十四年（594 年）清禅寺塔基地宫出土的 3 件以锤揲、镶嵌、焊接等工艺制作而成的金花（图二七）[52]。这 3 件金花中的 1 件为莲瓣形，其周边焊接联珠；另 1 件呈八瓣花形，其中相对应的有八个花蕊，最外围焊接一周联珠；第 3 件为摩尼宝珠形，摩尼宝珠位于上部，呈尖长形，其两侧有两个向外翻卷的花叶，顶部边缘呈弧形，在其边缘焊接有也呈弧形排列的联珠。摩尼宝珠的其下部为五个忍冬形花瓣，其中镶嵌有蓝色宝石或者绿松石。这种以单独的金花作为供养品者，目前在中国古代的舍利瘗埋中罕见，而常见于古印度的舍利瘗埋，这反映了隋清禅寺的舍利瘗埋，至少在以金花作为供养品这一点上，基本保持了古印度瘗埋舍利时的做法，这是非常值得关注的地方。

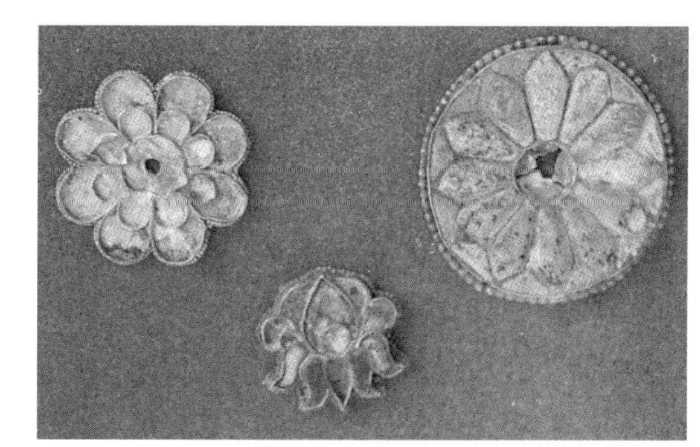

图二七 陕西西安市隋开皇十四年清禅寺塔基地宫出土金花

（4）在舍利容器上錾刻题记，或者在其中安置錾刻有铭文的金版或其他质地的錾刻文字的载体，对中国古代舍利瘗埋过程中在舍利容器上雕刻铭文及其使用塔铭也产生过深刻的影响，只是中国古代刻铭的表现形式为中国传统样式的碑刻、墓志等，行文也是中国传统的碑刻、志铭的方式，也就是说刻铭不论从形式还是内容都中国化了。如徐苹芳先生在对陕西耀县隋仁寿四年（604年）神德寺塔基地宫出土的舍利塔下铭进行分析时，一针见血地指出："摹仿墓志的款式，单刻'舍利塔下铭'，将塔铭平嵌于石函内口上，犹如石函的内盖。"[53]

（5）在古印度的舍利容器中，外重舍利容器的质地以石质为主，在目前所知的舍利容器中占了相当大的比例，而中国古代大量使用石函、石棺椁等作为外重容器来安置舍利的做法，应当是受了古印度的影响。与此同时，中国古代以石函、石棺椁等安置舍利，属于以石为葬，而在中国古代的某些时期以石为葬是作为被葬者拥有崇高地位的象征，所以，以石函、石棺椁等安置舍利不仅象征着佛舍利的崇高地位，而且将中国传统文化中的特殊意义融合其中，同时也满足了佛教徒将佛舍利作为崇拜的圣物的愿望或心理预期。从唐代的情况来看，当时是禁止以石为葬具的，如《通典》卷八十五记载："大唐制，诸葬不得以石为棺椁及石室。其棺椁皆不得雕镂彩画，施户牖栏槛，棺内又不得有金宝珠玉。"[54]《唐六典》卷十八"司仪署"条也记载："凡葬禁以石为棺椁者，其棺椁禁雕镂、彩画、施户牖栏槛者，棺内禁金宝珠玉而敛者。"[55]但唐代的舍利瘗埋中，却发现了为数不少的石棺椁，这显然是为了彰显佛舍利的神圣性而为之者。

（6）在古印度的舍利容器中，内重容器则以铜、金、银等为主，中国古代在瘗埋舍利所使用的内重舍利容器与之相似，也以铜、金、银等为主。当然了，尽管两者在形制上存在差异，但两者在安置舍利时按照容器质地的不同顺序摆放舍利容器这一点，却表现出极大的相似性。可以说中国古代的舍利容器在套合时以石、铜、银、金等质地为顺序的做法，是受了古印度安置舍利时以不同质地的容器依次为序进行安置的影响。

（7）古印度在瘗埋舍利时，往往在覆钵塔的覆钵部分构筑石室用以瘗埋舍利容器，这种做法对中国古代以"天宫"形式瘗埋、供养舍利有着重要影响。中国古代在塔身修建"天宫"的做法，就是对古印度在覆钵塔的覆钵部分瘗埋舍利的模仿。又根据日本学者高田修的论文[56]，可知在古印度也有在覆钵塔基础及地面以下构筑石室瘗埋舍利的做法，只是相对于在覆钵塔的覆钵部分瘗埋的舍利而言数量较少而已。这也充分说明，中国古代在塔基之下直接瘗埋石函及舍利或构筑地宫瘗埋舍利的做法，也应该是源自于古印度。中国古代在瘗埋舍利时往往在塔基之下构筑出一个方形石室，应当是对古印度以石室瘗埋舍利容器这一做法的模仿和发展，这一点在隋代瘗埋舍利时表现得尤为明显。虽然古代印度与中国古代在构筑石室时有将其构筑于地面以上和地面以下的差异，但其构筑石室安置舍利的思想却是一致的。特别值得一提的是，自唐代开始的模仿墓葬形制带宫道、甬道和地宫的塔基地宫，可以说是缩小了的墓葬，目前所知这类塔基地宫中年代最早者，是甘肃泾川大云寺武则天延载元年（694年）瘗埋舍利时所修建的大云寺塔基地宫[57]。中国古代这种以墓葬形式瘗埋舍利的做法，是在舍利瘗埋的过程中逐渐与中国古代传统丧葬制度融合的结果，是中国式或者说是中国创新的舍利瘗埋方式。

（8）在本文介绍的一些舍利容器中，有些在其中还残留有舍利，这些舍利多为烧骨片，这与目前中国发现的隋唐时期的舍利多为珠状、指状等有所不同。前者可能是真实的佛或者高僧的舍利，而后者则可能是作为佛教徒崇拜的圣物而已。唐代以后的舍利虽然呈现出多样性的特点，有各种形制和质地，但其性质也与隋唐时期一样，是作为佛教徒崇拜的圣物而存在的，与考古发现的古印度的舍利

（骨片为主）存在一定的差异。就目前中国境内发现的舍利来看，主要以各类替代物为主，而这种舍利替代物——作为佛教徒们崇拜的对象的出现，也是符合佛教经典的，如《如意宝珠转轮秘密现身成佛金轮咒王经》记载："若无舍利，以金、银、琉璃、水精、马脑、玻梨众宝等造作舍利。珠如上所用。行者无力者，即至大海边拾清净砂石即为舍利。亦用药草竹木根节造为舍利。"[58]

（9）以小型覆钵塔作为外容器安置舍利是古印度舍利瘗埋中的一个重要特征，这一形式或者说做法也对中国古代的舍利容器产生了深远的影响。但与古印度的塔形舍利容器相比较，中国古代塔形舍利容器的形制与之差异较大，在10世纪以后才出现了与古印度的覆钵塔形舍利容器基本类似者。虽然在早期的舍利瘗埋中，也出现了与古印度的覆钵塔形舍利容器相类似者，如河南安阳修定寺塔塔基出土的北齐天保五年（554年）覆钵塔形舍利容器（图二八）[59]，但其形制显然经过了改造，只是保持了古印度覆钵塔形舍利容器的某些元素而已，而且目前尚属孤例，这说明其并没有流行起来。比安阳修定寺塔出土者年代要晚的唐代及其以后的塔形舍利容器，则主要表现为中国式塔的样子，如陕西扶风法门寺塔基地宫出土的唐代铜质方形塔形舍利容器（图二九，1）、金质亭子式塔形舍利容器（图二九，2）[60]，河北定州静志寺塔基地宫出土的唐代单层六角塔形舍利容器（图二九，3）[61]等。宋代的塔形舍利容器则多为仿木建筑结构，如河北定州静志寺塔出土的鎏金银质塔形舍利容器（图二九，4）及净众院塔基地宫出土的银质塔形舍利容器（图二九，5）[62]等。中国古代还有一些舍利容器的形制呈覆钵塔形，如浙江瑞安慧光寺佛塔天宫出土的鎏金银覆钵塔形舍利容器（图三〇，1）[63]、陕西华县发现的宋代石质覆钵塔形舍利容器（图三〇，2）[64]等，但这些覆钵塔形舍利容器均为北宋时期，说明在隋唐以后的舍利瘗埋过程中，可能出现了一股"复古（古印度）潮流"，这也与晚期佛塔开始大量出现犍陀罗式窣堵波的情形相仿佛，正如孙机先生在研究中国早期高层佛塔造型之渊源时指出的那样："在我国，只有喇嘛塔最接近犍陀罗式窣堵波。它于元代才在内地流行，最早的一例是至元八年（1271年）所建北京妙应寺白塔。也就是说，在佛教传入中国一千余年之后，窣堵波的身影才真正从次大陆投射到我国东部地区。"[65]覆钵塔形舍利容器及犍陀罗式窣堵波这两者在宋元时期开始出现，绝对不是偶然的，而是一种耐人寻味的"倒着

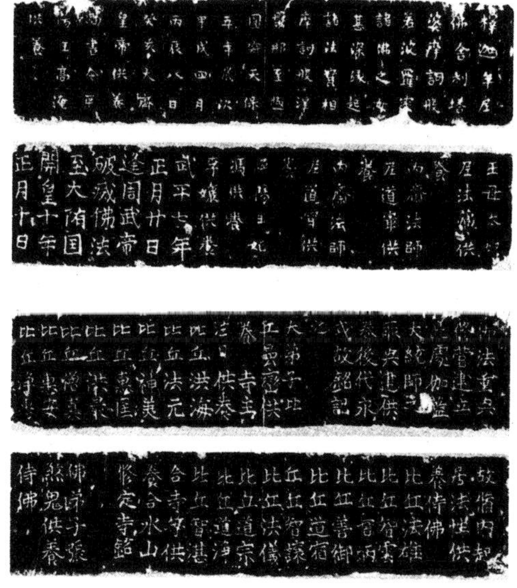

图二八　河南安阳修定寺塔塔基出土的覆钵塔形舍利容器

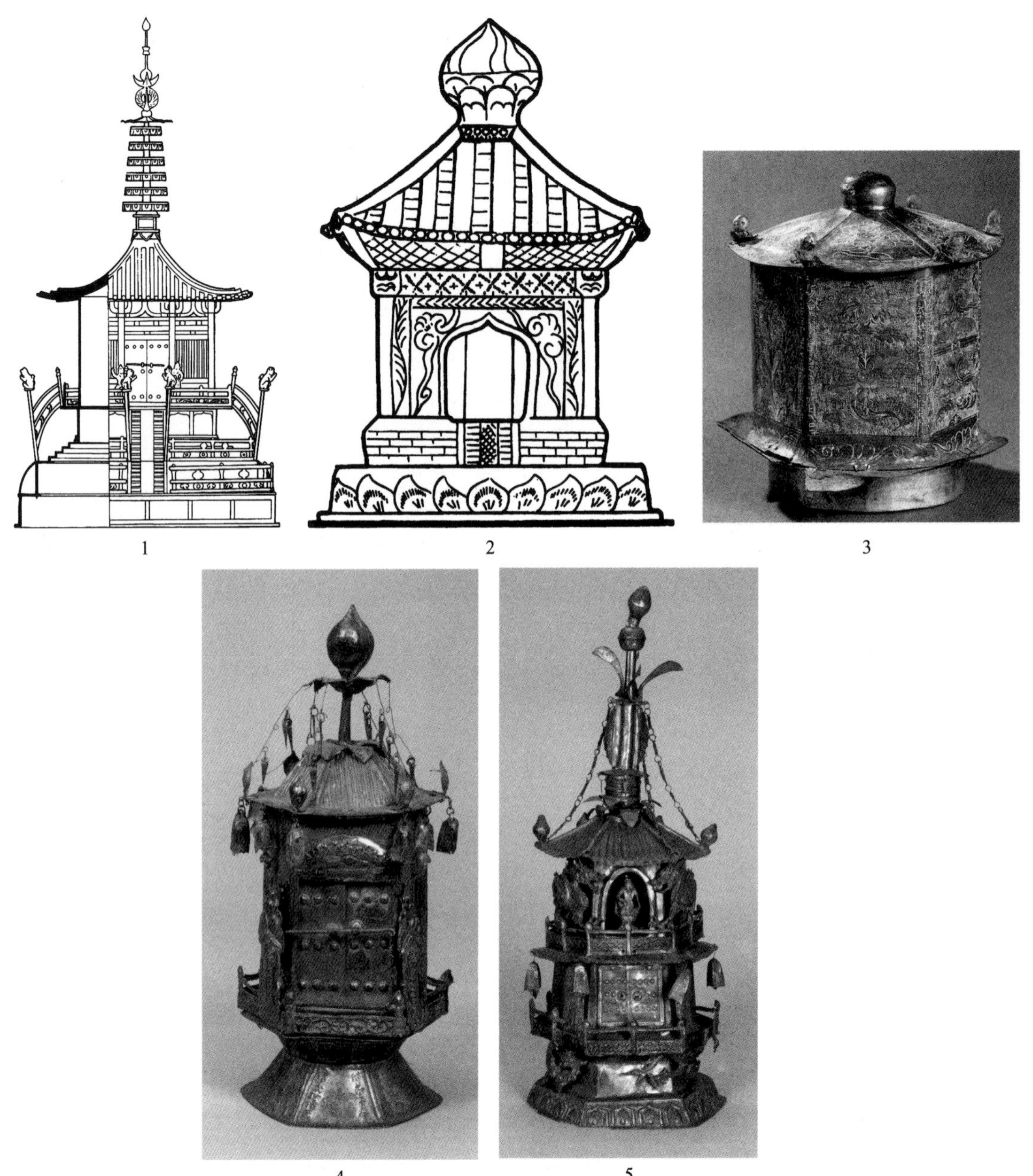

图二九 塔形舍利容器

1、2. 陕西扶风法门寺塔基地宫出土的唐代塔形舍利容器 3. 河北定州静志寺塔基地宫出土的唐代塔形舍利容器 4. 河北定州静志寺塔基地宫出土的宋代塔形舍利容器 5. 河北定州净众院塔基地宫出土的塔形舍利容器

来”（文化传播的一般规律表现为传入、吸收消化、融合，而塔形舍利容器却经历了从最初的改变到后来的模仿这样一个过程，所以，本文将其称为“倒着来”）的文化现象。从某种程度上而言，由于中国古代文化过于成熟，在对待外来文化时，既有其大度包容的一面，也在有的方面表现出很强的选择性，即在接受的同时又对其进行全面的改造，使之更符合中国的习惯，而舍利瘗埋及其使用的舍利容器在一开始就被改变了，古印度的一些舍利容器的样式特别是覆钵塔形舍利容器在10世纪以后才以基本接近于前者的样式出现在中国，这可以视为文化交流过程中的“倒着来”的代表事例之一。值得注意的是，在这一“倒着来”的文化现象中，与犍陀罗窣堵波式佛塔在中国的出现

图三〇 舍利容器

1. 浙江瑞安慧光寺佛塔天宫出土的鎏金银覆钵塔形舍利容器 2. 陕西华县发现的宋代石质覆钵塔形舍利容器 3. 四川成都长顺中街 82 号塔基地宫出土的银罐 4. 山东汶上宝相寺佛塔塔基地宫出土的北宋时期的水晶罐形舍利容器 5. 韩国国立中央博物馆藏陶纳骨器

时间相比较，覆钵塔形舍利容器走在了前面。如果看看佛教传入中国的历史，就会发现，佛舍利在佛教传播过程中曾经充当了道具角色，佛教传播者以舍利的神奇（可以变换的色彩、捶打不碎的坚硬度等）来引导人们对佛教产生好感，而在 10 世纪以后新的外来因素特别是在窣堵波式佛塔开始流行的情况下，舍利容器中的新样式覆钵形舍利容器在时间上要早于窣堵波式佛塔，与佛教传入之初以舍利为道具或者说先导相比较，这一次则是舍利容器充当了先锋。

（10）在中国古代的舍利瘗埋活动中，人们往往以各类水晶器作为供养品，年代较早者以陕西西安市东郊始建于开皇九年（589 年）竣工于隋开皇十四年（594 年）的清禅寺塔基地宫出土的各类水晶器为代表，共计出土约 10 件水晶器物，一同出土的还有几件玉器[66]。年代较晚者以河北定州静志寺塔基地宫出土的各类水晶器如水晶孔雀、水晶球、水晶鱼（摩羯？）等为代表[67]。众所周知，在中国古代人乃至于现代中国人的心目中，玉有着极其崇高的地位，而且人们赋予其特殊的文化含义，西周时期礼制中的“六瑞玉”、“宁为玉碎，不为瓦全”的信念等就是中国古代玉文化的反映。既然已经将其认为是最美好的东西供养给了佛舍利，那为什么还要以大量的水晶器作为供养品呢？且不论佛教文献记载如何，也不论其是否是佛教所云的七宝之一，仅从古印度以水晶作为舍利容器及供养品这一事实来看，就可以明白这种做法是在古印度的影响下出现的，与古印度的佛教文化有着密切关系。

（11）值得注意的是，在中国古代的舍利容器中，也有一些与古印度球状罐形舍利容器、圆筒形舍利容器在外观上相似者在考古发掘中被发现，但其细节上却有差异。这种外观上的相似性及细节上的差异，反映了二者之间既有交流，也有改变。关于圆筒形舍利容器之间的差异前文已经涉及，这里着重论述一下球状罐形舍利容器。例如，四川成都长顺中街82号塔基地宫出土1件银罐，小口，细颈，球形腹，矮圈足，盖上有一宝珠形纽，通高2.9、径1.5厘米（图三〇，3）[68]。虽然其整体造型与印度的球状罐形舍利容器相似，但古印度的罐形舍利容器多以盖部与腹部上下以子母口相扣合，而成都出土的这件银罐却是细颈、小口、球腹，腹部是浑圆完整的。从这种外观上的相似性，似乎可以看出两者之间的密切关系，但细节上的差异又反映了古印度和中国古代用器习惯的不同。舍利容器中虽然未见与古印度罐形舍利容器完全一致者，但隋唐时期的一些香宝子造型却与之相似，而且以子母口相扣合，扣合后盖部与腹部成为球状，不同之处只是增加了高圈足和顶部的相轮[69]。但令人吃惊的是，在韩国出土的一些与舍利相关的器物中，却有与古印度的罐形舍利容器在形制上基本一致者，如韩国国立中央博物馆收藏的1件统一新罗时代（7～8世纪）的相轮纽陶纳骨器，口径20.8、圈足径13.5、高28.2厘米，其盖部顶端的纽为三层相轮式（图三〇，5）[70]。虽然中国古代也有类似古印度的罐形舍利容器，但时代上晚于统一新罗时期的罐形纳骨器，如山东汶上宝相寺佛塔塔基地宫出土的北宋时期的水晶罐形舍利容器（图三〇，4）[71]。如果说统一新罗时期的这种罐形纳骨器的造型不是从中国大陆传入朝鲜半岛的话，就应该是通过草原丝绸之路这条大动脉传播至朝鲜半岛的，这也从一个侧面反映了草原丝绸之路对佛教文化的传播也曾经起过重要的作用。与此同时，在古代日本的舍利瘗埋过程中，也使用了被日本学者称为塔碗形的舍利容器，实际上就是本文所介绍的古印度的罐形舍利容器，其盖顶部一般有宝珠形纽，盖部与腹部均呈半球形，以子母扣相扣合，带圈足或圜底，一般以铜质为主。这类舍利容器在日本比较重要的发现有大阪府茨木市大字太田字上野的太田废寺塔心础石孔穴中出土的舍利容器（图三一，1）、岐阜县

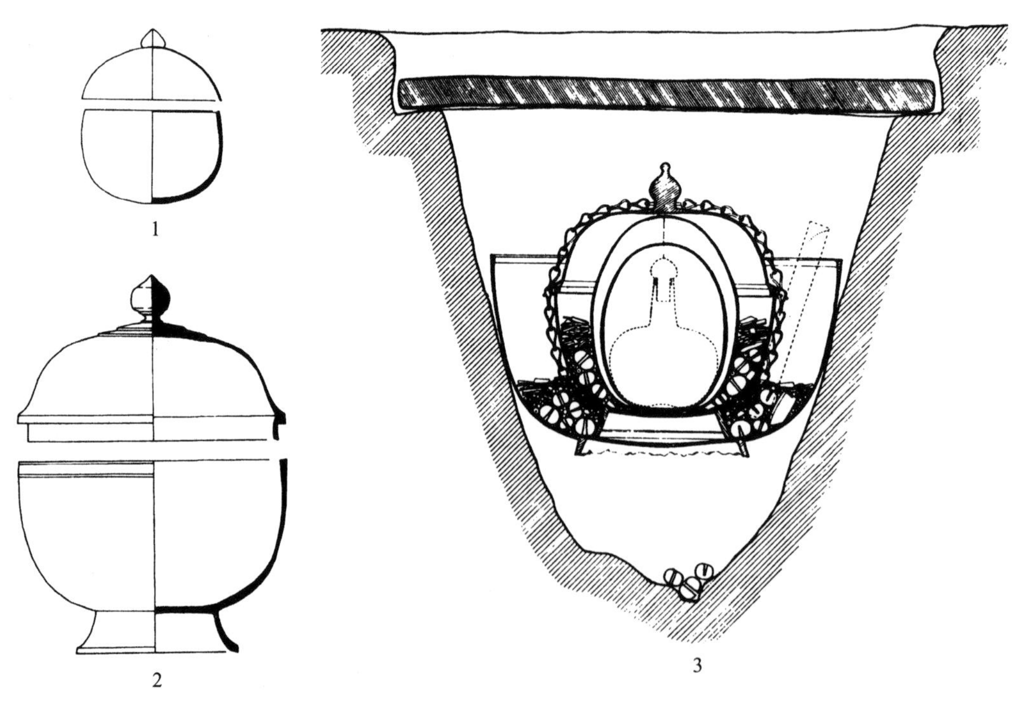

图三一　舍利容器

1. 大阪府茨木市大字太田字上野的太田废寺塔心础石孔穴中出土的舍利容器　2. 岐阜县各务源市苏原寺岛町山田寺塔心础石孔穴中的舍利容器　3. 奈良法隆寺五重塔塔心础石孔穴中的舍利容器

各务源市苏原寺岛町山田寺塔心础石孔穴中的舍利容器（图三一，2）、奈良法隆寺五重塔塔心础石孔穴中的舍利容器（图三一，3）等[72]。这种罐形舍利容器的发现，反映了古代日本的舍利瘗埋与朝鲜半岛之间存在密切关系。

（三）从舍利容器的比较研究看中国古代对待外来文化的态度

通过以上论述，可以看出古印度的舍利容器不论是其创意还是其质地、形制等，都曾为中国古代的舍利容器所借鉴，或者受其影响。但中国古代的舍利容器在吸收古印度舍利容器的基础上，也不断地发展创造，推陈出新，并最终产生了中国独有的舍利容器，即将中国传统的盝顶形石函、铜函以及代表中国丧葬制度特点的金棺银椁等运用到舍利瘗埋中，同时还出现了仿墓葬形制的带宫道、甬道的塔基地宫，从而使舍利瘗埋这一外来事物，不论是在瘗埋场所还是舍利容器、供养品等的使用上，都更符合中国的习惯和传统文化，这也可以看作来自古印度的佛教文化与中国传统文化的完美的结合。这种完美的结合，不正是鲁迅先生在《文化偏至论》中所追求的“外之既不后于世界之思潮，内之仍弗失固有之血脉，取今复古，别立新宗”[73]的境界吗?

舍利瘗埋作为佛教活动的一个重要组成部分，曾经在佛教传播过程中起过重要作用，对中国乃至于东亚都曾产生过重要影响，通过对古印度舍利容器的研究，不仅可以认识古印度舍利容器与中国乃至于东亚的舍利容器之间的关系，从中也可以领略丝绸之路在中国古代文化的发展与充实中所起的作用，更可以看出繁荣与发达的丝绸之路所带来的交流是多方面的，既有物质层面的交流，也有思想、文化、宗教、艺术、工艺技术等方面的深层次交流。在各种层面的交流中，有些外来文化（包括物质层面的和精神层面的）因种种原因昙花一现，有些外来文化则被加以改造而融入中国传统文化中，有些外来文化则表现为其中的某些元素或者因素被中国古代人所接受，也成为中国传统文化的一部分。这种不同文化之间的融合性，其特征如何，笔者在此借用广为流传的元代管道升的《我侬词》之意境做一比喻，其词云：“你侬我侬，忒煞情多。情多处，热如火。把一块泥，捻一个你，塑一个我。将咱两个，一齐打碎，用水调和，再捻一个你，再塑一个我。我泥中有你，你泥中有我。与你生同一个衾，死同一个椁。”[74]管道升的《我侬词》中所表达的意境虽然是诉说夫妇之情，但其中的“将咱两个，一齐打碎，用水调和，再捻一个你，再塑一个我。我泥中有你，你泥中有我”，完全可以作为不同文化之间相互融合的注脚，这一注脚不仅形象有趣、简单明了，而且能使人产生深刻印象、回味无穷。

总体来看，不论外来文化在传入中国后的结果如何，如果将其综合起来观察，就会看到这样的现象，即不同结果却充分体现了中国古代人在对待外来文化时的态度——包容性、选择性和创新性。包容性——即使并没有流传开来或者未被接受的昙花一现者也允许其进入，至于吸收、利用与否则另当别论；选择性——对外来文化进行改造，使其更符合中国古代社会的习俗、审美等传统，以便更好地加以利用和吸收，从而使其与中国传统文化完美地融合在一起；创新性是以选择性为基础的，在对外来文化改造吸收的基础上，创造出崭新的样式——上述有关中国特色的舍利瘗埋方式的产生就是创新性的代表之一。

综上所述，将古代印度的舍利容器与中国古代的舍利容器进行比较，给我们的启示是多方面的。虽然舍利容器仅是中外文化交流之一端，但却隐藏着许多深刻的哲理，笔者期待着更多的学人对其进行深入研究，并将其与佛教史、佛教文化的研究结合起来，使其真正成为中外文化交流史的一项重要内容。

注 释

［1］国家文物局《佛教石窟考古概要》，文物出版社，1993年，第168页，图2-1-1。在采用该图时，笔者主要对其中的国名、地名等文字进行了重置，并对个别遗迹名称做了改变，同时以圆括号形式注明其尚有或曾经有别的叫法。

［2］冻石，简称冻，是指用于雕刻艺术品和印章的材料。如“寿山石”“昌化石”“青田石”等，都属于冻石。参见《辞海》（1979年版缩印本），上海辞书出版社，1980年，第366页。

［3］片岩（schist）是具有片状构造的变质岩，是区域变质作用的产物，主要由片状或柱状矿物如云母、绿泥石、角闪石、绢云母石等组成；也会有石英和其他各种变质矿物，如石榴子石、十字石和蓝晶石等。结构一般为鳞片变晶结构、纤维变晶结构和斑状变晶结构。根据成分的不同，可以分为云母片岩、角闪片岩、绿泥片岩、滑石片岩等。参见第六版彩图本《辞海》，上海辞书出版社，2009年，第1733页。

［4］高田修《インドの佛塔と舍利安置法》，《佛教藝术》第11号，1951年。

［5］（唐）玄奘、辩机原著，季羡林等校注《大唐西域记校注》，中华书局，2000年，第228页。

［6］京都国立博物館、東武美術館、朝日新聞社《〈大英博物館所蔵　インドの仏像とヒンドウーの神々展〉図録》，大塚巧藝社，1994年，第134、135页，图版72—73，说明文字参见第171页。

［7］東京都美術館、朝日新聞、テレビ朝日《西遊記のシルクロード——三蔵法師の道》，朝日新聞社，1999年，第79页，图版35；財団法人平山郁夫シルクロード美術館《ガンダーラ仏像のふるさと》，大塚巧藝社，2009年，第67页，图版62，说明文字参见第129页。

［8］奈良国立博物館《日本仏教美術の源流》，天理時報社，1978年，第161页，黑白图版8；奈良国立博物館《ブッダ釈尊——その生涯と造形》，日本写真印刷株式会社，1984年，第106页，黑白图版19。

［9］Kyong World Cuture Expd 2000, *A Search for the Light of East-silk Road and Korea Culture*, 2000, p. 112,fig.163.

［10］財団法人平山郁夫シルクロード美術館《ガンダーラ仏像のふるさと》，大塚巧藝社，2009年，第68页，图版63，说明文字参见第129页。

［11］田辺三郎助《シルクロードと東アジアの仏教美術》，福井県立美術館，2010年，第3页，图版1，说明文字参见第302页。

［12］奈良国立博物館《ブッダ釈尊——その生涯と造形》，日本写真印刷株式会社，1984年，第106页，黑白图版18。

［13］田辺三郎助《シルクロードと東アジアの仏教美術》，福井県立美術館，2010年，第4页，图版2，说明文字参见第302页。

［14］樋口隆康、桑山正進、宮治昭、田辺勝美《パキスタン・ガンダーラ美術展図録》，美術出版デザインセンター，1984年，图版Ⅲ—1。

［15］奈良国立博物館、（財）奈良・シルクロード博协会《シルクロード大文明展——シルクロード・仏教伝来の道》，美術出版デザインセンター，1988年，第63页，图版35，说明文字参见第183页。

［16］樋口隆康、桑山正進、宮治昭、田辺勝美《パキスタン・ガンダーラ美術展図録》，美術出版デザインセンター，1984年，图版Ⅲ—2。

［17］（唐）义净译《根本说一切有部毗奈耶杂事》，《大正藏》第24册，No. 1451，第0291a页。

［18］国家文物局《佛教石窟考古概要》，文物出版社，1993年，第252页。

［19］水野清一《世界考古学大系》8《南アジア》，平凡社，1961年，第97页，插图157。

［20］肥塚隆、宮治昭《世界美術大全集・東洋編》第13卷《インド（1）》，小学館，2000年，第338页，插图265；水野清一《世界考古学大系》8《南アジア》，平凡社，1961年，第98页，插图158；石田茂作《仏教考古学講座》第七卷《墳墓》，雄山閣，1975年。

[21] 水野清一《世界考古学大系》8《南アジア》，平凡社，1961年，第97页。

[22] 龍谷大学、龍谷ミュージアム《釈尊と親鸞・釈尊編》第4—6期出品解説，大塚巧藝社，2011年，第25页，图版73。

[23] 这个石室在很多文章中被称为舍利棺，这种命名是不确切的，应该是覆钵塔的塔心石室。

[24] 关于这件刻铭的罐形舍利容器及其盖面上的刻铭、释读的英文等内容，在国内的网页上也可以查阅到，参见学佛网 http://big5.xuefo.net/nr/article14/143179.html。

[25] 肥塚隆、宮治昭《世界美術大全集・東洋編》第13卷《インド（1）》，小学館，2000年，第342页，插图274；奈良国立博物館《ブッダ釈尊——その生涯と造形》，日本写真印刷株式会社，1984年，参见第300页说明文字；宮治昭《インド美術史》，吉川弘文館，1981年，第15页，插图12a。

[26] 宮治昭《インド美術史》，吉川弘文館，1981年，第15页，插图12b。

[27] 奈良国立博物館《ブッダ釈尊——その生涯と造形》，日本写真印刷株式会社，1984年，第2页彩版，第93页，黑白图版2，说明文字参见第300页；肥塚隆、宮治昭《世界美術大全集・東洋編》第13卷《インド（1）》，小学館，2000年；石田茂作《仏教考古学講座》第七卷《墳墓》，雄山閣，1975年。

[28] 財团法人平山郁夫シルクロード美術館《ガンダーラ仏像のふるさと》，大塚巧藝社，2009年，第72页，图版67，说明文字参见第129页；奈良国立文化財研究所飛鳥資料館《仏舍利埋纳》飛鳥資料館図録第21册，（有）関西プロセス，1989年，图版第6页。

[29] 奈良国立博物館《ブッダ釈尊——その生涯と造形》，日本写真印刷株式会社，1984年，第96页，黑白图版6，说明文字参见第302页；奈良国立博物館《奈良国立博物館蔵品図版目録・工芸篇・仏教工芸》，株式会社便利堂，1992年，第49页，图版47。

[30] 奈良国立博物館《日本仏教美術の源流》，天理時報社，1978年，第157页，黑白图版1；松户市立博物館《開館5周年記念特別展——シルクロードとガンダーラ》，大塚巧藝社，1997年，第22页，图版35，文字说明参见第63页。

[31] 奈良国立博物館《日本仏教美術の源流》，天理時報社，1978年，第157页，黑白图版2；財团法人平山郁夫シルクロード美術館《ガンダーラ——仏像のふるさと》，大塚巧藝社，2009年，第69页，图版65，说明文字参见第129页。

[32] 奈良国立博物館《ブッダ釈尊——その生涯と造形》，日本写真印刷株式会社，1984年，第94页，黑白图版4，文字说明参见第301、302页。

[33] National Museum of Korea. *Masterpieces of Early Buddist Sculpture,100BCE—700CE, National Museum of Korea*, 2015, p.33, fig.3.

[34] 奈良国立博物館《ブッダ釈尊——その生涯と造形》，日本写真印刷株式会社，1984年，第93页，黑白图版3，说明文字参见第300、301页。

[35] 奈良国立博物館《ブッダ釈尊——その生涯と造形》，日本写真印刷株式会社，1984年，第93页，黑白图版3，说明文字参见第300、301页；国家文物局《佛教石窟考古概要》，文物出版社，1993年，第187页。

[36] 浙江省博物馆、定州市博物馆《心放俗外——定州静志 净众佛塔地宫文物》，中国书店，2014年，第46、47、124页。

[37] 赵永平、王兰庆、陈银凤《河北省正定县出土隋代舍利石函》，《文物》1995年第3期。

[38] 奈良国立博物館《ブッダ釈尊——その生涯と造形》，日本写真印刷株式会社，1984年，第95页，黑白图版5，说明文字参见第302页；財团法人平山郁夫シルクロード美術館《ガンダーラ仏像のふるさと》，大塚巧藝社，2009年，第70、71页，图版66，说明文字参见第129页。

[39] 財团法人平山郁夫シルクロード美術館《ガンダーラ仏像のふるさと》，大塚巧藝社，2009年，第69页，图版64，说明文字参见第129页。

[40] 田辺勝美、前田耕作《世界美術大全集・東洋編》第15卷《中央アジア》，小学館，1999年，第114页，插图图版145～图版149；国家文物局《佛教石窟考古概要》，文物出版社，1993年，第253页。

[41] 東武美術館、奈良国立博物館、名古屋市博物館、NHK、NHKプロセス《ブッダ展——大いなる旅路》，美

術出版デザインセンタ-，1998年，第53、54页，图版27；田辺勝美、前田耕作《世界美術大全集・東洋編》第15卷《中央アジア》，小学館，1999年，第115页，图版150、图版151。

[42] 东晋沙门释法显撰，章巽校注《法显传校注》，上海古籍出版社，1985年，第39页。

[43]（唐）玄奘、辩机著，季羡林等校注《大唐西域记校注》（上），中华书局，2000年，第238、239页。

[44] National Museum of Korea. Masterpieces of Early Buddhist Sculpture,100BCE—700CE, National Museum of Korea,2015,p.32,fig.2.

[45] 奈良国立博物館、（財）奈良・シルクロード博协会《シルクロード大文明展——シルクロード・仏教伝来の道》，美術出版デザインセンター，1988年，第62页，图版34，说明文字参见第183页。

[46] 奈良国立博物館、（財）奈良・シルクロード博协会《シルクロード大文明展——シルクロード・仏教伝来の道》，美術出版デザインセンター，1988年，第64页，图版36，说明文字参见第183页。

[47] 松户市立博物館《開館5周年記念特別展——シルクロードとガンダーラ》，大塚巧藝社，1997年，第22页，图版34，文字说明参见62页。

[48] 这件舍利容器的有关图片和文字，系2016年3月4日笔者参观东京国立博物馆时拍摄并记录，其相关内容见于展示牌上的说明文字。

[49] 京都国立博物館、東武美術館、朝日新聞社《〈大英博物館所蔵　インドの仏像とヒンドウーの神々展〉図録》，大塚巧藝社，1994年，第135页，图版74，说明文字参见第171页。

[50] 中国社会科学院考古研究所《新中国的考古发现与研究》，文物出版社，1984年，第614页。

[51] 李嵘《从地宫形制看嵩岳寺塔的建造年代》，《中国文物报》2014年8月15日。

[52] 郑洪春《西安东郊隋舍利墓清理简报》，《考古与文物》1988年第1期；冉万里《中国古代舍利瘗埋制度研究》，文物出版社，2013年，第35～37页。

[53] 中国社会科学院考古研究所《新中国的考古发现与研究》，文物出版社，1984年，第614页。

[54]（唐）杜佑撰，王文锦等点校《通典》，中华书局，1988年，第2299页。

[55]（唐）李林甫等，陈仲夫点校《唐六典》，中华书局，1992年，第508页。

[56] 高田修《インドの佛塔と舍利安置法》，《佛教藝术》第11号，1951年。

[57] 甘肃省文物工作队《甘肃省泾川县出土的唐代舍利石函》，《文物》1966年第3期。

[58]（唐）不空译《如意宝珠转轮秘密现身成佛金轮咒王经》，《大正藏》第19册，No.0961，第0332b页。

[59] 浙江省博物馆、定州市博物馆《心放俗外——定州静志 净众佛塔地宫文物》，中国书店，2014年，第13页。

[60] 陕西省考古研究院等《法门寺考古发掘报告》，文物出版社，2007年，第169、206页。

[61] 国家文物局主编《中国文物精华大辞典・金银玉石卷》，上海辞书出版社・商务印书馆（香港），1996年，第128页，图版120。

[62] 浙江省博物馆、定州市博物馆《心放俗外——定州静志　净众佛塔地宫文物》，中国书店，2014年，第288、291页；出光美術館《地下宮殿の遺宝——中国河北省定州北宋塔基出土文物展》，平凡社，1997年，图版6。

[63] 浙江省博物馆《浙江瑞安北宋慧光寺塔出土文物》，《文物》1973年第1期；国家文物局主编《中国文物精华大辞典・金银玉石卷》，上海辞书出版社・商务印书馆（香港），1996年，第136页，图版139。

[64] 孙仲光、张明杰《华县馆藏宋舍利石函》，《文博》1998年第5期。

[65] 孙机《中国早期高层佛塔造型之渊源》，《中国圣火——中国古文物与东西文化交流中的若干问题》，辽宁教育出版社，1996年，第292页。

[66] 郑洪春《西安东郊隋舍利墓清理简报》，《考古与文物》1988年第1期；冉万里《中国古代舍利瘗埋制度研究》，文物出版社，2013年，第35～37页。

[67] 浙江省博物馆、定州市博物馆《心放俗外——定州静志、净众佛塔地宫文物》，中国书店，2014年，第198、203页。

[68] 李思雄、冯先诚、王黎明《成都发现隋唐小型铜棺》，《考古与文物》1983年第3期。

[69] 冉万里《略论隋唐时期的香炉》，《西部考古》（第9辑），科学出版社，2015年，第117～122页。

[70] 奈良国立博物館《日本仏教美術の源流》，天理時報社，1978 年，第 164 页，图版 12。
[71] 参见《考古中国：山东汶上黄金塔，佛塔地宫佛牙舍利的神秘面纱》，http://www.360doc.com/content/14/0514/16/11365331_377556188.shtml。
[72] 奈良国立文化財研究所飛鳥資料館《仏舍利埋纳》飛鳥資料館図録第 21 冊，（有）関西プロセス，1989 年，第 30、31、34、35、38、39 页。
[73] 鲁迅《文化偏至论》，《鲁迅全集》第 1 卷，人民文学出版社，2005 年，第 57 页。
[74] 关于这首词的作者及其流布等问题，参见方捷、陆学松《〈我侬词〉的流布及其蕴含的原始母题》，《琼州学院学报》2014 年第 3 期。

（本文原载于《西部考古》第 11 辑，科学出版社，2016 年）

书 评

D. D. Leslie和K. H. J. Gardiner《汉文史料中的罗马帝国》

荣新江

由于近代以来中国与欧洲的关系处在十分重要的位置，所以东西方学者对于古代中国与欧洲的关系问题也就予以特别的关注。汉唐之间中国史料中的“大秦”和西方古典文献中的“Seres”（丝国），在很长时间里一直是学者们努力探讨的对象。早在1885年，夏德（F. Hirth）就把中国史籍中有关大秦和拂菻（隋唐以后指称东罗马帝国的名字）的记载辑录并翻译成书，名《中国与罗马东部地区》(*China and the Roman Orient*)，在上海出版，结论是大秦或拂菻主要是指罗马帝国的东部地区，即叙利亚。此书由朱杰勤译成汉文，题《大秦国全录》(1964年由商务印书馆出版)。另外，戈岱司（G. Coedés）《希腊拉丁作家远东古文献辑录》(*Textes d'auteurs grecs et latins relatifs à l'Extrême Orient*, Paris 1910；耿昇汉译本，中华书局1987年版)、玉尔（H.Yule）与考狄（H.Cordier）《古代中国闻见录》(*Cathay and the Way Thither*, 4 vols., London: 1913-1916）两书，汇集并翻译了西方古典文献中有关中国的史料。张星烺《中西交通史料汇编》(辅仁大学1930年版；中华书局1977年版）第一册，也汇集增补了中西文有关大秦的史料并逐条加以考辨。以后，沙畹（E. Chavannes）、伯希和（P. Pelliot）、赫尔曼（A. Herrmann）、白鸟库吉、马伯乐（H. Maspero）等人，都对大秦国问题的讨论提出过富有影响力的一些看法，或者补充了一些前人遗漏的新史料。但是，不论大秦与中国之间，还是丝国与希腊罗马之间，都距离遥远，有关的史料充满了传奇色彩，而地名的对音往往因为汉文古音的构拟和西文原文的不明确而无法得出圆满的结果。

在西方史学界对大秦国的问题相对来讲沉寂了很长一段时间后，我们评论的这部书的两位作者D. D. Leslie and K. H. J. Gardiner，1982年合作发表了《汉代中国对西亚的认识》(Chinese Knowledge of Western Asia during the Han. *T'oung Pao*, 68, 254-308）一文，开始了他们对大秦问题的合作研究。经过十多年的探讨，1995年他们发表《“条条大路通罗马”——中国对罗马帝国的认识》(“All Roads Lead to Rome”: Chinese Knowledge of the Roman Empire. *Journal of Asian History*, 29, 61-81）一文，实际就是即将出版的这部专著主要观点的概述。1996年，他们的名为《汉文史料中的罗马帝国》(*The Roman Empire in Chinese Sources*）作为《罗马大学东方研究丛刊》第15卷在罗马出版。全书共 xxvi + 422 页，由前言、正文、附录、年表、地图、参考文献目录和索引组成，体制颇为完善。

此书的正文由两部分共 21 章组成。第一部分共 10 章，首先介绍正史、类书以及其他汉文史料，考古和钱币材料，以及希腊罗马文献，并讨论它们的可信程度、年代、消息传递和古音等问题。接着按年代翻译史料，并对照前人的翻译和解说，加以详细的注释。所译的有关大秦的史料，包括《史记》、《汉书》、《后汉书》、《后汉纪》、《魏略·西戎传》、《晋书》、康泰《外国传》、各种《异物志》、《南方草木状》、《玄中记》、《广志》等晋代史料、《梁书》、《魏书》、《宋书》、《隋书》、《洛阳伽蓝记》、《后魏书》、《通典》、《括地志》、《洽闻记》、《大秦景教流行中国碑》、《太清金液神丹经》、《北户录》、《史记正义》、《太平御览》、《太平广记》等，作者不收有关拂菻的史料，其所收集的有关大秦的史料可谓富矣。第一部分的最后一章是关于西方古典文献的介绍，只有 10 种，没有什么特别之处。第二部分是《历史、地理和语言学的对证》，所讨论的问题有：①中西文史料的历史背景，以便为下面的考证提供依据。②最早的消息和联系，指出西汉史料没有提到过大秦，只是到东汉时，中国才首次得到大秦的消息。作者讨论了甘英出使大秦的问题，公元 100 年的蒙奇兜勒两国使者问题，公元 166 年明确的罗马皇帝安敦的使者来华问题，公元 226 年大秦商人秦论到东吴的问题等。③陆上和海上通道。④大秦国的城市，包括三所都城和安谷、迟散、乌丹、安都。⑤大秦的属国。⑥大秦的宝石和其他异物，包括动物与动物制品、植物、香料与调味品、矿物与化学制品、宝石、玻璃与水晶、织物等。⑦一些特殊的问题，如大鸟卵、眩人或幻人、宝国、钱币、罗马的丝和蚕、珊瑚与珊瑚岛、中国的西亚移民、“大秦”其名、大秦的统治。⑧有关大秦国的种种传说。⑨西亚的重要国家和地区，包括安息（the Parthian Empire）、犁靬 / 梨建 / 梨轩 / 条支（the Seleucid Empire）、乌弋山离（Arachosia）、罽宾（Gandhara）、天竺（India）、奄蔡（the Aorsi）等。⑩其他地理比定。⑪传说的地区和极西地区。通过对历史事件、大秦国名物、国家和地区等地理单元的比定，作者最后的结论是，中国史料中的大秦，不是夏德所比定的罗马东部地区（叙利亚），也不是伯希和认为的埃及亚历山大城，而是指以罗马为都城的整个罗马帝国。

由于大秦问题是学术界长期关注的问题，有关的研究成果散发在东西方的学术刊物当中，收集十分不易。作为西方学者，此书作者在收集西方学者的研究成果方面做得较为彻底，但也有遗漏，如 T. H. Barrett 书评（BSOAS, 61.1, 1998）指出的伯希和 *Recherches sur les Chretiens dAsie Centrale et d'Extreme-Orient* Ⅱ, E. G. Pulleyblank 书评（JAOS, 119.1, 1999）提到的吴其昱（Wu Chi-yu）的“A propos du nom geographique Tiao-tche sous les Han”（*Actes du XXIXe Congrés des orientalistes: Chine ancienne*, Pairs 1977, 347-352）。相对来说，作者对中国学者的相关研究成果似乎关注更为不够，如果是相同的结论，可以为他们的说法提供佐证，并节省篇幅；不同的结果，也可能会影响到他们的某些考证结果。如孙毓棠《条支——读《汉书·西域传》札记之二》(《文史》第 6 辑，中华书局 1979 年版），对条支为 Characene（Ctesiphon/Seleucia）说从地理上给予支持，并解释了把它与 Antiochia 勘同的语音问题。如果作者能够利用孙氏的研究成果，则对自己的结论会有很大的帮助。又如，由于资料零散，作者对有关大秦的宝石和其他舶来品的资料收集和分类考释，有颇多贡献。但他们没有特别关注中国的考古资料，所以在讨论物质文化的传播时，未能利用考古资料的帮助来解说许多文献所无法交代明白的地方。关于罗马的玻璃器，安家瑶《中国的早期玻璃器皿》(《考古学报》1984年第4期）收集了已经出土的资料，并做了详细的研究。此文已译成英文，题“*Early Chinese Glassware*”，作为 *The Oriental Ceramic Society Translations*, No.12 出版（1987年）。齐东方《汉代及汉代以前的中国出土西方文物》（日文，*AL-FAFIDAN*，XV，Tokyo 1994，130～135页）有一个很方便的考古简报的目录，通过它可以了解中国相关考古资料的所在。

有关中国与罗马关系的一些史料或考古资料，目前还不能得出肯定的结论。作者在讨论公元100年遣使内附的“蒙奇兜勒二国”是否指马其顿（Macedonia），这批使者与托勒密转述的 Maes Titianos 派遣的商团是否是一回事时，似乎有些举棋不定，有时表示疑问（14、148～150页），有时又表示肯定的态度（*JAH*，29）。这两者的联系是赫尔曼早在1922年就提出来的，近年来在中国学者之间又展开讨论，林梅村《公元100年罗马商团的中国之行》（《中国社会科学》1991年第4期，71～84页）对此提出十分肯定的解说，但有关的对音和论证较为粗糙，引起了针对他的文章的两篇批评文章。一是杨共乐《“丝绸之路”研究中的几个问题——与〈公元100年罗马商团的中国之行〉一文作者商榷》（《北京师范大学学报》1997年第1期，108～111页），但他仍把“蒙奇兜勒”读作马其顿（Macedonia），并肯定100年罗马通使中国的真实性。另一文是邢义田《汉代中国与罗马帝国关系的再检讨》（《汉学研究》第15卷第1期，1997年，1～31页），认为不论从文献还是从考古资料，还不能确切证明汉帝国和罗马帝国之间存在着直接的联系。此外，余太山《两汉魏晋南北朝与西域关系史研究》（中国社会科学出版社，1995年），则把“蒙奇”指为 Margiana，“兜勒”指为 Tukhara（218页），也是应当注意的观点。在我看来，只凭这条材料本身还无法得出确切的结论，倒是两位作者收集的其他史料有助于我们考虑这种可能性。

另一件作者没有留意的考古资料，即甘肃靖远出土的鎏金银盘，近年也有不少争论。《文物》1990年第5期发表初师宾的简报时，把它看作是东罗马制品。M. Prazzoli-t'Serstevens 在“*Cultural Contributions of the Outside World to China: Interaction and Assimilation*”（《迎接21世纪的中国考古学国际学术讨论会论文集》，科学出版社，1998年）中，认为是真正的罗马制品。但其上的铭文已被读作巴克特里亚文（N. Sims-Williams, “A Bactrian Inscription on a Silver Vessel from China”, *Bulletin of Asian Institute*，11，1999），我们不能肯定这是制作时打上去的，还是东西从罗马传到中亚大夏时才打制上去的。

汉代和罗马的关系问题虽然没有20世纪初叶那样成为热门话题，但随着考古资料的不断发现，又时常引发一些新的看法或旧话重提。把汉文史料中的材料集中起来，总结前人相关的论说，是十分必要的工作。在这种意义上来说，此书是极具参考价值的。相对来说，我们也应当有一本重新辑录和考释西方古典文献中的中国史料的合集。

（本文原载于《北大史学》7，北京大学出版社，2000年）

唐代中国的族群与政治

——三部著作的评介与反思

李丹婕

陈寅恪先生《陈寅恪集·唐代政治史述论稿》一书开篇便称："(种族与文化)此二问题实李唐一代史事关键之所在，治唐史者不可忽视者也。"[1]无论这一提法出自何样具体的时代背景和学术语境，种族与文化及两者之间的关系始终是唐史研究不容回避的主要议题之一。与此同时，中古史研究者也日益注意到，只有将中古中国置于东亚、欧亚东部地区乃至整个欧亚世界与多元文明的语境中来考察，才能真正深入认识唐朝的族群政治与文化性格[2]。具体到唐史研究而言，尤其如此。近年来大量石刻材料的再发现与新出土，为我们认识中古中国与外来文明的关系注入了活力，唐朝政治格局、制度运作、族群网络以及伦理思想等各方面的问题因而出现更为丰富的面貌，中古时代的历史篇章就此揭开新的一页。

本文将围绕上述议题，就近年出版的三部著作分别进行绍介，概括其视角、方法与内容，借此对海外中国学领域相关领域的动向稍作涉猎，同时补充以国内中古史学界相关研究的进展与动向，并在文尾就其中所反映的问题和今后可能进一步努力的方向略述一点个人愚见。

班茂森(Marc S. Abramson)《唐代中国的族群认同》[3](下文简称为"班茂森书")是一部系统梳理中古中国族群认同的话语演变及其特征的专著。此书是基于作者博士论文的修订[4]，出版后便在西方中古史学界广受关注[5]，书评人不约而同地注意到这部书多学科交互启发的研究视角，皆肯定其对于拓展中古中国族群与政治研究的重要价值。笔者以为，这部篇幅不算长的著作，之所以能引起学界的广泛讨论，除著作本身的可取之处外，还在于作者将更为生动和多元的视角引入中古族群与历史的研究领域，因此，这部书的出版，同样值得中文学界的关注[6]。

班茂森书通过爬梳大量性质各异的文献记载，力图呈现唐代族群认同与文化的多元面貌与纷繁层次，意在揭示族群认同的复杂性和多变性。在作者看来，族群认同并非一个均质不变、线性发展的历史过程，而往往是变动不居、充满偶然的现实选择，是历史主体和社会现实之间不断的博弈和协商，是知识精英对历史和现实的不断重新叙事和评估，交织着个体在特定情境下的利益抉择和价值判断。作者开篇提及出自《宋高僧传》卷二《唐洛阳广福寺金刚智传》的一则记载：

> 于时帝留心玄牝，未重空门，所司希旨，奏外国蕃僧遣令归国，行有日矣。侍者闻智，智曰："吾是梵僧，且非蕃胡，不干明敕，吾终不去。"数日，忽乘传将之雁门，奉

辞，帝大惊，下手诏留住。[7]

这段记载通常被用来解说当时史事，然此书作者则认为，这条材料还透露出饶有趣味的时人态度。玄宗尊崇道教，下诏敕遣返外国佛僧归国，有侍者将此事告知金刚智，金刚智则说自己是梵僧，而非蕃僧。在唐朝官员看来，只要非汉人便属于“蕃”这个群体范畴，然而在当事人自己那里，又有着不同的族属认同。这时，族群认同的问题便由国家的、群体的、官方的客观认定，转变为个体的、情感的、价值的主观认同。也就是说，族群固然存在着客观的发展历程和社会属性，但与此同时，它又是在不同话语中的文化交织与主观建构，只有揭示各种不同表述所在的特定历史情境，我们才能看到有关族群认同和历史互动中更为微妙而驳杂的面向。

在导论中，作者指出，族群认同和种族问题影响到唐代社会的方方面面，渗透到各种话语表述当中，——这正是此书着力分析所在（第x页）。族群认同本身随着文化、社会、政治局面变化而变化，是社会整体的一个镜像，通过分析唐代中国纷乱庞杂的种族认同和种族差异的表象，作者意在揭示6～10世纪政治社会变迁的某些侧面，以及其在中国族群文化史中的时代意义。过去学界对唐代族群认同的研究，比较强调文化因素，通常采取“胡化”或“汉化”的二元分析框架，认为唐朝政府通过多种形式同化或涵化了进入中国的非汉人；然此书作者则指出，影响族群认同的因素是多样的，除了文化这一衡量标准外，还应当包括家族血亲、身体特征、政治利益和文化习俗等（第xix页）。作者进一步提出，即便是认同中原文化的外来移民，其在种族身份上依然不等同于汉人；个体之间、个体与群体之间、群体之间的认同与区隔是多元的，任何角色、身份、事件都可能促进融合，也可能引发冲突。

作者在导论中强调，族群认同并非是原生性的（primordial）而是一种人为建构（constructed）[8]，且对唐代的族群认同历史进行了大致陈述，不过，此书的主体内容却没有采取历时性的结构，而采用了分视角阐释的布局，共分为六章。

第一章“中国语境下的族群性”，介绍“族群”这一概念[9]，以及其用于中古中国社会研究中的意义和扩展[10]。第二章为“非汉人的身份暧昧：成见和区隔”，主要分析唐代文献尤其是文学书写中，对“非汉人”这一群体形象的模式化表现，指出其中既有历史传统的影响，也有唐代社会的时代特征，但总体来说，其形象是多样而非单一的。第三章“作为外来宗教的佛教”，主要论述了唐代的排佛话语及其与崇佛话语之间的论争，尤其分析了由傅奕到韩愈，排佛在话语与宗旨方面的演化。第四章“深目高鼻：胡人的身体”，作者从“体貌”（physiognomy）的角度切入，论述唐代社会对胡人身体外貌特征的叙事和观念。第五章“族群的地缘政治学”，意在分析唐代的内与外、胡与汉、华与夷、中心与边缘等这样的概念范畴。第六章“族群变化的多样性”，主要分析唐代非汉人在取名、婚姻、语言、宗教等方面的实践，并分析其意义。可以说，此书各章论述各有侧重，但基本围绕族群认同的叙事（narratives）和话语（discourses）中的四个要素展开，即前已提到的出身（genealogy）、体貌（body）、政治（politics）和文化（culture）（第4、5页）。

之所以将唐朝作为研究对象，在于作者认为，无论是对于多元一体的中国文化的出现，还是汉族这一族群的形成，唐代都是非常关键的时期[11]，终唐三百年间，族群认同与文化叙事之间的张力贯穿始终。就前后期进行对比，此书又大概做了两分，即前期可归为“某种族的人通常以某种行为为特征”（people of X ethnicity are characterized by Y behavior），而中后期则是“以某种行为为特征的人便是某种族”（people who are characterized by Y behavior are of X ethnicity）（第 xx 页）。血缘种族和行为方式比重的前后变化，究其原因，作者认为其动力正源于社会和政治特定的若干发展趋势：其一，到唐代中后期，进入唐代精英文化层但仍维持着本来族群认同的非汉人对族群话语的影响力日益增大，并试图由此获得可同他们已具有的军事、经济实力相匹敌的社会地位和政治权力；其二，安史之乱后，国家内部中央与地方、地方之间的冲突加剧，军事实力和政治忠诚的重要性远超过种族认同；其三，文学、行政、军事等能力逐渐取代家族出身，成为个人与家族向上流动的主要手段，而这一点也造就了魏晋南北朝贵族社会到宋代官僚社会的转换历程。

选题是此书的特色之一，作者深受薛爱华（Edward Schafer）两部名著（*The Gold Peaches of Samarkand* 和 *The Vermilion Bird*）[12]的启发和影响，但又没有墨守成规，力图在前人基础上，通过对族群叙事文本和话语的辨析，重新讨论唐代观念层面的“我者”与“他者”、“本土”与“外来”的界限和关系，并充分揭示其动态变化的层累面貌[13]。唐代社会的特色在于，一方面强调自身上承汉代正统，尤其重视对经典的重新整理和文化的再次整合；另一方面又继承了三百年的区域分裂和民族融合，有着胡汉二元体制的制度基础[14]。加之统治者出身混血种族，因此在继承汉代中原传统和融合外来文化方面尤其特色独具。和此前的儒家正统精英叙事一样，唐代的正史叙事中对于非汉人的态度也始终是积极和消极皆而有之；特别是，在当时人看来，非汉人在工艺、绘画、乐舞、识宝、军事、驯兽等方面的特长尤其突出。这对于大一统的王朝而言，无疑有着重要的实际价值。

班茂森提醒我们注意，唐朝社会存在着种族和国家两种并行不悖又彼此交织的认同[15]。从国家的立场来说，那些入唐定居的“外国人”，虽然并非“汉”人，却属于“唐”人，这一点很值得注意。目前出土了大量的“非汉人”墓志，他们虽然在族属上是外来的，但他们的墓志铭都是汉式，墓志盖则署“大唐某某”，如《大唐波斯国大酋长阿罗憾墓志铭》[16]、《大唐故右屯卫郎将阿史那婆罗门墓志铭并序》[17]，等等。将这些志文内容、媒材属性和墓葬形制等综合考虑，我们就会发现，在多元文化汇聚且四方移民融合的唐朝，对外来人群的区分并非仅有单一的种族认同一项原则，无论其出身与族属，只要是在唐帝国内长期生活，往往就能得到国家给予的某种政治身份认定。对于那些进入中原王朝官僚系统的外族人，尤其如此。然就个体而言，得到国家的身份认定，并非自然而然产生相应的身份认同，班茂森指出，个体的主观族属认同往往受到具体现实利益的影响，通常是那些胡商、低级官员、番将、乐舞、伎师更愿意维持自己的本来族属特性，因为对这些人而言，外来身份恰是他们为唐朝说接受且得以维生的基础（第 16 页）。

通过分析史籍中关于“非汉人”的叙事，作者指出，这些文本绝大多数是汉文文献，且多出自中原汉人之手。他们对外族的观点，既继承了汉代以来层层因袭的四裔观，又有着唐代具体的时代特色；总的说来，并不存在鲜明的种族区隔，不过依然包含着大量的成见断定。这在诗歌和笔记小说中多有反映，其中非汉人的特点基本可归结为：无知无文，没有忠孝观，见利忘义，不通礼法，行为缺乏理性，易冲动等，从中可以明显看出，在一系列对“外族”或“他者”的叙事的反面，中原精英其实完成了对华夏自身的文化和身份认同的塑造。

此书再一鲜明特色，在于注重个案的具体分析。比如第三章对排佛话语的论述，就以傅奕、韩愈、法琳等为个案，分析了不同立场和身份的人对佛教的“外来性”及其与中国文化关系的不同态度，并试图揭示其言说背后特定的时代语境。此外，作者对哥舒翰、契苾何力、安禄山、仆固怀恩等蕃将的特点和个人选择也做了具体分析，相较于就蕃将群体的通论性研究，本书的具体分析更具说服力。事实上，对个案进行研究，近年来也越来越受到学者的重视。可资对照的，比如王小甫对突厥、吐蕃、回鹘、契丹、蒙古等周边部族崛兴与波斯宗教文化之间的关系，其中尤其注重其掌权者所发挥的作用[18]；另外，李鸿宾对郭子仪、阿布思及仆固怀恩做了对比分析，强调不同出身背景的人在类似政治局面和社会情境中的不同抉择，与其族属认同和文化选项有关[19]。

陈寅恪先生曾在《唐代的蕃将与府兵》一文中提示，虽然蕃将存在于终唐三百年，但是唐朝前期的蕃将与后期的蕃将大有分别，他在文中对太宗朝和玄宗朝的蕃将做了对比，认为太宗所任之蕃将乃部落酋长，而玄宗朝的蕃将则是寒族胡人[20]。这个结论虽已基本成为学界共识，但这一转变的内在过程仍然缺乏“深度描写”。太宗朝时，唐朝尚与突厥文化联系密切，此后经李唐皇室宫廷内政频繁更迭，武则天发动武周革命，大力提倡科举，使得山东及南方士人及文化得到巨大发展，进而衍生出“文武二分”的话语，到玄宗朝愈加显著，而有关“文武”的叙事又与“胡汉”相交织，使得玄宗朝以后，政治和种族之间的矛盾与纠葛尤其显著起来。笔者以为，个案研究是对这一转变过程加深认识的最好方法，从具体的个体入手展开分析与叙事，通常可以揭示出历史中特殊、异质、偶然的因素，进而制衡、消解一统化的大叙事，进而得出更具说服力的结论。

此书第三个突出特点在于，既分析“汉”与“非汉”这对范畴，又照顾到“非汉人”内部彼此的互相对照和区别，揭示出被汉人归以“非汉人”这一统称之下的不同族群彼此之间的认同差异，强调了部族各自的主体性，并举出了相应的史籍例证来说明。作者强调“非汉人”内部彼此差异，意在指出，任何一个族群认同或个体认同都是在与“他者”对照之下获得的，这一点也日益引起学人注意。荣新江《何谓胡人？——隋唐时期胡人族属的自认与他认》一文，通过考察胡语文献中对“胡人”的记载，分析在不同族群观念中，“胡”这一名词所指的异与同，揭示出历史更为深层复杂的面貌[21]。王明珂研究羌族历史时也发现，羌族并非一个有着明确界限和区隔的族群，恰恰相反，其族群认同在汉族和藏族之间形成一个光谱式的存在。他指出，在“羌”这个族群的内部与外部，有着不断变动而又延续至今的区分与认同。对于羌人内部社会，王明珂深刻而又生动地剖析了羌人内部的“一截骂一截”的现象和“毒药猫”的传说。所谓“一截骂一截”，就是岷江上游每条沟的小世界里，人们会以自己的“沟”为核心，以上、下游的“蛮子”和“汉人”为我族边缘；而在小世界内部，还有“无毒不成寨”的“毒药猫”传说，承载并反映了村寨与邻人之间的敌意与猜忌，笔者以为，这些观念并非羌族所有，而是人类社会中形式各异却内涵类似的现象之一[22]。这些见解，对我们认识中国历史上的族群文化深有启发。

如果说班茂森的著作是就唐朝族群话语进行的总体分析，稍晚森部丰出版的著作，《粟特人的东方活动与东部欧亚大陆世界历史的展开》[23]（下简称为“森部丰书”）一书，则涉及特定族群在具体时代情境中的历史发展。此前村井恭子所撰书评，已从日本中古史学术史的脉络以及该书对安史之乱、晚唐藩镇等研究提出的新见解进行了说明[24]。这里则尝试就此书作者的学术背景、内容特色以及其与中国相关学术进展之间的呼应做一大致梳理。

森部丰在这一课题上的积累已有相当年月。近20年前，他就由昭义节度使建立过程的专题研究开始对这段历史的摸索[25]，此后转而以河北藩镇为对象，关注区域政治与地理环境之间的关系[26]。随着石刻材料的不断出现，他开始注意这一地区相关新材料的发掘，2000年以来，他多次前往中国山西、河北等地进行实地考察，在对一些重要人物的墓志进行具体考释的基础上[27]，逐渐钩沉串联出河北地区8～10世纪族群结构与政治网络形成、嬗变的历史图景，因此，这本书可谓是集多年之功的一部作品。

此书是对8～10世纪发生在北部中国的几个重大历史事件的重新考察，即从微观细节的层面分析安史之乱的来龙去脉、河朔三镇的内部构造以及沙陀等外来部族在山西北部集结、崛起并建立政权的前因后果，这一系列世相固然有其时间先后的线索，但其背后还有一个更为重要的主体要素，即粟特系突厥人（即长期生活在北方草原帝国、深染游牧文化的粟特人）的活动[28]。关于这一人群的历史记载支离破碎，有赖于近年来大量石刻材料的新出土或再发现，相关人物的身份、活动及关系网络逐渐得以清晰，进而使得中唐至宋初北方中国的历史面貌更加丰富、复杂而充满活力。

关于来华粟特人，荣新江曾通过中国史书、各地出土的汉语和伊朗语文书、汉文石刻文字等材料，勾画出粟特人从粟特本土到中国东北营州的迁徙路线[29]，依据新发现的一系列粟特来华商队首领的石棺床，荣先生进一步就北朝隋唐粟特人的聚落及其内部构造进行了分析[30]，主要关注点仍然是沿丝绸之路经河西走廊进入中原北方地区的粟特商队聚落。此后他又就安禄山的种族与宗教信仰进行专文阐发[31]，揭示了粟特人的种族身份和祆教信仰在其叛乱中所发生的重大作用。与此前北朝隋唐入华粟特人不同，安禄山及其领导下的活跃于河北地区的粟特聚落，其来源主要是北方草原帝国，他们擅长驭马、能征善战，带有极为明显的游牧民族特色，这些人在安史之乱后直至宋初的中国北方的历史发展中，扮演了至关重要的角色。

早在1955年，蒲立本（Edwin G. Pulleyblank）就从姓名、来源等方面，指出安禄山可能是从六胡州而进入漠北的粟特人，开元初，突厥内乱，其父亡，安禄山与其叔安波注二子逃亡入唐[32]。突厥汗国内存在着独立的粟特人部落，这一点已有羽田亨[33]、蒲立本[34]、护雅夫[35]、蔡鸿生[36]等先贤清晰地揭示出来，高宗调露初年设立于关内道北部、灵夏之间的六胡州，就与北方草原帝国内部的粟特人聚落直接相关[37]。这一建制的出现，时值东突厥第二汗国崛起、吐蕃东扩的历史背景，因而六胡州及其部众其实是唐朝用来抵抗北方、西北方外部压力的缓冲。但伴随着周边政权的更迭挤压，六胡州的粟特部众发生离散与迁转，很大一部分流入河北地区，成为安禄山麾下的主力；然而也正因为其与安史之乱的密切联系，在汉文正史文献中关于这些部众的记载暧昧不清，始终存在着认识上的盲区。正介于此，森部丰通过爬梳大量石刻材料，力图缀合复原出中晚唐活跃于北中国、最初来自于草原汗国粟特部众的生存状态、婚姻网络和政治格局。

森部丰书第一章“北中国东部粟特人活动与聚落的形成”，介绍了粟特人在北方中国东部地区的活动、存在状态及其聚落的形成。在追溯唐代河北地区的粟特人聚落来源时，作者除详细清理了前人的研究成果，更重要的在于，引入清道光二十二年（1842年）正定府知府沈涛所撰《常山贞石志》中收录的《开元寺三门楼石柱刻经造像并柱题名》（39～45页）和《房山云居寺石经题记》（46～55页），以证明河北恒州和幽州等地的粟特人聚落及其生存状态[38]。《三门楼题名》最初刻于如意元年（692年），累计题名约达2400个，其中有安谨节、史威武、安思恭等昭武九姓近50人，根据当中婚姻关系的记录，可以看出，恒州地区的粟特人很可能还保持着内部通婚的聚落状态，结合宝应二年（826 年）恒州获鹿县仍有胡神祠存在的记录，当地的粟特人聚落应该一直由 7 世纪延续到 9 世纪前半叶。《云居寺石经题记》中关于昭武九姓部众的记载更为详细，不仅反映出其婚姻状况，更留下大量相关商业活动的记录，正可与《安禄山事迹》中“（安禄山）潜于诸道商胡兴贩，每岁输异方珍货计百万数”的记载相互印证。

第二章“安史之乱前河北地区北亚、东北亚诸部族的分布与安史乱军的渊源”，考察安史之乱前活动于北方中国、来自北亚或东北亚族群及其与安史乱军之间的关系，作者详细历述河北、东北地区羁縻州的演变情况，自高祖、太宗起至玄宗朝，在东突厥第二汗国的崛兴又崩溃的历史背景下，东北契丹与奚两族对唐朝的立场也经历了叛顺更迭，进而导致唐朝在河北、东北地区的经略步步南移，这一地区的部众成分日趋复杂，安禄山也正是在这样的历史背景中登场的。以契丹人李永定墓志为例（80～86 页），森部丰揭示出，羁縻州、折冲府、节度使等不同建制在地方的交织融合，也正是如此，安禄山得以借机培育强大的军事力量。

第三章“7～8 世纪的北亚世界与安史之乱”，作者将安史之乱置于 7～8 世纪的北亚世界历史的变动当中进行考察。以东突厥第一汗国的崩溃导致大量突厥遗民南下为起点，接以六胡州的出现，概述北中国粟特系突厥人（这一定义有广狭二分，参 108 页）的由来和动向，这些部众此后伴随着东突厥第二帝国的兴起与崩毁以及东北契丹、奚两部的活跃，在朝廷政令或自我选择的契机之下，发生离散迁徙，很大一批人迁转至东北幽州地区，进而成为安禄山麾下劲旅，也有进入山西北部者，到晚唐与西来的沙陀部众结合（118 页，注 165）。作者通过前三章的介绍，将安史之乱这一过去通常作为唐朝内部政治斗争与叛乱的事件与整个欧亚大陆东部世界在同时期的历史发展联系起来，更为丰富的内涵由是揭开，进一步提醒我们，对于这一事件启动者背后的真正意志需要进行更为深刻的探究（119 页）。

第四章名为“粟特系突厥与河朔三镇的状况”。通过整理大量墓志材料，作者分别介绍卢龙、成德、魏博三镇粟特系突厥人的存在状态，并将这些人进入河北地区的时间大致分成了三期（172 页）：第一期是在安史之乱之前或乱中，这部分人是原活跃于河曲地区的东突厥阿布思率领下的劲卒，由于被回鹘打败后东行，最终为安禄山收编；第二期是建中至贞元年间，这一期与石州地区六州胡被唐朝河东节度使降服，转而向东北迁徙有关；第三期则是元和年间，与沙陀部众东来，进入山西北部有关，原地六州胡部众由此继续东行。粟特系突厥人在乱后向河北地区迁徙，和当时特殊的政治局面有关[39]，然除此，如森部丰通过何弘敬、米文辩等人墓志所揭示出的那样，河北三镇中，魏博一地还有其特殊性[40]。与卢龙、成德两地原本就是安禄山根据地不同，魏博节度使田承嗣是在安史之乱结束前归顺唐朝而当上节度使的，其最初的基础兵力是当地农民，因此，在叛乱结束后敏感而混乱的局面当中，魏博尤其致力于招揽粟特系突厥劲旅以扩充自己的实力，也因此使得魏博节度使多是粟特系突厥人出身，这些外来的军人与魏博牙军之间的关系也值得特别关注（151～172 页）。

森部丰还进一步指出，元和、长庆之后，基本上就不见粟特系突厥人向河北的迁徙，这主要源于此时河北藩镇与唐朝廷之间关系的变化，由安史之乱后的对抗逐渐转变为政治上的互相利用，当地对军力的需求不如过去急切。同时，沙陀、吐谷浑等部众东来进入山西北部地区，成为晚唐朝廷极为倚重的主力部队，进而借机发展壮大，大量六州胡后裔得以在其间获得发展空间，遂成为晚唐、五代、宋初北方中国最为重要的政治力量[41]，这一点作者在第五章“沙陀在河东地区的兴起与粟特系突厥”专门就此进行了详细探讨。

第六章“北中国的吐谷浑与粟特系突厥”，以河北省定州市博物馆所藏宋代石函上的题名为主要材料，钩沉唐末至宋初北方中国东来的吐谷浑和粟特系突厥的融合，以及其在王朝政治格局中的位置[42]。除此，作者还在补论中，详细考察了昭义节度使（泽潞节度使）的建立背景，并通过分析其特殊的战略位置和政治身份，使得对晚唐朝廷和河朔三镇之间互动关系的认识得以别开生面[43]。

就此书的主题——安史之乱、河朔藩镇及沙陀王朝而言，看上去似乎新意无多，但作者最重要的贡献毋宁说正在于此，即赋予“老问题”以“新阐释”，实现这一突破，得力于此书的两个重要特色。

其一是视角的择取。作者聚焦于中晚唐至宋初河北地区内部的族群离合与政治嬗变，并以此旁及其周边北亚、东北亚、唐朝关中地区、河东地区乃至河西地区的历史变迁，因而得以突破了唐朝与安史乱军、中央与藩镇、中原与北方等诸如此类的二元论述框架。将此时代大势和区域发展扭结在一起的，是从北方草原帝国南下的粟特系突厥人，他们不仅能征善战，而且有着发达的政治头脑，于是得以在安史之乱后的北中国东部地区风云际会，成为五代宋初当地历史舞台中最为重要的主体力量。

其二是材料的使用。关于河北地区的粟特系突厥人的记载，正史材料零散而稀少，且语焉不详，这自然是因为安禄山的特殊身份以及乱后当地与中央之间敏感的政治关系所致。同时也说明，这些人在河北当地才是拥有真正权力的人物。无论是《开元寺三门楼石柱刻经造像并柱主题名》、《房山云居寺石经题记》、《定州市博物馆所藏宋代石函题名》，还是《李宝臣德政碑》、《何弘敬墓志》、《米文辩墓志》、《安重荣残碑》等，都是重新启动晚唐五代乃至宋初河北区域政治史的绝好材料，区域史的再认识，势必会带来整体史的面貌一新[44]。

同样涉及族群政治和权力博弈的话题，斯加夫（Jonathan Karam Skaff）新著的研究对象则是不同历史时段的史事。斯加夫 1998 年完成名为《跨越草原与耕地：唐代与内亚游牧者的关系，640—756 年》的博士论文[45]，此后十余年始终在中古中国与内亚游牧部族关系史领域潜心耕耘，陆续发表多篇论文，终于 2012 年在牛津大学出版社出版了《隋唐中国和它的突厥—蒙古语系邻里——文化、权力与关系，580—800 年》一书[46]（下简称为“斯加夫书”）。就题目便能看出，作者在博士论文的基础上，进行了大幅增补修订，且研究重点也发生明显转移，即从以中原王朝转移至隋唐政权与内亚草原汗国的关系。因此，与着力探讨唐朝对漠北草原的政治态度、战略定位以及军事防御、战和关系的博士论文不同，斯加夫在这部新书中，将隋唐帝国与草原汗国（主要是第一、第二突厥汗国）之间的中间地带（borderlands）及其民众作为主要考察对象，意在通过比较研究的方法[47]，指出南北两边的政权主体在这一区域的交织、博弈与协商的历史，并更进一步希望阐发这些历史实践背后所蕴含的文化、观念与意志。

伴随北周一统北齐迈入隋唐大一统帝国的，是突厥在北方草原发展壮大进而建立汗国的历史进程；因而，隋唐与突厥之间的关系史也成为中古史学界的重要主题之一，中国学界已从史事、制度和文化等方面进行了卓具见识的研究[48]，许多历史细节也渐次清晰，但不可否认的是，这些研究仍然很大程度上立足于“隋唐史”的研究脉络。不同于此，斯加夫在此书导论开篇便提出“作为世界史的中国—内亚边境”（The China-Inner Asia Frontier as World History），并明言采用比较的方法，考察中古时期中原王朝和游牧王国之间源于数百年外交、竞争和融合历程的“交织的历史”（tangled history），进而指出两者在竞争中间地带及其部众的领导权时利用了极为相似的意识形态和政治手段，而这些相似的观念和方式广泛地存在于东部欧亚大陆（4页）。此书所谓的“东部欧亚大陆”，在地理范围上包括华北地区、东北地区、蒙古草原、西藏地区和西域地区，在政治意义上除隋唐帝国、草原汗国，还包括吐蕃政权（570～842年）、拜占庭帝国（476～1453年）、萨珊波斯（224～651年）和伊斯兰倭马亚王朝（661～750年）（7～8页）。

此书正文分为三大部分。第一部分名为“历史与地理背景”，内含两章。第一章“东部欧亚大陆的地理、历史与冲突”，概要介绍东部欧亚大陆地区的地理、历史，并据唐初道的划分给出中古时代中国—内亚边境的范围，即河西道、陇右道、关内道、河东道、河北道（27页）。作者认为，中古时代的气候环境、地理资源和人口数量使得上述区域呈现农牧并存的情形，且由于同京城长安距离切近，在中原王朝和游牧政权之间具有关键性的意义，北方游牧部族南下，长程行动后需要水草补给和马匹修整，颉利、默啜等时代的成功侵边，都源于对这一中间地带的占有，而这里对唐朝则意味着数量庞大的马匹和骑兵。与其特殊的战略地位相比，目前研究中对此的重视是不够的。接下来的第二章“中国—内亚的边境之地：话语与现实”中，作者介绍了这一区域价值被低估的原因。中国—内亚边境及其民众即便在国家法律、行政条规中不会受到任何歧视，却依然受到主导史籍编撰的儒家精英的排斥，与武将、出身低贱的人一样，这些边地部众在传世史籍文本中的角色是边缘的、模糊的，这是儒家文化对周边部众的传统观念所致；不过，如果对比吐鲁番文书所反映的现实，就可以看到，以西州为代表的“边地”是一个族群多样、文化多元的政治、经济区域，其中不仅往来中西的粟特商人表现活跃，北边的游牧部族也是当地社会生活积极的参与者，而这些丰富的图景，是我们在传世正史中有关西州的记载中看不到的（65～71页）。

第二部分名为“东部欧亚大陆的社会与文化”，内含三章。第三章“通过庇护而来的权力：世袭政治网络”。作者这里借用韦伯“世袭官僚制”学说的相关概念，并参考此前诸多将此用于中古世界的研究成果，将以互惠为原则形成的“主—客”（patron-client）作为研究中古中国—内亚世界的主要线索，指出无论在隋唐官僚体系中，还是草原汗国政治结构里，这种人格政治（personalistic politics）都是相当普遍的（75页）。这种人格政治表现为横向的联盟关系和纵向的主从关系；后者已为对游牧社会有深入研究的日本史学护雅夫、美国社会学家Lawrence Krader等人详细阐释。此书中，作者分别考察了突厥王廷（如颉利与苏尼失）、隋末北方地区（如高开道与其假子）、唐代官僚系统（如牛仙客与宇文融、李林甫，张九龄与张说）和地方驻军（如封常清与高仙芝、哥舒翰与王忠嗣）以及隋唐宫廷（如皇位继承冲突事件中所突显的皇子及其亲信的关系）中可见的超越种族与文化的个人联系，除此，还有类似太宗与突利可汗、安禄山与吉温等约为兄弟这样的横向联盟关系。在作者看来，上述普遍的个人关系虽然形式各有不同，但其本质却是一样的，即建立在彼此认同且互惠的基础上，儒家文人即便以高扬的道德感极力谴责这种非正式的、徇私的个人关系，但在人员来源相对单一的科举系统当中，类似的主从关系同样极为普遍。史籍中关于张亮、安禄山等豢养假子的记录，都源于二人阴谋叛乱而得以批判的立场保留下来，但由此可以设想，尚有大量不被记录在案的类似情形。

第四章“意识形态与国际竞争”，作者探讨了南北政权双方外交往来中文化交织的情形，指出很多为双方所认可的文化元素一向被认为是“中国的”，但事实上，诸如君权神授、祭祀天地、祖先崇拜等是为整个东部欧亚大陆所共同的思想观念；以间接的方式统辖边地，也在当时各个政权中通行（105 页）。正因为这些共同的观念，隋唐与内亚政权之间在外交礼仪和政治往来展开相应的创造、融合与竞争，其中最广为人知者便是“天可汗”的诞生，在斯加夫看来，正是东部欧亚大陆范围内共享的价值理念，使得这一政治名号及其实践成为可能，同时，唐代的册封制度、羁縻府州体系等行政运作也并非“中国传统”或“唐朝发明”，而是广泛为东部欧亚大陆所采用的统辖手段。使得这些实践成为可能的背景，在于长久以来北方地区文化混溶交织的现实，且有大量具备多元文化背景的人士（包括汉人、粟特人及游牧部族民众）往来其间，这也使得双方在同一外交礼仪中，可以得到各自的理解并认可，这些即作者在第五章“作为欧亚大陆礼仪的外交”中所分析的内容[49]。作者认为，宫廷礼仪究其本质是不同文化的竞技场，由于礼仪往往是“暧昧而多义的”（ambiguous and multivalent），能在不同受众心中激起不同的情感，因此，有必要追寻隋唐、突厥乃至欧亚大陆外交礼仪细节背后的深意（134 页）。虽然在唐朝礼典（如《大唐开元礼》）中，“宾礼”篇幅最短，且唐朝官僚系统中有鸿胪寺典客署和礼部主客司这样专门处理涉外事宜的部门，但是宣扬皇帝权威的国家礼仪当中还是有不少内容事涉北族游牧人士，诸如贞观四年太宗“天可汗”之礼，虽然传统正史对此语焉不详，但若干细节仍暗示出这一盛会同后世蒙古的忽里台（Quriltai）大会可堪对照，而向被认为是中国传统的封禅礼，其意义在作者看来也是开放性的，对于中国儒家官僚而言，这一礼仪意味着皇帝的君权神授，对于同时在场的“四夷君长”来说，唐朝皇帝此举毋宁是他本人勇敢、智慧、慷慨的证明，后者正是北族领袖的重要性格特征（148 页）。除此，在隋唐的外交礼仪当中，包括戏剧、列仪、致礼、礼物交换与宴席等环节，是欧亚大陆外交礼仪中所普遍具有的元素（148～155 页），而国书往来、营饰宫殿（或王帐）、册封外藩等也是各个政权所熟知的外交手段。作者也强调，共享的观念并不意味着完全相同的实践，礼仪中不同符号在不同文化系统中的重要性也互有不同，比如隋唐帝国更看重宫殿，游牧汗国更钟爱金帐。正源于对彼此同异的了解，双方得以在礼仪当中展开竞争与博弈，而其最终胜负则是由双方的政治实力决定的。

此书第三部分用四章讨论了隋唐—内亚通过册封、联姻、贸易等手段在协商（negotiating）中确立彼此的战和关系，且最终因为各自内乱及新的多极力量结构的出现而最终破裂的过程。和前两部分一样，作者仍然强调，隋唐—内亚两者关系互动的方式广泛通行于东部欧亚大陆，也由此，在同一举动的背后，双方可能存在不同的理解。比如隋唐对北方部落酋长的任命或册封，意在将其纳入本国的官僚体系；然对于北方部族酋长而言，他们接受的基础则在于因战败或互惠而形成的个人主从关系（184～188 页），其服从的对象，或是隋唐皇帝，或是边地将领。同样的，战略联姻和边地贸易也成为隋唐—内亚政权所共享的日常政治实践。

大体而言，此书的主要内容意在突显隋唐帝国—草原汗国中间地带，即蒙古高原游牧部族的主体性，并以此为核心揭示中原王朝和草原政权在外交互动中“交织的历史”和“共享的文化”。作者在结论中揭示了此书副标题出现的“文化”、“权力”与“关系”三词，文化意指共同的文化观念使得隋唐王朝和草原帝国以类似的方式处理彼此之间，以及与共同的边地之间的关系，其中最为核心的方式是个人之间形成的主从或者联盟关系，这种关系是通过软权力（外交礼仪）和硬实力（军事战争）两种方式形成的，其表现形式是多样的，或册封任命，或联姻结亲，或收养结盟。权力则是指长时段来看，蒙古高原虽然对南北两大政权而言的具体意义不同，但其战略价值是同样重要的，因此，隋唐帝国与草原汗国的互为进退往往围绕这一区域及其部众的争夺，而得失对于两者的胜负角逐都具有决定性意义；正因为反复的争夺与妥协，大量游牧部众得以出入于南北两大政权当中。与此相应的，在特定的文化背景和权力结构中孕生出的个体之间、群体之间乃至政权之间便呈现出丰富多样的互动关系。比起丝绸之路往来僧侣、商人和使者带来的艺术、宗教、技术和奢侈品文化，出入草原的部众则对双方的政治、军事制度提供了思想资源，这种彼此联系的意义，在此书作者看来，丝毫不逊于丝绸之路之于中古欧亚世界的价值。

作为一本诞生自美国的中国研究领域的著作，此书可说延续了自20世纪20～30年代由拉铁摩尔（O. Lattimore）开创的“边疆范式”[50]，即将汉地社会与中国边疆之间的相互关系及其历史变迁置于极广阔的时空背景下去加以论述，并强调草原游牧和灌溉农耕之间过渡地带的重要性，此后巴菲尔德（Thomas J. Barfield）又通过《危险的边疆：游牧帝国与中国》一书继续发挥，采用人类学的视角勾勒了中国北方地区长达两千年的农牧冲突与混溶的互动历程[51]。由此，“边疆”作为独立、关键而绝非次要于“中央”的区域，其主体性日益得到重视[52]。狄宇宙（Nicolas Di Cosmo）《古代中国及其强邻》（2002年）一书通过考察公元前一千年直至汉代“中国”与北方游牧部落的关系史，强调了“边疆”的丰富内涵，既包括考古学意义上多文化共生形态的共享边疆，也有夷夏相区分的文化边疆、秦汉—匈奴之间以长城划分的政治边界，还有华夏人群想象中的边疆等[53]。延续上述将“边缘”作为考察对象的立场，斯加夫书将中古时代蒙古高原及当地的游牧部众作为研究对象，探索南北农牧政权由此展开的交织与互动。与此同时，作者又将这一互动的历史放置在整个东部欧亚大陆来考察，这一研究取向则是受到了20世纪90年代以来的“新清史”研究路径的影响。与传统汉化的思路不同，“新清史”的主张者则试图解构“民族主义”影响下的清史研究，致力于“重新发现”清朝统治历程当中的“内亚因素”，并将清朝放在世界史而非中国史的框架中进行探讨[54]。显然，西方世界的上述两个研究趋向，成为斯加夫这部著作的直接背景。

作者在导论部分提到，此书深受人类学、社会学的启发，主要用到两个分析工具，其一来自人类学家格尔兹（Clifford Geertz）的“深描”理论（4页），即通过具体的视角和细致的分析，展示当事人的语言、行为、理解等，尽可能释放同一历史事件在不同参与者那里不同的内涵，如此书对于“封禅礼”的阐释；其二则是马克斯·韦伯（Max Weber）所提出的“世袭制”的权力支配形式（11～15页），作者认为，中古东部欧亚大陆普遍存在着个人之间互惠的主从（或联盟）关系，这一关系结构流行于隋唐帝国与草原汗国当中，遂得以将大量看似毫无联系的历史现象统摄到了一起。然而，采用阐释（interpretation）而非解释（explanation）的研究方法，分析（analysis）而非叙述（narration）的写作方式，既是此书的优点，同时也成为弱点，即过于注重宏观框架的搭建，容易忽视了史实前因后果的细节，偶尔也存在一些文献误读。比如在论述天宝年间科场举子分帮结派，且推举“朋头”的事件[55]，作者径直将“朋”译作tents（帐篷），而“朋头”则是tent boss（86页），以此显示唐朝的文人世界里也有类似于草原汗国、北方地区广泛流行的主从关系，有失妥当。

另外，在第四章谈到教育与思想交流时，作者提及不少在隋唐帝国和草原汗国活跃的具有多元文化背景的人士，诸如活跃在西州以及长安的译语人、供职于可汗朝廷的粟特人，以及对中原文化非常熟悉的突厥人阿史德元珍等，都是唐史学者非常熟悉的人、事，但至于他们如何具有多元文化背景我们并不甚熟知，而新出墓志便为我们提供了这方面的细节，比如《炽俟辿墓志》中称："圣历载，诏许当下之日，成均读书。又令博士就宅教示，俾游贵国庠，从师私第。"[56]也就是说，对于这位入仕长安的葛逻禄部落头领，唐朝不仅下诏准允其进入太学读书，甚至请国子博士前往其私第教授，可见唐朝政府欲以儒家文化"改造"这位"野蛮人"，然而据其所居之"城西义宁坊"、所娶"康氏"、墓志撰写者"米士炎"来看，这位进入唐朝宫廷、接受了儒家文化熏陶的外族首领，即便离开了草原和自己的部众，在长安仍然得以维系着自己熟知并认同的生活氛围，这也可以解释，何以入仕唐朝多年、深谙中原文化的阿史德元珍等最终选择回归草原，将自己的知识和智能贡献给了东突厥第二汗国复兴大业。这样的事例直接对作者开篇便提出的"去种族"的视角（integrationist perspective）提出了挑战，即作者试图通过主从（或联盟）的个人关系来解释在跨族群、跨文化背景下的权力集团和社会势力的形成，然而，互惠的私人关系固然可以是跨血缘、跨文化、跨国际的，但我们也不得不承认，血缘关系毕竟是，且尤其是韦伯所谓"世袭制"社会中人与人之间最根本的关系之一，这也是为什么即便是主从（或联盟）的个人关系，也往往通过联姻或收养等"拟血缘"的关系形式实现。虽然族群认同仅是个人身份认同中的一种，且是受到政治、经济、文化等多方面影响而变动不居的，但却是实在的社会关系之一，对于中古中国而言同样值得重视[57]。

史念海先生 1991 年曾撰写《隋唐时期农牧地区的变迁及其对王朝盛衰的影响》一文，指出唐朝前期黄河下游富庶的农业区和关内道、陇右道等地的畜牧区，实为唐朝长安的左膀右臂，前者是重要的粮食生产基地，而后者则是军马的主要来源，对唐朝具有决定性的战略意义[58]；此后，他又发表《司马迁规划的农牧地区分界线在黄土高原上的推移及其影响》一文，探讨北方农牧区域在中古时代的历史变迁[59]。区域历史地理学的丰硕成果为我们更进一步考察这一区域的历史文化变迁及其与周边政治氛围发展的互动关系提供了基础。对边地族群关系与国家认同的研究，近些年来最引人瞩目的便是王明珂的系列成果[60]，他更强调互动中产生的族群认同和边缘构建。至于中古历史研究，如前文已揭，荣新江系统考察了近些年来国内考古发现以及国外收藏新见的粟特石棺、图像与墓志，揭示了中古中国与外来文明更深层次的互动[61]，王小甫则从政治文化的视角，对中古时代北方族群借鉴、改造外来文化以形成自身的意识形态和制度建设的历史进行了个案研究[62]，这些成果为进一步的比较研究提供了坚实的基础。将隋唐历史放在欧亚大陆的整体发展史中进行考量，近来同样得到日本学者的重视，先后有石见清裕《唐の北方问题と国际秩序》（汲古书院，1998 年）、荒川正晴《ユーラシアの交通・交易と唐帝国》（名古屋大学出版社，2010 年）、森部丰《ソグド人の东方活动と东ユーラシア世界の历史的展开》（关西大学出版部，2010 年）等著作的面世，这些研究侧重各有不同，或注重国家制度与礼仪的考察，或集中于中西往来交通制度与贸易实情的揭示，或讨论粟特人在北方地区族群互动中的关键角色等，都极大地推进了学界对中古中国北部地区历史面相的认识。斯加夫早年就读于密歇根大学历史学系，其间曾前往北京大学中古史研究中心访问，并求教于荣新江、王小甫、李孝聪等诸位先生，他的研究风格无疑也是受到中国中古史研究方法影响的，而又不止于此，因此，将其著作对上述研究成果进行参差对照，无疑是饶有裨益的。

此外，斯加夫对出土文书和传统记述的比较研究与重新诠释，也启发我们重新回到看似熟悉但远非如此的汉文史籍当中去做进一步深耕细读。罗新近些年利用比较语言学、历史学的方法对中古中国北族名号进行了深入研究，极富启发性，他指出，与后世内亚世界具备相对丰富的多语种文献记载情况不同，中古之前的内亚史最重要的便是汉文史料，他一再强调对汉文史料进行深入解读的重要，并说“掌握汉文史料并不是那么轻易的事情，即使对于以汉语为母语的人来说也是如此”[63]。也就是说，汉文史籍中有关北族名号、称谓乃至事件的记载，只有放置更为广阔而生动的内亚历史图景中，其丰富的内蕴才能得以充分释放；不仅如此，中古中国内政外交诸多方面，也只有放在更为宽广的语境当中，其内涵与真义才能得到揭示。早在20世纪70年代，西方唐史权威杜希德（Denis Twitchett）、芮沃寿（Authur F. Wright）曾将唐朝文明的特点归结于两点：折中主义（eclecticism）和世界主义（cosmopolitanism）[64]，这一观点在现在的国际唐史学界得到广泛承认，但与其说这是结论，不如将之视为研究的出发点，由此则不仅能在北方地区，而且在中原王朝内部，看到更多易被忽视的制度差异、文化冲突与思想竞争，就此而言，斯加夫书是一个值得借鉴的例子。

通过对以上三部研究风格不同、内容却有呼应的中古史著作的阅读与反思，我们再次深刻地体会到陈寅恪“一时代之学术，必有其新材料与新问题”之论断的深意。

在新材料方面，森部丰书表现得比较突出，这是作者多年来“上穷碧落下黄泉”的考察调研之功，因此能够为传统议题注入活水，激发出更多的思路和视角。受到史学理论和研究风气的启发进而提出新问题，这一点则在班茂森书和斯加夫书中表现得较为明显。

仔细看来，班茂森书的史料基本不出谢海平《唐代留华外国人生活考述》（商务印书馆，1978年）一书，但由于作者在分析史事的基础上，进一步注意到文本本身的“话语”内涵，因此便得以给予既有史料以一番新解说。同样的，斯加夫书所运用的，也基本上是为中古史研究者广为熟知的史料记载。于是，史料之不充分成为两本书最大的弱点，比如班茂森书第四章讲到非汉人“深目高鼻”的体貌特征，或许就可以对大量的墓葬壁画和出土陶俑、器物进行重新分析。西安乾陵博物馆近年曾举办唐代“胡俑展”，并召开了专题研讨会[65]。我们在这个展览中看到，唐代胡俑面貌的千差万别，不仅在于制作工艺的差别，还有体貌特色的区别，这说明，唐人眼中的“外国人”是不同且明确区分的，因而，在此书视角下对这些实物进行重新综合考虑便很有意义。另外，斯加夫书也有类似问题，即对墓志材料的使用不够充分，目前已有的大量唐人墓志，有其中涉及族群问题的材料亦不在少数，在新视角下进行个案分析和整体探讨，仍有进一步开掘的空间。

就视角而言，班茂森书和斯加夫书对族群与权力之间关系的分析和强调，实际上暗合了历史人类学的族群研究取向，即分析族群认同话语与宣称背后的社会意义[66]，以及民族史研究与书写范式转向，即从民族的起源研究转向族群的认同考察。罗新曾撰文指出，任何一个部族的发展，都是在不断发生同其他部族的混溶与重组，事实上不可能维持一种稳定的和原初的历史记忆，然而，起源研究却是试图“复原”一种线性的、秩序鲜明的历史过程——这个显然远离了真实的历史过程[67]。姚大力通过对满族和回族两个民族的个案分析，详细叙述了作为民族共同体的满族或回族的形成史，作者特别强调，伴随着政治、社会环境的变化，其成员的自我归属意识也几经改塑，是一个主体能动、内外互动的过程[68]。就此而言，这两本书在处理传统史籍记载时带来了方法上的启示，即揭示出某个特定的人群如何在与“他者”接触和互动中，逐渐塑造或再塑造有关自身的历史记忆，而这一主观“建构”过程既形成了某一人群集体身份意识，又左右了他们的历史变迁。

与此不同，森部丰书并没有更多地强调视角的不同、方法的创新，但通过资料的拓展与深掘，作者同样实现了研究突破，即将地缘政治与族群格局相结合，这两点在近年来受到中古史学界的极大关注[69]。就前者而言，邓小南在《走出五代——十世纪中原王朝统治人群的转变》一文中，在力主将唐朝末年经五代至北宋初年看作一个历史时期单元来进行认识的同时，还强调通过特定时代行为主体的政治选择、运作行为、互动关系来揭示历史的深层结构，进而突破唐宋变革、胡汉两分、华夷对立的既有框架[70]；至于后者，则如王小甫在《唐五代北边的内外之际与国家认同》一文中所指出的，对于中古族群研究，越来越致力于揭示不同族群相互依存、相互渗透、为争取资源或参与共享而力求认同、实现整合的过程[71]。就此而言，森部丰书不仅深入到文献肌理当中，而且切实地以材料为根本出发点，展开分析，进而将特定历史（中古北方中国）中的主体（以粟特系突厥人为核心的不同部众）在具体社会背景下的行为选择和互动关系呈现出来，这样的叙事在某种意义上超越了“种族”还是“文化”这一非此即彼式的二元选择，使得政治博弈和资源竞争的历史本相得以显露出来。

历史发展并非单一线性、前后相继的序列，而是前后时代层叠、多重力量交织的复杂过程。要认识这一复杂的历史过程，我们既要运用大量传世的史籍，又要通过不同性质史籍之间的记载差异进行深入的文本批判；既要在当下的学术语境中提出“时代议题”，又要通过更为仔细的辨析，对特定时空中的人事进行“同情理解”。“新材料”和“新问题”本身都不是目的，而是我们最终通过写作揭示历史发展本相、抵达史学研究要义的手段。这也是以上三部“他山之石”给予我们的一点启发。

2013-11-14 稿

2013-12-6 修订

注 释

[1] 陈寅恪《陈寅恪集·唐代政治史述论稿》，生活·读书·新知三联书店，2001 年，第 183 页。

[2] 这一趋势也尤其得到日本学者的关注，可参森部丰《书评：荒川正晴 <ユ-ラシアの交通·交易と唐帝国>》，《唐代史研究》第 14 号，2011 年，第 109～116 页。山下将司在综述日本学界近年来的中国史研究是也提及这一时下得到特别提倡的研究视角，参山下将司著，黄正建编译，《2009 年日本的隋唐史研究》，《中国史研究动态》2011 年第 2 期，第 55～60 页。

[3] Marc S. Abramson. *Ethnic Identity in Tang China*. University of Pennsylvania Press, 2008. p. 255.

[4] Deep Eyes and High Noses: Constructing Ethnicity in Tang China, Princeton University Dissertation, 2001 pp. 618-917.

[5] 西文书评可参 Victor C. Xiong 撰文，刊于 *Asia & Oceania*, 46.2, 2008, p.366. Hugh R. Clark 撰文，刊于 *The American Historical Review*, 114.3, 2009, p.732. David A. Graff 撰文，刊于 *The Journal of Asian Studies*, 68.1, 2009, p.253. Naomi Standen 撰文，刊于 *Bulletin of the School of Oriental and African Studies*, University of London, 72.1, 2009, pp.202-204. Hsiao-ting Lin 撰文，刊于 *Journal of the Royal Asiatic Society*, 18.4, 2008, pp. 547-549. Russell

Kirkland 撰文，刊于 *Religious Studies*, 35.2, 2009, p.142. Paul Fischer 撰文，刊于 *Journal of World History*, 20.1, 2009, pp.153-156.

[6] 陈怀宇首先向中文学界介绍了这部著作，其文刊于《国际汉学研究通讯》(试刊号)，2009年，第288～295页。此后陈三平原发表于 Sino-Platonic Papers (208, 2011.2) 的英文书评也以中文发表，刊于荣新江主编《唐研究》第18卷，北京大学出版社，2012年。

[7] (宋) 赞宁撰、范祥雍点校《宋高僧传》上，中华书局，1987年，第5页。

[8] 对于族群问题的研究，向来存在着“原生论”(即族群由血缘、信仰和习俗等先天因素决定) 和“构建论”(即族群是伴随历史、文化、社会发展的后天产物) 两种争论，在目前的研究中，更倾向于将两者相结合的趋势，而这方面的研究，在中国中古及更早期的史学研究中尚未充分展开，而在帝制晚期历史的研究中已广受重视。可参鲁西奇书评论文《“帝国的边缘”与“边缘的帝国”——〈帝国在边缘：早期近代中国的文化、族裔性与边陲〉》，《清华元史》第1辑，商务印书馆，2011年，第455～473页。

[9] 人群区隔往往涉及个体或群体社会、文化、政治、经济等方面的特性，然族群 (ethnicity) 多根植于其成员对共有血缘和祖先的信仰 (第9页)。

[10] 此前也有其他用此概念切入唐代历史研究的个案，如 Jonathan Skaff. Loyalties Divided: The Question of Ethnicity in the Tang-Turgish Conflict of 708-709. *Early Medical China*, vols.13-14, 2008, pp.171-190.

[11] 王小甫在《唐五代北边的内外之际与国家认同》(《唐研究》第16卷，2010年) 一文注3中指出：“从古至今，人们提到中国特色多指汉、唐，如汉学、唐人，其间缘故值得深思。”这一提示很有道理，唐代三百年的族群发展史确实尚有可进一步挖掘的内涵。

[12] *The Golden Peaches of Samarkand: A Study of T'ang Exotics*, University of California Press, 1963. *The Vermilion Bird: T'ang Images of the South*, University of California Press, 1967. 薛者出版前中国学界有向达所著《唐代长安与西域文明》(《燕京学报》专号之二，1933)，重在辨析唐代中国器物礼乐中的外来，尤其是西域因素，由此展示当时中西文化交流的面貌，两者的研究路径几成范式，在其影响下，学界的相关成果也蔚为大观，兹不赘述。

[13] 此方面更为通识性概述，参许倬云《我者与他者——中国历史上的内外分际》，生活·读书·新知三联书店，2010年。

[14] 参谷川道雄著，李济沧译《隋唐帝国形成史论》，上海古籍出版社，2004年。

[15] 沈睿文在研究中古墓葬形制与墓主族属时也已注意到这一双重属性的梳理，参其文《论墓制与墓主国家和民族认同的关系——以康业、安伽、史君、虞弘诸墓为例》，《西域文史》第6辑，科学出版社，2011年，第205～232页。

[16] 参马小鹤《唐代波斯国大酋长阿罗憾墓志考》，《中外关系史：新史料与新问题》，科学出版社，2004年。

[17] 赵力光主编《西安碑林博物馆新藏墓志汇编》，线装书局，2007年，023号。

[18] 王小甫《契丹建国与回鹘文化》，《中国社会科学》2004年第4期，第186～202页；《拜火教与突厥兴衰——以古代突厥斗战神研究为中心》，《历史研究》2007年第1期，第24～40页；《文化整合与吐蕃崛兴》，《历史研究》2009年第4期，第15～33页；王小甫《蒙古崛兴与政治文化》，《北京大学学报》2009年第3期，第121～135页；《回鹘改宗摩尼教新探》，《北京大学学报》2010年第4期，第88～106页。皆收入作者《中国中古的族群凝聚》，中华书局，2012年。

[19] 参李鸿宾《长城区域在唐史研究中的位置——从历史学与民族学结合的角度观察》(100～113页)，《民族关系史研究中的史料分析——从阿布思和仆固怀恩个案谈起》(166～177页)，《民族性在认同中的位置——以唐朝郭子仪、阿布思、仆固怀恩为例》(178～185页)，《郭子仪忠君的再解释——“胡汉”世界与王朝构造的特点》(186～199页)，均收入作者《唐朝的北方边地与民族》，宁夏人民出版社，2011年。

[20] 陈寅恪《唐代的蕃将与府兵》，《陈寅恪集·金明馆丛稿初编》，生活·读书·新知三联书店，2001年，第300页。

[21] 刊于樊英峰主编《乾陵文化研究》(四)，《丝路胡人与唐代文化交流学术讨论会论文集》，三秦出版社，2008年，第3～9页。

［22］参李丹婕《书评：〈羌在汉藏之间〉》，《读书》2009年第4期，第95～98页。

［23］森部丰《ソグド人の东方活动と东ユーラシア世界の历史的展开》（关西大学东西学术研究所研究丛刊36），关西大学出版部，2010年，第379页。

［24］村井恭子书评，《唐代史研究》第14号，2011年，第117～123页。

［25］森部丰《藩镇昭义军の成立过程について》，《中国史における教と国家》，雄山阁，1994年，第207～229页。

［26］森部丰《略论唐代灵州和河北藩镇》，《汉唐长安与黄土高原》，陕西师范大学中国历史地理研究所，1998年，第258～265页。

［27］森部丰《唐魏博节度使何弘敬墓志铭试释》，《吉田寅先生古稀记念アジア史论集》，吉田寅先生古稀纪念论文集编集委员会，1997年，第125～147页；《后晋安万金・何氏夫妻墓志铭および何君政墓志铭》，《内陆アジア言语の研究》16，2001年，第1～69页；《唐末沙陀“李克用墓志”释注・考察》（与石见清裕合著），《内陆アジア言语の研究》18，2003年，第17～52页。

［28］有关“粟特系突厥人”的概念，中田裕子稍有不同意见，详参中田裕子《六胡州におけるソグド系突厥》，《东洋史苑》72，2009年，第33～66页。

［29］荣新江《北朝隋唐粟特人之迁徙及其聚落》，《国学研究》第6卷，北京大学出版社，1999年，第27～86页；收入作者《中古中国与外来文明》，生活・读书・新知三联书店，2001年，第37～110页。此后作者又对此进一步补充，参《北朝隋唐粟特人之迁徙及其聚落补考》，《欧亚学刊》第6辑，中华书局，2007年，第165～178页。

［30］荣新江《北朝隋唐粟特聚落的内部形态》，《中古中国与外来文明》，第111～168页。

［31］荣新江《安禄山的种族与宗教信仰》，原载《第三届唐代学术研讨会论文集》，1997年，收入《中古中国与外来文明》；增补本见《安禄山叛乱的种族与宗教背景》，《隋唐辽宋金元史论丛》第1辑，紫禁城出版社，2010年，第86～103页。

［32］Edwin G. Pulleyblank. *The Background of the Rebellion of An Lushan*, London, Oxford University Press, 1955, pp.7-23, 104-121.

［33］羽田亨《漠北の地と康国人》（写于1923年），《羽田博士史学论文集・上・历史篇》东洋史研究会，1957年，第395～405页。

［34］Edwin G. Pulleyblank. A Sogdian Colony in Inner Mongolia. *T'oung Pao*, 41, 1952, pp.317-356.

［35］护雅夫《东突厥汗国内的粟特人部落》，《古代トルコ民族史研究》I，山川出版社，1975年。

［36］蔡鸿生《唐代九姓胡与突厥文化》，中华书局，1998年。

［37］参李丹婕《唐代六胡州研究述评》，《新疆师范大学学报》2004年第4期，第102～107页。

［38］就此作者曾发表文章《唐代河北地域におけるソグド系住民-开元寺三门楼石柱题名及び房山石经题记を中心に－》，《史境》，2002年，45：第20～37页。

［39］荣新江《安史之乱后粟特胡人的动向》，《暨南史学》第2辑，2003年，第102～123页。

［40］森部丰《ソグド系突厥の东迁と河朔三镇の动静－特に魏博を中心として－》，《东西学术研究所纪要》41，2008年，第137～188页。

［41］森部丰《8—10世纪の华北における民族移动－突厥・ソグド・沙陀を事例として－》，《唐代史研究》7，2004年，第8～100页；《唐末五代の代北におけるソグド系突厥と沙陀》，《东洋史研究》62—4，2004年，第60～93页。与此相接近者还有西村阳子的研究，可参西村阳子《唐末五代の代北における沙陀集团の内部构造と代北水运使——“契苾通墓志铭”の分析を中心として》，《内陆アジア史研究》23，2008年，第1～24页；《唐末“支谟墓志铭”と沙陀の动向：九世纪の代北地域》，《史学杂志》118.4，2009年，第513～550页；《九——〇世纪の沙陀突厥の活动と唐王朝》，《历史评论》720，2010年，第61～75页。

［42］森部丰《唐末・五代・宋初の华北东部地域における吐谷浑とソグド系突厥—河北省定州市博物馆所藏の宋代石函の绍介と考察—》，《辽金西夏研究の现在》，东京大学アジア・アフリカ言语文化研究所2，2009年，第25～48页。

［43］森部丰《唐泽潞昭义军节度使考——中晚唐期における唐朝と河北藩镇の关系をめぐって—》，《中华世界の历史的展开》，汲古书院，2002年，第97～131页。

［44］这方面近来的代表作如仇鹿鸣《从〈罗让碑〉看唐末魏博的政治与社会》，《历史研究》2012年第2期，第27～44页。

［45］Straddling Steppe and Sown. Tang China' s Relations with The Nomads of Inner Asia, Dissertation of the University of Michigan, 1998, pp. 640-756.

［46］Jonathan Karam Skaff. *Sui-Tang China and Its Turko-Mongol Neighbors: Culture, Power, and Connections, 580-800*, Oxford University Press, 2012, p. 432.

［47］强调中间地带，且采铎比较方法，20世纪90年代以来受到西方学者的关注，可参看 Michiel Baud, Willem van Schendel. Toward a Comparative History of Borderlands, *Journal of World History*, 1997, Vol8, No. 2, pp. 211-242.

［48］如吴玉贵《突厥汗国与隋唐关系史研究》，中国社会科学出版社，1998年；又《突厥第二汗国汉文史料编年辑考》，中华书局，2009年；刘统《唐代羁縻府州研究》，西北大学出版社，1998年；林显恩《突厥文化及其对唐朝之影响》，《中国史学论文选集》第1辑，台北幼狮文化事业公司，1979年，收入《突厥研究》，商务印书馆，1988年。

［49］与本章内容基本一致的中译论文，见斯加夫《作为欧亚礼仪的隋唐外交礼节》，《唐研究》第16卷（唐代边疆与文化交流研究专号），北京大学出版社，2010年，第75～89页。

［50］姚大力《西方中国研究的“边疆范式”：一篇书目式述评》，《文汇报》2007年5月7日，收入作者《读史的智慧》，复旦大学出版社，2010年，第135～139页。

［51］Thomas J. Barfield. *The Perilous Frontier, Nomadic Empires and China 221 B.C. to AD 1757*, Wiley-Blackwell,1992. 中译本袁剑译《危险的边疆：游牧帝国与中国》，江苏人民出版社，2011年。

［52］参 Daniel J. Power, Naomi Standen, eds. *Frontiers in Question, Eurasian Borderlands*, 700-1700, Houndsmill, Macmillan, 1999. 濮培德（Peter C. Perdue）书评，见 *The International History Review*, 2000, Vol.22, No, 2, pp. 377-379.

［53］Nicola Di Cosmo. *Ancient China and its Enemies, The Rise of Nomadic Power in East Asian History*. Cambridge University Press, 2004. 中译本贺严、高书文译《古代中国及其强邻：东亚历史上游牧力量的兴起》，中国社会科学出版社，2010年。

［54］参 Kent Guy（盖博坚）. Who Were the Manchus? A Review Essay, *The Journal of Asian Studies*, vol. 61, No. 1, 151-164; Sudipta Sen. The New Frontiers of Manchu China and the Historiography of Asian Empires: A Review. *The Journal of Asian Studies*, 2002, Vol61, No, 1, pp. 165-177. 安娜·坎大拉《美国中国研究中的边疆》，《中国学术》第28期，2010年，第315～332页；以及刘凤云、刘文鹏《清朝的国家认同——“新清史”研究与争鸣》（中国人民大学出版社，2010年）收录的相关文章。

［55］原文见（五代）王定保《唐摭言》卷一“两监”条，中华书局，1959年，第5页。

［56］西安市长安博物馆编《长安新出墓志》，文物出版社，2011年，第188、189页。

［57］这方面西方中国中古史学界近年也有所关注，有两本著作可资参考 Naomi Standen. *Unbounded Loyalty: Frontier Crossing in Liao China*. University of Hawaii Press, 2007; Marc S. Abramson, *Ethnic Identity in Tang China*. University of Pennsylvania Press, 2008.

［58］《中国历史地理论丛》1991年第4期，第31～53页；收入氏着《唐代历史地理研究》，中国社会科学出版社，1998年，第250～271页。

［59］《中国历史地理论丛》1999年第1辑，第18～30页。

［60］参王明珂《华夏边缘——历史记忆与族群认同》，社会科学文献出版社，2006年，台版，允晨文化，1997年；《羌在汉藏之间：川西羌族的历史人类学研究》，中华书局，2008年，台版，联经出版公司，2003年；《游牧者的抉择》，广西师范大学出版社，2008年。

［61］荣新江《中古中国与外来文明》，生活·读书·新知三联书店，2001年。

［62］王小甫《中古中国的族群凝聚》，中华书局，2012年。

[63] 罗新《中古北族的名号研究》，北京大学出版社，2009 年，第 4 页。

[64] Twitchett D, Wright A F. Introduction. *Perspectives on the T'ang*, ed. by A F Wright and D. Twitchett. New Haven and London: Yale University Press, 1973, p.1.

[65] 参乾陵博物馆主编《丝路胡人外来风——唐代胡俑展》，文物出版社，2008 年。另外可参邢义田《古代中国及欧亚文献、图像与考古数据中的胡人外貌》，《台大美术史研究集刊》第 9 卷，2000 年，第 15～99 页。

[66] 参王明珂《华夏边缘——历史记忆与族群认同》，社会科学文献出版社，2006 年；《羌在汉藏之间：川西羌族的历史人类学研究》，中华书局，2008 年。

[67] 罗新《从民族的起源研究转向族群的认同考察——民族史族源研究的新发展》，《民族社会学研究通讯》2011 年第 4 期。

[68] 姚大力《"满洲"如何演变为民族》，《北方民族史十论》，广西师范大学出版社，2007 年，第 18～63 页；《"回回祖国"与回族认同的历史变迁》，《北方民族史十论》，第 64～125 页。

[69] 参张广达《从"安史之乱"到"澶渊之盟"——唐宋变革之际的中原与北方》，《基调与变奏：七到二十世纪的中国》第 3 册，政大历史学系等出版，2008 年，第 1～20 页。

[70] 邓小南《祖宗之法——北宋前期政治述略》，生活·读书·新知三联书店，2006 年，第 78～183 页。此外可参看作者《走向再造：试谈十世纪前中期的文臣群体》、《试谈五代宋初"胡/汉"语境的消解》，收入《朗润学史丛稿》（北京大学中国古代史研究中心丛刊），中华书局，2010 年。

[71] 王小甫《唐五代北边的内外之际与国家认同》，《唐研究》第 16 卷，北京大学出版社，2010 年；收入《中国中古的族群凝聚》，183 页。

（本文原载于朱玉麒主编《西域文史》第 8 辑，科学出版社，2014 年）

和田考古发现与文物收藏现状

广中智之

我们在讨论和田地区出土的佛教写本、世俗文书与考古材料的时候，往往感到烦琐，因为19世纪末以来来到和田地区的外国人的行迹、他们拿走的文物与写本的下落、有关论文的刊载等情况，都错综复杂。

关于整个新疆的探险史，最系统的概述有达布斯（Jack A. Dabbs）《新疆探险史》[1]一书。最新的著作则有贾建飞《文明之劫：近代中国西北文物的外流》（人民美术出版社，2004年）。此外，荣新江先生的《海外敦煌吐鲁番文献知见录》（江西人民出版社，1996年。以下简称《知见录》）一书甚便利用：它按作者亲自访问的收藏机构来分别叙述文书的来源等问题，并不仅限于敦煌吐鲁番文献，也有关于海外所藏的和田出土文书的许多新知见。专门概述和田探险史的则有张广达、荣新江合写的《和田、敦煌发现的中古于阗史料概述》[2]一文，以及杨镰《荒漠独行：西域探险考察热点寻迹》（中共中央党校出版社，1995年）中的相关论述。近年来，有关西域探险家的个人传记也陆续出版，如“走进中国西部的探险家系列丛书”（中国民族摄影艺术出版社，2002年）。

随着相关信息的日益丰富，编辑一个去粗取精、疏通便览、易于利用的“简明学术手册”就尤显必要了。下面，即按照时间顺序整理来到和田地区的探险队的行迹、报告及携走文物的下落，为此项工作略作准备。其中得益于《知见录》者甚多，为实用计，故不辞叠床架屋之嫌。

和田出土文物的历史可以追溯到俄国驻喀什总领事彼得罗夫斯基（Nikolaj Fedorovič Petrovskij，1837～1908）。用奥登堡的话来说，彼得罗夫斯基是提醒学者积极地注意到中国西域文物的第一人[3]。关于所谓彼得罗夫斯基收集品（Petrovsky Collection）来历的始末[4]，邦嘎尔-列文（G. M. Bongard-Levin）和沃罗比耶娃-捷夏托夫斯卡娅（M. I. Vorobyova-Desyatovskaya）合写的《中亚发现的印度语文献（列宁格勒收集品）》一书是最为方便的英文概述[5]。据此，19世纪80年代，彼得罗夫斯基已经开始收集中亚的写本和文物。在总共582项的文献资料当中，梵文写本计有251件，于阗文佛教文献有59件，世俗文书有238件[6]。佛教学者奥登堡（Sergej Fedorovič Ol’denburg, 1863～1934）对该收集品的贡献不可忽略，他在亲自研究出土写本的同时，还推动了学界的进一步收集和整理。他在《（帝）俄考古学会东方部纪要》上陆续发表彼得罗夫斯基收集的写本[7]，包括一页写在桦树皮上的犍陀罗语《法句经》[8]。

这些文章和彼得罗夫斯基本人的文章是研究该收集品来历时的原始资料[9]。这批资料由杰出的语言学者沃罗比耶夫-捷夏托夫斯基（Vladimiv Svjatoslavovič Vorob’ev-Desjatovskij，1927～1956）做了初步的讨论[10]，发表了有关于阗语《赞巴斯塔书》的研究[11]。很可惜的是，这位天才的语言学家不到30岁就夭折了。爱尔米塔什美术馆大量收藏品中的陶制与灰泥文物，则由贾科诺娃（N. V. D'jakonova）和索罗金（S. S. Sorokin）整理出版，题为《于阗古物》[12]。

1890年，法国海军退役军官杜特雷依·德·兰斯（Jules Léon Dutreuil de Rhins，1846～1894）所组织的考察队到和田考察，他们沿途测绘地图，收集古代文书和古物。后经尼雅（今民丰）入藏。1894年德·兰斯等被杀于西藏，考察队员之一费·格伦纳（Joseph Ferdinand Grenard，1866～?）死里逃生，回到法国，1897～1898年出版了他与杜特雷依·德·兰斯一起署名的《亚洲高地科学考察报告（1890～1895）》[13]。他们于1892年所获的佉卢文写本就是犍陀罗语《法句经》，入藏于法兰西研究所图书馆（Bibliothèque de l' Institut de France）[14]。

1895年4月，瑞典探险家斯文·赫定（Sven Hedin，1865～1952）由麦盖提出发，东行穿越塔克拉玛干大沙漠，经历难以想象的困难，以殒命二人、丧失全部仪器设备的代价，侥幸脱险，找到和田河。1896年2月，赫定从和田河东行穿越沙漠到达克里雅河，然后北行穿越沙漠，沿途发现"塔克拉玛干古城"（即后来斯坦因的丹丹乌里克遗址）和当地人称作"喀拉墩古城"的遗址，获得一些古文书与其他古物。这次的旅行记题名为《穿越亚洲》[15]，于1898年出版。赫定获得的文物资料都收藏在瑞典国立人种学博物馆（The National Museum of Ethnography in Sweden）[16]。蒙代耳（G. Montell）对赫定收集的和田约特干（Yotkan）遗址出土的古物进行了整理和研究[17]。

1893～1899年，英属印度政府授权的德裔英籍梵文学者霍恩雷（August Friedrich Rudolf Hoernle，1841～1918）收集到31批出土文献，其中18批由后来的英国驻喀什总领事马继业（George Macartney，1867～1945）提供、12批由戈德福雷（Stuart H. Godfrey）上尉提供、1批由塔尔博特爵士（Sir Adeblert C. Talbot）提供。之后，他做了一系列的报告[18]，认为这些文书主要是来自和田和库车。这些文书有霍恩雷自己判别出的梵文和汉文文书，以及被后人考订出的于阗文和龟兹文文书。这些文献先入藏于英国博物馆的东方印本与写本部（Department of Oriental Printed Books and Manuscripts），后来，大部分梵文、于阗文和龟兹文文书转交印度事务部图书馆（India Office Library）收藏；留在英国博物馆的汉文写本共13件，也转归英国图书馆收藏。

1900年，英籍匈牙利人斯坦因（Marc Aurel Stein，1862～1943）首次进入新疆考古[19]，他在和田重点发掘了丹丹乌里克（Dandan-oiliq）、安得悦（Endere）、喀拉墩（Kara-dong）、阿克斯比尔（Aksipil）、热瓦克（Rawak）和尼雅遗址，出土了大量的梵文、于阗文、佉卢文和汉文资料以及大批文物，运回英国后统归英国博物馆（The British Museum）收藏[20]。此次的个人旅行记是《沙埋和阗废址记》[21]，于1903年出版，正式报告书题为《古代于阗》[22]，于1907年出版。对于和田地区来讲，斯坦因此次考察的规模与收获是最大的。一般认为，斯坦因的考古挖掘工作相当可靠。但值得注意的是连他都没有在约特干当地做系统的发掘，他的约特干收集品实际上都是经过别人购买的。

1902年，日本大谷光瑞（1876～1948年）派遣的探险队成员堀贤雄由叶尔羌到达和田收集古物，1903年1月由和田出发，沿和田河北行到达阿克苏，又转别地考古。堀贤雄有简略的日记[23]。此次在新疆的收集品寄存在京都博物馆，战后归于木村贞造，现藏于东京国立博物馆。据说，此次他们在和田获得了一尊青铜佛头。

1903年6月，美国人克罗斯比（Oscar Terry Crosby，1861～1947）的探察队由俄国入境，途径和田、普鲁山区，中途遇挫，折回原路，经喀喇昆仑山口到列城。他们对阿克赛钦至喀拉喀什河上游地区进行了地理勘察。途经和田时，他得到一批梵文和古于阗文写本，据说与斯坦因所得出自同一个遗址。1905年，他出版了《西藏与突厥斯坦》一书[24]。他收集的文书现存美国国会图书馆（The Library of Congress）[25]。

1905年，美国地理学者亨廷顿（Ellsworth Huntington，1876～1947）等人由列城越喀喇昆仑山口到和田，考察了塔里木河流域南部的地质情况。1907年，他出版了《亚洲的脉搏》[26]一书，已知的亨廷顿收集的文献材料只有4件[27]：于阗文2件（Huntington I, K）、梵文2件（Huntington F, J），都是出土于哈达里克的极为珍贵的写本，现藏于耶鲁大学本尼克善本与写本图书馆（Beinecke Rare Book and Manuscript Library, Yale）[28]。

1906年，斯坦因重访和田，考察和发掘了热瓦克、达玛沟、克里雅、尼雅遗址、安得悦古城等地，获得许多古文书和其他文物。这次个人旅行记是1912年出版的《契丹沙漠废址记》[29]；正式报告书题为《西域考古图记》[30]，于1921年出版；文物和文书分藏于英国和印度两处。斯坦因第二、三两次中亚考察的收集品当中文物材料的很大部分藏于印度国立博物馆，由安德列斯负责编目工作[31]。

1907年，芬兰人曼涅尔海姆（Carl Gustav Emil von Mannerheim，1867～1951）从安集延进入新疆，因与伯希和不睦，分手之后独自南下和田，收购了一些哈达里克（Khadalik）一带出土的文书写卷以及文物资料，他的收集品入藏于芬兰国立博物馆（The National Museum of Finland）。1940年才出版了他的旅行记《由西向东穿越亚洲》[32]。关于考古材料部分，首先由A. M. Tallgren整理[33]；近年又有此收集品展览会的目录公布[34]。不久前还出版了《马达汉西域考察日记：穿越亚洲——从里海到北京的旅行：1906～1908》的中译本[35]。

1909年，橘瑞超（1890～1968年）率领的大谷第二次中亚探险队经且末、克里雅、和田到达喀什噶尔。橘瑞超本来有日记，但后来绝大部分被烧毁，唯有和田部分残存[36]，此日记表明他于6月7～21日待在和田。

1911年5月初，大谷第三次探险队的橘瑞超又到和田，其旅行记《中亚探险》[37]备载颠末。之后，吉川小一郎留在新疆各地考察，也包括和田。这第二、三次的收集品后来都搬到二乐庄[38]。香川默识编《西域考古图谱》所收即是在京都博物馆和二乐庄（或本愿寺）摄影的图版[39]。在其出版的第二年即1916年，二乐庄藏品的一半，经过久原房之助又搬到汉城，现藏于韩国国立博物馆[40]；翌年，另一半搬到旅顺，现藏于旅顺博物馆[41]。另外，从旅顺或大连送回京都的部分，经过大谷家保管，现藏于龙谷大学图书馆，也有若干个人收藏或机构收藏的。一般认为，大谷探险队收集的文物并不能作为科学性的考古资料，但片山章雄等人的工作使我们加深了对大谷收集品的了解[42]，对它的价值有了更充分的认识。

1913～1916年，斯坦因进行第三次中亚探险，于1913年10月到达和田，对以前发掘过的遗址，进行了又一次发掘。这次的正式报告名为《亚洲腹地考古记》[43]，于1928年出版。这批文物初存于克什米尔工艺和工业艺术学院，后全部陈列于新德里，仅选少量有代表性的标本赠给了大英博物馆。古文书同第二次一样，存进了印度事务部图书馆和英国图书馆。虽然没有这次专门的个人旅行记，但是1933年斯坦因还出版了他三次中亚考察的概要书《在中亚的古道上》[44]。应该提到的是，2002年，哈佛大学施杰我（P. O. Skjærvø）教授把英国图书馆藏的所有于阗文的转写、英译和目录都发表了出来[45]。

1914年，弗兰克（August Hermann Francke，1870～1930）行经和田地区，1921年，他出版了旅行记《在印度的监禁下穿过中亚》一书[46]。但是，以后他的收集品下落不明，直到1981年，格罗普（Gerd Gropp）才在慕尼黑人种学博物馆（Völkerkundemuseum, München）重新发现[47]。

顺便提一下，德国第三次吐鲁番探险（1905～1907年）时勒柯克（A. von Le Coq）收集的陶壶[48]，原本是英国驻喀什总领事马继业（G. Macartney）提供的和田地区出土物。

1924年，英国驻喀什总领事斯克莱因（Clarmont Percival Skrine，1888～1974）去和田旅行时，从一些商人等手中购买一批文物和文书，后来把这些捐给英国博物馆人种学部（The Ethnographical Section）。他的旅行记名为《中国的中亚》[49]，于1926年出版。

1927年10月，德国人特灵克勒（Emil Trinkler，1896～1931）组成探察队，与地质学家特拉（Hellmut de Terra）、摄影师博斯哈德（Walter Bosshard）从列城出发，沿喀拉喀什河谷到达和田，沿途进行地理和地质测绘。其成员博斯哈德曾考察热瓦克、约特干、麻札塔格、阿克斯比尔、丹丹乌里克、达玛沟等遗址。他们一行的活动引起中国学术团体协会的抗议，无法继续考察。回国后，特灵克勒发表三篇简要的文章和旅行记《狂飙之地》[50]，不过，由于他本人不久死于车祸，1932年出版的正式报告《特灵克勒中亚考察队的科学成果》只出版了有关地理和地质的两卷[51]。特灵克勒考察队的收集品主要存放在不来梅海外博物馆（Übersee-Museum, Bremen）[52]，但是，后来为了弥补考察队经费的不足而把部分收集品出售，分散于美国纽约大都会艺术博物馆和日本东方学院东京研究所（现为东京大学东洋文化研究所），另一些文物和文献资料转存于柏林民族学博物馆、德国国家图书馆中[53]。1974年出版的格罗普《中国新疆和田考古的出土文物》[54]一书，把不来梅海外博物馆所藏的文物资料系统地整理编目并进行了研究，其中还提到流散别处的文书及研究文献。

中瑞西北科学考察团（Sino-Swedish Expedition）的成员黄文弼，于1958年把1928～1929年的考察成果编为《塔里木盆地考古记》[55]一书。

1930年，斯坦因第四次来新疆探险，他未经官方准许即潜至安迪尔河流域进行发掘，北京的中国学人闻之，舆论哗然，极力反对。中国政府于1931年5月将其驱逐出境，所获少量文物被新疆官方扣留[56]。此后，再无外国人独立地来和田进行探察活动。

1931～1933年，中瑞西北科学考察团瑞典成员中的天文学者安博尔特（Nils Ambolt）由且末进入和田地区，在山区进行了地理和天文考察、民俗调查，并在和田城短暂居停。他从当地居民手中买到的于阗文或汉文写本，入藏为瑞典国立人种学博物馆的中瑞西北科学考察团收集品，不过，这些一般统称为“赫定收集品”（Hedin Collection），经过张广达、荣新江两位专家对Hedin 15、16、24这三件汉文、于阗文双语文书的考察，证明这些文书是安博尔特收集的，出土地点在老达玛沟（Old Domoko）一带[57]。后来，荣新江先生亲自考察该馆时看到这些文书的入藏登记目录，得到了进一步确认[58]。

1949年以后，和田地区的考古发掘和考察工作主要由中国考古单位承担。中华人民共和国成立以来的考古发掘报告，基本上都收入新疆文物考古研究所编的三部书，《新疆文物考古三十年》（新疆人民出版社，1983年）、《新疆文物考古新收获（1979—1989）》（新疆人民出版社，1995年）、《新疆文物考古新收获（续）1990—1996》（新疆美术摄影出版社，1997年）。此外，近年来还有《中国新疆文物古迹大观》（新疆美术摄影出版社，1999年）等图录。近年逐渐活跃起来的与外国考察队的合作发掘工作也取得显著成绩，如在尼雅遗址和克里雅河流域的考古工作等，也包括丹丹乌里克等，此不赘述。新疆考古专家的发掘和调查工作，也增加了一些和田出土文书[59]，但是其中似乎看不见佛教写本。考古方面的新材料还见于最近贾应逸先生主编的《于阗》（和田地区文管所编著，新疆美术摄影出版社，2004年）一书中。

1994～1998年，瑞士探险家Christoph Baumer走访丹丹乌里克、安得悦、喀拉墩、热瓦克、麻札塔格以及尼雅、米兰、楼兰等斯坦因曾经走访过的遗址，他们可能拿走了一些文物[60]。从他写的《重访丹丹乌里克：一世纪后的新发现》一文可以看出，他们于1998年10月挖掘的遗址确实是斯坦因发掘过的丹丹乌里克[61]。不过，令人遗憾的是，以“龙女”为名的壁画已面目全非了[62]。他们在斯坦因编号D18的遗迹出土了大小两件于阗文文书和有汉字的纸片[63]，但其下落不详。

上面一一列举了相关的出版物，是因为这些刊物是有关出土文书和文物的最早记录。虽然许多出土物的出土地点现在无法确认，但是，我们还得从这些记录来大概推测出土地点。最近，新疆维吾尔自治区档案馆发表了上述外国探险队的有关资料[64]，这些材料就是研究他们活动的原始材料，对出土文书的研究也颇有参考价值。但这并非全部，我们期待着各个国家外交文书的公布，其中，有关大谷探险队的日本外交部外交记录的研究已经发表[65]。除此之外，卖给外国人文物的商人的活动的研究也很有参考价值[66]。可见，和田出土文书的研究，跟敦煌文书的研究一样，关涉了近现代史的某些领域。

19世纪末以来的新疆文物的外流，不仅使中国人切齿痛恨，而且增加了西域史研究的困难。一百余年前，日本的牧口常三郎先生在《人生地理学》一书中指出：人类的历史要有军事竞争、政治竞争、经济竞争与人道主义竞争这四个阶段[67]。本文整理的就是军事竞争激烈时代的产物，可以说是我们历史的负面。可是，从另一个方面来看，关心古代于阗的学者遍于世界各地，亦可在嗟叹之余，稍感欣慰。古代于阗的研究，与敦煌学一样，是世界性的研究领域，需要一种世界主义的精神[68]。本来，古代于阗本身曾经是文化交流的一大中心。池田大作先生在与汤因比的对话录《展望二十一世纪》中文版（国际文化出版公司，1985年；重印：1999年）序言中提到，他曾经问过汤因比博士：“您希望出生在哪个国家？”汤因比面带笑容地回答说，希望生在“公元一世纪佛教已传入时的中国新疆”。而他具体指的就是于阗和疏勒。英国出身的世界历史学泰斗的这种发言对中国学界的印象据说是非常深刻的。笔者认为，所谓人道主义竞争的最好表现就是文化，更具体地说就是学术讨论，百家争鸣。今后我们也应该在共同的基础上进行学术讨论，本文若能为之提供稍许方便，实感荣幸。

附记：本文得到荣新江先生的指教，文字上还得到了朱玉麒先生、孟宪实先生与苏航同学的修改，特此致谢！

注 释

［1］Dabbs J. *History of the Discovery and Explorations of Chinese Turkestan*（=*Central Asiatic Studies 8*）, The Hague 1963；中译：黄振华译《新疆探险史》，新疆维吾尔自治区博物馆，1976年；日译：水野勉译《东トルキスタン探险史》（山书研究），日本山の会，1967年。

［2］张广达、荣新江《和田、敦煌发现的中古于阗史料概述》，《新疆社会科学》1983年第4期，第78～88页；收入同作者《于阗史丛考》，上海书店，1993年，第1～31页。

［3］Ольденбург С Ф. Памяти Николая Федоровича Петровского. 1837-1908. *Записки Восточного отделения*（*Императорского*）*Русского археологического общества*（=*ЗВОРАО*）XX.4（1910）, 1912, стр. 8.

［4］此收集品的概述，还有 Bongard-Levin G M. Buddhist Studies in the USSR and New Archaeological Excavations in Soviet Central Asia. *East Asian Cultural Studies* 12:1-4, 1973, pp. 11-28（青柳正规日译，见《佛教艺术》第93号，1973年，第66～83页）; Idem. New Sanskrit and Prakrit Texts from Central Asia. *Indologica Taurinensia* Ⅲ-Ⅳ（1975-1976）, Torino, pp. 73-80.

［5］Bongard-Levin G M, Vorobyova-Desyatovskaya M I. *Indian Texts from Central Asia*（*Leningrad Manuscript Collection*）(=*Bibliographia Philologica Buddhica, Series Minor V*）, Tokyo, 1986［文章原为: Idem. Indian Texts from Central Asia（Central Asian Collection of the Manuscript Fund of the Institute of Oriental Studies, Academy of Sciences, USSR）. *Orientalia Iosephi Tucci Memoriae Dicata 1*（=*Serie Orientaria Roma LVI,1*）, eds. Gnoli G, Lanciotti L, Roma: 1985, pp. 159-174］这篇小册子实际上是 Бонгард-Левин Г М, Воробьева-Десятовская М И. *Памятники индийской письменности из Центральной Азии I*, Москва 1986, стр. 14-36的英译，后附按照每个写本的研究文献，作为极为方便的对照索引。

［6］Vorobyova-Desyatovskaya M I. The Leningrad Collection of the Sakish Business Documents and the Problem of the Investigation of Central Asian Texts. *Turfan and Tun-huang. The Texts, Encounter of Civilizations on the Silk Route*, ed. A. Cadonna, Firenze, 1992; pp. 85-92.

［7］Ольденбург С Ф Кашгарская рукопись Н Ф Петровского. З*ВОРАО* Ⅶ（1892）, 1893, стр. 81-82, 2 л. табл.; Он же. Отрывки кашгарских санскритских рукописей из собрания Н. Ф. Петровского, Ⅰ-Ⅲ. З*ВОРАО* Ⅷ.1-2（1893）, 1894, стр. 47-67; З*ВОРАО* Ⅺ（1897-1898）, 1899, стр. 207-264, 2 л. табл; З*ВОРАО* ⅩⅤ.4（1902-1903）, 1904, стр. 0113-0122, 3 л. табл; Он же. К кашгарским буддийским текстам. З*ВОРАО* Ⅷ.1-2（1893）, 1894, стр. 151-153; он же. Еще по поводу кашгарских буддийских текстов. З*ВОРАО* Ⅷ. 3-4（1893-1894）, 1894, стр. 349-351. 这些文章都收入 *Buddhist Texts from Kashgar and Nepal* (=*Śata-Pitaka Series, Indo-Asian Literatures* 322）, in I P Minayeff & S. Oldenburg, New Delhi, 1983, pp. 154-258。

［8］Он же. *Предварительная заметка о буддийской рукописи, написанной письменами kharosthī*, Санкт-Петербург 1897; also in *Buddhist Texts from Kashgar and Nepal*, pp. 259-267.

［9］彼得罗夫斯基文章也发表于《（帝）俄考古学会东方部纪要》(ЗВОРАО）上。另外，关于他收集的爱尔米塔什美术馆所藏的文物材料，他的一封信说明这些文物主要是从 Borazan 村即约特干（Yotkan）遗址获得的。

［10］参见 Бонгард-Левин Г М, Тёмкин Э Н, Работы В С. Воробьева-Десятовского и исследование буддийских текстов из коллекции Н Ф Петровского. *Проблемы истории языков и культуры народов Индии*, Москва 1974, стр. 12-19。

［11］Воробьев-Десятовский В С. Памятпики цептральпоазиатсой письмснности. *Учєныє записки института востоковедения* XVI, 1958, стр. 280-308.

［12］Дьяконова Н В. Сорокин С С. *Хотанские древности. Каталог хотанских древностей, хранящихся в Отделе Востока Государственного Эрмитажа*（*Терракота и штук*）, Ленинград, 1960.

［13］F. Grenard et J. -L. Detreuil de Rhins. *Mission scientifique dans la Haute Asie 1890-1895. I: Récit du Voyage*（*19 Février 1891.-22 Février 1895*）; *Ⅱ: Le Turkestan et le Tibet: Étude Ethnographique et Sociologique; Ⅲ: Histoire – Linguistique–Archéologie–Geographie*, Paris, 1897-1898. 参见杨镰《法国杜特雷依探险队遭际考实》，马大正等

编《西域考察与研究》，新疆人民出版社，1994年，第59～79页。

［14］ 见《知见录》，第66、68页。

［15］ Hedin S. *En färd genom Asien, 1893-1897*, vol. 2, Stockholm 1898.（*Through Asia,* vol. 2, London 1898, esp. 759-781; *Durch Asiens Wüsten*, Vol. 2, Leipzig, 1899; *Trois ans de luttes aux desertes d'Asie, Paris*, 1899；横山文雄译《アジアの砂漠を越えて》（下）（《ヘディン中央アジア探検纪行全集》2），东京：白水社，1964年，49页以下。）

［16］ 见《知见录》，第142～149页。

［17］ Montell G. Sven Hedin' s Archaeological Collections from Khotan, [Ⅰ]-Ⅱ" , *Bulletin of the Museum of Far Eastern Antiquities* Ⅶ, 1935, pp. 145-221+ pls. Ⅰ-ⅩⅩ; *ibid.* Ⅹ, 1938, pp. 83-113+ pls. Ⅰ-Ⅹ; idem, "Archaeological Research in Central Asia by Sven Hedin Expedition", *Ethnos* ⅩⅦ, 1952, pp. 1-14+ illus.

［18］ Hoernle A F R. "Three Further Collections of Ancient Manuscripts from Central Asia", *Journal of the Asiatic Society of Bengal, part I*（ *=JASB* ）LXXI .1, No.4, 1897, pp. 213-260+ 24pls; idem, "A Collection of Antiquities from Central Asia, part I" , *JASB* LXⅧ.1（1899）, Extra No.1, 1899; idem, "A Report on the British Collection of Antiquities from Central Asia, part Ⅱ", JASB LXX.1（1901）, Extra No.1, 1902; Idem. Ancient Manuscripts from Khotan. *Journal of the Royal Asiatic Society of Great Britain and Ireland*, 1906, pp. 695-696.

［19］ 关于斯坦因其人其事，有关传记很值得参考，尤其是 Mirsky J. *Sir Aurel Stein. Archaeological Explorer*, Chicago-London: 1977（中译：田卫疆等译《斯坦因：考古与探险》，新疆美术摄影出版社，1992年；日译：杉山二郎、伊吹宽子、泷梢译《考古学探险家スタイン传》2册，六兴出版，1984年）。该书丰富地利用档案等资料。后来，还有 Walker A. *Aurel Stein. Pioneer of the Silk Road*, London : 1995。登载在《泰晤士报》上的有关记事，见 Wang H. ed. *Sir Aurel Stein in The Times*, London, 2002；参看荣新江书评，原载《敦煌吐鲁番研究》第7卷，中华书局，2004年，第496～499页；收入作者《中国中古史研究十论》，复旦大学出版社，2005年，第264～269页。在旅行记和正式报告书的出版之前，斯坦因发表了初步性的报告，主要有 Stein M A. *Preliminary Report on a Journey of Archaeological and Topographical Exploration in Chinese Turkestan*, London, 1901。参见榎一雄"斯坦因著作目录"（"Books and Articles by M. A. Stein"），《东洋学报》第33卷第1号，第107～122页，此文也包括登载刊物上的书信之类的资料。

［20］ 关于他在英国的收集品，见 Wang H. *Handbook to the Stein Collectins in the UK*（*=British Museum Occasinal Paper*），London, 1999。关于在匈牙利的收藏品，最近刊布了其目录：*Catalogue of the Collections of Sir Aurel Stein in the Library of the Hungarian Academy of Sciences*（ *=Keleti Tanulmányok Oriental Studies* 11）, compiled by J. Falconer, Á. Kárteszi, Á. Kelecsényi & L. Russell-Smith, eds. É. Apor & H. Wang, Budapest 2002。参看荣新江对以上两书的书评，原载《敦煌吐鲁番研究》第7卷，中华书局，2004年，第499～504页；收入《中国中古史研究十论》，第270～278页。

［21］ Stein M A. *Sand-buried Ruins of Khotan. Personal Narrative of a Journey of Archaeological and Geographical Exploration in Chinese Turkestan*, London, 1903（repr. Peking 1941）.（中译：殷晴等译《沙埋和阗废址记》，新疆美术摄影出版社，1994年）

［22］ *Ancient Khotan. Detailed Report of Archaeological Explorations in Chinese Turkestan*, 2 vols., Oxford: 1907（repr. Peking 1941; New York 1975; New Delhi 1981/88）.（中译本广西师范大学出版社即刊）

［23］ 此日记收入《西域文化研究》第三～五卷，京都：法藏馆，1960～1962年；长泽和俊编《大谷探险队シルクロード探险》，东京：白水社，1978年。

［24］ Crosby O T. *Tibet and Turkestan. A Journey through Old Lands and a Study of New Conditions*, New York-London: chap. Ⅳ: "Khotan" , 1905, pp. 52-63.

［25］ Emmerick R E. The Crosby Collection. *Proceedings of the XXⅫ International Congress for Asian and North African Studies, Hamburg, 25th – 30th August 1986*（ *=ZDMG Supplementa 9* ）, eds. A. Wezler & E. Hammerschmidt, Stuttgart, 1992, pp. 672-674; Idem. Notes on the Crosby Collection. *Medioiranica. Proceedings of the International Colloquium organized by the Katholieke Universiteit Leuven from the 21st to the 23rd of May 1990*, eds. W.

Skalmowski & A. van Tongerloo, Leuven, 1993, pp. 57-64; Idem. Crosby, Oscar Terry. *Encyclopædia Iranica*, ed. E. Yarshater, London-New York, 1993, Ⅵ, pp. 402-403. 关于克罗斯比收集品追踪的始末，参见《知见录》，222 页。

[26] Huntington E., *The Pulse of Asia. A Journey in Central Asia Illustrating the Geographic Basis of History*. Boston-New York, 1907.（中文摘译：王彩琴、葛莉译《亚洲的脉搏》，新疆人民出版社，2001 年。）

[27] Leumann E. Bibliographische Notizen über zwei nordarische und zwei sanskritish Fragmente. *Zeitschrift der Deutschen Morgenländischen Gesellschaft* 67, 1913, S. 679-680.

[28] 关于恩默瑞克重新发现这些写本的颠末，见《知见录》，第 223～225 页。

[29] Stein M A. *Ruins of Desert Cathay. Personal Narrative of Explorations in Central Asia and Westernmost China*, 2 vols., London: 1912.（中译：巫新华、伏霄汉译《斯坦因中国探险手记》共 4 册，春风文艺出版社，2004 年。）

[30] *Serindia. Detailed Report of Explorations in Central Asia and Westernmost China*, 5 vols., Oxford 1921（repr. Delhi 1980-83）.（中译：中国社会科学院考古研究所主持翻译《西域考古图记》，广西师范大学出版社，2000 年。）

[31] Andrews F H. *Descriptive Catalogue of Antiquities recovered by Sir Aurel Stein during his Explorations in Central Asia. Kansu and Eastern Iran*, Delhi, 1935.

[32] Mannerheim C G. *Across Asia from West to East in 1906-1908*（=*Société Finno-ouigrienne: Travaux étnographiques 8*）, 2 vols., Helsinki, 1940.

[33] Tallgren A M. Den Mannerheimska samlingen: nationalmuseet. *Veckaus Kronika*（*Helsing fors*）, 16 arg., No.11., 1919; Idem. The Mannerheim Archaeological Collection from Eastern Turkestan. *Across Asia from West to East in 1906-1908*, Vol. Ⅱ.

[34] *C. G. Mannerheim in Central Asia 1906-1908*, eds. P. Koskikallio & A. Lehmuskallio, Helsinki: National Board of Antiquities. 1999. 参见荣新江书评，原载《敦煌吐鲁番研究》第 6 卷，2002 年，第 419～423 页；收入《中国中古史研究十论》，第 256～263 页。

[35] 王家骥译《马达汉西域考察日记：穿越亚洲——从里海到北京的旅行：1906～1908》，中国民族摄影艺术出版社，2004 年。

[36] 见橘瑞超《西域旅行の一つの记录と于阗の玉に就き（一）》，《大乘》第 6 卷第 4 号，1927 年，第 69～77 页。

[37]《中亚探险》，博文馆，1912 年（重印：中央公论社，1989 年）。中译：柳洪亮译，新疆人民出版社，1994 年；章莹译，收入同译者《丝路探险记》，新疆人民出版社，1998 年，第 169～271 页。

[38] 参见芦屋市立美术博物馆《二乐庄と大谷探险队》（展览图录），1999 年；《モダニズム再考・二乐庄と大谷探险队Ⅱ》，2003 年。

[39]《西域考古图谱》二帙，东京：国华社，1915 年（重印：柏林社，1972 年；学苑出版社，1999 年）。

[40] 韩国国立中央博物馆编著《中央アジア美术——国立中央博物馆所藏》（韩文），汉城：三和出版社，1986 年（日译：东京：学生社，1989 年）；《国立中央博物馆所藏・西域美術》（韩文），汉城：韩国国立中央博物馆，2003 年。

[41]《关东厅博物馆考古图录》，大连，1933 年；后改称为《旅顺博物馆陈列品图录》，大连，1935 年；《旅顺博物馆图录》，东京：座右宝刊行会，1953 年。

[42] 参见片山章雄《大谷探险队の足跡——未绍介情报と蒐集品の行方を含めて》，《季刊・文化遗产》第 11 号，2001 年，第 30～33 页。

[43] *Innermost Asia. Detailed Report of Explorations on Central Asia, Kansu and Eastern Iran*, 4 vols., Oxford, 1928（repr. New Delhi 1981/88）.（中译：中国社会科学院考古研究所主持翻译《亚洲腹地考古图记》，广西师范大学出版社，2004 年）参看向达《斯坦因第三次中亚考古略记》，《斯坦因西域考古记》，中华书局，1936 年，第 239～253 页（附录一）。

[44] Stein M A. *On Ancient Central-Asian Tracks. Brief Narrative of three Explorations in Innermost Asia and North-Western China*, London（repr. New York 1964）, London, 1933, esp. 54-70.［中译：向达译《斯坦因西域考古记》，中华书局，1936 年（重印：中华书局 / 上海书店，1987 年）；日译：风间太郎译《中央アジア踏查记》，

《アジア内陆丛刊》2，东京：生活社，1939年；泽崎顺之助译《中央アジア踏查记》，《西域探险纪行全集》8，东京：白水社，1966/2000年。]

[45] Skjærvø P O. *Khotanese manuscripts from Chinese Turkestan in the British Library. A complete catalogue with texts and translations*, British Library Publishing, 2002.

[46] Francke A H. *Durch Zentralasien in die indische Gefangenschaft*, Herrenhut, 1921.

[47] Gropp G. Eine neuentdeckte Sammlung khotanesischer Handschriftenfragmente in Deutschland. *Middle Iranian Studies. Proceedings of the International Symposium organized by the Katholieke Universiteit Leuven, from the 17th to the 20th of May 1982*（*=Orientalia Lovaniensia Analecta 16*）, eds. W. Skalmowski & A. van Tongerloo, Leuven: 1984, pp. 147-150; Emmerick R E., Newly-discovered Buddhist Texts from Khotan. *Proceedings of the Thirty-First International Congress of Human Sciences in Asia and North Africa, Tokyo-Kyoto 31st August – 7th September 1983*, ed. T. Yamamoto, vol. 1, Tokyo, 1984, pp. 219-220;《知见录》，第109、110 [112] 页。

[48] Von Le Coq A. Ein spätantiker Krug aus Chotän", *Túrán* 1918, S. 337-343+ figs. 1-7; Idem. *Die Buddhistische Spätantike in Mittelasien I: Plastik*, Berlin, 1922; Idem. *Bilderatlas zur Kunst und Kulturgeschichte Mittelasiens*, Berlin: 1925（Nachdruck: Graz 1977）, S. 49+ fig. 37.

[49] Skrine C P. *Chinese Central Asia*, London, 1926（repr. Oxford 1986）, esp. 170-175.

[50] Trinkler E. Die Zentralasien-Expedition 1927/28: geographische und archäologische Ergebrisse. *Deutsche Forschung* 13, 1930, S. 76-100; Idem. "Geographical and Archaeological Expeditions in the Takla-Makan-Desert of Chinese Turkestan. *Journal of the Central Asian Society*, 1930, pp. 5-18; Idem. Neue archäologische Funde in der Takla-Makan-Wüste Chinesisch-Turkestans. Sinica VI, 1931, S. 34-40+ Tafel 2-4. Idem, *Im Land der Stürme, mit Yak-und Kamelkaravanen durch Innerasien*, Leipzig, 1930.（英译本：*The Stormswept Roof of Asia, by Yak, Camel & Sheep Caravan in Tibet, Chinese Turkistan & over the Kara-Koram*. tr. by B. K. Featherstone, Philadelphia, 1931；中译：赵凤朝译《未完成的探险》，新疆人民出版社，2000年。）

[51] Trinkler E, et al. *Wissenschftliche Ergebnisse der Dr.-Trinkler'schen-Zentralasien-Expedition*, 2 vols., Berlin, 1932.

[52] 见《知见录》，第110～113页。

[53] Williams J. The Iconography of Khotanese Painting. *East and West*, new series XXIII .1-2, 1973, p. 110, n. 7; K. Jettmar's review of Gropp（see below）, *Central Asiatic Journal* 20, 1976, p. 154.

[54] Gropp G. *Archäologische Funde aus Khotan, Chinesisch-Ostturkestan. Die Trinkler-Sammlung im Übersee-Museum, Bremen*（*=Monographien der Wittheim zu Bremen 11*）, Bremen, 1974.

[55] 黄文弼《塔里木盆地考古记》(《中国田野考古报告集》考古学专刊丁种第三号)，科学出版社，1958年。关于其中文书部分，参见 E. Waldschmidt 书评，载 *Orientalistische Literaturzeitung* 1959:5-6, S. 229-242; also in: *Ausgewählte Kleine Schriften*（*=Glasenapp-Stiftung 29*）, hrsg. von H. Bechert & P. Kieffer-Pülz, Stuttgart, 1989 [S. 173-179]。

[56] 王冀青《斯坦因第四次中亚考察所获汉文文书》，《敦煌吐鲁番研究》第3卷，北京大学出版社，1998年，第259～290页；涩谷誉一郎《スタイン第四次中央アジア踏查について》，山本英史编《传统中国の地域像》，东京：庆应大学出版会，2000年，第289～326页。

[57] 张广达、荣新江《关于和田出土于阗文献的年代及其相关问题》，《东洋学报》第69卷第1/2号，1988年；收入《于阗史丛考》，第71～97页。

[58] 见《知见录》，第145、146页。

[59] Emmerick R E. A New Khotanese Document from China. *Studia Iranica* 13:2, 1984, pp. 193-198+ pl. XIV; 段晴、王炳华《新疆新出土于阗文木牍文书研究》，《敦煌吐鲁番研究》第2卷，北京大学出版社，1996年，第1～12页；艾再孜·阿布都热西提《和田发现汉文、于阗文双语木简》，《新疆文物》1998年第3期，第104页。

[60] Baumer Ch. *Geisterstädte der Südlichen Seidenstrasse*, Stuttgart 1996; idem, *Southern Silk Road. In the Footsteps of Sir Aurel Stein and Sven Hedin*, Bangkok 2000.

［61］ Idem. Dandan Oilik Revisited: New Findings a Century Later. *Oriental Art* XLV: 2, 1999, pp. 2-14.

［62］ *Ibid.*, p. 11, Fig. 20. 古丽比亚《和田佛寺遗址的“龙女索夫”壁画》,《华林》第 2 卷，中华书局，2002 年，第 214 页，尚不知此壁画已毁。

［63］ Baumer 上引文中有较大的于阗文文书的图版：*Ibid.*, p. 8, Fig. 14.

［64］ 新疆维吾尔自治区档案馆《近代外国探险家新疆考古档案史料》，新疆美术摄影出版社，2001 年。

［65］ 白须净真《日本外务省藏大谷探险队外交记录介绍——以第三次大谷探险队员橘瑞超下落不明问题为中心》,《敦煌吐鲁番研究》第 7 卷，2004 年，中华书局，第 28～51 页。

［66］ 齐陈骏、王冀青《阿富汗商人巴德鲁丁·汗与新疆文物的外流》,《敦煌学辑刊》1989 年第 1 期，第 5～15 页；又收入中国敦煌吐鲁番学会编《敦煌吐鲁番学研究论文集》，汉语大词典出版社，1990 年，第 394～414 页。

［67］ 牧口常三郎《人生地理学》，东京：文会堂，1903 年；江苏师范生编译，南京：宁属学务处、苏属学务处，1906 年；世界语言文学研究会编辑部全译，上海：群益书局，1907 年。以上两种中译惜未寓目，参上海：复旦大学出版社 2004 年摘译本，第 253～260 页。

［68］ 参看荣新江《中国敦煌学研究与国际视野》,《历史研究》2005 年第 4 期，第 165～175 页；收入作者《中国中古史研究十论》，第 227～253 页。

（本文原载于朱玉麒主编《西域文史》第 1 辑，科学出版社，2006 年）

徐松与道光朝京师学坛的西北史地研究

朱玉麒

夹袋搜罗海内空，人材毕竟恃宗工。
笥河寂寂覃谿死，此席今时定属公。
——龚自珍《己亥杂诗·别徐星伯前辈松》

一、引 言

清代西北历史地理学的成果，是随着康乾时期对西北边疆地区的统一而不断产生的。如康熙时期的《皇舆全览图》和乾隆时期的《乾隆内府舆图》、《钦定西域同文志》、《钦定皇舆西域图志》等，都是包含了西北边疆地理内容的重要著述。但是在清代学术的谱系中，作为一种重要的学术思潮与流派，西北史地学以嘉庆、道光年间的祁韵士（1751～1815年）、徐松（1781～1848年）为创始，已然成为学术史与地理学史研究的共识。

对这一学术风气的经典概括，是梁启超（1873～1929年）的重要论述，其在《清代学术概论》中论及："自乾隆后边徼多事，嘉道间学者渐留意西北边新疆、青海、西藏、蒙古诸地理，而徐松、张穆、何秋涛最名家。"他的《中国近三百年学术史》对这一学术流派的传承流变，叙述尤详："道光中叶以后，地理学之趋向一变，其重心盖由古而趋今，由内而趋外。"他还举当时边疆和域外史地研究的名家，如"寿阳祁鹤皋（韵士）、大兴徐星伯（松）、平定张石洲（穆）、邵阳魏默深（源）、光泽何愿船（秋涛）为最著。而仁和龚定庵（自珍）、黟县俞理初（正燮）、乌程沈子敦（垚）、固始蒋子潇（湘南）等，其疏附先后者也。此数君者，时代略衔接，相为师友，而流风所被，继声颇多。兹学遂成道光间显学"。虽然他对"清代地理学偏于考古，故活学变为死学"（《清代学术概论》）的总体情形表现了不满，而对有关祁韵士和徐松及其影响下的西北史地研究则另当别论："此类边徼地理学，虽由考古引其端，而末流乃不专于考古，盖缘古典中可凭借之资料较少，而兹学首倡之人如祁鹤皋、徐星伯辈，所记载又往往得自亲历也。"[1]

祁韵士在嘉庆十年（1805年）因户部亏铜案遣戍伊犁，十三年释归。流放期间，编纂成了《伊犁总统事略》十二卷，这部书后来多以《西陲总统事略》之名印行。此外，他的《西域释地》、《西陲要略》、《万里行程记》、《西陲竹枝词》也多在嘉道年间付梓。但是，祁韵士以55岁的衰迈之年遣戍西域，到达伊犁之后，主要从事于案头的工作，而且遣戍时间短促，并没有如壮年戍边的徐松那样游历天山南北。因此他的西域见闻仍然受到年龄、学术兴趣的限制，没有形成体大思精的著述。倒是他早年的《蒙古回部王公表传》一二〇卷（刻本作《皇朝藩部要略》），成为后来西北史地研究的重要参考。晚年赐环之后，祁韵士主要游幕、讲学于京师之外，游离于学坛的核心，不久去世。在西北历史地理学派的形成过程中，他并没有成为领袖群伦的开创者。

徐松在嘉庆十七年32岁正当壮年的时候遣戍伊犁，于嘉庆二十五年赐环归京，前后在西域8个年头。他得到伊犁将军晋昌、松筠和长龄的支持，遣戍期间曾经游历天山南北，编撰了《新疆识略》、《西域水道记》、《汉书西域传补注》、《新疆赋》等西域地理的名著[2]。这些著作，由道光元年《新疆识略》在京师的付梓开始影响学界[3]；而他本人，也是从道光元年的壮年开始担任内阁中书，从此在京师宣南的学坛执掌牛耳近三十年。“四方宿学之士客京师者，以先生为归焉。”[4]从塞外的经历到赐环后的学术机遇来具体考察西北史地学在嘉道年间的兴起，徐松的贡献远远超出了祁韵士；西北史地研究学术队伍的形成，也正是从道光初元徐松重返京师学坛开始。

当有关学术史的观念问题被做了多少次雷同的总结之后，在西北史地学的研究中，过程往往比结论更为重要，细节也比构架更具有魅力。本文的旨趣，正是希望通过以徐松为中心的文士交游考察，在历史细节的重新审视中，发现西北史地学在嘉道年间兴起的具体脉络。

二、徐松道光年间在京师的履历与著述

（一）徐松在京师的生活

徐松在京师的生活主要分为两个阶段。籍贯上虞的徐松，早年即因伯父徐立纲的功名而迁居京师，落籍大兴，在那里应童试、乡试，最后高中进士、通籍入仕，直到嘉庆十五年（1810年）担任湖南学政离别宣南，是其京师生活的第一个阶段。

徐松再度返回京师，是在嘉庆二十五年相隔十年之后的不惑之年，这时他已经历了遣戍西域长达8年的磨炼。热心于徐松生平和著作研究的缪荃孙（1844～1919年）曾经编定了类似于年谱的《徐星伯先生事辑》（以下简称《事辑》），对他返回京师后的生活做了如下记载[5]：

> 嘉庆二十五年庚辰，四十岁
>
> 二月，自伊犁归……冬十二月，《总统事略》书成，缮进，宣宗皇帝垂览，御制序文，赐名《新疆识略》，以其书付武英殿刊行。因召见，奏对西陲情形甚悉，赏内阁中书。
>
> 道光二年壬午，四十二岁
>
> 跋《长春真人西游记》。
>
> 道光四年甲申，四十四岁
>
> 刻《新疆赋》成，孙馨祖序，彭邦畴作后序。
>
> 道光五年乙酉，四十五岁
>
> 陈安人卒。

道光九年己丑，四十九岁

刻《汉书西域传补注》成，张琦序。

道光十五年乙未，五十五岁

泰兴陈东之潮、乌程沈子敦垚客先生寓。东之病殁，医药棺椁，赒恤有加。子敦旋移馆姚总宪元之寓，每出城，诣先生，为招平定张石洲穆烹羊炊饼，置酒大嚼，剧谈西北边外地理以为笑乐。

道光十六年丙申，五十六岁

选授礼部主事，作《梦游图》，记十三龄梦事。

道光十八年戊戌，五十八岁

升铸印局员外郎，撰《登科记考》三十卷，自为之序。重九，与龚定庵自珍、吴虹生葆晋游西山。

道光二十年庚子，六十岁

子敦卒，赒恤如东之。

道光二十三年癸卯，六十三岁

授江西道监察御史，转掌江南道。

道光二十四年甲辰，六十四岁

简陕西榆林府知府。时李文恭公（星沅）巡抚陕西，与先生不合，因乞病旋京。

道光二十六年丙午，六十六岁

病痊，坐补榆林府知府，有政声。旋护延榆绥道，再署潼商道。未几，致仕归。

道光二十八年戊申，六十八岁

三月初一日，先生卒。

从以上的记载可知，除了有近三年在陕西的任职经历外，徐松的后半生主要在京师度过。可以说，徐松京师生活的第二个阶段正好贯穿了道光时期，这也是缪荃孙称道“先生学识闳通，撰箸精博，负重望者三十年”（《事辑》）的人生阶段。

顺天府的大兴、宛平二县，在清代以来的文化事业上有着非同一般的地域意义。永乐元年（1403年）以来，大兴、宛平同属北京的附郭县，分治中轴线东西两区。顺治五年（1648年），清政府颁布谕旨，在京师实行“满汉分城居住”，于是，明代嘉靖年间在北京城南修筑的外城就成为汉族居住区；大兴、宛平是无数外籍子弟落籍应试的首选，而居住的地点则多选在宣武门外（南）的外城区；即使并不落籍，城南林立的会馆也为进京赶考的外地士人提供了临时的栖身之所。

宣武门南在清代成为士人麇集的渊源，枝巢子（夏仁虎）《旧京琐记》有精辟的概括：

旧日汉官，非大臣有赐第或值枢廷者，皆居外城，多在宣武门外；土著富室，则多在崇文门外，故有东富西贵之说。士流题咏，率署“宣南”，以此也[6]。

士人麇集于宣南的一个重要原因，是因为纂修《四库全书》采办图书，而使宛平县属以琉璃厂为中心的宣武门南一带成为乾隆以来文化的集散地。

徐松是宣南文化培养的典型。新近发现的徐松《宣南讲学图·跋》记载："昔在湖南罣吏议日，京师宣南旧宅不戒于火。先君归，竭数年力，重立栋宇，于厅事旁构小室，颜曰'好学为福斋'。"[7]可知他虽然落籍大兴，但居住的地点却是"士流"所聚的城南宛平辖境。其早年的求学生活，多在京师宣南度过。对于立志成为学者的徐松来说，身居四方典籍辐辏之地，又得以遍读内廷所藏秘籍，请益京师众多耆宿，并与同年好友切磋，是其后来取得丰硕学术成果的重要因素。

徐松晚年在京师居处的情况，其弟子缪焕章（1811～1890年）《云樵诗话》载："先生住宣武门大街，庭有大槐树，书舍名'荫绿轩'，图书满架。"[8]缪焕章之子缪荃孙《事辑》的记载显然也得自乃父的口述记录："先生……所居在顺治门大街厅事前，古槐一株，夭矫空际，颜之曰'荫绿轩'，读书处曰'治朴学斋'。朝野名流，相见恨晚。"顺治门即宣武门。由此可知，徐松青少年时期在京师的旧宅曾遭回禄之灾（上引《宣南讲学图·跋》），后来重盖的新居虽不能确定仍在原处，但还在宣南是毫无疑问的。

遣戍伊犁使徐松中断了亨通的官运，但从《事辑》的简略记载中，也可知他因为在伊犁修纂的《伊犁总统事略》（即《新疆识略》）一书而重新开始仕途，虽然从时间到官品都已经被耽搁了很多很多。

从仕途而言，在相当长的一段时间内，徐松处于内阁中书（从七品）这样一个薄宦地位，因此在生活上似乎一直比较拮据，如他在道光八年（1828年）《与徐香垞书》中就曾写过这样一种窘迫的情景[9]：

> 此后长此家居，不特养赡无资，且口舌是非，必无自全之势。诸同人劝弟出京至扬州一带聊作张罗，又恐今非昔比，有名无实。复生母多病，小孙幼弱，放心不下。即如目前，小孙痘后久泄，四支厥冷。举家惶恐，弟亦数夜不眠，为之求医购药。今日始发出温疹，稍为放心。若非弟在家，又必致阴错阳差。看此光景，又如何轻于远行。日夕思之，进退维谷。六兄能为我画策否？

从与朋友往还的书信中[10]，以及一些藏书的批注日期上[11]，可知在这一阶段，徐松还曾到山东、江浙一带书院任职谋生，但似乎时间都不很长，就回到京师。

在担任内阁中书15年之后，他才获升礼部主事（正六品）。他最后升任的京官职位是都察院监察御史（从五品），《事辑》记其事在道光二十三年，实际上应该是在道光二十二年的七月[12]。但不久即外调榆林知府。榆林知府虽然是从四品的外官，但从徐松给友人的书札和《李星沅日记》中，可以了解到他并不满意这个职位[13]，曾经以病开缺，不到三年便致仕回籍。即便如此，徐松在榆林也还是克尽职守的。如在陈奂的书信中，就称道："尔接三要司赵表兄家报，备称先生下车，静镇动威，讴歌口道。真读书人，为清廉官，当仿古之良二千石，召父、文翁，未肯多让。而与风尘世吏，自是不侔。"[14]无论这一评价是否有溢美之处，其在任上收集《荒政辑要》、《刑案汇览》等政书备览[15]，可见至少主观上，徐松希望在地方行政任上有所作为。

在一些新发现的资料中，我们可以发现徐松的用世之心。如在道光前期的六年和十年，浩罕入卡侵扰，曾任伊犁将军的长龄两度赴回疆平叛，都邀熟谙西陲军务的徐松同往。从其朋友的劝说和他自己给长龄的信件中，可知徐松确曾有从军的意向，但最终因为亲老家累的原因而作罢[16]。他在道光年间不断修订以《西域水道记》为代表的“西域三书”，以及扩大到整个西北边疆地区的地理研究，无疑是退而求其次的表现，是践行“施于有政，是亦为政”的古训，以立言的方式来为现实政治效力。

在徐松所处的道光后期，还发生了中国近代史上最重要的鸦片战争。徐松对此事的反映，我们还没有找到太多的文字记载，但是包世臣《致徐侍御松书》云：“侧闻入台数日，即以封事言夷情。”此即指徐松道光二十二年七月担任江西道监察御史一职，在英人鸦片战争之后步步进逼的时刻，徐松“入（御史）台数日”便上奏自己对这一事态的看法，可知他由塞防的经验来面对海防，仗义执言，并非畏缩而首鼠两端的庸吏。包世臣认为：“虽道路莫能详所陈者，然以阁下研究阅历，自必虏在目中，竟入夷务，包为可惜也。”[17]显然对徐松的策略是非常有信心的。甚至，徐松还曾经有机会深入到夷情紧张的东南沿海（曾有嘉兴知府任命），遗憾的是，因为回避本籍，他没能在那样的场合中施展其长才。晚年的榆林知府任，最终将他的生命耗散在无谓的地方官吏倾轧中。

“才不为世用，乃箸经世书”（彭邦畴《西域水道记题词》）[18]，这不仅是其西域经历和著述的概括，也是徐松一生与那个时代轰轰烈烈的功名失之交臂的写照；而在他的身后，却留下了足以照耀千古的文化伟业。

（二）徐松在京师的学术著述

道光时期是徐松著述的丰收期。学者的本色，使他在牢骚与郁闷之后仍然能平静地回到书案前从事名山事业。所以他的同年好友李兆洛（1769～1841年）在江阴暨阳书院得悉其著述不辍的消息，倍加称道说：“居人海中，萧然若在陋巷，闭门著书，及于饥寒而不问，行古人之道者，固宜如是。”[19]这一时期他居住宣南，以“治朴学斋”、“好学为福斋”的室名明志，勤奋著述。据笔者的考察，徐松的主要著作都是在这一时期开始并逐步完善的。

1. 传统朴学著述

徐松继承了乾嘉学派的朴学之风，从青年时代以来就不断从事着以唐宋文献的整理与著述为核心的几项朴学工作，道光十五年沈垚在京师初见徐松时，就见“先生著书数十种”（沈垚《明氏实录跋》）。但在他生前，这些著述多未出版，从中也可见其精益求精、到死方休的著述精神。因为没有合适的传人，他的大量稿本在身后多散佚无存，由张穆、缪荃孙抢救整理和付梓者，并非其全部。从目前所知其著述情况来看，道光时期是其著作传世最重要的撰述期。兹简要摭拾其时之著作和编著、辑佚之什，并考创作时年如下。

（1）《唐两京城坊考》五卷。

该书系今知徐松最早完成初稿的著作。书前有徐松嘉庆十五年四月所作序称：“己巳之岁（嘉庆十四年，1809年），奉诏纂辑唐文，于《永乐大典》中得《河南志图》，……亟为摹钞，爰同球璧。校书之暇，采集金石传记，合以程大昌、李好文之《长安图》，作《唐两京城坊考》，以为吟咏唐贤篇什之助。”其后又不断修改垂四十年之久，一直到其临终。如在道光二十八年二月下旬，距徐松临终前四五天，犹补入材料，今本卷五“洛阳陶化坊”之河南府参军张轸宅所用吕岩说撰《张轸墓志》下有张穆注记云：“穆案，星伯先生卒于道光二十八年三月初一日，此条则将属纩将之前四、五日手书示穆，令补入书（北京大学稿本作“考”）中。”[20]于此可见其敬业精神。其书最后由张穆协助编辑，在徐松去世当年由张穆为灵石杨尚文校刻，辑入《连筠簃丛书》，故署“大兴徐松星伯撰、平定张穆诵风校补”。

（2）《登科记考》三十卷。

书名又称《唐登科记考》，徐松以《文献通考》卷二九《选举》二所保存的唐登科记总目为科名、人物之纲，从大量文献资料中采辑科举资料补充其中，纂为《登科记考》三十卷。该书前有徐松“道光十八年孟夏”任礼部铸印局员外郎时所作叙，应该是初稿完成的时间。按照他的著书习惯，以后也一直在作补正，因此在他生前并未定稿。身后，其稿本为缪荃孙所得，而由王先谦于光绪十四年（1888 年）刻入《南菁书院丛书》第一集流传。

（3）《明氏实录注》一卷。

该书原题名《明氏实录》，署“新都杨学可编，大兴徐松校补”。杨学可为明人，生平不详，所著《明氏实录》系元末在四川建立夏国（1362～1371 年）之明玉珍（1331～1366 年）、明昇（1357～？）父子之传记。徐松据《元史》、《元史纪事本末》、《明太祖实录》、《明史·明玉珍传》、《宋濂集》、《七修类稿》、朱国桢《大事记》等书，为之校订、注疏，文字数倍于原作，而事迹因此详赡。书后有沈垚跋（《落帆楼文集》失收），称：“先生著书数十种，《新疆水道记》及《汉书西域传补注》等书，精确创所未有。是注特其游戏之作，然改正错简、考核同异，皆极精当。撰出先生，即小种亦非寻常可及。”当系道光十五年与徐松初会时所跋，可知初稿成书的年代。其书由赵之谦（1829～1884 年）于光绪年间辑刻为《仰视千七百二十九鹤斋丛书》第五集第五种。

（4）《徐星伯说文段注札记》一卷。

此系徐松在所藏段玉裁《说文解字注》三十卷本上的笔记，其上并过录有龚自珍的札记，有徐松道光二年跋。龚为段氏外孙，幼承家学，道光元年任内阁中书时，与徐松结为挚友，故此札记亦徐松释归后的道光年间所作。徐松身后，稿本为何绍基所得（今藏湖南图书馆），光绪丁酉（二十三年，1897 年）刘肇隅作馆何氏文孙棠孙家，将龚、徐笔记分别录出，由叶德辉汇以桂馥《说文解字抄按》二卷，为《说文段注校三种》，刻入《观古堂汇刻书》第一集第二册中。

（5）《松文清公升官录》不分卷。

《松文清公升官录》硃格抄本，中国国家图书馆藏，有《北京图书馆藏珍本年谱丛刊》影印本（第 119 册，第 237～335 页）。按，松文清公即松筠（1752～1835 年），卒于道光十五年，谥文清。该编仅录其履历至道光十三年，或即当年所编。是其书名为后人所加，而原书则为松筠在世时所编。考其抄写笔迹，与今分藏中国国家图书馆、北京大学图书馆之“徐星伯三种”的底稿誊清本无异；乾隆五十五年叶上，粘有行草书签条，其笔迹与徐松亲笔书信和其他稿本书如《西域水道记》稿本签条完全一致，因此该书有可能与徐松自己编定的其他著作一样，在自己的初稿写就之后，由家中的抄书人为其誊清，并继续在其上用签条增加内容。

（6）《新斠注地理志集释》十六卷。

《新斠注地理志》十六卷，系乾嘉学者钱坫（1741～1806 年）研究《汉书地理志》的著作。

《汉书地理志》为历来研究沿革地理的学者所尊奉与精研的必读书，徐松因此以钱坫的著作作为最新的研究成果，而在自己研读过程中不断地将他人的成果贴笺其上。在他去世之后，该书散落，据《事辑》“所著书目”记载：“《新斠注地理志集释》十六卷，此书稿本为姚方伯觐元所得，章硕卿大令刻之。”是知稿本为姚觐元（1823～1902年）所得，并经过他和缪荃孙、章寿康（1850～1906年，原名贞，字硕卿）整理，于同治十三年（1874年）由章寿康以《新斠注地理志集释》为名刻印行世。中国国家图书馆今藏该手稿本四册（善本编号02160）。

（7）《顾亭林年谱》。

张穆编《亭林年谱题词》云：“本朝学业之盛，亭林先生实牖启之。……大兴徐丈松钩稽各书，依年排纂，已写有定本。会何太史绍基自金陵来，携有上元车明经守谦（号秋舲）所辑谱，互用勘校，车氏差详。……徐丈欲更事厘订，以出守榆林未遑。穆乃不自揆度，比而叙之，综两谱之异同，究大贤之本末，世之景行先生者，尚其有考于斯。道光二十三年五月朔日，平定后学张穆记。”[21]从以上题词可知，徐松在出守榆林之前，已经编定了顾炎武年谱，后来得到车守谦的年谱，希望有所增补；最后这一工作由张穆完成。今张穆所撰年谱文中亦多有引徐氏本字样。《大兴徐氏同人书札·魏源札二》载：“前岁出都时，命觅《顾亭林年谱》及《外集》。此书家中本有之，因儿辈搬家，卷帙凌乱，徧检未获，容再寻之。”[22]魏源该札作于道光二十二年，可知徐松在出守榆林前确实一直在收集相关资料撰写年谱。

（8）《宋三司条例考》一卷。

是书未见。《事辑》“所著书目”：“《宋三司条例考》一卷，见《畿辅通志》列传。”按，《畿辅通志》[23]所记，《大清畿辅先哲传》“徐松传”亦沿袭之[24]。徐松致力于宋代政书之研究，早年在《全唐文》馆曾从《永乐大典》中辑出《宋会要》、《中兴礼书》，晚年亦在整理《宋会要》，并收藏《宋太宗实录》、《刑统赋》等相关书籍，因此考证宋代相关职官问题等，自在其研究范围之内。《畿辅通志》所载，当有所据。

（9）《宋会要沿革》。

是书《事辑》未载，吴兰修跋《宋太宗实录》云：“右《太宗实录》残本八卷，李申耆明府写以寄余，勉士从余转钞者。徐星伯舍人以书索之，不及别写，即以此勉士本奉寄，俟他日补写还之。爱书成癖，亦文字一场公案也。愿舍人以《会要沿革》一册报之，即以此为引玉之砖矣，道光癸巳（十三年，1833年）九月望日，吴兰修记。”（《艺风堂文续集》卷六《宋太宗实录跋》附）可知徐松在道光十三年向吴兰修索要《宋太宗实录》抄本时，吴兰修希望得到徐松所著《宋会要沿革》作回报。此书今未见，当系徐松为整理《宋会要辑稿》而所作之先期研究成果。

（10）《东朝崇养录》四卷。

该书四卷，辑录乾隆年间慈宁皇太后寿庆恭进之寿礼。道光十七年二月宣宗阅视明陵，徐松以礼部祠祭司主事先期奉皇太后赴丫髻山，因将前此在史馆从宫史及敬事房档册中录出的乾隆十六、二十六、三十六年皇太后六十、七十、八十大寿之寿礼名目，辑为《东朝崇养录》一卷。前有徐松序文，述编辑因由。其书手稿为傅增湘所得，于民国六年（1917年）由吴昌绶刻入《松邻丛书》甲编［民国七年（1918年）仁和吴氏双照楼刊本］，附有吴氏识语，原书据徐松序为一卷，《松邻丛书》分为四卷。

（11）辑佚类著作《中兴礼书》等的整理。

此外，我们知道徐松在嘉庆十四年入全唐文馆，曾经从《永乐大典》中辑录出《河南志》、《宋会要》、《中兴礼书》、《秘书省续编到四库阙书目》、《伪齐录》、《大元马政记》等书。这些典籍的复原整理工作，也都是在道光年间才陆续展开的。

如《宋中兴礼书》三百卷、《宋中兴礼书续编》八十卷，是徐松在道光年间由陈杰、龙万育协助厘定成帙，因此第一卷卷首有"大兴徐松、乌程陈杰、成都龙万育校刊"字样，今所见钞本中亦多有"松按"、"杰按"处。李兆洛道光年间的《与徐星伯同年》书称："《中兴礼书》厘定已成完帙，不朽鸿业也。"[25]可见当时学界对该书整理本的期盼与认同。而另一部更为宏大的《宋会要辑稿》五百卷，道光年间徐松也曾依《玉海》所载《宋会要》体例，进行编次厘定，但最终未果，今其辑稿本中有"松按"十余条。今所见徐松友朋书札中讨论该书整理的信件，可知当时徐松希望完成厘定的艰难[26]。从我们今天仍未有合适的《宋会要》整理本，亦可想见这一厘定工作的艰辛，以及当年徐松惨淡经营付出的心血之巨[27]。

缪荃孙得到的《宋元马政》二卷，其中"《宋马政》采自《会要》，出《永乐大典》一万一千六百七十二，《元马政》采自《经世大典》，出《永乐大典》一万一千一百七十八"（缪荃孙《事辑》），将这两种书会钞为一体，当是后期整理的结果。由俄罗斯学者斯卡奇科夫（K. I. Skachkov，1821～1883年）购得的《经世大典站赤门》八卷，也是由徐松自《永乐大典》卷一九四一六至一九四二三中辑出，并对《永乐大典》本在系年等方面的错误做了许多订正[28]，徐松在其《西域水道记》道光十九年刻本后的校补中，于卷五"阿拉克图古勒淖尔所受水"下曾经引用。

他如《四库阙书》一卷，又名《秘书省续编到四库阙书目》或《宋绍兴秘书省四库阙书目》等，系南宋绍兴年间秘书省访求阙书之目录，元代以后罕见流传。徐松于嘉庆年间在全唐文馆时从《永乐大典》录出，并据朱彝尊《经义考》所引进行订补而成《四库阙书》一卷，根据其跋语，他是在道光十二年完成订补工作的[29]。

徐松在全唐文馆还抄录了《永乐大典》中的《河南志》四卷，开启了他编著《唐两京城坊考》的工作，从中国国家图书馆藏有道光四年庄璟所摹绘之"宋次道洛阳志图"十四幅（善本编号17684）封题记载："星伯摹自《永乐大典》，道光庚子（二十年，1840年）四月装成，藏于好学为福之斋。"可知道光年间徐松一直在使用这一著作。

2. 西北史地研究著作

徐松在遣戍以后开始的西域研究，也是在这一时期得到完善并最早付梓印行传世的。而由西域的研究扩大到整个西北地区的学术著述中，也是在这期间进行的。

（1）《新疆识略》十二卷。

该书全称《钦定新疆识略》。其作者署名为"臣松筠恭纂"，也许因为著书时的徐松是遣犯的身份，所以由当时主持其事的前伊犁将军松筠列名。但其书由徐松编著，则是后世普遍公认的事实，最有代表性的如张之洞《书目答问》，称是书"徐松代松筠撰"[30]。即使在当时，《宣宗实录》卷一二"嘉庆二十五年十二月己酉"条下，也记载着"以纂辑《新疆识略》，赏已革翰林编修徐松内阁中书”[31]。时人龚自珍等在引用《新疆识略》的材料时，也径称徐松所作。因此，按照方志编纂的署名通例，应该是“松筠修、徐松纂”。

《新疆识略》的编纂最早是由松筠在嘉庆七年至十四年第一次任伊犁将军时所倡议，利用在戍伊犁的文职遣员进行志书的编纂。从现在所看到的《西陲总统事略》（又称“《伊犁总统事略》”）署名上，可以知道首先由谪戍伊犁的山东金乡知县汪廷楷进行了编辑。其后由祁韵士在嘉庆十二年编纂成了《西陲总统事略》十二卷。但严格而言，《西陲总统事略》只是一部排次各地事宜而成的政书，距离松筠最初编纂通志的理想仍有很大的距离，因此当他在嘉庆十八年第二次担任伊犁将军时，在戍的徐松帮助他完成了这一心愿。徐松不仅掌握了各地的文书材料，天山南北的考察更使他对西域的理解有了切身的感受，加之从容的时间，因此无论是见识还是内容，都远在《西陲总统事略》之上。其图表的绘制、地名的考核、事件的详略，都堪称别具匠心，具备了通志书的特色。在《新疆识略》中关于水道的资料和理论，直接影响到了他的另一部力作《西域水道记》的产生。

嘉庆二十五年徐松释还，松筠在升任热河都统后向新即位的道光皇帝“陛辞之日，恭进所纂《伊犁总统事略》十三卷”（《松文清公升官录》“嘉庆二十五年庚辰”下，按，十三卷指卷首加正文十二卷），不意得到新皇帝的赞赏，“赐名《新疆识略》，御制序文，付武英殿刊行”（同上）。

该书是徐松最早正式刻版印行的著作，也是道光年间最早产生影响的西域史地著作。一方面，由道光皇帝以赏赐的方式，使得大多数的道光朝要员因此而获得了对西域认识的新窗口[32]；另一方面，它也毫无疑问促成了徐松西域史地研究的方向，并确立了他在西北史地研究中的重要地位。因为刊刻较早，因此徐松后来在道光年间有关西域的新认识，更多地体现在以《西域水道记》为代表的“大兴徐氏三种”等私人著述中。

（2）《新疆赋》一卷。

该书正文一卷，前有赋序，后分新疆南路赋、新疆北路赋二章，仿效汉班固《两都赋》、张衡《二京赋》之体制，以葱岭大夫、乌孙使者相为问答，分咏天山南北二路地理之形势、乾隆以来平定西域之武功，论者以为可与当时之《盛京赋》、《西藏赋》先后辉映、鼎足而三，成为清代开辟疆土、统一国家的辉煌巨制[33]。但与其他赋作的不同在于，作者是在对于新疆进行南北考察后进行这一赋体的创作，因此，更重要的是对南北二路的山川形势进行了提纲挈领的描述，正文之外，作者又句栉字梳，自为注解，丰富了赋体的叙事功能。

据龙万育的《西域水道记》序：“嘉庆丁丑岁（二十二年，1817年），谪戍伊犁，与旧友太史徐星伯先生比屋居，见先生所撰《伊犁总统事略》及《新疆赋》、《汉书西域传补注》，叹其赅洽。”则其《新疆赋》初稿成于嘉庆二十一、二十二年之间当无问题。在今天流传的《新疆赋》注文中有“今嘉庆二十四年，圣寿六旬”之句，是最晚的确切纪年，可以看到初稿在后来又经增订的痕迹。北京大学图书馆藏有《新疆赋》稿本一卷（善本编号□472），二十五叶，四周单栏，无格，半叶14行、行28字，小字双行夹注，赋序叶有“曾渡凌山”朱文方印，为徐松藏书印[34]，卷前有孙馨祖序，卷后有彭邦畴道光四年冬日跋，与今传刻本无异，系徐松底稿清写本无疑。此外，稿本多处引用了《长春真人西游记》的文字作为注文，而后者是徐松在道光二年四月才得以寓目的（参下），因此《新疆赋》稿本也当是在道光二年至四年间写定的。

作为《大兴徐氏三种》（或称“西域三种”、“徐星伯先生著书三种”）中最早成书者，《新疆赋》

也是最早刻成行世的。对于刻本付梓的时间多以彭邦畴“道光甲申（四年，1824 年）冬日”题跋的时间为准。因为稿本在彭邦畴跋后，又有道光五年八月至十二月陈嵩庆、陈裴之、张锡谦、张琦的读后题识；既然稿本上道光五年的题识未能刻入书中，则以彭跋时间作为付梓的年代就有了比较可靠的旁证。

（3）《汉书西域传补注》二卷。

班固《汉书西域传》原载《汉书》卷九六，分上、下，为古来正史西域文献之滥觞，但因时年久远而学者又难得亲历，历来治《汉书》者，对《西域传》中史实、地名多所阙疑，或者解析歧错。徐松以周历天山南北，并有编纂西域通志《伊犁总统事略》之重任，遂首先考订《西域传》中古代地名之沿革，以今证古，成《汉书西域传补注》二卷。其书注重地理沿革之考订，与《新疆赋》综理清代开辟事实之当代史纵横交错，成为其《西域水道记》之先声。而其与《西域水道记》的互见和互补作用也值得注意。此后于光绪年间集大成的《汉书补注》就完全袭用了徐松的成果[35]，杨守敬、熊会贞《水经注疏》皆引徐松补注，沈师徐《唐书西域传注》之旨趣、体例，也多仿徐松此作。

据上引龙万育《西域水道记序》，可知徐松于嘉庆二十二年在伊犁亦已完成该书初稿，但根据今刻本所征引典籍的繁复，可知于道光年间赐环后又多所增订。今中国国家图书馆藏有稿本二册（善本编号 3972），三十四叶，行款、用纸、笔迹均同于北京大学图书馆藏《新疆赋》稿本，其中间有徐松亲笔校勘字迹，当系归京后誊清之手定底稿本，后来之刻本从之，是为付梓之底本无疑。

（4）《西域水道记》五卷、《西域水道记校补》一卷。

该书正文五卷，前有邓廷桢、龙万育序及作者自序，以及英和、叶绍本、彭邦畴题词。是作者在遣戍新疆期间，通过实地调查并广泛阅读文献资料的基础上，以西域水道为核心而撰著的一部清代新疆地理专书。

《西域水道记》是作者在《钦定新疆识略》中新疆水道部分研究内容的进一步扩充，在“新疆水道表叙”中，作者论述道：“《水经注》以水出而流入海者，命曰经流，引他水入于大水及海者，命曰枝流。中国之海，新疆谓之淖尔，今以发源自注淖尔者，为经流，附他水以入淖尔者为枝流，至其余细水，自行自止，则以地多沙碛，往往渗漏入沙，谨遵《钦定河源纪略》，概以伏流称之。”[36]他创造性地根据内陆河流归宗于湖泊的现象，而将西域水系归为 11 个水系，并在体例上模仿《水经注》的写作方式，自为注记。其所包括的范围，是乾隆《皇舆西域图志》中天山南北路、安西南北路四个区域，即嘉峪关西直至巴尔喀什湖以东以南的广大西北地区。

在详细记载各条河流情况的同时，对于其流经地区的建置沿革、重要史实、典章制度、民族变迁、城邑村庄、卡伦军台、厂矿牧场、屯田游牧、日晷经纬、名胜古迹等，都有丰富的考证，正如王先谦《合校水经注序》所称道的那样，该书做到了“因水以证地，而即地以存古”[37]。而且各水系都有详细的开方地图进行对照。所有的地名，都以《西域同文志》为准进行了统一。尤其是关于乾嘉时期新疆开发的史实，有着详细的描述，使得本书在地理沿革之外，更具有当代史的意义。这部书的出版，成为徐松乃至整个西北史地学研究中最重要的标志性成果，当时以地理学家名世的李兆洛甚至感慨：“如此奇书，当吾世而得见之，何其幸乎！”[38]

根据龙万育的序称：“嘉庆丁丑岁（二十二年，1817 年），谪戍伊犁，与旧友太史徐星伯先生比屋居，见先生所撰《伊犁总统事略》及《新疆赋》、《汉书西域传补注》，叹其赅洽。先生又出其《西域水道记》草稿数卷。余方为迻书，而先后赐环归京师。”则其书在伊犁期间即已完成初稿。今所见中国国家图书馆藏《西域水道记》四卷本（善本编号SB3869），当系道光初年回到京师后的手定底稿本，并有誊写后不断加入之笺条数十。其后经过十多年的修改，在道光十九年前后由邓廷桢在两广总督任上刻印出版，由于卷一“罗布淖尔所受水”内容较多，因此扩充为两卷，遂由四卷稿本成为五卷刻本。

道光刻本有个别讹误被挖补重刻，今流行者率多挖补本，其版曾归京师本立堂，而有各种影印或翻刻本。在刻本印行之后，作者又不断进行校补直至去世，身后其修改本残卷（缺卷三）为钱振常所得，撮钞其笺改内容为《西域水道记校补》一卷印行，其修改本原书则由钱振常子钱恂赠给日本早稻田大学图书馆，近年由周振鹤发现并录文公布。由笔者整理的《西域水道记（外二种）》，吸收了校补本的成果[39]。

（5）《元史西北地理考》四卷。

此书缪荃孙亦未见，《事辑》“所著书目”载：“《元史西北地理考》，见沈垚《金山以东地理释》。”今查沈垚《西游记金山以东释》原文并未提及此书，缪氏所记有误。论及该书者为张穆《元朝秘史译文钞本题词》：“《永乐大典》十二先元字韵中载《元朝秘史》一部，……闻徐丈星伯云：程春庐京丞曾手录一通，于所著《元史西北地理考》中娄（屡）引之。今《地理考》为人窃去，所抄《秘史》，亦遂不可踪迹。”[40]又，魏源《海国图志》卷三《元代疆域图叙》云：“近世嘉定钱詹事大昕、毛贡士岳生、大兴编修徐先生松，皆从事元史。……徐先生之于舆地，专门绝学，所为《元史西北地里附注》及《诸王世系表》，亦未卒业。”[41]其言《元史西北地里附注》，亦即《元史西北地理考》。

按，《元史》卷六三《地理志六》后有“西北地附录”一节，徐松《元史西北地理考》当系据《元朝秘史》等书对该部分进行考证的著作。然其书在徐松身前已被窃，似为乌有。而日本汉学家岛田翰于明治二十八年（1895年）访问中国，在其《江浙间所见所获名人遗著》中却记载了该书：“《元史西北地理考》四卷，徐星伯手稿本。”并云：“《西北地理考》，人间未闻有传本。”[42]可见其书当时尚存世间。

（6）《西夏地理考》。

沈垚《与徐星伯中书书》：“渊甫书来，述先生撰《西夏地理考》，以图籍未备，下询刍荛。”[43]按，该信写于道光八年至十五年间，沈垚在浙江未见徐松而通过张履（字渊甫）互通书信讨论地理期间，沈垚在信中还提及附西夏地图给徐松事。可见徐松在西域之行后，正在进行《西夏地理考》的著述，其全面展开西北史地研究的工作亦由此可见。此外，作者在陕西与西夏学专家张澍的书信中，也体现出他对于西夏史的精熟，以至张澍专门将自己的《西夏姓氏录》手稿寄呈作者审读[44]。韩泰华《无事为福斋随笔》云：“徐星伯太守松著西夏书，将次成就而殁。曾见一册，较吴氏西夏纪事远胜。”[45]俄罗斯藏清人绘制《西夏地图》册手稿本，疑为徐松所绘[46]。

徐松的西域著述还远远不止这些。譬如在祁韵士纂《皇朝藩部世系表》四卷，在道光丙午（二十六年，1846年）筠渌山房予以刊刻时，就有“大兴徐松重订”字样[47]。

在今人对清代西北史地学的研究中，特别注重其中地理考察的作用。这是由于以往中国史学将舆地作为历史学的附庸，即使到了清代乾嘉时期，也多强调书本体系的知识贯穿，祁韵士、徐松的西北亲历就显示出地理学特别的重要价值。梁启超的定评也被后世所看重，而对清代西北史地学的研究强调了他们的亲身考察一面，反而对学术著述的资料拥有有所忽视。事实上，对于中国这样一个具有强调历史文献记载的传统国度来说，梳理文献并从奉中原王朝为正朔的记载中寻觅有关边疆史地的资料，也是成功的秘诀。

从以上徐松的著述中，可以看到遣戍归京的近30年坐拥书城、交往贤达，无论在传统朴学著作继承乾嘉而学术精益求精，还是西北史地之学日臻完善方面，都是徐松学术研究非常重要的时期。他被后人奉为“文宗”（汤贻汾《宣南讲学图》）、“宗工”（龚自珍《己亥杂诗》）或“岁星”（李兆洛《与徐星伯同年》），均取决于这30年在京师丰厚的著述成果。由于这一重要的基础，才成就了他引领群伦的重要地位，从而能够带动道光学坛继续弘扬乾嘉朴学的精神，而又在国难之际以学术经世的成功转型。

三、徐松在京师的交游与西北史地学派的形成

（一）徐松在道光京师学坛的交游

徐松再度回到京师学坛，因为文化地理中心的地位，使他一时成为学术交游最为广泛的通人之一，因此《畿辅通志》有“自塞外归，文名益噪，其时海内通人游都下者，莫不相见恨晚”的记载[48]。潘曾沂（1792～1853年）《小浮山人年谱》“道光元年”下曾记载：“京师人材辐辏，然其间交游门类甚广，惟所自取。”潘氏与徐松同为内阁中书，过往甚多，但他又独好赋诗，因此被“同人招入宣南诗会，月辄数举”[49]。可见名噪一时的宣南诗社，是一个京师的文学社。而以徐松为中心的聚会，则主要属于学术研究的交游门类。

徐松自身在宣南的交游和活动也非常丰富，如前述的文学活动，从今天所见到的资料来看，他也并非完全置身在外。据笔者《徐松年谱初编》（待刊）收集到的资料，以下的文酒书画之会，也总有徐松的身影：

道光三年六月二十一日，徐松同陈用光、朱方增、龚自珍、黄安涛、汤储璠、潘曾沂、潘锡恩、张祥河、李彦章、李彦彬、谢阶树等集于吴嵩梁石溪渔舍（又作“九里梅花村舍”），赋诗纪念欧阳修生日[50]。

道光五年，徐松的乡试同年陆继辂进京，相与过从、唱和颇多[51]。

道光七年四月三日，丁履恒招饮龙爪槐院，徐松与汪喜孙、陈鸿墀、徐宝善、周仲墀、许乃谷、张际亮同宴[52]。

道光九年正月十六日，徐松访问长龄赐园，遇斌良，夜同访杨芳，赋诗吟赏[53]。是年，龚自珍请于铿重摹所藏宋拓《洛神赋》九行，徐松与顾莼、王煖龄、林则徐、陈潮、张葆采、魏源、何绍基、梁逢辰等参与其事[54]。

道光十四年，刑部郎中斌良于家居澹园内构味雨堂、话山亭，时邀徐松等为诗酒

之会[55]。

道光十六年五月二十日，新任广西巡抚梁章钜陛辞来京，龚自珍约程恩泽、吴葆晋与徐松合宴梁氏于吴家[56]。七夕，程恩泽招集友人吴荣光、温启封及徐松在蔡世松斋观书画[57]。十二月十四日，又应程恩泽招，徐松与吴荣光、徐宝善在吴宝晋家赏雪，分韵赋咏雪诗[58]。

道光十七年正月十四日，徐松与叶志诜、吴式芬、何绍基同集吴荣光筠清馆，观刘喜海携来日本使者所藏《西岳华山庙碑》拓本[59]。重九，徐松与龚自珍、吴葆晋连骑同游西山[60]。

道光二十六年二月廿五日，再赴榆林前夕，何绍基等于京师城西广安门内报国慈仁寺顾亭林祠举行春祭，同祭者三十一人。徐松与焉[61]。

……

虽然徐松的别集散失，但从今天留存的部分诗作、联句和手迹来看，“文酒书画之会”中的徐松显然也本色当行。但是徐松的兴趣更多的还是在学术方面，以至于往往为了吟咏而设置的筵席被学术的谈兴而改变，如潘谘《秋日集咏记八》记载道光十五年重阳，徐松与龚自珍、端木国瑚、潘谘、宗稷辰等集于吴葆晋家南轩：

酒既行，主人欲为咏，左右谈辨之气，塞空无虚，举杯濡怀而静听之，亦伟矣：山阴徐氏说海内山川溪谷，东至沧溟，西至昆仑外更数千里，天时物气，指顾毕列。……是日也，客皆无诗[62]。

徐松的地理学知识使宴集吟咏的常套被打乱，可见这些谈资对人的吸引力。因此，徐松交游活动更多的还是在学术方面。他曾经委托汤贻汾画过《宣南讲学图》。徐松晚年在榆林，想起道光年间京师讲学的同侪，感伤地在此图上题下一跋，为我们了解图中的人物与当时的学术交游提供了导读：

余归自西域，闲官落拓，读书此斋。出则友天下贤士。其最心契者，来即谈竟日，或馆之数年。言经学、小学则吴伯盉（鼎臣）、陈东之（潮）两先生，言史学、地理则沈子敦（垚），历算则董方立（祐诚）、王北堂（萱铃），金石则陈扶雅（善）、龚定庵（自珍），诗古文词则陈范川（鸿墀）先生，书画则多余山（庆）先生。其它名流不延入此室者，不数。好事者以为德星之聚[63]。

《宣南讲学图》中的十个人物，除他自己之外，都是其道光年间在宣南寓所交游乃至留馆的最为密切的挚友。

另一位朴学家汪喜孙（1786～1848年）在《书三友人佚事》中也曾经提及道光年间在宣南的学术交游：“喜荀侨京师宣武门街杨忠愍公祠南，与刘申甫、龚定庵、魏默深、王北堂、徐星伯、陈东之寓庐相距各数十步。”[64]可见，宣南地理的便利，为学者的交游提供了极大的方便。

此外，同治元年（1852年），湖南醴陵的一位读书人吴德襄（1828～1909年，字俪三）第一次进京，在琉璃厂的书摊上以微值购得徐松同人书札数十通，装潢成册，奉若珍宝。并于光绪末年付诸剞劂，以《大兴徐氏同人书札》的名称行世，其中收录徐松同人凡27位的书札40通。与他书札往还的同人，除上引《宣南讲学图跋》提及的陈鸿墀、陈善、沈垚之外，如李兆洛、包世臣、胡敬、汪远孙、魏源、陈奂、于克襄、严可均、吴慈鹤、钱仪吉、罗士琳、何萱等，无疑都是嘉道学术的中坚。因此何绍基题跋称："细玩各牍，皆徐丈精拣集存者，无通候泛语也。"郭嵩焘称："大兴徐星伯先生藏同时诸贤书牍，若李氏申耆、魏氏默深商订地学，罗氏茗香治算经，包氏眘伯、宋氏于庭、沈氏子敦于经史杂学，时有考证。要皆以无意出之，性情意趣，自然具见。其书与文可玩味，诚不逮古人，而持论必征诸实，随事指陈，有可想见国朝一家之学，为古人所不逮者。"[65]通过书信的方式，宣南的徐松在道光年间的学术交游辐射到了全国各地，特别是江南、闽广学人云聚的地方。

从以上的交游以及上一章的著述而言，徐松在传统朴学的各个领域都有精深的通识，因此他的学术交游面也非常广博，这是给他带来崇高学术声誉的原因；西北史地学的形成，只是其学术影响的一个方面——而这一学派的确立，也是建立在广博交游、触类旁通的基础之上的。否则，如我们所知，历史地理学研究需要的各门类知识，也无法在道光年间聚集一堂，开创出西北史地学诸多至今其实也无法超越的知识领域。《宣南讲学图·跋》提及的"德星之聚"，实在是以徐松为核心的道光京师学坛最恰当的比喻。

（二）西北史地学的学术交游圈

在学术史上特别重要的是，道光年间以徐松为中心，在京师宣南形成了一个切磋学术，尤其是以西北史地为中心的文士集团，从而开创出西北史地学的重要传统。就西北史地的研究而言，是徐松这几年著述的重点，这方面的交游所形成的风气自然也非常浓厚，《大清畿辅先哲传》称"海内言地学者，群推为巨子"[66]。而徐松本人，对于自己的地理学禀赋也非常自负，认为是天授。有两个近似于荒诞的故事也能帮助我们理解徐松天生的地理学才能。

一是在《事辑》中，缪荃孙提及乾隆五十九年徐松13岁的时候，"是年梦至一地，境极清幽，后谪伊犁，住亦园，与梦境同"。这件事在《事辑》的道光十六年徐松五十六岁的时候又再次被记载："选授礼部主事，作《梦游图》，记十三龄梦事。"这里有一个小小的错误，徐松13岁时应该是乾隆五十八年（1793年），但是缪荃孙在换算或者刻版的时候，将它误植在了五十九年。不管怎么样，13岁的少年在他多梦的时代做了一个奇特的梦，20年以后的33岁他投荒万里，来到遣戍地伊犁，发现自己即将居住的"老芙蓉庵戍馆"竟然与梦境如此巧合！再过23年，已经回到少年做梦之地的徐松旧梦重温，倩人作画，记下了这段人生的因缘。缪荃孙的叙述应该是由这幅画的题跋而来，笔者没能看到记载这一奇缘的第一手资料。——但其梦境所隐喻作者承担《新疆识略》和"西域三种"使命的天授机缘，在缪氏的叙述中是比较分明的[67]。

二是在与徐松同时的一个经学家陈奂（1786～1863年）的记载中，还可以发现徐松类似的梦境：

徐松字星伯，顺天大兴人。嘉庆十年乙丑传胪。年始壮，督学湖南，因公被议，出使回疆，周行二万里。星伯谓余曰："未通籍时，曾梦至一大殿，跪于垂冕旒者膝下，而授以水晶图章，绘记山川地图，了如指掌。"此即出使之先兆乎？所撰《汉书西域传补注》《伊犁总统事略》《新疆南北路赋》二篇、《西域水道记》五卷，西域志乘由是大备矣。久之得环归，官中书，出守陕西榆林[68]。

陈奂的《师友渊源记》作于咸丰五年（1855年），他曾于嘉庆二十三年至道光二年在京数载，获交京师名士如王念孙、引之父子等[69]。正是在离开京师前夕，得与刚从塞外归来的徐松结识，而听说了以上的故事。"通籍"是科举时代的士人考中进士、初入仕途的别称。所以这同样属于少年时代专心图籍而夜有所梦的一个理想寻求的心境流露。

徐松在道光年间的京师学坛与侪辈共论西北史地，经常性地被引用的事例是张穆《落帆楼文稿序》中的描述：

子敦留京师，为桐城姚伯昂总宪校《国史地理志》，寓内城，间旬相访，则星伯先生为烹羊炊饼，召余共食，剧谈西北边外地理以为笑乐。余尝戏谓子敦，生鱼米之乡，而慕毳嗜麦；南人足不越关塞，而好指画山川；笃精汉学，而喜说宋辽金元史事，可谓"三反"。子敦闻而轩渠，以为无以易也[70]。

沈垚（1798～1840年），字子敦、子惇，浙江乌程（今湖州）人，道光十四年优贡生。在来京之前就以《新疆私议》一文而为徐松所称赏，孙燮《沈子敦哀辞》的描述说："著《新疆私议》，谓国家开边万里，常患馈饷难继，省饷必须屯田，屯田必讲水利，某山出某水，某水经某处，洒洒数千言，如指诸掌。君友人王君亮生客京师，爱其文，刊布之。徐舍人松一见叹曰：某谪戍新疆，凡诸水道，皆所目击，然犹历十年之久，始知曲折。沈君闭户家居，独从故纸中搜得之，非具绝大识力，曷克有此？"[71]因此徐松礼贤下士，亲自致书折节相交，使沈垚感激回书称谢："今先生乃先辱赐书，降达尊而下交贱士，此古人用心也。先生之道谦而益尊矣。"[72]当沈垚道光十五年七月参加顺天府乡试后，即受邀移居徐松家中，帮助整理西域文稿。其后，沈垚又为徐松同年进士姚元之（1773～1852年）邀入内城编修《国史地理志》，但常常出城来与徐松交流。沈垚曾经多次感叹说："黄梨洲先生言：学之盛衰，关乎师友。"[73]毫无疑问，这种感慨来自他到达京师与徐松等通人交往而获益的切身感受。虽然英年早逝，未能完成自身的名山之作，但他协助徐松、姚元之等完成地理学的名著，本身的贡献已经融入了道光年间史地学兴盛的成果之中；而其《落帆楼文集》中的短篇断章，精彩的考证，也是西北史地学的重要构成。

张穆（1805～1849年），初名瀛暹，字诵风、蓬仙，一字石州，又署石舟、硕洲，号季翘、殷斋、靖阳亭长，山西平定人。他治经史，通天文、算术，尤精舆地、古文之学，在道光十九年（1839年）因兀傲不羁取消乡试资格后，便长期居住在宣武门外[74]，一意著述。徐松的《唐两京城坊考》中就汇聚了张穆的参订整理之功。张穆的《蒙古游牧记》、《魏延昌地形志》也引用了徐松的《西域水道记》成果和徐松任榆林知府时托何丙勋对统万城的测量结果。徐松对张穆的影响也是终生的。从我们最新发现的资料来看，张穆甚至在卜选自己的临终地时，也选择了与徐松为邻[75]。

以上这种具有独特情调的剧谈，因为记述者的缘故，只说到徐松、沈垚和作者三人。但实际的参与者显然不仅仅只有三人[76]。聚谈的内容，都化解在三人的著述中，难以具知。如姚元之的《竹叶亭杂记》为我们留下了当时这种聚谈的另一个场景中的鲜活事例[77]（表一）。

表一 《竹叶亭杂记》与《西域水道记》记载西域掌故对照

《竹叶亭杂记》	《西域水道记》
叶尔羌，西域一大都会也。其办事大臣公署，即大小和卓木之花园。有大池，水池中造八面亭，有长桥，高下曲直，可达亭前。居室临水，有艇子舣于水旁，开门即可泛舟。其池恒燠，夹水长堤，花木若春，垂杨两岸，掩映水碧。西域无杨，惟此园独有。居其中恍如西湖上游也。办事大臣向多三年更易。有福公勒洪阿任此，集唐诗"白首即今行万里"、"皇恩只许住三年"二语为联，属徐星伯同年为之书（卷三，第78页）	
徐星伯言福公喜为诗，曾任伊犁索伦营领队大臣。伊犁西南边外有特穆尔图淖尔，旁多古翁仲。福公巡边至其处，作诗云："斜阳寄语双翁仲，不是前朝旧鼓笳。"殊清致可喜（卷三，第78页）	西行四十余里，乃海（引者按，指特穆尔图淖尔）北岸。其处翁仲无虑数十。嘉庆十七年，索伦营领队福勒洪阿字乐斋。行边至此，作诗曰："久戍边城客似家，而今雁爪更天涯。殷勤说与残翁仲，不是前朝旧鼓笳。"语余，此翁仲古疑兵之遗。余谓兵行神速，拔帜扬尘，岂容砻石。盖古勃律君长葬地，或有陪葬如唐昭陵制欤？（卷五，第286、287页）
乌沙克塔克台所弃玉三，即密尔岱所产也。徐星伯同年经其处，大者万斤，次者八千斤，又次者三千斤，共置一处。初覆以屋，年久屋圮，玉之面南者俱为风日所燥，剥落起皮。闻辇此大玉时，用马数百匹，回民不善御，前却不一，鞭箠交下，积沙盈尺，轴动辄胶。回民持大瓶灌油以脂之，日裁行数里。奇公丰额奏回民闻弃此玉，无不欢欣鼓舞，其喜可知也（卷三，第80页）	嘉庆四年，弛禁，废卡伦，凡叶尔羌、和阗产玉常贡外，听民贩鬻。其年有采进密尔岱山玉三，首者青，重万斤，次者葱白，重八千斤，小者白，重三千斤。辇至哈喇沙尔，以其劳人，罢之。余经乌沙克塔勒军台回语乌沙克，小也，塔勒，柳树也。军台在哈喇沙尔城东北二百二十里，土人导余至驿舍东北观之，半没尘壤，出地者高二尺许（卷一，第56页）
庚辰九月五日，徐星伯见过，出小铜佛示余，言乌鲁木齐所属之济木萨保惠城为北庭都护地，保惠城北五里有旧城基址，土人名曰破城。其地往往得古钱皆开元钱、铜器，而铜佛尤夥，大小不一。近时牟利者置窝棚于其地，掘而货之，然取之不竭。多余山侍郎庆携归铜佛数尊，皆新出土者。星伯乞其一，高约二寸，厚约二分，为韦陀状。下有座似莲花形，座有四孔，皆穿，下有圆形，似冠上顶柱，盖用以安插者也。佛脑后有铜鼻一，直孔穿，盖用以备绾系也。又有一铜匕，长约七寸，绿坟起如粘翠，葱然可爱。皆唐物也（卷三，第82页）	余归程宿于保惠城，日已西衔，驰往护堡游访破城，孤魂坛有败刹，悬铁钟厚寸许，剥蚀无文，形如覆釜。土人戒不得使有声，误触而鸣，立致黑风。发地每有唐时铜佛。余收得二铺，高逾四寸，背皆有直孔。保惠城南十五里，入南山，山麓有千佛洞，绀宇壮丽（卷三，第173、174页）
同年徐星伯学使自伊犁归，携一小圆钱盒相示。……此物惟阿浑之最尊者方得佩之。盖出于藏地，即回疆亦少有，得之甚不易也。星伯过叶尔羌时，遇克什米尔部人，货得之。其名曰"克辟勒拉默"，回之祖国曰默特（卷三，第83页）	
硇砂出库车。徐星伯云其山无名，在唐呼为大鹊山。其山极热，夜望之如列灯，取砂者春夏不可近。……星伯过库车时，曾携数石密封之。及抵伊犁，则石皆化成黄粉，而砂已不见矣。故携此甚难，即其地亦不易得。惟白色成块者不化，乃其下等也。然可以及远，内地所谓硇砂类，即此耳（卷三，第84页）	硇什达尔乌兰达布逊山回语硇沙曰硇什达尔，盐曰达布逊，山产硇沙、红盐。按，明《华夷译语》盐曰答不孙，即达布逊之异文，南北与罗布淖尔直，中隔千里，其山高峰崛起，西北行二百余里，分二支，南支西行二百余里，为顺托郭尔山而止，北支西北行千四百余里，转西至沙雅尔之南陲而止（卷二，第87、88页）
徐星伯云：乌鲁木齐开铅厂，工人掘地得一石，碎之，水出。厂官闻之，急令往取水，已散地无余。天生异宝，每误弃于无知者之手，亦何可恨（卷三，第86页）	

续表

《竹叶亭杂记》	《西域水道记》
镪水以真硇砂合五倍子水而成，可烂铜铁。星伯同年寓伊犁时，适有一旧铁香炉，戏取爉油画一龙，题数字于上。置水中一宿，炉上铁销镕一二分，而爉油所画则凸起不动，龙与字高出，而其地光平如镜。携至京，观者以为刀法之平，非秦、汉以后人所能，断其为秦、汉器。可知鉴古者大率易欺也（卷三，第84页）	
天之生物，虽五方之地燥湿不同，未有不以得雨为膏泽者。西域则畏雨，盖得风则穰，得雨则歉也。其俗男女遇于途，有相识者必以接吻为敬，溯然作声，更以声大为能。星伯同年见之，不禁大笑。天地既异，固无怪其习俗也（卷七，第152页）	
胡桐泪，《本草》："此物出西域。"自叶尔羌至阿克苏千余里，所在皆有之。其本质朽腐不中材用，但可作薪。回人谓薪曰"活同"，不知其字，其音如是耳。故指此木曰"活同"。中国人不知其故，因以胡桐名之，实非桐类也。其根下初生条叶如细柳，及长则类银杏。孟康注谓有二种叶，是也。其丛生之地有曰"胡桐窠"，修志者不解其地，以为树不应称窠，即改为"鹈同鸟窠"，注曰"鸟名"，大误矣。徐星伯云："其泪似松香之珠，粘于木上，取其珠则板片即随手下。"其腐如此（卷八，第164页）	如胡桐见《西域传》，其丛生之地名胡桐窝，或疑为鸟巢，改为鹈同鸟窠。（卷首龙万育序，第8页） 自喀什噶尔城由军台道叶尔羌，至此凡千三百三十里，沿河行仅六百八十余里。《汉书·西域传》云："尉头国西至捐毒千三百一十四里，径道马行二日。"殆其地矣。河南岸遍生胡桐，行其间者枝叶交格，谚曰"树窝"（卷一，第46页）
徐星伯同年言伊犁道中见一鼠如常鼠，见人则拱而立，《诗》所谓"相鼠"也。……星伯同年言赛喇木淖尔岸最多，皆穴地而窟。天将明，鸟先出翱翔，形如喜鹊而小，绿身长尾。鼠如常鼠，蹲穴口顾望，渐走平地。鸟张翅登鼠背，一鼠负一鹊。夏气生凉，野地平阔，往来互骋，半时许方散。然则不仅渭源有之矣。形与注亦少异（卷八，第168页）	（赛喇木淖尔侧）又有鸟鼠同穴者，鼠如常鼠，鸟长尾绿身，如鹊而小。黎明，鸟先出翱翔，鼠蹲穴口顾望，渐走平地，鸟来集鼠背，张翼以噪，鼠往返驰而鸟不坠，良久乃已。是即《尔雅》"鵌鼵"，郭景纯言："鸟鼠同穴山，在陇西首阳县。"以今验之，不仅渭源有此矣（卷五，第278页）
徐星伯言阜康县至绥来县相距五六百里，有一白鹿，大如马，往来各城，或亦至衙署。见则人喜，所过城市竞以刍秣饲之。多不食，食则其人必福，所入之署，官必有喜。长文襄自伊犁将军升任陕甘总督，经阜康，鹿立于公馆门外，次日启行复至。间数年，文襄以平张格尔封威勇公（卷八，第171页）	

以上的这些掌故，大多得自徐松的目验和亲历。其中部分在《西域水道记》中也有记载，但繁简不一，是读《西域水道记》非常值得参考的背景材料；而那些徐松在著作中也没有记载的内容，则对于我们了解徐松在西域的经历更富有价值。徐松在宣武门外剧谈的这些内容，无疑对都中士人开启了新的知识窗口。甚至我们还知道，他从伊犁哈什河畔捡回的梵经石，赠送给金石学家陈善，也曾经在杭州引起了学者们的兴趣[78]。

西北史地学所以能够成为一个学派而继者如林，是与徐松折节下交的宽广胸怀相关的，《清史稿·徐松传》乃以"松喜延誉后进"概括之[79]。徐松对青年才俊的扶植，例证甚多，如邓传密、缪焕章、李图、许瀚、周腾虎等，都曾得到徐松的培植。我们目前比较清楚的，随之从事西北史地等经世学问研究的青年，除了上引张穆、沈垚之外，还有陈裴之（1794～1827年）、陈潮（1801～1835年）、杨亮（1797～1853年）、何秋涛（1824～1862年）等人，以及下文专门论及的龚自珍（1792～1841年）和魏源（1794～1857年）。

从徐松的稿本《新疆赋》中，可以看到陈裴之拜读《新疆赋》的记录[80]。陈裴之《澄怀堂诗集》卷一一有《与徐星伯年丈松论江河二源，赋此纪之》诗[81]。在陈裴之父亲陈文述的诗集中，有其感怀道光六年英年早逝的儿子的作品甚多，其中《检裴之遗稿，有寄徐星伯舍人论西域兵事书，感题一律》可见与徐松的交往[82]；而英和为陈文述《颐道堂文钞》作序，也提到："君有才子曰裴之，能传君学，所为《西北水利议》二万余言……惜无禄早逝。"[83]以上记载不难想见，陈裴之与徐松的交往，已经完全沉浸在对西部的向往和研究中。直到去世那年，陈裴之在武汉思念从舅龚自珍，还在感怀关于西域的问题[84]。

在《事辑》中记到陈潮（1801～1835年）这一年轻的学者被徐松所赏识的情况，这一资料的来源是杨亮的《陈东之家传》："君讳潮，字东之，泰兴陈氏。生而颖异，立志果锐，学必精而研而后止，弗止弗辍也。游于京师，大兴徐星伯先生见而重之，延课其子，巨公争识其面，由此显名。当是时，都下有十二才子之目，而君实居其一，因得遍识瑰奇伟杰之士，所学益进。"[85]所惜这位杰出的才子享年不永，道光十五年，35岁就在徐松家中去世。

为陈潮写传的杨亮（1797～1853年）原名大成，字亮元，号季子，江苏甘泉人，为道光间监生，也与徐松交游，《续修甘泉县志》记载："亮早工诗古文辞，取法汉魏，游京师，从大兴徐松受西域舆地之学，研究精审，松谓其学有替人"。他著有《蒙古道里考》、《西域沿革图表》等，显然与当时在京师的研究风气相关。

作为西北史地学后来的中坚力量何秋涛（1824～1893年），以《朔方备乘》、《元圣武亲征录校正》名世，他无疑也得到徐松的提携。榎一雄《关于徐松的西域调查》记载："徐松还是何秋涛的《王会篇笺释》的审定校勘者之一，该书卷首的审定校勘爵里姓氏的首位就是他。《王会篇笺释》中有道光二十九年（1849年）五月的自序，戊申（1868年）二月张穆的序。由于徐松是在道光二十八年（1848年）年去世的，审定校勘可能意味着是他生前与何秋涛就《王会篇》交换的意见吧。"[86]此外，何秋涛关于《元圣武亲征录》的整理工作，也是与徐松相关的。《元圣武亲征录》出自元世祖时编纂的《元太祖实录》、《太宗实录》稿本，是研究成吉思汗的第一手材料。徐松从钱大昕藏本辗转抄录[87]，并在《西域水道记》中首次征引。其后又由张穆转抄，并借得翁方纲藏抄本加以校勘。张穆后来又将该手抄校勘本赠给何秋涛，由后者继续校正，最后完成了《圣武亲征录校正》，于咸丰三年（1853年）刊行。

（三）由西域而西北——以《长春真人西游记》为标志

西北史地研究形成风气，与乾嘉质实求证的考史方向有关。因此徐松的西北史地研究虽以"西域三种"为代表，但其研究的范围又不局限在西域，而是跨越了整个西北地区，毫无疑问是与乾嘉学术中元史研究的热潮相关的[88]。在道光年间未能完成的《元史西北地理考》、《西夏地理考》的书稿，可以想见徐松研究面的扩大，以及带来西北史地学人在其中各擅胜场的局面。

对于徐松西北史地交游的切磋之谊与形成的著述风气，也许《长春真人西游记》的题跋可以更容易地帮助我们得出认识。《长春真人西游记》的发现与研究，在王国维的《长春真人西游记注序》中有简洁明了的概括：

乾隆之季，嘉定钱竹汀先生读《道藏》于苏州玄妙观，始表章此书，为之跋尾，阮文达遂写以进秘府。道光间，徐星伯、程春庐、沈子敦诸先生迭有考订，灵石杨氏因刊入《连筠簃丛书》，由是此书非复丙库之附庸，而为乙部之要籍矣[89]。

使《长春真人西游记》由子部的附庸而成为史学研究的重要典籍，是钱大昕与道光年间学者接力研究的结果，其中道光年间的研究与刻板印行是其关键。关于研究的缘起，在数人题跋的说明中可以看得很分明：

徐松：……适从龚定盦假读此《记》，西域余所素经，识其相合者如此。道光二年四月，大兴徐松跋。距长春真人归抵金山之岁，凡十一壬午矣。

董祐诚：徐星伯舍人松出示《长春真人西游记》，且询记中日食事。……道光二年六月十三日。

程同文：此册为叶云素给谏所赠，龚定庵尝借钞。既而徐星伯复就钞于定庵，而为之跋，他日以示余。……星伯谓余，凡记中所述在今新疆者，既粗具矣，其金山以东、那林河以西，则俟余补足之。噫！星伯所疏证精核乃尔，余何能为役？顾余于记中地理，皆尝一一考之，惟足迹所未至，不过穿穴于故纸堆中，旁参互证，以为庶几得之耳。今具列于左，不独以塞星伯之诺责，亦将求是正于星伯也。……道光壬午（二年，1822）秋七月桐乡程同文。

沈垚：垚初见徐星伯先生，即问耶律大石河中府及元和林所在。先生出《长春真人西游记》见示，记后有先生跋，详证金山西南山川道里得之目验者，又有程董二跋，……独和林所在，尚未得其审，……先生属垚再作一跋，考定和林[90]。

这其中，董祐诚（1791～1823年）是当时知名的历算、舆地、名物学家，因此徐松向他请教日食方面的知识，程同文（?～1823年）则长于地志，于外国舆图、古今沿革，都言之极审，因此在西域之外的外国地理，由徐松托他进行了考证。不幸的巧合是，一年之后董祐诚、程同文二人均辞世，因此是徐松使他们留下了精审的考证文字。道光十五年沈垚进入京师后，徐松再又请他再度考证了他们所未得其审的部分，于是沈垚的《西游记金山以东释》问世。本来，另一个重要的地理学翘楚人物程恩泽（1785～1837年）“尝读《西游记》，拟为一文疏通春庐中丞（程同文）跋所未尽”，但当他看到了沈垚的研究后感叹：“地学如此，遐荒万里，犹目验矣。我辈犓才，未足语于是也。”[91]可见经过数人的合作，《长春真人西游记》的研究已经达到了当时无以复加的程度。再过十二年，当灵石人杨尚文请张穆编辑《连筠簃丛书》时，显然也是徐松的授意，《长春真人西游记》以及那些分工合作的题跋作为一份完整的成果流行于世间，而这也是在徐松辞世前一年的事情。此后《长春真人西游记》又由魏源《海国图志》的引用（参下）、王国维等人的笺正，而终于为世所重，一直成为蒙元史和中亚、西域研究的参证。因此，《长春真人西游记》在道光年间的得到弘扬，正是活动在宣南的士人集团的努力，而这里的核心人物就是徐松；它同时也成为徐松由西域而西北研究领域扩大的标志。

而徐松由西域而西北的研究，无疑也与当时整个西北地区受到来自域外的威胁有关。西北史地学派的经世意识由此而见。

（四）西北史地研究与经世意识

作为学问家的徐松，过去的研究很少涉及其学术思想的探讨。但是从风行于晚清的张之洞（1837～1909年）《书目答问》附录《国朝著述诸家姓名略总目》将徐松列入了“史学门”和“经济门”中，即见时人对其学术经世意识的认可。张氏“经济门”的按语云：“经济之道，不必尽由学问，然士人致力，舍书无由，兹举其博通切实者。士人博极群书，而无用于世，读书何为？故以此一家终焉。”[92]由此可见，徐松在清末士人最为看重的经世致用标准下，得到了崇高的荣誉。

徐松在道光年间京师交游的学者中，以经世学说闻名者不乏其人。如刘逢禄（1776～1829年），是今文经学的代表人物，刘承宽《先府君行述》记载：“平日师友渊源，……与胡君培翚讲《仪礼》，王君萱龄、汪君喜孙讲《尚书》，徐君松论地理、徐君有壬论九数、陈君奂论小学于都门。”[93]这样的交往得益，无疑是双向的：在刘逢禄与徐松讲论地学的同时，当时被称为“庄学”的常州今文经学经由刘氏，对徐松的经世思想也有着重要的启发。在徐松的著述中，经世思想是显而易见的，如《新疆识略》最后的第十二卷“外裔”部，明确地将边外邻近的哈萨克、布鲁特部落作为“守边之要，首在熟悉夷情”的内容。作者对边外诸部那些“虽贸易时通，而荒远僻陋，又非边防所急”的部落并非一一详道，而只是选择了“其与叶尔羌、喀什噶尔、伊犁、塔尔巴哈台诸城毗邻，为我屏藩者”的哈萨克、布鲁特进行考述，详细记载了二者的源流和世系，显然体现出了经世致用的著述特色。在《西域水道记》的“宰桑淖尔所受水”中，不厌其详地描述了“北边之大国”俄罗斯的历史与地理面貌。作者除了对斋桑泊水系流经俄罗斯沿途的地理风物有所描述外，还对俄罗斯自西向东扩张、元代以来中国与之交往、清初尼布楚条约的签订与边界划分作了记载。这些详细的记录虽然在今天看来有许多知识点上的欠缺，但其用意却无疑体现出对西北边外强邻压境的危机感[94]。

在徐松宣武门外的寓所中，还可以看到在近代史研究中非常重要的思想家龚自珍、魏源的身影。而在中国近代学术史上，经世思想引起传统学术转型的重要代表，往往龚、魏并称[95]，影响后世。论及龚、魏思想的渊薮，其思想落到实处的学术背景和知识来源，似乎不单是常州公羊经学一个方面的支持；徐松西北史地学研究的影响无疑也是重要的思想资源。

徐松刚刚回到京师，新任内阁中书的龚自珍（1792～1841年）就因西北史地学的共同爱好而与他结为同志，在龚自珍上书国史馆总裁论《一统志》的修订时，就对徐松在《新疆识略》中的《哈萨克世次表》、《布鲁特头人表》推崇备至，而他自己在拟定编修的《蒙古图志》一书中，也打算直接利用徐松的二表作为附录，可惜这一本接近完成的书稿最后毁于道光二年九月家中的一场大火[96]。交往中的学术对话对龚自珍产生的影响是无穷的，正是在以上这样的背景下，当龚自珍在道光十九年的组诗《己亥杂诗》中，会那样留恋与徐松的交往，其中有两首诗作提及了徐松：

夹袋搜罗海内空，人材毕竟恃宗工。笥河寂寂覃谿死，此席今时定属公。（别徐星伯前辈松。星伯，大兴人）

秋光媚客似春光，重九尊前草树香。可记前年宝藏寺，西山暮雨怨吴郎？（丁酉重九，与徐星伯前辈、吴虹生同年，连骑游西山之宝藏寺，归鞍骤雨。重九前三夕作此诗，阁笔而雨。）[97]

第二首诗歌完全是从私交的角度，在外省的佳节来临之际回忆起京师令人销魂的游历，体现了龚、徐二人深厚的友谊。《事辑》显然注意到了这首诗，但却将其事由道光十七年丁酉误系在道光十八年戊午的重九日。第一首诗则是从文坛立论，对徐松的地位给予了恰切的公评，但后人的理解却有较大的歧义。一般的解释都认为龚自珍夸赞徐松继承了同是大兴前辈的朱筠和翁方纲博学能诗的才华而成为一代文学宗匠，这在《清国史·徐松传》中就已如此记述：

松博极群书，居京师为词臣，博综文献，为时流所推。仁和龚自珍赠诗，有“笥河寂寂覃谿死，此席今时定属公”之语[98]。

而实际上，朱、翁二人在乾嘉年间的京师学坛上，主要的意义在于振臂一呼而应者云集的领袖地位、一种品评人物而提携后进的伯乐形象。《光绪顺天府志》卷一〇二《人物志一二·朱筠传》载：“尤喜汲引人才，輶轩所至，必拔诸生之隽异授业门下。”同卷《翁方纲传》载：“乾隆间，京师前辈以宏奖风流为己任，首推朱文正珪、阮文达元两相国，而方纲鼎峙其间，几欲狎主齐盟，互执牛耳。”[99]因此作为赏识与搜罗人才的宗匠地位，才是徐松被龚自珍这样一位为天下人才不得其所而焦虑者所期许[100]。龚自珍的认定，无疑也包含着对徐松学术成果具有经世意识的时代性的认可。

魏源（1794～1857年）在道光八年（1828年）授内阁中书之后，也成为徐松商论天下形势和西北地理的座上客。过去我们注意到的徐松与魏源的联系，只是发现徐松撰述的《新疆识略》和《西域水道记》等著作，作为信实的资料而被魏源的《圣武记》《海国图志》所采用。二人的学术交往，只有可能性的推认，如李瑚《魏源事迹系年》“嘉庆十七年”条下记载：“（魏源）与汤金钊、徐松约于此时相识。”注云：“魏源在与人所作书信中，称徐松为‘星伯夫子’，其关系即始于此。”[101]“星伯夫子”的称呼，曾在魏源《致邓传密信》中一见[102]。实际上，嘉庆十五年八月至十六年十二月，徐松在湖南学政任上[103]，而魏源时年十七八岁，为宝庆府邵阳县学廪膳生[104]。根据陈垣《记徐松遣戍事》引军机处档《徐松亲供》，徐松于嘉庆十六年二月“按使宝庆府”，作为宝庆府所在地的邵阳县学为数不多的廪膳生，自然是学政最为关注的进士候选人，魏源拜师徐松，正在其时。但徐松与魏源在湖南的师生情谊很快因为徐松的遣戍而终止。他们再次相逢，则是在十年之后徐松从绝域赐环归京、魏源于道光二年中举后前往京师参加道光三年的会试。在此后直到鸦片战争发生的一段比较长的时间里，魏源入京应试频繁，拜谒徐松的机会并不太少；在道光八年入资为内阁中书后，与徐松又当有更多的交往。

魏源与徐松在道光前期的交往，虽然由于前者忙于应付举业而并未深入研求舆地，但耳濡目染，徐松“才不为世用，乃箸经世书”（彭邦畴《西域水道记题词》）的思想意识，无疑与魏源接受常州学派的学术观念互有生发。一旦“晚侨江淮，海警沓至，忾然触其中之所积，乃尽发其椟藏，排比经纬，驰骋往复，先出其专涉兵事及尝所论议若干篇”[105]，当魏源从鸦片战争之后开始《圣武记》、《海国图志》的撰述而进入具体的学术操作层面，以往徐松传授的学问及其著作，就成为他精心温习研读而有所疑义的学术资源，而他与徐松的讨论也集中到了西北与域外的地理学研究上。这在《大兴徐氏同人书札》的魏源三札中有具体的体现，如：

近读《西域传补注》、《西域水道记》，颇有疑义，容俟拙著脱稿，一并邮请诲示。（其一，道光二十二年）

至康熙中初征准噶尔，大战于乌兰布通，其地距京七百里，未审何地？黑龙江将军治齐齐哈尔城，未审作何翻译？又吾师《西域传注》云”渠勒、精绝、戎卢、小宛等国，今并湮灭无踪，意沦入瀚海，如曷劳落迦城之比”云云，曷劳落迦城沦入沙海，未审何出？均乞诲示。（其二，道光二十三年）

前读吾师《西域水道记》，有论元兵征钦察，绕宽定吉思海一条，曰塔尔巴哈台之西有巴尔噶什泊，又西千余里，有慈谟斯鄂泊，又西北九千余里，有额纳噶泊，泊中皆有岛。惟额纳噶泊足当宽定吉思海云。查此泊，《异域录》无之，即吾师《水道记》中额尔齐斯河一图，直至入北海，亦无之。不知塔尔巴哈台卡伦外九千余里之泊及岛，何自得之？《记》中未载明出典，则末学无从引用。伏求指示，千万祷切。（其三，道光二十四年）[106]

《圣武记》和《海国图志》体大思精，无疑是经世学术的典型。对于无从亲历的边塞，作者当然也只有排比以往的亲历者资料以求信实；而从致徐松的书札中，我们还看到他不放过向亲历者的讨教而达到尽可能准确著述的态度。从嘉道之际学术的主流来看，魏源之前清醒的中国知识分子并不在少数，至少徐松及其宣南讲学的同道，是魏源经世学术思想的先遣和同盟军。

而徐松的著作，也有经过后进的提示而有所补正的，如魏源《海国图志》对回回教起始时间的考证，魏源不同意徐松的推算，而以梅文鼎的推算为据[107]，因此徐松在《西域水道记》的校补中专门给予反驳以完善自己的看法[108]。

徐松的经世思想在与先进、同年与后生的切磋中得到加强；而他西北遣戍的经历，毫无疑问也更加强了对国运的切身感受。《西域水道记》成为一代经世之作的典型，正是两者的完美结合。因此，确切地说，我们称之为历史地理学的西北研究，在徐松及其同人的研究视野中，是希冀用世而作为当代地理来开展的。

四、余　论

天时、地利与人和，使徐松在道光年间的京师确立了学术宗匠的地位，成为西北史地学术研究的领军，引导了道光学术的成功转型。

徐松的一生，是乾嘉时代典型的学者。在过去时代的学术积淀中，他成为朴学的重要继承人，是古代中国学术的集成型人物，因此他的研究领域包括了学术文化的许多方面，而成为一个杂型的文化人。但这远远不足以代表他的成就。在得到良好的学术训练之后，偶然的机会使他走向西域，开始了对纳入大一统江山中的西北地理的考察与著述。这个新的学术领域，是对乾嘉学派如钱大昕等人蒙元史研究的继续与开拓，更是时代对于学术经世的新要求。

在徐松之前，西北史地学的研究者，有官方的《西域图志》作者队伍、有《秦边纪略》作者梁份这样的独行侠；而在徐松的时代，从事西北史地学的学者还有祁韵士等人。但是他们都没有成为一时风气的引领者。从徐松的生平可以看到，遣戍归来的徐松在绝学已成之后，执掌京师学术的牛耳，他的“招来后进，天性敦挚似竹君（朱筠），胸次宽博较覃溪（翁方纲）为胜。四方宿学之士客京师者，以先生为归焉”[109]，历史的各种因缘都将学术开拓者的接力棒交到了徐松手中。

徐松的同年进士李兆洛曾在《与徐星伯同年》中称道：“身在辇毂，心如江湖，省于应官，耽于纂述，避世金马门，亦当世之岁星也。”[110]汪喜孙《尔雅小笺识语》也曾提及江藩（1761～1830年）的观点和自己的感受：“憙孙早年受知（江藩先生），获闻绪论。记先生自京师归，盛称星伯先生及少鹤阁学，曰：‘京师学者，孰与二徐？’憙孙心识之。迨来京师，始知星伯先生，今之徐健庵、毕秋帆也。”[111]徐健庵、毕秋帆分指徐乾学（163～1694年）、毕沅（1730～1797年），为康乾时期位高望重的博学之士，且皆居朝而以奖掖士林为已任，故汪喜孙在《与某某书》有“世无徐健庵、毕秋帆，读书人无置毡之所”[112]的赞誉，与前引龚自珍比之朱筠、翁方纲而称“此席今时定属公”可谓异曲同工，可见徐松在道光年间作为宗工的地位是众望所归。

徐松在京师的宗工地位，使他在乾嘉学术的高潮结束之际担当了转型的开创者。西北史地学毫无疑问拓展了乾嘉朴学的研究领域，同时也为学者在国运衰微之际的研究去从设定了经世报国的方向。

注　释

[1] 以上引文，分见梁启超《清代学术概论》、《中国近三百年学术史》，《梁启超论清学史二种》，复旦大学出版社，1985年，第46、464、466页。

[2] 详笔者《徐松遣戍伊犁时期的生活考述》，《西域研究》2006年第1期，第12～20页。

[3]《新疆识略》的成书情况，亦详笔者《〈新疆识略〉成书考论》，《西域文史》第1辑，科学出版社，2006年，第169～178页；以及下文“徐松在京师的学术著述·西北史地研究著作”。

[4] 李详《药裹慵谈》卷三“徐星伯先生”，《李审言文集》，江苏古籍出版社，1989年，第659页。

[5] 缪荃孙辑《徐星伯先生事辑》，见作者著《艺风堂文集》卷一，《北京图书馆藏珍本年谱丛刊》影印光绪辛丑（1901年）印本，北京图书馆出版社，1999年，第137册，第231～242页。

[6] 转引自王冶秋《琉璃厂史话》，生活·读书·新知三联书店，1963年，第17页。有关宣南文化的研究，以文学方面如“宣南诗社”的讨论最为兴盛；近年的研究逐渐广泛而深入，魏泉《士林交游与风气变迁：19世纪宣南的文人群体研究》（北京大学出版社，2008年）是这方面的标志；又赵夏有《近代北京与西北边疆研究》（《北京社会科学》2005年第1期，第98～105页），但失之简略。

[7] 汤贻汾丁酉年（道光十七年，1837年）作《宣南讲学图》手卷，上海道明拍卖有限公司2008秋季拍卖会中国古代书画专场拍卖品。

[8] 缪焕章《云樵诗话》卷二，缪氏艺风堂戊午（1918年）刻本，叶一正背面。

[9] 此札手迹首见于2001年春季嘉德拍卖会，先师启功先生赐赠。

[10] 上海图书馆藏清人手札徐松道光五年《与色卜星额书》：“弟去岁山东之游，原属孟浪。幸及早归来，犹未为大误。”（编号4995-50、51，许全胜博士赐示）吴德襄辑《大兴徐氏同人书札》（光绪三十三年/1907年刊本）

道光五年山东学政吴慈鹤《与徐松书》："嗣于夏初得手示，敬知阁下因事北返，匆匆不克晤别，殊为怅歉。"（叶二十二背）又，《清史稿》卷四八六《徐松传附李图传》："徐松为济南泺源书院山长，见图诗，叹曰：'三百年来无此作矣！'"中华书局，1977年，第13414页。

[11] 北京师范大学藏徐松批校本《杜工部诗集》卷三末识语有云："己丑相月徐松校于申江客次。"申江即春申江的简称，今黄浦江，是知徐松在道光九年有江南之行。

[12]《李星沅日记》："道光二十三年（1843年）二月廿八日：新榆林府徐星伯松来见。乙丑前辈，因湖南提学获咎，戍伊犁回，进呈《伊犁志》，复由中书、主事转御史，上年七月到都察院，十二月即得今缺。"袁英光、童浩整理，中华书局，1987年，第487页。

[13]《星伯先生小集·与特芳山书》："三月二十五日甫达榆林，通省皆称著名苦缺，多有托故不到任者。"载缪荃孙辑《烟画东堂小品》第7册，1920年缪氏刻本。徐松《五与徐香垞书》："三月廿五日甫达榆林。城倚边墙，半为沙壅，狂风终日，黄埃涨天。缺又通省著名贫瘠。弟复诸事生疏，竟不知何以为继也。"载《名人翰札墨迹》第22册，台湾艺文印书馆，1976年影印（柳向春博士赐示）。

[14]《大兴徐氏同人书札》道光二十五年《陈奂札》，叶一三正、背。

[15]《大兴徐氏同人书札·许乃钊札》："外附呈《荒政辑要》一部，祈查收。前奉送一部，内缺叶，补全后尚可分赠有灾州县。少穆先生前在江苏两次办灾，活人无算，皆得力于此书。老前辈大人此番办灾后，有所见，记出睎知，尤以为望。"（叶一二背）《魏襄札二》："《邗案汇览》，芝圃并未托带。此书卷帙繁多，若有托带之事，断不致有遗忘也。"（叶一四背、一五正）

[16]《大兴徐氏同人书札》载道光六年《陈善札二》云："西陲有警，以阁下熟谙风壤，纷纷竟劝。仆窃以为阻之者，爱阁下尤深也。人生有用精力不过三四十年，或用之于功名，或用之于学问。阁下之于功名，阨之者如不克矣。与其疲劳于万里之外，曷若疲劳于千古之上？疲劳于万里之外，未必有功于时；疲劳于千古之上，未必无功于后。此则苍苍者不我阻也。况亲年老寿，临险涉远，均非所宜，幸三思之。"（叶卅一背）南京图书馆藏徐松道光十年《与长龄书》："前者蜺旌荣发，趋送稍迟，瞻望行尘，徒深驰结。比维老夫子大人福星载路，重寄安边，作万里之干城，膺九重之殊眷。想下车之后，壁垒皆新，翘溯铃辕，定如臆颂。松因老亲多病，未能负笈以从。每忆旧游，恍在心目。"（曹红军博士赐示）

[17] 以上两段引文见包世臣《致徐侍御松书》，载《大兴徐氏同人书札》，叶三正至叶五正；又见李星点校《包世臣全集·齐名四术》卷一一，黄山书社，1997年，第506、507页。

[18] 徐松著，朱玉麒整理《西域水道记（外二种）》，中华书局，2005年，第15页。

[19] 李兆洛《与星伯书》，《乾嘉名人书札》，台湾商务印书馆，1973年。

[20] 徐松撰，张穆校补，方严点校《唐两京城坊考》，中华书局，1985年，第159页。

[21] 张穆《亭林年谱题词》，《殷斋文集》卷三，《续修四库全书》，上海古籍出版社，2002年，第1532册，第283页。

[22]《大兴徐氏同人书札》，叶十一正。

[23] 李鸿章等纂修《畿辅通志》卷二二六《徐松传》，同治间刊刻。

[24]《大清畿辅先哲传》卷二五《徐松传》，1917年天津徐氏刻本。

[25] 李兆洛《养一斋文集》卷一八，光绪戊寅（四年，1878年）本，叶廿正。

[26] 今存李兆洛、严可均、胡敬致徐松信札均有论及整理《宋会要》事。又韩泰华《无事为福斋随笔》卷下："《宋会要》载于《永乐大典》，徐星伯太守曾钞之，约余同为编纂，星伯亡而此书散。"《续修四库全书》第1181册，第17页。

[27] 今人有关《宋会要辑稿》之相关研究，可参汤中《宋会要研究》（商务印书馆，1932年）、北平图书馆《影印宋会要辑稿缘起》（《宋会要辑稿》卷首）、王德毅《两宋十三朝会要纂修考》（新文丰出版公司，1976年影印《宋会要辑稿》卷首）、王云海《宋会要辑稿考校》（上海古籍出版社，1986年）、陈智超《解开〈宋会要〉之谜》（社会科学文献出版社，1995年）等。

[28] 羽田亨《元代驿传杂考》，《羽田博士史学论文集》上卷《历史篇》；辛德勇汉译见《日本学者研究中国史论著选译》第九卷《民族交通》，中华书局，1993年，第487～563页。

[29]《四库阙书跋》,《星伯先生小集》，叶廿二正至廿三正。

[30] 张之洞著，范希曾补正，瞿凤起校点《书目答问补正》，上海古籍出版社，1983年，第149页。

[31]《清实录》第33册，中华书局，1986年，第221、222页。

[32]《韩桂舲先生自订年谱》(《韩崶年谱》)“道光二年”条：“四月，奉恩赐《钦定新疆识略》二函。”(韩崶编，道光间刻本《北京图书馆藏年谱珍本丛刊》第120册影印，第624页，时任刑部侍郎。)《望坡府君年谱》(《陈若霖年谱》)“道光二年”条：“五月回署，不孝景福以考荫引见，蒙恩外用，府君(陈若霖)拜摺恭谢，并谢赐《钦定新疆识略》全部。”(陈景亮编，道光间刻本,《北京图书馆藏年谱珍本丛刊》第121册影印，第621页，时任湖广总督。)《懋亭自定年谱》“道光二年”六月：“二十八日，奏谢领到《钦定新疆识略》一部。”(长龄编、桂轮续编，道光二十一年刻本,《北京图书馆藏年谱珍本丛刊》第121册影印，第356、357，时任陕甘总督。)《绳枻斋年谱》(《蒋攸铦年谱》)“道光二年”条：“七月，奉到《钦定新疆识略》全部。”(蒋攸铦编、蒋霨远注，道光十五年刻本,《北京图书馆藏年谱珍本丛刊》第130册影印，第133页，时任四川总督。)

[33] 彭邦畴《新疆赋跋》:“在昔高庙赋盛京，泰庵和公赋西藏，渊乎懿哉，诚钜制也。今上御极之初，余同年友星伯徐君……成《新疆赋》二篇……煌煌乎与《盛京》、《西藏》之作后先辉映，班孟坚、左太冲之流未足多矣。”《西域水道记(外二种)》，第560页。

[34] 江标《题吴德襄出示徐松所藏同人书札六绝句》之二自注：“先生《新疆赋》初刻本，有‘曾渡阴凌’印记，系当日赠诸同好者。后印本皆无之。”见《大兴徐氏同人书札》，第卌九正面。按，据所见初刻本，“曾渡阴凌”系“曾渡凌山”之误。凌山之称，见玄奘《大唐西域记》卷一，徐松比定为今木札尔特达坂(《西域水道记》或作穆素尔岭、木素尔岭)，因曾于嘉庆二十一年(1816年)翻越，故有此印。

[35] 王先谦补注《汉书补注》一〇〇卷，中华书局，1983年影印光绪二十六年(1900年)虚受堂刊本。

[36]《西域水道记》成书之前，有《西域水经注》、《西域河源志》等名称。如吴荣光《徐星伯仪部松〈西陲策马图〉三首，图为多馀山侍郎庆画》之一云：“待补熙朝文献考，葱河今有注经人。”自注：“君有《西域水经注》，从来方舆所未备。”《石云山人诗集》,《续修四库全书》第1497册影印道光二十一年(1831年)刻本，第639页；斌良《九月望后一日吴兰雪中翰过访小斋，留饮赏菊，再邀姚伯昂太史、徐星伯中翰，适徐以事不果来》:“有美徐公期不至，画图谁和蓼花吟。”自注：“徐太史纂《西域河源志》，未刻。”《抱冲斋诗集》卷一二,《续修四库全书》第1508册影印光绪五年(1879年)崇福湖南刻本，第180页。

[37] 王先谦《虚受堂文集》卷五,《续修四库全书》第1570册影印光绪二十六年(1900年)刻本，第340页。

[38]《大兴徐氏同人书札》道光十九年《李兆洛札一》，叶一正。

[39] 最新的成果，还可参看荣新江《俄罗斯国家图书馆所见〈西域水道记〉校补本》,《文史》2005年第4辑，第245、256页。

[40] 张穆《元朝秘史译文钞本题词》,《殷斋文集》卷三,《续修四库全书》第1532册影印本，第283页。

[41] 魏源《元代疆域图叙》,《魏源全集》，岳麓书社，2004年，第4册，第65页。

[42] 参榎一雄《关于徐松的西域调查》,《榎一雄著作集》第二卷“中央アヅア史Ⅱ”，东京：汲古书院，1992年，第64、65页；易爱华中译本载《西域文史》第二辑，科学出版社，2007年，第270页。

[43] 沈垚著《落帆楼文集》，文物出版社，1992年影印嘉业堂本，卷二，叶廿六正。

[44] 徐松《与张澍书》:“二月下旬捧读手翰，敬悉介侯老前辈大人兴居清吉，著述日增，式符颂私。寄示《西夏姓氏录》，展卷紬绎，欢喜无量。”按，此函为田家英小莽苍苍馆旧藏，今归中国国家博物馆。陈烈先生赐示照片。

[45] 韩泰华《无事为福斋随笔》上卷,《续修四库全书》第1181册，第11页。

[46] 李之勤《关于苏联列宁图书馆藏西夏地图册手稿的作者和西夏地形图的绘制年代》,《西北史地研究》，中州古籍出版社，1994年，第488～496页。相关研究，还可参胡玉冰《传统典籍中汉文西夏文献研究》第四章《清代汉文西夏文献》之“徐松及其《西夏地理考》”，中国社会科学出版社，2007年，第272～274页。

[47] 参《皇朝藩部要略·皇朝藩部世系表》,《续修四库全书》第740册影印本世系表各卷卷首。

[48]《畿辅通志》卷二二六《徐松传》。

[49] 潘曾沂《小浮山人年谱》,《北京图书馆藏珍本年谱丛刊》第145册影印咸丰吴县潘氏家刻本，第528、529页。

[50] 潘曾沂《欧阳文忠公生日，陈丈用光招集吴嵩梁石溪渔舍，同朱丈方增、徐松、龚自珍、黄安涛、汤储璠、潘锡恩、张祥河、李彦章、彦彬》,《功甫小集》卷六；张祥河《欧阳文忠公生日，硕士、兰雪二丈招同朱虹舫、徐星伯、黄霁青、谢向亭、潘功甫、龚定菴集九里梅花村舍赋诗，即席呈二丈》,《诗舲诗录》卷三,《续修四库全书》1512册，第260页。

[51] 陆继辂《消寒一集，宾谷先生招同春湖副宪，石士学士，南雅编修，雪樵检讨，心壶侍御，兰雪、星伯、茗孙、诗舲四舍人，孟慈员外，子芬、伯游两茂才，分赋近畿古迹，得华阳台》、《都门师友，排日招饮，礼意溢分，感而有作》、《星伯真授中书舍人过访有赠》,《崇百药斋三集》卷三《望云集》,《续修四库全书》第1497册影印道光八年刻本，第126页。

[52] 张际亮《四月三日丁若士履恒大令招同汪孟慈喜孙农部，徐星伯松、陈藩川鸿墀两舍人，徐廉峰宝善、周雪桥仲墀两太史，许玉年乃谷孝廉，集饮龙爪槐院，若士属为诗，漫作》，作者著《思伯子堂诗文集》卷八，王飚校点，上海古籍出版社，2007年，第270页。

[53] 斌良《是日晚出德胜门，望雪后诸山，过长公相赐园，值徐星伯，小酌后至杨通侯（芳）夜话，还宿大树庵，以‘山气日夕佳’为韵》，作者著《抱冲斋诗集》卷一八,《续修四库全书》1508册，第263页。

[54] 龚自珍《重摹宋刻〈洛神赋〉九行跋尾》:“……同者吴县顾莼、昌平王萱龄、大兴徐松、侯官林则徐、泰兴陈潮、阳城张葆采、邵阳魏源、道州何绍基、长乐梁逢辰、金坛于铿。道光九年，岁在己丑。”《龚自珍全集》第四辑，王佩诤校，上海古籍出版社，1975年新1版，第299、300页。

[55] 斌良《澹园西偏有隙地数亩，荒秽不治久矣，辛巳冬，余自豫还京，家居无事，命园丁扫除而垦辟之，杂植秔稻蔬菜，近今十三年来，土脉腴润，榆柳茂豫，因高旷地构堂三楹，取莲花经语，颜曰味雨堂，南小坡陀筑话山亭于颠，以供延瞩。邀姚伯昂太史、吴兰雪州牧、徐星伯太史作诗酒之会，虽处人海中，萧然若山居风物。……》,《抱冲斋诗集》卷二三,《续修四库全书》1508册，第318、319页。

[56] 梁章钜《师友集》卷六“龚巩祚”条：“丙申，余由甘藩入觐，君（龚自珍）约程春海侍郎、徐星伯、吴红生二中书，饮余于红生寓斋（按，系北京大川淀），为文以饯之。春海赏其工，特用精楷书赠。余尝刻入《宣南赠言》中；而读者嫌其语多触忌，此井蛙之见耳。”又“吴葆晋”条：“光州吴太守葆晋……余于丙申入觐，君约程春海侍郎、徐星伯中书、龚定庵主事饯余于大川淀寓宅，酣嬉竟日，各为诗文纪之。盖余连岁觐京，师友朋之聚、饮宴之欢，无逾于此会者矣。”

[57] 吴荣光《丙申七夕程春海少农招集蔡友石世松京兆斋，同集者徐舍人松、温郎中启封，观书画，索诗》,《石云山人诗集》卷一九,《续修四库全书》第1497册影印道光二十一年（1831年）刻本，第634、635页；程恩泽《丙申七月七日携酒食就友石同年宅奉邀吴荷屋、徐星伯两前辈，温云心同年，各携书画会看。荷屋有诗，因答其意》,《程侍郎遗集》卷五,《续修四库全书》第1511册影印咸丰五年（1855年）刻本，第260页。

[58] 程恩泽《嘉平十三日大雪，次日未休，积尺许矣。奉约吴荷屋中丞、徐星伯前辈、徐廉峰编修集鸿生舍人寓斋，分韵得表字》,《程侍郎遗集》卷五，第263页；吴荣光《程春海司农招集家红生舍人宝晋寓阁赏雪，以“林表明霁色”分韵，得色字。同集者徐礼部松、徐太史宝善，宾主五人》,《石云山人诗集》卷一九，第638页；徐宝善《大雪初晴，春海兄约吴荷屋、徐星伯两前辈集吴红生同年绿云阁分韵得霁字》,《壶园诗钞选》卷一〇,《续修四库全书》1516册影印本，第621页。又《荷屋府君年谱》(《吴荣光年谱》)“道光十六年”条：“余奉旨回京候补。……时与同年史望之尚书致俨、……及蒋丹林副宪祥墀、……徐星伯仪部松、……为文酒书画之会。……余通籍三十八年，师友之乐，外官十七年所未有也。”《北京图书馆藏珍本年谱丛刊》第134册影印本，第369、370页。

[59] 吴荣光《题〈西岳华山庙碑〉(长垣本)》:“道光丁酉正月十四日，燕庭太守伴琉球使臣来都，小集筠清馆，携此帖乞诗。匆匆未暇属稿，先题数字以志墨缘。同观者，汉阳叶志诜、大兴徐松、海丰吴式芬、道州何绍基四人。南海吴荣光记。”(日本书道博物馆藏本)

[60] 龚自珍《己亥杂诗》:“秋光媚客似春光，重九尊前草树香。可记前年宝藏寺，西山暮雨怨吴郎?（丁酉重

九，与徐星伯前辈、吴虹生同年，连骑游西山之宝藏寺，归鞍骤雨。重九前三夕作此诗，阁笔而雨。)”《龚自珍全集》第十辑，第530页。按，《事辑》系其事在下年，误。

[61] 苗夔《东洲草堂诗钞·使黔草叙》：“岁癸卯（道光二十三年，1823年），子贞集同人鸠资创建亭林顾先生祠于城西慈仁寺西隙地，每岁春秋及先生生日，皆举祀事。尝有《春褉》、《秋褉》二图，同人多赋诗纪事。讫今计之，前此与祭者，汤海秋、徐星翁已逝……惟余与石舟、子贞，每举咸在。”何绍基《东洲草堂诗钞》卷首，《续修四库全书》第1528册，第565页。

[62] 潘谘《潘少白先生文集》卷六《秋日集咏记八》，道光二十四年（1844年）刻本。

[63] 汤贻汾丁酉（1837年）年作《宣南讲学图》手卷，参注7。

[64] 杨晋龙主编《汪喜孙著作集·汪孟慈集》卷四，“中央研究院”中国文哲研究所，2003年，上册，第128、129页。

[65] 以上两跋，分见《大兴徐氏同人书札》，叶四十三正、四十五正背。

[66]《大清畿辅先哲传》卷二五《徐松传》。

[67] 陆继辂《星伯〈法源寺读书图〉，戊辰仲春琴坞所作，越丙戌季冬，出以索题，卷中尚无一字，彷徨不敢下笔，星伯促之不已，勉成三绝句》之二：“酪酒毡裘话壮游，寒宵几度看吴钩。不知当日僧寮梦，曾见天山雪影不？”后两句当由徐松话梦而作，《崇百药斋续集》卷三，《续修四库全书》1497册，第130页。

[68] 陈奂《师友渊源记》不分卷本，有咸丰五年序刻本，此处引自《清代传记丛刊》，明文书局，1985年，第29册影印本，第92页。

[69]《徵君陈先生年谱》(《陈奂年谱》)，管庆祺编，《北京图书馆藏珍本年谱丛刊》第139册影印民国二十七年（1936年）铅印本，第210～214页。

[70] 张穆《落帆楼文稿序》，《殷斋文集》卷三，《续修四库全书》第1532册影印本，第275、276页。

[71] 沈垚《落帆楼文集》卷尾，叶一背。

[72] 沈垚《答徐星伯中书书》，《落帆楼文集》卷二，叶廿四背。

[73] 沈垚《纪思治事略》、《与孙愈愚书》，分载《落帆楼文集》卷四，叶廿二正；卷八，叶十九正。

[74] 邓之诚《骨董琐记全编》卷二《张石舟手札》：“石舟名刺，署所居在上斜街头庙西路南，高台阶大门。”北京出版社，1996年，第53页。

[75]《管溪徐氏族谱》卷五《世系表》[徐遇春等续修，光绪二十三年（1897年）序刻本]记载徐松道光二十八年三月去世后，葬昌平雷家桥。国家图书馆藏《殷斋书札诗稿》(编号：14907)有道光二十八年致许瀚札云：“又弟近于京北二十里雷家桥置墓田一段，玉泉环其北，古云津牐地也。与星伯先生墓相距至近；地属昌平，更与亭林结一段缘，皆可忻也。”最近发现的张穆道光廿八年十月立冬日所书《遗书券》，也强调“卜兆京北雷家桥宜丁阜地”事，见 http://xbhy.net/viewthread.php?tid=10711。

[76] 前注[67]引陆继辂《星伯〈法源寺读书图〉，戊辰仲春琴坞所作，越丙戌季冬，出以索题，卷中尚无一字，彷徨不敢下笔，星伯促之不已，勉成三绝句》之二首句“酪酒毡裘话壮游”当系向陆继辂剧谈西域情景，与张穆、沈垚同。

[77] 姚元之著，李解民点校《竹叶亭杂记》，中华书局，1982年。

[78] 吴振棫道光十年（1830年）《西域石诗有引》引语云：“徐星伯松戍西域归，携以赠陈扶雅善。陈出示客，漫为此诗。”《花宜馆诗钞》卷六，《续修四库全书》1521册，第62页；胡敬《西域哈什河经石》引语云：“徐星伯从塞外携归，凡七枚。云得诸哈什河。以一赠陈扶雅。”《崇雅堂删馀诗》，《续修四库全书》第1494册，第322页。

[79]《清史稿》卷四八六，第13414页

[80]《西域水道记（外二种）》，第561页。

[81] 陈裴之《澄怀堂诗集》卷一一，道光刻本，叶六正。

[82] 陈文述《颐道堂诗钞》卷二三，《续修四库全书》第1505册影印本，第222页。

[83] 陈文述《颐道堂文钞》，《续修四库全书》第1505册影印本，第540页。

[84] 陈裴之《澄怀堂诗集》卷一四《江上停云诗·内阁中书从舅仁和龚公定庵（自珍）》：“西北治水利，我文君

所评。西域置行省，君文世所惊。岂知未经岁，已见边尘生。不幸多言中，惜此舅与甥。”

[85] 缪荃孙编《续碑传集》卷七九，《清碑传合集》，上海书店，1988年，第3册，第2956页。

[86] 榎一雄《关于徐松的西域调查》中译本，第271页。

[87] 徐松抄本《皇元圣武亲征录》，今藏中国国家图书馆，善本编号8050。

[88] 相关研究，可参周丕显《清代西北舆地学与元史研究》，《甘肃社会科学》1993年第1期，第93～101页。

[89] 王国维《长春真人西游记注序》，《观堂集林》卷一六，中华书局，1959年，第799～802页。

[90] 以上徐松、董祐诚、程同文跋见《连筠簃丛书》本《长春真人西游记》后；沈垚、叶绍本跋见《连筠簃丛书》本《落帆楼文稿》，及《吴兴丛书》本《落帆楼文集》卷六。

[91] 张穆《落帆楼文稿序》，《㐆斋文集》卷三，《续修四库全书》第1532册，第275页。

[92]《书目答问补正》，第360页。《大兴徐氏同人书札》载《茧巢跋》亦称：“徐星伯先生负济世才，西域图非仅资考证也。”叶五六背。

[93] 刘逢禄《刘礼部集》卷末，《续修四库全书》第1501册，第212页。

[94] 具体论述，可参笔者《西域水道记》(稿本、刻本、校补本)，《中外关系史：新史料与新问题》，科学出版社，2004年，第383～404页。

[95] 刘逢禄道光六年《题浙江、湖南遗卷》，最早将龚、魏并置(《刘礼部集》卷一一)，故谭献《复堂日记》载：“魏默深与定翁齐名，始于刘礼部两遗卷一诗。”缪荃孙《羽琌山民逸事》称：“道光丙戌，武进刘申受礼部逢禄分校春闱，一浙江卷，一湖南卷，荐而不售，赋两生行一哀之。龚、魏两先生齐名所由来也。”转引自樊克政《龚自珍年谱考略》，商务印书馆，2004年，第282页。

[96] 以上二事分见龚自珍《上国史馆总裁提调书》、《拟进上蒙古图志表文》，《龚自珍全集》第五辑，第312～319、305～308页。

[97] 以上二诗分见《龚自珍全集》第十辑，第512、530页。

[98] 嘉业堂钞本《清国史》卷五八《文苑传》，中华书局，1993年影印本，第984页；《清史列传》卷七三，中华书局，1987年，第5991页。

[99] 以上二则分见《光绪顺天府志》，北京古籍出版社，1987年，第6册，第4887、4904页。

[100] 关于该诗的旨趣，前此刘逸生《龚自珍己亥杂诗注》有较为通达的解释，中华书局，1980年，第55～57页。笔者所见徐松研究的论文对诗旨的解释似均失之浅陋，榎一雄对前两句的解释已经从提拔人才的角度来立论，但后两句又回到徐松接替朱、翁作为诗人的首席上，因此他感到此诗前后的关联未必明确，惜未达一间。见作者《关于徐松的西域调查》，《榎一雄著作集》第二卷，第58页；中译本，第266页。

[101] 李瑚《魏源事迹系年》，《魏源研究》，朝华出版社，2002年，第240页。

[102]《魏源全集》，第12册，第751页。

[103] 钱实甫编《清代职官年表·学政年表》：湖南学政徐松，嘉庆十五年八月由编修差。中华书局，1980年，第2695页。《(道光二十六年)陕西全省同官录》：“陕西榆林府知府徐松……(嘉庆)十五年，简任湖南全省学政，十六年十二月缘事革职。”

[104] 李瑚《魏源事迹系年》引《邵阳魏氏族谱》，《魏源研究》，第239页。

[105] 魏源《圣武记序》，《魏源全集》，第3册，第1页。

[106] 具体考证，参笔者撰《思想与思想史的资源：魏源致徐松三札考论》，待刊。

[107]《魏源全集》，第7册，第1816页。

[108]《西域水道记(外二种)》，第41、42页。

[109] 李详《药裹慵谈》卷三《徐星伯先生》，《李审言文集》，第659页。

[110] 光绪本《养一斋文集》卷一八，叶十九背至廿正。

[111]《汪喜孙著作集·汪孟慈集》卷三，上册，第69页。

[112]《汪喜孙著作集·汪孟慈集》卷五，上册，第191页。

(本文原载于朱玉麒主编《西域文史》第4辑，科学出版社，2009年)